普 - 奥 - 战 - 争

1866 年德意志之战与意大利的统一运动

GEOFFREY WAWRO

THE AUSTRO-PRUSSIAN WAR

AUSTRIA'S WAR WITH PRUSSIA AND
ITALY IN 1866

〔美〕杰弗里·瓦夫罗　著

付稳　李妍　译

社会科学文献出版社
SOCIAL SCIENCES ACADEMIC PRESS (CHINA)

《奥地利步兵，1866 年》，石版画，1895 年鲁道夫·冯·奥滕费尔德（Rudolf von Ottenfeld）创作。感谢奥地利军事档案馆（Osterreichisches Kriegsarchiv）提供配图。

谨以此书献给我的父母

目　录

插图目录

插图

示意图

致　谢

感谢维也纳奥地利-美国富布赖特委员会（Austro-American Fulbright Commission）为我提供了两年期的助研奖学金，让我得以完成本书大部分的档案研究工作。此外，我要感谢麦克阿瑟基金会（MacArthur Foundation）与梅隆基金会（Mellon Foundation），以及耶鲁大学西欧研究理事会（Yale Council on West European Studies），它们提供了慷慨的夏季科研经费，让我可以赴伦敦、巴黎、慕尼黑、罗马、米兰和布达佩斯各地档案馆。维也纳的研究工作结束后，我又幸运地获得安德鲁·W.梅隆基金会博士奖学金（Andrew W. Mellon Doctoral Fellowship），从而有时间和资金将几大包的笔记转化成本书。

我耶鲁大学的导师、益友保罗·肯尼迪（Paul Kennedy）教授，他是细心的读者、有益的批评者和强有力的引路者。他使我的初稿条理清晰，每当我迷失于细节的密林里时为我指明方向。此外，我要感谢迈克尔·霍华德（Michael Howard）教授。他阅读我的手稿，从始至终都给我很多有用的建议。我今天拥有的哈布斯堡奥地利相关的知识，在很多方面都要归功于伊沃·伯纳克（Ivo Banac）教授。他开阔了我的视野，在我于耶鲁的几年里，始终扮演了睿智的老师和好友的角色。我试图理解意大利生活和政治的努力，在布赖恩·萨利文（Brian Sullivan）教授洞见的启迪下而轻松了许多。过去十年来，萨利文教授一直是最善解人意的朋友和知己。

我在奥地利的两年时间里，约翰·克里斯托夫·艾麦亚-贝克（Johann Christoph Allmayer-Beck）博士一直给予我关心，让我受益匪浅。他在位于维也纳内城区环城大道（Parkring）的公寓里接待我好几次，一边与我一杯杯地喝着萨克葡萄酒，一边审阅我的研究成果。其他奥地利学者，尤其是曼弗里德·罗申斯坦纳（Manfried Rauchensteiner）和洛塔尔·霍贝尔特（Lothar Höbelt），也给予我很大帮助。军事档案馆（Kriegsarchiv）与王室、宫廷和国家档案馆（Haus-Hof-und Staatsarchiv）的员工也是如此。确实，如果没有莱纳·伊戈尔（Rainer Egger）和彼得·布劳切克（Peter Broucek）的帮助，我的研究进展将会大大延缓。他们在军事档案馆为我提供了源源不断的档案文件。在国家档案馆，霍斯特·布雷特纳-梅斯勒（Horst Brettner-Messler）为我解释了哈布斯堡的警察机构这一令人费解的事物，并带我查找了它不同的索引。如果没有以下众多好友的慷慨款待，我在其他国家的研究也将困难重重。他们是伦敦的平贺淳（Jun Hiraga）与大卫·诺布尔（David Noble），巴黎的伊莎贝尔·莱卡布尔（Isabelle Lecasble）与巴塔永（Bataillon）一家，慕尼黑的莱尼·冯·罗斯帕特（Leni von Rospatt），还有再度回到维也纳、确切地说是回到佩希托尔茨多夫（Perchtoldsdorf）的伯格曼（Bergmann）家的诸位。

现在，身在密歇根，我为实际撰写本书期间奥克兰大学给予我的各种支持而心怀感激。此外，还要感谢纽约奥地利文化研究所（Austrian Cultural Institute）。该所近期的一个举动让我在耶鲁学习时的博士论文增辉不少——它授予了这篇论文 1994 年度"奥地利研究最佳博士论文奖"，而该论文恰恰构成了本书的主干部分。在将这篇结构松散的博士论文转化成这本论证严密的著作的过程中，我得到了霍尔格·赫维格（Holger Herwig）、威廉森·默里（Williamson Murray）、丹尼斯·肖瓦尔特（Dennis Showalter）这三位学富五车的读者和弗兰克·史密斯（Frank Smith）这位剑桥大学出版社无比优秀的编辑的帮助。除了各档案馆、大学、研究机构，我还要给我的妻子塞西莉亚·席林（Cecilia Schilling）一个大大的拥抱。她放弃了阿根廷的甜美生活，来到维也纳和底特律陪伴我，让我在研究与写作的枯燥之余多了生活的乐趣。

我写作本书的热忱，大多来自对威尼西亚和波希米亚古战场的参观。从1866年开始，这些古战场就基本保持了原貌。在意大利，在正午太阳的毒辣照射下，我竟然蠢到从维拉弗兰卡（Villafranca）步行去库斯托扎（Custoza），备足了面包、萨拉米香肠和奶酪的同时，却一滴水也没带。一路上，我备受汩汩流淌却因肥料污染而变绿的溪水的折磨。等到了库斯托扎时，我已经疲惫不堪。多亏阿达米（Adami）和布伦特加尼（Brentegani）两家人，我才恢复过来。他们在礼拜天向一个陌生人敞开家门，用矿泉水和蜜桃派填饱了我的肚子，之后带领我去了村里的教堂。看到一位美国历史学家在库斯托扎出现，教堂的牧师吉安卡洛·皮亚特里（Giancarlo Piatelli）吃惊的程度，不亚于他的邻居。牧师拿给我一本相册，相册里是一些照片和石版画，再现了1866年意大利及其军队的样貌。在战争的北部战线，即在波希米亚和摩拉维亚，多亏一位不知疲倦、像约伯（Job）一样有耐心的司机，我才得以造访从伊钦和克尼格雷茨向东至斯卡利采和奥尔米茨的所有露营地和战场。这位司机就是我的母亲。我将本书献给她和我那已故的父亲。父亲是一位大冒险家，他也是源源不绝的灵感源泉。在去波希米亚的路上，我母亲除了要忍受不断变化的路线，还要忍受我阴晴不定的脾气。其中一次，行驶在伊塞（Iser）河谷的路上，路况糟糕，倾盆大雨，我转身朝她嚷道"什么，你不认识去蒙申格莱茨的路"时，她也忍住了没有朝我呛声。

于密歇根罗彻斯特山（Rochester Hills）

1995 年 4 月

缩略语表

AAT	Archive de l'Armee de Terre, Vincennes.
AFA	Alte-Feldakten (KA), Vienna.
AdHP	Actes de Haute Police (HHSA), Vienna.
BKA	Bayerisches Kriegsarchiv, Munich.
CK	Cencralkanzlei (KM), Vienna.
CP	Correspondance Politique (Quai d'Orsay), Paris.
FO	Foreign Office (PRO), London.
HHSA	Haus-Hof-und Staatsarchiv, Vienna.
IB	Informationsbüro, Vienna.
KA	Kriegsarchiv, Vienna.
KM	Kriegsministerium, Vienna.
MKSM	Militärkanzlei Seiner Majestät (KA), Vienna.
MR	Mémoirs-Reconnaissances (AAT), Vincennes.
ÖMZ	Österreichische Militärische Zeitschrift.
PA	Politisches Archiv (HHSA), Vienna.
PÖM	Procokolle des österreichischen Ministerrates.
PRO	Public Record Office, London.

引　言

　　更确切地说，1866 年普奥战争应该称作普**意**奥战争，因为意大利一心想占有威尼西亚（Venetia）和南蒂罗尔（South Tyrol）这两个哈布斯堡省份，从而借奥地利与普鲁士在波希米亚和德意志诸邦展开战争之机，从南面侵入奥地利。虽然本书没有使用上述长标题，但通过聚焦于这场冲突的中心力量——奥地利帝国，1866 年普奥战争的两个战场的历史都已涵盖在内。当时，面对着新兴民族国家普鲁士 - 德国（Prussia-Germany）和皮埃蒙特 - 意大利（Piedmont-Italy）的武装进攻，作为一个历史上由多国合并而成的王朝帝国，奥地利帝国是为自己的生存而战。

　　从自然条件上来说，奥地利拥有得天独厚的地理优势，足以抵挡普鲁士和意大利的进攻。在南面，帝国受到了欧洲最令人生畏的要塞群和巍峨的阿尔卑斯山脉的保卫。要塞群由波河（Po）与明乔河（Mincio）上的几座方形要塞（Quadrilateral forts）组成。在北面，帝国拥有气吞山河的"帝国屏障"（Reichs-Barrière），可以抵挡普鲁士的入侵。这道屏障由喀尔巴阡（Carpathian）山脉、塔特拉（Tatra）山脉和苏台德（Sudeten）山脉组成，从乌克兰向西一直延伸到巴伐利亚。在这些令人生畏的山脉后边，奥地利 18 世纪的几位皇帝还建造了所谓的北部方形要塞群，即波希米亚西北部的特莱西恩施塔特（Theresienstadt）、克尼格雷茨和约瑟夫施塔特（Josephstadt）这几座易北河要塞。奥地利良将本可以在 1866 年充分利用好这样一片大有可为的阵地：可以将兵力部署在中央，拥有内线作战的优势，拥有完整的铁路网，能够视情况所需将兵力分配到北方或是南方，还能够沿着最短的路线迅速将兵力调至受威胁的地点。然而，不知为何，尽管有那么多的优势以及法国与沙皇俄国出乎意料的中立，奥地利还是输掉了 1866 年的战争，丧失了欧洲强国的地位。仅仅是因为缺一位良将？也许是。本书叙述的就是奥地利 1866 年军事崩溃，以及普鲁士-德意志和民族国家意大利崛起的故事。

这是自 20 世纪 60 年代以来，第一本关于这场战争的历史著述。这也是第一部在奥地利、德国和意大利进行了广泛文献研究的关于这场战争的历史著述。阐释普鲁士军队的胜利相对容易，即便柏林最好的档案材料都在 1945 年美军的空袭中毁掉了。当硝烟散去，除了毛奇与俾斯麦已经发表的文章，以及普鲁士关于这场战争的官方历史《1866 年德意志战局》（Der Feldzug von 1866 in Deutschland）之外，好的档案材料已经所剩无几。而《1866 年德意志战局》正是 1867 年从当时的普鲁士总参谋部战争记录（后来被毁）中提取的。然而，无论原先的陆军档案是否存在，有一个事实几乎无法改变，即 1866 年普鲁士的总参谋长赫尔穆特·冯·毛奇（Helmuth von Moltke）制订了一份虽然充满争议却切实有效的作战计划，他的将军们最终也在战场上很好地执行了这份计划。[1] 现存的关于 1866 年普鲁士取得战争胜利的新研究，往往将毛奇的军事天才视作理所当然的缘由，并且试图在普鲁士-德意志 19 世纪和 20 世纪的战略中寻找连续性，即从"毛奇到施里芬"，有些情况下还延续到古德里安。[2]

　　想了解意大利关于这场战争的记录就比较费事了，原因就在于它那令人费解的官僚机构，后者对这些记录真正做到了"严防死守"。作为历史学者的我本人，"装备着"意大利总参谋部的邀请信和耶鲁大学与美国政府的证明信，来到位于罗马的意大利陆军档案馆，却因为缺少意大利**外交**部长的补充同意书，而被拒之门外。虽然这场波折令人不快，我还是得以在罗马的中央国家档案馆，以及米兰、威尼斯和那不勒斯的省档案馆搜集到了有用的信息，并且较少遇到麻烦。此外，意大利出版的关于这场战争的文献也是很好的资料来源。这是因为，1866 年意军在库斯托扎耻辱地战败，撬开了它维持着体面的硬壳，掀起一场"内部人"揭露军队弊病的风暴。[3] 意大利的军队改革者毫不犹豫地吞下了战败的苦果，利用库斯托扎战役作为绝佳的例子，证明维托里奥·埃马努埃莱二世（Vittorio Emanuele II）那支不专业的、倚重裙带关系的军队已经从头烂到了根儿。[4] 在这种剑拔弩张的氛围中，意大利总参谋部的作者们在叙述这场战争的历史时别无选择，只能开诚布公地解释意大利军队如何在输了与奥地利唯一一场大战的情况下，于 1866 年努力"解放"了哈布斯堡的威尼西亚。他们的成果便是迟至 1875 年才予以出版的《1866 年意大利战争》（*La Campagna del 1866 in Italia*）。

　　奥地利对 1866 年战争的反应就没那么坦诚了。哈布斯堡奥地利的总参谋部对这场战争反思了三年之久，接着在 1869 年发布了 5 卷本的官方修史《1866 年奥地利战争》（*Österreichs Kämpfe im Jahre 1866*）。奥地利总参谋部的这部历史著作引人注目之处，就在于许多地方对问题的回避上。该书作者都是帝国的军官，他们不是把奥地利战败的责任归咎到奥地利军队本身，而是想方设法地寻找替罪羊。奥地利军队在这场战争中战术愚钝、指挥懒散，理所应当承担战败的责任。但是，这些作者带着倾向性，认为 1866 年奥地利军队战败，主要不是因为军队自身在组织和指挥上存在缺陷，而是因为：普鲁士和意大利的军队占据绝对的兵力优势，普鲁士军队的步枪更好，盟军背信弃义，以及议会吝于投入军费。

虽然奥地利的官方历史学家的确指出了奥地利北方军团总司令路德维希·贝内德克（Ludwig Benedek）将军的问题，但是他们没有说明，为什么奥地利皇帝竟会同意将这样一位平庸的战略家提拔为军队的最高指挥官。虽然奥地利的官方历史学家将普鲁士的胜利归功于毛奇将军卓越的作战计划，但他们从始至终没有说明，为什么像毛奇的总参谋长这样至关重要的职位，在奥地利却交给一位行事轻浮、毫无经验的银行家的儿子阿尔弗雷德·亨尼克施泰因（Alfred Henikstein）。不出所料，亨尼克施泰因将奥地利 1866 年的作战计划设计得一塌糊涂。而且，亨尼克施泰因因为无能，才被从野战部队召回。最后，尽管奥地利的官方历史学家将奥地利未能在 1866 年采用后膛枪，以及普鲁士采用的射击战术作为导致本国战败的因素提了出来，但他们却没有解释，为什么奥地利在 1864 年普丹战争中就已见识过普鲁士展示的射击战术的可怕威力，却依然熟视无睹，接着于 1866 年在装备前膛枪、采用密集且易成标靶的冲击纵队的条件下与普鲁士开战。总而言之，《1866 年奥地利战争》在奥地利指挥体系、战略和战术等方面太过含糊其词或具有误导性，致使持异议的哈布斯堡奥地利总参谋部军官爱德华·巴特尔斯（Eduard Bartels）中校，把这部史书比作 1866 年导致奥地利帝国一蹶不振的那场军事灾难。他宣称，这是"在〔哈布斯堡〕战争部乌烟瘴气的氛围中谋划出来的历史编纂学的萨多瓦战役①"。5

虽然不断有更新的试图叙述、解读普奥战争的尝试，但在涉及军事细节方面都只能依靠 19 世纪总参谋部的历史叙述，因而也鲜有或毫无新的突破。海因里希·弗里德永（Heinrich Friedjung）的两卷本著作《1859—1866 德意志霸权之争》（*Struggle for Supremacy in Germany, 1859-66*）在 1897—1912 年修订过多次，但该书更多的是一位自由主义者对弗朗茨·约瑟夫（Franz Josephan）统治下的奥地利的评判，而不是对奥地利战争努力的严肃研究。6 弗里德永是 19 世纪末奥地利议会一位直言不讳的自由主义者，他将最犀利的讽刺都留给"贵族""耶稣会教徒""斯拉夫人"和"流亡分子"，把 1866 年奥地利溃败的责任都推给他们。按照他颇为偏执的观点，贝内德克将军是一位在民族身份上德意志化了的人，因而也是一个好的匈牙利人。此外，他还宣扬一种荒诞的说法，即认为害惨贝内德克将军的不是他自己的极端自大和无能，而是"宫廷小人"和阴谋诡计。7 弗里德永从未拥有过自由查阅哈布斯堡战争档案（Habsburg Kriegsarchiv）的权利，因此只能依赖于他的陪同者弗里德里希·弗舍尔（Friedrich Fischer）将军给他看的那些不会引起争议的档案，而费舍尔将军正是 30 年前《1866 年奥地利战争》的作者之一。8

自从哈布斯堡奥地利倒台、其档案馆向所有人开放以来，还很少有历史学家对普奥战争进行新的档案研究，以便在弗里德永狭隘的根基上进行拓展。1960 年，奥地利联邦军的一位军

4

---

① 萨多瓦战役（Battle of Sadova）：1866 年 7 月 3 日爆发的克尼格雷茨战役，也称萨多瓦战役，是 1866 年普奥战争的决定性战役，奥军战败。——译者注

官奥斯卡·雷格尔（Oskar Regele）出版了一本书，名为《贝内德克总司令与通往克尼格雷茨之路》（*Feldzeugmeister Benedek und der Weg nach Königgrätz*）。书中提出一个令人难以信服的观点，即 "奥地利的外交人员和政治家比他们的区区代理人贝内德克将军，更加［对 1866 年的战败］难辞其咎"。[9] 这一观点毫无新意，毕竟哈布斯堡军队就是这样为自己败在普鲁士和意大利之手找借口的。因此，这种观点也丝毫不能令人满意。它既没有考虑弗朗茨·约瑟夫统治下奥地利军队自身的强大政治影响力，也没有考虑军队极为挥霍浪费的官僚体制。雷格尔的书主要关心的是为贝内德克将军和奥地利军队推卸战败的责任，因此也根本没有着手解释贝内德克和他精挑细选的总参谋长亨尼克施泰因将军如何在 1866 年浪费掉那么多绝佳的机会。

普奥战争的百年纪念见证了许多关于这场战争的新书的问世，却很少有新研究成果的出现——除了约翰·克里斯托夫·艾麦亚-贝克（Johann Christoph Allmayer-Beck）在弗朗茨·约瑟夫皇帝军事内阁档案馆的研究基础上撰写的一篇优秀论文之外。[10] 埃米尔·弗兰泽尔（Emil Franzel）的两卷本著作《1866 年的堕落世界》（*1866 Il Mondo Casca*），和戈登·克雷格（Gordon Craig）的《克尼格雷茨战役》（*Battle of Königgrätz*）、亚当·汪德鲁斯卡亚（Adam Wandruszka）的《命运之年 1866》（*Schicksalsjahr 1866*）一样，都衍生自业已出版的文献。[11] 这些历史学家都没有对奥地利惨败的官方说法提出质疑。他们也都没有往奥地利军队的**内部**窥探，探明奥地利军队究竟为何会在压力下崩溃，又是如何在压力下崩溃的。本书的目的即在于此。这是第一本基于档案证据的关于普奥战争的非官方历史，它将社会历史的视角与更为传统的军事视角有益地结合起来。利用新发现的私人日记和奥地利军队内部的详尽战地通信，包括军团一级和军一级拟制的作战计划以及旅、团、营单位提交的战斗报告，我得以重现 1866 年奥地利军队的"日常生活"，通过精准的，有时令人触目惊心的细节，从军队的最高和最低层面描绘了它垮台的全部过程。

　　本书建基于第一手的坦诚的证据，首次揭露了贝内德克将军在指挥上的极度无能，以及贝内德克如何将这种无能从战略、战术和心理上传染到团级作战单位，从而对普奥战争这个迄今为止仅被人从敬而远之、未明确研究调查，且仅在战略和战术方面研究的主题，提供了一个新颖、深入的研究视角。1866 年奥地利的战败的确有很多原因，但归结起来，主要是因为奥军大多由斯拉夫人和匈牙利人组成的各个团作战不力（并非出于他们自身的错误），以及路德维希·贝内德克这位普鲁士战场的奥军最高统帅暴露了自己作为将军的极端无能。

第一章　1866年的前沿战略与战术

6　　1866年之前，所有现代战争史就是一部不断扩充兵力、将要塞和武器体系设计得愈加复杂的历史。在17世纪的战争中，一支军队平均投入战场的兵力只有两万人。这些雇佣兵阵容虽然并不庞大，但训练有素。为了给他们提供掩护和补给，如法国的沃邦①这样的军事工程师，便沿着边境以及在国与国的道路相交之处，建造了大量星形堡垒。战争也发展出明确的规则：规模不大的职业军队，带着少量补给，从开阔的旷野中杀出，一往直前地冲向敌人，或者迫使敌人交战，或者将敌人逼得退回要塞；接下来便是一场攻城战，直到不断上升的人力、物力和资金成本迫使其中一方割让一个省，献出一个女儿和亲，或赔偿大量的金银。

　　在18世纪路易十四和腓特烈大帝②的战争期间，为军队配置兵员、提供资金的邦国更为富裕，人口也更为庞大，所以军队的平均兵力也增长到六万人。然而，这些军队能够投入战场的兵力却很少超过一半，因为他们还需要派员隐蔽或驻守在沿进军路线建造的沃邦式要塞里。对阵战和攻城战仍是标准的战

---

① 塞巴斯蒂安·勒普雷斯特雷·德·沃邦（Sébastien Le Prestre de Vauban, 1633—1707年）：法国元帅、著名军事工程师。——译者注
② 腓特烈大帝（Frederick the Great），即腓特烈二世（Frederick II, 1712—1786年），普鲁士王国霍亨索伦王朝第三位国王，1740—1786年在位，著名军事家、政治家、作家和作曲家。——译者注

术。这是因为，光是部署一门 30 磅的榴弹炮①就要耗费巨大的人力，更不用说转移它了。此外，18 世纪引入的燧发枪虽然比它取代的火绳枪发射速度更快，但到了 100 米的射程之外，燧发式火枪的射击准度仍旧低得令人绝望。[1] 所以，交战双方必须前进到可以互相掷石的距离，才能端起火枪，在近得可怕的射程内向对方发起一轮齐射。这时，在承受敌人一连串的射击后，哪一方的火力能撑到最后，哪一方便占优势。撑到最后的一方可以慢慢向前推进，进一步缩短射程，就像那句俗语说的，在近得可以看见"敌人的眼白"时，再用毁灭性的点 70 口径的枪弹向敌人齐射。像这样简单粗暴的战术考虑，便解释了 1743 年丰特努瓦（Fontenoy）那次臭名昭著的事件为什么会发生。当时，法国和英国的指挥官已经令两军对峙的阵线向对方靠拢，然后以夸张的恭敬态度，互相邀请对方开第一枪。[2]

　　到了 19 世纪，当拿破仑·波拿巴（Napoleon Bonaparre）将"排炮"引入战争时，战争便发生了翻天覆地的变化。排炮由 8 磅和 12 磅的轻量级加农炮组成，可以发射轻量级射弹，自身也能够放在拖车上，用马队拉着拖车迅速转移。法国这种新式"排炮体系"将八门火炮的火力集中于一点，所到之处，尽是毁灭。所以，各国军队迅速采用了这一体系。在法国大革命和拿破仑战争时期，战争各方野战炮兵对步兵的比例都有所提升，让战争变得更加危险。截至 1815 年，拿破仑已经征战了二十年，兵力也越来越少。于是，拿破仑便为炮兵部队增加了大规模排炮，利用这一点来弥补军队人数的萎缩。[3] 卡尔·冯·克劳塞维茨（Carl von Clausewitz）1832 年出版的《战争论》（*On*

---

①　指能够发射 30 磅炮弹的火炮。——译者注

War）一书包含了对拿破仑战法的经典概括，描述了一名士兵从战役的后方梯队下到前线的过程。克劳塞维茨评论道，随着加农炮的炮弹炸开地面，致命的弹片四散弹开，"葡萄弹"① 呼啸着飞过头顶、打到建筑物上咔嗒落下，在军、师、旅的每一级，越往前线，炮火就越加猛烈。4

此外，在法国大革命和拿破仑战争期间，军队的人数也有所增加。1793 年，在受到欧洲反法同盟的攻击后，法国雅各宾派（Jacobins）实施普遍征兵制（universal conscription）作为最后的手段，以求募集足够的兵力，抵御奥地利、普鲁士、英国、荷兰、西班牙和皮埃蒙特（Piedmont）联军的攻击。5 拿破仑沿用了这一现成的制度，从 1804 年到 1815 年他陨落为止，利用这一制度为自己的"大军团"（Grand Army）配备兵员、补充兵力。6 起初，拿破仑的敌对国军队并不愿意采用法国的普遍征兵制，因为这一制度必然会导致军队吸收大量未经训练且政治上不可靠的人员。但是，兵力的消耗迫使各敌对国完全或部分采纳了这一制度。就这样，1814 年，普鲁士引入了普遍征兵制，奥地利则创立了后备役军队（Landwehr），也称国民卫队后备军。7

军队的规模更庞大了，战术也需要更新，因为旧战术是针对小阵容的职业军队设计的，一直致力于对复杂线形阵列（linear formation）的不断完善。面对大规模的新募兵员和入侵各处边境的敌军，包括拿破仑在内的法国大革命的将领们想出一个巧妙的对策——纵队战术（columnar tactics）。只要敌军的作战团队按横队部署、准备射击，法国的攻击纵队便会拿刺刀

8

---

① "葡萄弹"（grape shot）：杀伤面积很大的霰弹。——译者注

冲向敌人。敌军的横队步兵（line infantry）将会措手不及，他们装备的前膛装填式火枪侥幸能发出一轮或两轮射击，嘶吼着的法国农民和无裤党人①组成的"冲击纵队"便已冲到他们中间，从而破坏他们的横队阵形，将采用陈旧阵法的火枪手踩在脚下。[8]

　　法国的新式"冲击战术"（shock tactics）获得的第一场胜利，是在 1792 年的瓦尔密（Valmy）战役。当时，法国迅速征召新兵组建的一支军队，在猛烈炮火的掩护下发起进攻，将普鲁士的职业军队打得溃不成军。虽然法国的战术简单粗暴、不够光明正大，但普鲁士、奥地利和俄国却不能对其等闲视之。的确，在面对法国纵队的进攻时，只有英国的步兵证明了他们足够勇敢、灵活，能够"坚守住阵线"。瓦尔密战役之后，其他欧洲强国也逐渐采用了冲击战术。自此一直到 1866 年，冲击战术便一直是欧洲大陆的标准战术。

　　拿破仑的军队规模更大。新兵一开始没有经验，就利用激昂的斗志来弥补。有了这样的大军做后盾，拿破仑投入战场的兵力也越来越庞大。1800 年之后，每次作战，拿破仑一般会投入 10 万或以上的兵力，而且往往会忽略出现在侧翼的敌军要塞。拿破仑没有耐心围攻这些 18 世纪的古迹，而是率军突过它们。拿破仑相信，面对着他的庞大军队，要塞里的小规模驻军是不敢出击的。强调兵力、速度和机动性，这正是拿破仑的又一项创新。如果一座没有攻克的要塞挡住了进军路线，或者切断了法军的补给线，拿破仑也很少浪费时间围攻这样的障碍，而是随机应变，出其不意地绕过要塞，并向当地的居民征用物

---

　　①　"无裤党人"（sans-culottes）：指法国大革命初期衣着褴褛、装备低劣的革命军志愿兵。——译者注

资，以补充所缺的任何补给。

19 世纪初，军队源源不断地吸收着青春面孔的新兵。18 世纪的农业革命引进了土豆，再加上富足的农作物产出，给了军队以充足的给养。就这样，军队的规模扩充得越来越大，以至于在 1805 年，拿破仑不得不将军队划分成易于管理、自成体系、兵力与 17 世纪的军队相当的战斗单位。这就是首次登上历史舞台的"军"。这些军级单位被进一步划分成 2 个或 3 个拥有全兵种的"师"，每个师辖有 12 个步兵营、5 个骑兵中队和 32 门火炮。[9] 这种在指挥体系与后勤供应上的去中心化，让拿破仑得以扩建更庞大的军队。1812 年，拿破仑率 60 万大军开进莫斯科。一年后，他在莱比锡（Leipzig）率领自己的 13 万军队，与敌方的 30 万同盟军队交战。这场被称为"民族大会战"（battle of the nations）的战斗将"有史以来最大规模战役"的称号一直保留到 1866 年，才被克尼格雷茨战役所超越。当时，在克尼格雷茨战场上，普鲁士和奥地利双方的总兵力达到了 45 万。[10]

军队的扩张以及伴随的指挥权从军团到军、师再到旅的下放，空前地突出了职业总参谋部的作用。参谋军官曾被军内的同事鄙夷地视作绘图员、理论家，而到了拿破仑时期，他们恰恰成为现代军队的黏合剂，就像拿破仑的贝尔蒂埃①、施瓦岑贝格②的拉德茨基一样。他们通过规划行动和补给路线，将军队高效地输送到战场，从而对战役的结果做出了决定性的贡献。[11] 如果战斗部队在经历了一系列安排合理、补给充足的行军

① 路易斯·亚历山大·贝尔蒂埃（Louis Alexandre Berthier, 1753—1815 年）：法国元帅，1796 年起成为拿破仑的参谋长，1804 年受封为帝国元帅，1807—1814 年任帝国军队总参谋长。——译者注

② 费利克斯·施瓦岑贝格（Felix Schwarzenberg, 1800—1852 年）：奥地利政治家，1848—1852 年任首相。——译者注

后，抵达战场时舒舒服服、营养充足，那么可以说总参谋部已经迈出了通往胜利的关键的第一步，赋予了战地指挥官不可估量的作战优势。

就实际战斗而言，总参谋部的作用同样很重要，因为随着军队编成的复杂化，其中充斥着大量难以驾驭的步兵、骑兵战马、野战炮和弹药车，使得军队的行动越来越复杂，在交战双方不断扩充的军队中，在 19 世纪的最初十年，欧洲一个军的正面战线一般从 1.2 千米扩张到 2.5 千米，部队的调遣也变得更加复杂。这就不只是成倍的增长了。结果，随着手忙脚乱的参谋努力将军队的火炮、弹药与步兵、骑兵和粮食补给分开，同时保持与相邻作战单位的联络优势，对于拿破仑时期的一个军而言，在战场部署所需的**时间**也增加了不止一倍。而且，这项任务异常艰巨，通常是在炮火之下、混乱之中完成的，从一开始的动员到决定性的战斗，始终要求参谋们保持头脑镇定、组织严密。[12]

这些重大的组织上的变化，紧接着便带来一连串战略上的变革。截至 1815 年，作为拿破仑主导的欧洲现代化的一部分，人们已经修了成百上千条新公路；在管理得当的新式作战部队沿着这些新公路进军时，可以说 18 世纪那种逐个围攻要塞、争夺要塞之间大道与河道控制权的旧式战法已经落伍了。驻扎在旧式要塞内部的军队，很容易便受到敌军"监视部队"（observation corps）的遏制，无法参加城墙之外的决定性战斗。在 19 世纪还紧紧恪守着 18 世纪战争法则的将军们，会发现在战场上他们不仅兵力处于劣势，而且不堪一击。[13]因此，克劳塞维茨的《战争论》推荐了适宜 19 世纪的"无限暴力"（unbridled violence）战略。[14]克劳塞维茨主张毫不停歇地进攻，其目标不是针对敌人的几座要塞或首都，而是**军队**，因为一旦消灭了军队，敌人的国家便不得不投降了。[15] 意味深长的是，《战争论》是普鲁士的产物。它摈弃了 18 世纪的一切陈旧理念，尤其是关于防守性要塞以及有限战争的信仰。同时，它也预示了战争已进入新的时代。在这个新时代里，战争的规模宏大，整个国家的人口都会被动员起来；政治和战争交织在一起，为欧洲各个古老的统治家族带来危险的意味。[16]

1848 年，一场革命推翻了法国的王权，也几乎颠覆了奥地利和普鲁士的君主统治。即便是欧洲最反动的将军和政客（其中一些人认为克劳塞维茨就是一个煽动民众的政客，一心想将大众武装起来），也幡然认识到，军队和政客一样也要与时俱进。[17] 关于这种认识上的转变，有一件事很有代表性。1848 年 6 月，法国新成立的共和政府镇压了巴黎的工人起义。配合他们镇压的不是当地的驻军（有些驻军与起义的工人亲善），而是从各省用蒸汽火车以创纪录的速度运来的法国国民自卫军。[18] 正如 18 世纪末 19 世纪初时，公路建设和作物产出的增长为拿破仑一世的南征北战提供了便利一样，19 世纪中期的拿破仑三世也将能够利用两项技术创新的军事潜力：一是铁路，可以让他迅速调遣军队；二是电报，历史上首次让人们可以跨越遥远的空间，实现瞬时通信。

拥有了可以调遣军队的铁路和协调指挥的电报，1848 年之后，欧洲各国重新开始了扩军，这一次是受益于武器技术领域的致命新发展。19 世纪四五十年代，大部分欧洲军队都摈弃了滑膛枪，重新装备来复枪，将步兵的射程从 120 米提高到 1200 米。法国和英国带头，奥地利、普鲁士、意大利和美国紧随其后，将来复步枪的膛线技术应用到火炮上，将火炮的射程从 1848 年的 1000 米扩大到 1859 年的 7000 米，把混乱和死亡带到敌人阵线的大后方。[19]1862 年，美国内战期间，在夏洛（Shiloh），当北军的一名伤兵被连长问到为什么不撤到安全的后方时，他指着头顶呼啸的炮弹回答说："连长，因为这场战役根本没有**后方**。"

从 1854 年打到 1856 年的克里米亚战争，60 万法国、英国、奥斯曼土耳其和皮埃蒙特大军被动员起来，以抗衡沙皇俄国的 60 万军队。英军首次装备了步枪，给俄军造成惨重伤亡。尽管当时的人们嘲讽俄国没能将联军从距离他们非常遥远的黑海滩头堡赶走，但对于其中的原因，人们是确知无疑的。俄军还装备着火枪，仍然沿用着拿破仑时期的冲击纵队，依然步行行军。沙皇尼古拉一世（Nicholas I）一直没有铺设能够将莫斯科与圣彼得堡的兵站和他的克里米亚各港口相连接的铁路，这意味着运抵的俄国援军和补给的数量一直达不到足以战胜法军和英军的程度。结果，英国和法国在 1856 年几乎是毫无疑问地赢得了克里米亚战争。[20]

1859 年，出现了历史上第一次铁路大动员。伟大的拿破仑一世的侄子、法兰西第二帝国皇帝拿破仑三世，将他总兵力的一半，即 13 万士兵通过铁路运输到意大利。6 月，30 万法国、皮埃蒙特和奥地利军队在伦巴第（Lombardy）的索尔费里诺（Solferino）展开厮杀。这场战役暴露出现代欧洲军队在努力采用新的武器、战术和组织方式的过程中所遇到的所有问题。27 万法军在经历了一位评论家口中前往米兰的"薛西斯式行军"①

①"薛西斯式行军"（Xerxes march）：公元前 480 年，波斯帝国皇帝薛西斯一世（Xerxes，约前 519～前 465 年）率军攻打古希腊，6 月征服北希腊后，因为想利用古希腊诸城邦尤其是斯巴达在节日庆典期间不出兵的习俗，而刻意拖延到 8 月才抵达温泉关，后展开了著名的温泉关之战。这里作者是借"薛西斯式行军"形容进军缓慢。——译者注

11

之后，才到达波河盆地。在这个过程中，运输武器和补给的队伍混在一起，零零落落。他们能够组织起来战斗，纯粹是因为奥地利的五个军和他们一样行动迟缓。而且，其中一个军因为组织太过混乱，在索尔费里诺战役前至关重要的几星期里，一天行进不到 3 英里。[21]

在索尔费里诺战役之前，双方在蒙特贝洛（Montebello）、帕莱斯特罗（Palestro）和马真塔（Magenta）打了三场非决定性的战役。在这三场战役中，奥地利都白白浪费了决胜的良机。这在很大程度上要归咎于奥地利步兵的无能，他们刚重新装备了步枪，不知道怎么样才能有效地利用。因此，尽管法军装备的旧式步枪在技术上不如奥军的新式步枪，他们仍然能够击溃还在沿用上个世纪冲击战术的奥军。惊慌的哈布斯堡军队端着新式步枪，其中一些步枪因为还残留着出厂的润滑油脂，因而摸起来仍然滑溜溜的。在他们努力装弹、瞄准、射击的时候，有几个营在法军发起刺刀冲锋之前，实际上就已经溃不成军了。[22]在法奥争夺塞西亚河（Sesia）桥梁控制权的帕莱斯特罗战役中，外国观察者惊奇地发现，当法军的步兵纵队冲入混乱的奥军步兵阵营时，很多奥军真的是赤手空拳在战斗——他们将步枪丢在一边，用拳头来战斗，从而解决了较为复杂的新式步枪带来的技术难题。[23]

陆军元帅约瑟夫·拉德茨基（Joseph Radetzky）在 1849 年为充分利用奥地利新式精密步枪（precision rifle）而调整的奥军战术，在 1859 年被证实对于奥军大部分属于斯拉夫民族、未接受过教育的农民义务兵而言，还是过于复杂了。在多语言民族混合组成的奥地利军队中，虽然和平时期会使用九种不同的"指挥语言"，如捷克语、塞尔维亚 - 克罗地亚语、匈牙利语、

12

罗马尼亚语和意大利语等，但在战时，军队只使用一种指挥语言，那就是德语。那么，请想象一下，当奥军非德意志民族的作战部队，面对着从四面八方扑来的法军突击纵队，而他们操着德语的军官大声吼叫着他们大多数人都听不懂的命令时，他们的恐惧该有多么深。一位奥地利军官后来记录道，在索尔费里诺战役中，他的斯拉夫连甚至都听不懂他用德语说"停下"的命令。[24] 因此，1859 年法国和皮埃蒙特的胜利，在很大程度上要归结到奥地利对新式步枪、新战术的不成功探索和对补给线的极其不当的管理。奥地利的战争能力太差劲了，以至于索尔费里诺战役之后，在漫长的统治期里第一次也是最后一次担任战地指挥官的奥地利皇帝弗朗茨·约瑟夫，采取了立即求和的非同寻常的措施，而不是撤过明乔河，退到奥地利在维也纳固若金汤的方形要塞群里，将战争继续打下去。

1859 年 7 月，弗朗茨·约瑟夫宣布投降，同意将富饶的哈布斯堡伦巴第省份割让给皮埃蒙特这个法国的附庸国和欧洲的新兴强国。奥地利的公众对这样的结果感到难以置信，在为了向他们解释这场可耻的失败而起草的《拉克森堡宣言》（Laxenburg Manifesto）中，弗朗茨·约瑟夫大肆抨击了奥地利在德意志邦联中的主要盟友普鲁士，责怪普鲁士在这场战争中没有对奥地利施以援手。然而，一个令人感到悲哀的事实是，普鲁士曾**试图**施以援手，但和奥地利一样，因为后勤问题而耽搁了原定进程，导致普鲁士在莱茵河区的动员慢得像爬一样。这件事也使普鲁士的摄政王威廉王储确信，有必要将普鲁士的军队改革托付给国家最有才干的两位官员了，他们就是赫尔穆特·冯·毛奇将军和阿尔布雷希特·冯·罗恩将军。[25]

虽然法国人赢得了战争，但损失惨重。每 3000 人的一个团只配备了一辆救护马车，因此，大多数法国伤兵被抛下，任凭骄阳曝晒、秃鹫啄食。法军的食物也一直短缺，大多数部队只能靠咖啡和凉的、黏成团的韦尔切利面（vercelli）过活，这样让人食不果腹的口粮为军队病房源源不断地输送着虚弱的士兵。法军的突击战术虽然以英勇而为世人所称道，但这往往只是对军队战略困境而做出的战术补救措施罢了。例如，在马真塔，法军各支部队的指挥官一直在沿着阵线往前冲击，因为拿破仑三世下达的命令互相冲突，他一组命令让左翼"迂回包抄"，另一组命令让右翼"迂回包抄"。结果可以预料，双方僵持不下，直到法军的突击纵队对着奥地利的**正面**猛攻了几个小时，才以沉重的伤亡为代价实现了突破，而这样沉重的伤亡本是可以避免的。[26] 总之，从交战各方来说，1859 年的意大利战争进一步证明了，有必要让现代军队提高组织效率、加快部署速度、提升战术表现。[27] 几乎毫无疑问，能够吸取这场战争教训的一方军队，将成为下一场战争的胜利者。

普鲁士的战略和作战理论——从克劳塞维茨到毛奇

1861 年，普鲁士摄政王威廉王储在兄长去世后登上普鲁士的王位，成为新任国王，称"威廉一世"。威廉一世虽然不以聪明才智著称，却能任人唯贤。在他任用的顾问中，最重要的是外交部的奥托·冯·俾斯麦伯爵、总参谋部的赫尔穆特·冯·毛奇将军和战争部的阿尔布雷希特·罗恩将军。用了仅仅不到七年时间，毛奇和罗恩不仅吸取了 1859 年的教训，还将它们**落实到制度上**，及时地在 1866 年战争前完成了这项任务，将普鲁士军队打造成完全职业化的军队，而战争的另一方奥地利军队，和七年前在索尔费里诺战役中败在法军手下时相比，却几乎没有任何改革。

毛奇于 1800 年出生在梅克伦堡（Mecklenburg），后在柏林的战争学院（Kriegsakademie）接受教育。毛奇继承了克劳塞维茨的进攻理念，在他于 1858 年擢升为普鲁士总参谋长到 1866 年普奥开战的近十年间，将这些理念融入了普鲁士强硬的作战计划，并成功地将作战计划的思想传播给普鲁士军官团的大多数成员。[28] 毛奇见证过 19 世纪 30 年代至 50 年代的技术与军事耻辱。当时，普鲁士军队在兵力部署上磕磕绊绊，还会陷入自己有限的军事行动的泥潭中，而这有限的军事行动不过是镇压波兰起义与巴登、黑森的小规模革命。因此，毛奇感到改革普鲁士军事体制的迫切需要。毛奇先是扩充了普鲁士的正规军，接着在 1862—1866 年间革新了军队的战略、作战和战术理论。

普鲁士总是太容易遭到任何一个更强大的邻国的侵略。在整个漫长的职业生涯里，毛奇都被这种担忧所驱使。俾斯麦和毛奇一样，也有这样的担忧。在腓特烈大帝（1740—1786 年）统治时期，伏尔泰将普鲁士贬斥为"边界地带组成的撕裂王国"（kingdom of border strips）。普鲁士的东部腹地（勃兰登堡与普鲁士）和它在威斯特伐利亚（Westphalia）与莱茵兰地区（Rhineland）的飞地，被北部德意志的自由市以及萨克森、汉诺威和黑森诸侯国所分隔。在南面，普鲁士以纺织厂和煤矿而著称的西里西亚和卢萨蒂亚（Lusatia），则与奥地利帝国和它的盟国萨克森有领土上的交叠。在东面，普鲁士的旁边是俄国的波罗的海省和波兰省。在西面，普鲁士则与法国接壤。总之，在所有欧洲强国之中，普鲁士是最容易遭到侵犯的，而 19 世纪 40 年代铁路和电报线路的扩张让这种情况更加恶化。1859 年，柏林为了给驻扎在伦巴第的奥地利盟军缓解压力，而威胁拿破仑三世要在莱茵河进行动员，结果遭到法国的无视，因为法国人确信，鉴于法国的铁路可以在**数日**之内集结20万人奔赴莱茵河，而普鲁士做到这一点则需要几个星期，普鲁士人应该会放弃威胁。确实，普鲁士人放弃了。[29]

14

图 1　1866 年普鲁士总参谋长赫尔穆特·冯·毛奇将军
（1800—1891 年）

19 世纪 50 年代，这样的尴尬事在普鲁士军队已然是一种常态。这十年对于柏林而言，开局便是俾斯麦口中的"奥尔米茨之耻"（humiliation of Olmütz）。1850 年 11 月，奥地利威胁入侵波希米亚，普鲁士军队却未能及时部署以保卫普鲁士，才导致了这场惨重的外交挫败。奥地利已经大军压境，普鲁士的谈判者在奥地利的奥尔米茨镇被迫放弃了原先的计划——普鲁士的原计划是让哈布斯堡奥地利主导的 1815 年成立的德意志邦联解体，在普鲁士支配下重组北德意志。当被嘲笑心比天高、命比纸薄时，普鲁士的将军们抗辩道，他们也是无可奈何的，因为普鲁士的进军路线、电报和火车线路，各处都遭到奥地利和它德意志邦联盟友的侵扰和包抄。

处于这样岌岌可危的战略形势之下，也难怪 19 世纪上半叶普鲁士在处理国际事务时总是畏首畏尾。奥地利对 39 个邦国组成的德意志邦联的控制权，是 1815 年在维也纳会议（Congress of Vienna）上各欧洲强国赋予它的特权。普鲁士不仅不挑战奥地利这一控制权，而且忠诚地维护 1815 年的条约，常常与奥地利携手维持欧洲的"权力平衡"，而这种平衡正是以哈布斯堡奥地利在德意志和意大利的霸权为前提。因此，普奥合作一直被视为理所当然的事，包括 1831 年的波兰危机、1848 年的欧洲革命，以及整个克里米亚战争期间，甚至一直到 1859 年法奥战争时——当时，俾斯麦建议普鲁士国王趁着奥地利在索尔费里诺战役中战败，让德意志邦联解体，将普鲁士分散的省份连接起来，把普鲁士这个新教王国的边境推进到德意志的天主教南方地区，但国王拒绝了他的建议。[30]

普鲁士军事理论长期反映了这种政治保守主义。这就是 1850 年普鲁士军队面对奥地利的威胁就屈服的原因。同样，这也是威廉国王会在 19 世纪 50 年代末启用大胆的新派改革者来取代普鲁士毫无想象力的保守派的原因。[31]1858 年，毛奇将军甫一上任普鲁士总参谋长就评论说，像俄国或奥地利这样幅员辽阔的欧洲大国，可以通过退守到内地而承受一系列战役全部战败的后果，但普鲁士作为一个"边界地带组成的撕裂王国"，却没那么好命。普鲁士一马平川的沙地平原对侵略者构成不了多少阻碍，而柏林呢，虽然它小心地经营财政，是多条铁路的重要终点，政府的各部也高效运转，但没有可以帮助普鲁士抵御坚决入侵的敌人的天然屏障。就像 1806 年一样，拿破仑决心入侵普鲁士时，仅仅几天时间，便横扫了整个王国。[32]

毛奇明白，普鲁士打破对奥地利的依存和对英法俄的从属的唯一方法就是，让普鲁士像在腓特烈大帝统治时期曾短暂做到的那样，成为欧洲首要的军事国家。为了做到这一点，毛奇迅速实施了战略战术上的变革。作为普鲁士对手的欧洲诸强也采取了这些变革，只是较为缓慢。英国历史学家 A. J. P. 泰勒[①]将贫瘠的普鲁士的崛起形容为"人类战胜了自然"，1857 年后毛奇的战略构想也不啻于此。[33]和腓特烈大帝一样，为了克服普鲁士的地理缺陷，毛奇采用的策略是赶在敌人前面快速地动员，然后将军队开进敌人的领土，以引开并消灭企图入侵柏林的敌军。[34]

这又是纯粹的克劳塞维茨的理念，但这一理念的实现则要归功于毛奇和罗恩设想并实行的重要改革。1859—1866 这段时间，这两人将职业生涯都投入与普鲁士自由派控制的议会之间的艰难斗争中。他们发起这场斗争，是为了把普鲁士正规军

---

① 全名艾伦·约翰·珀西瓦尔·泰勒（Alan John Percivale Taylor, 1906—1990 年），英国历史学家，著有《第二次世界大战的起源》一书。——译者注

的兵力扩充到与竞争对手奥地利同等的规模，同时将普鲁士以随和著称的后备役军队，即王国的中产阶级国民自卫军，纳入王室的严格监管。1862 年，为坚决推行这些富有争议的军事改革，使之在议会通过，普鲁士国王任命俾斯麦为首相。在俾斯麦这位专横跋扈的容克（Junker）的帮助下，毛奇和罗恩得以为普鲁士军队增加了 50 个团，将军队的战时现役兵额扩充到原来的三倍，从 1859 年的 10 万兵力增加到 1866 年的 30 万兵力。他们也成功地为普鲁士打造了一支最高效、部署最迅速的军队，可以与任何欧洲强国军队匹敌。法国、奥地利和俄国仍然实行"域外管辖"政策，为了让军队成为"国民学校"（school of the nation）而将团级部队派驻到遥远的地区，而不是派驻在当地。毛奇和罗恩则设计了一套属地管理制度，可以在当地将军队的军级单位扩充到战时兵力，然后进行动员和部署，动员和部署的用时只有对手所需时间的几分之一。[35] 正是有了这样一支扩充后的极其高效的军队，使得 1866 年人口只有奥地利帝国的一半的普鲁士敢于同人口多得多的邻国交战。

为了确保这支扩充后的军队的专业性，毛奇和罗恩将后备役军队的各营从正规军的各团编制中剥离出来，给他们安排像要塞执勤、兵站防卫、后勤补给等更简单的任务。为了稀释容克贵族对王室军队的控制权，普鲁士的自由派是希望后备役军队和正规军混编在一起的。所以，毛奇和罗恩这样做，又激起了普鲁士自由派一阵猛烈的抗议。尽管如此，罗恩、毛奇和俾斯麦索性无视议会对军队议案的年度否决，及时为 1866 年的战争**强制推行**了军队的变革，为普鲁士大幅增加了军队的兵力，而这正是普鲁士打败奥地利及其主要德意志邦联盟友巴伐利亚、符腾堡、萨克森和汉诺威所必需的。

17   就在俾斯麦与议会就后备役军队的问题进行较量的同时，
毛奇和罗恩悄悄地将普鲁士的铁路和电报纳入政府的控制下，
并改造它们以适应军事用途。火车车厢安装了可拆卸的长凳，
这样在动员的时候就可以拆掉座位，把车厢塞满士兵。铁路货
运车安装了铁环和独立的隔板，可以装载骑兵马匹和火炮拖车。
铁路进行了扩建，有的还建成了双轨，这样就可以沿着同一条
铁路双向行驶。绕过要塞或兵站的铁路会加建侧线以备军用，
电报线路会沿着铁轨架设，确保军令可以赶上疾驰的列车，及
时地送达。[36]

　　1864 年，奥地利、普鲁士和德意志诸邦对丹麦宣战，目的
是让石勒苏益格与荷尔斯泰因两省脱离丹麦的统治，将它们并
入德意志邦联。这场持续了一年的丹麦战争让毛奇确信，有必
要加速将铁路系统融入普鲁士的军事规划中。派往丹麦解放石
勒苏益格–荷尔斯泰因的普奥联军，乘坐铁路前往目的地，让
士兵大大节省了体力，并为 1864 年春季的攻势及时地将他们送
达战场。[37]

　　一旦动员并将士兵部署在丹麦，毛奇便理解了铁路的战斗
作用一点也不亚于铁路的后勤作用。丹麦人没有采取机动作战，
而是在一系列的战壕工事里与奥地利、普鲁士作战。他们一开
始是在石勒苏益格的丹尼维尔克①作战，后来在位于弗雷德里
西亚（Fredericia）和迪伯尔（Dybbøl）的王室要塞。在这些地
方，丹麦人集中了火炮和步枪，并以壕沟为防护，给奥地利和
普鲁士的进攻者造成沉重伤亡。毛奇亲眼见证了膛线火炮和步
枪的射程与威力，决心在未来一定要利用铁路快速地移动和集

---

　　① 丹尼维尔克（Dannevirke）：丹麦语中对石勒苏益格–荷尔斯泰因的"丹麦
防线"（Danewerk）的称呼。——译者注

结军队，绕过要塞机动作战。对于这样的行动，铁路是必不可少的，因为膛线火炮的射程和准度以及现代军队持续的扩军，往往使侧翼进攻和包围成为**战略**任务，而不是纯粹的作战或战术任务。鉴于加农炮可以将炮弹打到 7000 米的距离，而步枪的有效射程也达到了 1000 米，那么在战斗正酣时，将一个团从敌人的阵线中央调到敌人的侧翼就非常困难了。换言之，这种经典的拿破仑式机动战术，挪到 19 世纪 60 年代运用的话，将会造成令人难以承受的沉重伤亡。[38]

　　此外，毛奇认识到，由于普鲁士军队在 19 世纪 60 年代比 50 年代扩充了两倍（从 10 万扩充到 30 万兵力），如果全部部署的话，想要高效地移动军队将是不可能的。这只是 1859 年索尔费里诺战役留下的众多教训之一。当时，奥地利的 15 万大军稠密地集中在明乔河畔的群山上，奥地利试图部署其中几分之一的兵力都没能办到。[39] 即使对拿破仑而言，10 万以上的军团都曾为他带来后勤方面的问题，因为 3 万人的一个军就要求有 50 公里的开阔道路以容纳行军纵队和辎重队。如果只是让步兵军、骑兵师、炮兵团和辎重车队跟在彼此后边行进，那么这支军队的大部分人将参加不了战斗。毛奇认识到了这一切，决心利用德意志卓越的公路、铁路和电报网络提供的机动性和速度，将各支军队分别送到各自的始发点，然后他们沿着畅通的行军路线奔赴进攻点，当决定性的战果在望时，彼此侧翼相连，**投入战斗**。[40]

　　对于世界上大多数的军事机构而言，毛奇的这种理论仿佛异端邪说，因为在 19 世纪 60 年代，老资格的军事家们坚守的仍是安托万·亨利·约米尼（Antoine Henri Jomini）的战争准则。约米尼曾经与拿破仑一起征战，后来将拿破仑的战争经验

18

总结成《战争艺术概论》（*Précis de l'art de la guerre*）一书，于 1838 年出版。约米尼坚持认为，拿破仑成功的秘诀就是他的 "中心阵地战略"（strategy of the central position），即他倾向于 在会合的敌军之间的 "内部阵线"（internal lines）集中兵力，将敌军各个击破的战略。约米尼以拿破仑的洛迪（Lodi）、马伦 哥（Marengo）和奥斯特利茨（Austerlitz）三战役为例子，提出 "直接的内部阵线可以让将军在重要的点位上，集中比敌人更 强大的兵力进行作战"。他告诫 19 世纪的将领不要重蹈拿破仑 的对手们的覆辙，这些人往往没能将联合军队集中起来，从而 听任自己被孤立，并被拿破仑的集中兵力逐个击垮。[41]

然而，毛奇看到的是，19 世纪不断扩充的军队以及士兵、火炮和物资的重量与体积往往会堵塞拿破仑的 "内部阵线"，致使沿着内部阵线快速行动变得不可能。的确，毛奇坚持 "军团的**正常状态**是分编成各军"，他的灵感来源是 1805 年拿破仑 在乌尔姆（Ulm）的著名胜利。当时，法国皇帝拿破仑的军队 分散在 200 公里的战线上，他们迅速朝着集结在多瑙河畔的行 动迟缓的奥军汇集，集中兵力扼杀了奥军。[42] 在毛奇看来，乌尔 姆战役的例子代表了约米尼《战争艺术概论》中包含的诸多矛 盾。拿破仑创设元帅军衔和军级单位体制，难道不是为了促进 军队的分散，让他们行军更为迅速吗？乌尔姆和耶拿（Jena）战役的例子，难道不是说明了在集中的阵地集结的军团，会更 容易遭到分散、配合良好的侧翼军团的包围吗？[43]

毛奇的同时代人、美国的尤利西斯·S. 格兰特（Ulysses S. Grant）从没读过约米尼的书，对 "战争的固定法则" 嗤之以 鼻。毛奇和他一样，认为出其不意、灵活机动的无形因素对于 拿破仑的成功，远比约米尼的法则更为至关重要。[44] 毛奇利用铁路和电报让分散的部队实现快速、**持久的**移动和集中，让这些因素成为他成功的关键。但毛奇与拿破仑的区别在于，尽管拿破仑常常忙于在两支敌军之间穿梭，但他很少有余力追击、**消灭**这两支敌军中的任何一支。在后拿破仑时期，毛奇确信，他可以利用铁路和电报，让军队构建空前**宽广**的包围圈，将敌人的整个前线和后备力量一并纳入两支包夹的钳口里。[45]

此外，毛奇还预言了像拿破仑这样魅力型将领的消失。毛奇发现，军队扩充必然导致指挥权从指挥部转移到前线的军官。毛奇相信，指挥部不需要做其他的，只需要巧妙地部署野战军，为野战军指明战略目标，之后就由野战指挥官制订作战计划，指挥作战直至战争结束。后来，毛奇的这种理念被奉为"任务导向战术"（Auftragstaktik），是普鲁士-德意志从 1866 年开始采取的做法，即在向下级下达命令时，仅限于明确军队的最终目标，从而为下级军官达到目标留出相当大的战术自由。[46]虽然毛奇的理念非常合理，但似乎与拿破仑的战术恰恰相反。拿破仑的战术会集结各军团，在法皇拿破仑本人的密切注视下，集中一点发起猛烈攻击。

虽然毛奇的观点有争议，但普鲁士国王威廉一世相信他的总参谋长，并帮忙清除了改革的障碍，这些障碍的设置者则是普鲁士那些曾与拿破仑战斗过的高级别的老资格将领。这些富有影响力的"老兵"将领，如陆军元帅弗里德里希·冯·弗兰格尔（Friedrich von Wrangel）和爱德华·福格尔·冯·法尔肯施泰因（Eduard Vogel von Falckenstein）将军，不情愿地接受了毛奇的改革，刚好赶上了就如何划分、管理石勒苏益格与荷尔斯泰因两公国的问题而引起的普奥冲突。此前，在普奥联手努力下，这两个公国于 1864 年脱离了丹麦的统治。[47]1865 年，为了争夺对这两个争议中的"易北河公国"的控制权，毛奇和罗恩开始认真制订对奥地利帝国的作战计划。在这场即将到来的战争中，奥地利拥有几个优势。哈布斯堡的波希米亚省向西北延伸到普鲁士的敌对邻国萨克森，形成一块突出阵地，而萨克

20 森又与奥地利结盟，允许奥地利部署兵力，距离柏林只有三天的行军距离。奥地利这样部署后，普鲁士只要想从上西里西亚（Upper Silesia）对奥地利的部署进行包抄，就会被波希米亚巨人山脉（Giant Mountains）构成的物理屏障所阻碍。就算普鲁士的各行军纵队足够小，能够通过连接普鲁士和奥地利的五六条要隘，也会被波希米亚省内集中的奥军轻而易举地以优势兵力击溃。[48]

　　总之，尽管普鲁士入侵奥地利会面对这些可怕的阻碍，毛奇仍然在 1866 年下定决心，冒险一战。毛奇不顾普鲁士最年老的将军们的反对，选择了进攻策略。年迈的约米尼本人也反对毛奇的策略，他从巴黎的书房①送来了让普鲁士在西里西亚集结、采取防守策略的建议。[49] 普鲁士上一位伟大的扩张主义者腓特烈大帝，在与行动非常迟缓的奥地利军队于山脉间作战时从未失败过，而毛奇推断，普鲁士通往奥地利边境的六条铁路将使他比奥地利抢得多达六个星期的先机，因为奥军只能依靠步行行军，而且他们将部队和战争物资从维也纳运到普鲁士边境，也只能依赖唯一的一条北巴恩（Nordbahn）铁路线。毛奇明白，只要他占得战争的战略主动，拥有发起动员的全权，从而比奥

---

① 约米尼是瑞士裔法国将领、军事理论家。1779 年，约米尼出生于瑞士；1796 年来到法国巴黎，两年后投身到拿破仑的军队中，开始了军旅生涯，其间表现出异乎寻常的军事指挥才能；1813 年 8 月，离开法军，投奔俄国沙皇亚历山大一世；1855 年离开俄国，回到了法国，后半生著书立言，直至 1869 年去世。——译者注

地利抢先一步，他就将拥有充足的时间，横扫萨克森，占领萨克森至关重要的南北铁路线，穿过巨人山脉，进入波希米亚这个奥地利帝国的产粮区与核心工业区。

要实施这个大胆的计划，毛奇就必须迅速行动，防止奥地利完成动员和部署，阻断奥地利军队与其德意志邦联盟国之间的配合。奥地利的德意志邦联盟国包括巴伐利亚、符腾堡、巴登、萨克森、汉诺威和黑森，这些盟国加在一起将为奥地利增加 15 万的兵力。[50] 在 1865—1866 年之交的冬天准备的备忘录里，毛奇坚决主张，只要与奥地利及其德意志同伙开战，普鲁士"动员的第一天必须与宣战同日……只要我们的邻国有一国开始备战，我们就必须同时宣战与动员，因为我们绝不能让自己失去主动权"。[51] 总之，毛奇把希望寄托在闪电战（Blitzkrieg）上，即利用普鲁士快速行进的纵队，趁着哈布斯堡军队和邦联分遣部队部署的过程，迅速聚集到他们的两翼，击溃他们，闪电攻入奥地利和德意志诸邦。通过在延伸的阵线进行动员，在战役打响的几星期之前便开始战略包围，毛奇后来便将这个过程称作"包围战"（Kesselschlacht）或"口袋战术"（pocket battle）。敌军兵力将被普军广泛分布的侧翼兵力赶进一个狭窄的口袋里，继而被歼灭。

在普鲁士"包围战"的执行过程中，战术将起到重要作用。要在 19 世纪包围一支 30 万兵力的大军，毛奇将不得不让部队在危险的宽广阵线上接近这支敌军，而他自己的每个军都会被拉伸得队伍稀薄。按照预期，"包围战"开始的前几天，普鲁士的中军要牵制住口袋中的敌军，这样两翼才可以围绕敌军布下阵来，并切断敌军的撤退路线；这时，普鲁士中军士兵将暴露在敌人全部兵力爆发而出的毁灭性的反攻之下。因为普军的两翼都张开了，他们将无法深入增援被削弱的中军。

这种敌军反攻一旦突破的危险，解释了为什么大多数 19 世纪的指挥官都偏爱约米尼的战略。似乎只有占优的兵力、集中的部队、密集的阵形和布好的阵地才能保证安全。然而，毛奇却另辟蹊径以避开这种困境。通过利用现代火力和改善普鲁士士兵的战术表现，毛奇可以让普鲁士步兵在战术上冲破哪怕最不利的**战略**障碍，达到毛奇的最终目标：形成狭窄的包围圈或口袋，以占压倒性优势的兵力将包围圈或口袋里密集分布的敌军包裹起来，用火力将其消灭。[52] 关于这一点，毛奇在 1867 年出版的普鲁士总参谋部的普奥战争史中，总结了他的观点："正面和侧面都遭到攻击的军队，会发现它内部阵线的**战略**优势将被敌人从**战术**上瓦解。"[53]

将普鲁士步兵打造成欧洲最优秀、最灵活机动的步兵，毛奇的这个决定恰好在另一件事上得到了帮助，即 1866 年，普鲁士是唯一一个装备有名为"德莱赛针发枪"（Dreyse Zündnadelgewehr）的后膛枪的欧洲大国。德莱赛针发枪又简称为针发枪，叫这个名字是源于它的针形撞针。尽管这种栓式针发枪装弹和射击的速度比欧洲其他军队使用的前膛枪快了四倍，但德莱赛针发枪在 1849 年被引入后，普鲁士的竞争对手中还没有哪个国家装备这种枪。出现这种奇怪的现象是因为德莱赛针发枪存在的缺陷，让除普鲁士以外的其他大国对这种枪产生了不信任。德莱赛针发枪制造粗糙，撞针不牢固，栓式枪机不灵便，有时得拿石头用力捶才能捶开。此外，枪的后膛不致密，会将火星喷到枪手的脸上。这种有缺陷的气体密封是所有早期后膛枪的通病，会消耗掉枪支大部分的冲击力和速率。一位奥地利医学专家不无夸张地评价，普鲁士的远程火力"几乎不会比扔的一把石子伤害更大"。[54] 至于这种步枪的快速射击速度，在大部分欧洲军官看来同样是个缺陷，而不是优势，因为除非在最冷静的枪手手中，这种枪若射击得太快，在战斗全面打响之前，在遭遇战中就会将弹药库存消耗殆尽。[55]

　　19 世纪 60 年代的步枪枪弹口径大，质量重，有成年人的手指粗细。在战场上，一名背着各种装备的战列步兵最多能携带 60 发这样的枪弹。对于装备前膛枪的步兵而言，60 发枪弹可以射击 1 小时，因为将击发步枪立起、用通枪条装弹就需要 1 分钟的时间。但是，对于装备后膛枪的普鲁士步兵而言，他可以用**任何**姿势为步枪装弹，无论站着、跪着，还是趴着，而且可以在 1 分钟内瞄准射击 4 次或 5 次。这样一来，60 发枪弹最多坚持 15 分钟，还不够一个排的兵力打一次遭遇战，更不用说与敌人的主力打一场战役了。

　　鉴于这一令人不放心的因素，除普鲁士以外的所有军队都放弃了早期的后膛枪。由于补充的枪弹必须装在弹药车里运输，而在战役中，弹药车又总是落在军队辎重车队的错误一端，指挥官们认为，最好还是为了射击**控制**的确定性，放弃快速射击的潜在优势。所谓射击控制，是指由连级的军士跨立在横列的一排步兵旁，大声喊出射程，指挥瞄准，然后在听到军官命令后有条不紊地发起齐射。齐射的火力总是比单兵火力更精准，因为在管控之下，齐射的**精神**威力往往也是决定性的。单兵射击只是往敌人的阵形上啄那么几下子，而齐射的火力立即就会将他们成片扫射倒地。遭到齐射后，士兵身处喷涌的鲜血、飞溅的断肢中间，整个队伍都会崩溃，而伤员的哭喊声也会令各后备连队后撤，而不敢向前冲。[56]

　　19 世纪 60 年代的大多数欧洲将军，仍然遵从着一个世纪之前腓特烈大帝的谆谆教诲："步兵尽可能少开枪，然后用刺刀冲锋。"在腓特烈大帝战争与拿破仑战争期间，难道所有的欧洲军队不都雇用了充足的"轻步兵"来承担"遭遇战"的任务吗？[57] 截至 19 世纪 60 年代，法国增加了 63 个营的猎兵（chasseur），普鲁士增加了 50 个营的燧发枪兵（fusilier），意大利增加了 40 个营的狙击兵（bersaglieri），奥地利也增加了 40 个营的狙击兵（Jäger）。奥地利的"狙击兵"和法国的"猎兵"一样，都有"猎人"的意思，也同样贴切地描述了轻步兵的作用：悄悄接近敌人的散兵，将他们打退；为战列步兵的前进提供掩护火力，不然的话，考虑到战列步兵密集的阵形，他们将成为敌军神射手轻而易举就射中的靶子。[58]

　　1866 年标志着步兵战术的分水岭。在此之前，大多数将军相信，在战列步兵前面作为屏护部队前进的散兵，掌握了军队需要掌握的关于射程测量和射击术的知识。轻步兵营为他们短柄卡宾枪装弹、射击，速度是战列步兵的两倍。他们真正会**使用瞄准孔**，从掩体里闪进闪出，能够将敌军逼退，打乱敌军的目标，让己方集中的战列团得以冲上去用刺刀将敌人击溃。

　　这就是 1866 年的正统战术。如同做出的战略改革一样，毛奇很快就会对这种正统战术做出根本性的改变。1848—1864 年，在动员、作战和机动的各方面，普鲁士军队都在"冲击战术"和新的革命性的"射击战术"之间摇摆不定——"冲击战术"是普军和其他欧洲军队在拿破仑战争期间曾经采用过的战术，而"射击战术"则是因为普军装备了高射速的针发枪才成为可能。这种摇摆不定解释了为什么一位法军军官在观看了普军 1861 年的演习后，会对普军嗤之以鼻。当时，这位法军军官嘲讽说："普鲁士正在给军人的职业抹黑。"[59] 三年后，当总参谋长毛奇决定彻底放弃冲击战术、采信射击战术，普鲁士的步兵在一系列的血腥冲突中将丹麦军队撕得粉碎时，法国和其他欧洲强国对普军的轻视将开始改观。

将营纵队分成更灵活的步兵连和排，以便部署到散兵线，让每一支能够快速射击的步枪都能发挥作用，毛奇的这种战术创新一开始还遭到同时代人的嘲讽。普鲁士 19 世纪 60 年代第一军人、时年 80 岁的陆军元帅弗里德里希·冯·弗兰格尔曾于 1864 年，在丹麦短暂地指挥普鲁士分遣部队。他认为毛奇的射击战术"不可控""不光彩"。"不可控"，是因为这种战术将部队分散到零散的阵线里。"不光彩"，是因为他们杀敌不是与敌人面对面，而是躲在远远的隐蔽处。[60]1866 年初，阿道夫·舍恩费尔德（Adolf Schönfeld）提出的反对声比弗兰格尔的无端指摘更为严重。舍恩费尔德是奥地利的参谋，曾在普鲁士驻丹麦总部任职。舍恩费尔德认为，毛奇的战术改革就是拍脑袋决策。"在丹麦，"舍恩费尔德写道，"我一次次地无意中听到，普鲁士的军官担心士兵不能将枪弹节约到战役**决定性的第二阶段**。"[61]

这样的担忧不无原因。1864 年，在第一次参战经历中，很多普鲁士士兵的表现和所有没有经验的步兵容易表现出的一样，在遭遇战中就浪费了珍贵的枪弹，而实际上，只有在和平时期比战列步兵做了更多大量射击练习的轻步兵，在遭遇战中才会有信心击中目标。在丹麦，普鲁士可以用新的后备力量替换掉已经将枪弹打光的分队。然而，面对奥地利这样的大国，普鲁士就没办法继续保持这种优势了。他们大多数的后备力量在战役一开始就不得不投入战斗，而那些过早耗尽弹药的分队将会被奥地利的"突击纵队"用刺刀冲垮、击溃。

总之，反对射击战术的论点是令人信服的。以传统的方式

24

展开战斗难道不是更稳健、更明智吗？在 19 世纪 60 年代，"传统"方式是指战斗先以连续的炮击开局，派出散兵和龙骑兵骚扰敌军，确定敌军的阵地，猛攻敌军的薄弱点，一旦战列团突破或者包抄了敌军编队，便派出整个骑兵部队和后备火炮追击敌人。在关键的 19 世纪 60 年代，只有毛奇敢于挑战这种模式，重铸普鲁士的步兵战术。

尽管奥地利从一开始就摈弃了射击战术，认为根本不可能教会没有文化的农民新兵如何测量射程和朝着移动的靶子瞄准射击，但毛奇相信，假以充分的训练，不止燧发枪兵，所有普鲁士的新兵都能学会使用步枪，在近程、中程甚至远程达到杀敌效果。[62] 因此，1862—1864 年期间，在奥地利实际削减射击练习的年度开支，开始依赖开支少、易管理的冲击战术的同时，普鲁士军队却上演了射击练习的狂欢。当奥地利新兵每年仅分配到 20 发练习枪弹的时候，普鲁士新兵每年可以练习射击 100 发。当奥地利新兵要使用由谨慎的军士校好的瞄准器和瞄准孔，才能对着固定的靶子射出这 20 发练习枪弹时，普鲁士新兵必须在射击场上前后左右地来回移动，学会用自己的瞄准器抵消子弹的弧线造成的偏差，并在"射击日志"上记录下每一发练习枪弹是否命中。[63]

毛奇在规定强化射击训练的同时，还强调了小分队战术（small-unit tactics）。奥地利、俄国、法国和意大利很少以小于半个营的队形进行训练，但毛奇意识到，这样密集的队形只会浪费针发枪的独特优势——快速射击。如果普鲁士步兵像俄国步兵或奥地利步兵那样，都挤在狭长的冲击纵队里，那么大多数步兵将根本没机会使用步枪，因为他们担心射中前面士兵的后背。因此，毛奇不顾弗兰格尔这样的保守派的反对（他们相信冲击纵队对于任何战斗序列都是必不可少的），将普鲁士的团级单位分权，鼓励团下辖的营视情况所需细分成半营、连、排和班。这样分组后，即便是很小的普鲁士分队也可以包抄敌军的密集队形，用交叉火力消灭他们。[64]

　　简而言之，毛奇对火力和小分队的重视，是他宏大的**战略**包围理论在具体的**战术**层面的变形。利用普鲁士营级单位的灵活性和火力，毛奇旨在将每次与敌军的小冲突都变成一场包围战，无论兵力多么悬殊。敌人射出一发子弹，普鲁士步兵可以射出四发。利用这一优势，他们将能从四倍于他们兵力的敌军中杀出一条路来，最后到达毛奇对敌人整支军队实现滚动包围的集合点。[65]虽然大多数人认为毛奇的作战理论是荒谬的，但在1866 年，这一理论证明了自己的有效性，自此以后便成为普鲁士-德意志战略的战术基础。

奥地利的战略和作战理论——从卡尔大公到贝内德克

　　19 世纪 60 年代的奥地利没有毛奇。这不是因为奥地利没有人才，而是哈布斯堡维也纳怪异的文化氛围所造成的后果。尽管这样说没有恶意，但 1866 年的奥地利皇帝弗朗茨·约瑟夫是个无能的老好人，一直到他 1916 年去世时都是如此。他害怕冲突。在19 世纪 50 年代进行专制统治的早期实验失败后，他便倾向于用妥协的方式预防一切潜在的纷争。这位皇帝在政治上如此，在军事上也是如此。1860 年，在要求为帝国在意大利的耻辱战败而承担责任的舆论压力下，奥皇约瑟夫突然撤掉了做了十年总参谋长、72 岁高龄的陆军元帅海因里希·赫斯（Heinrich Hess），用一位更年轻、更**受欢迎**但也更不够格的人取代了他。

　　约瑟夫选拔出来代替赫斯的将军是 57 岁的路德维希·贝内德克。他是奥地利唯一一位从索尔费里诺战役的战败中崛起的英雄。在索尔费里诺，贝内德克的部队英勇地掩护奥军跨过明乔河的桥梁，撤到安全地带。帝国的宣传人员充分利用这战争阴霾中唯一的一个亮点，对贝内德克大肆宣传。在他们的鼓动下，维也纳的媒体将贝内德克称颂为奥地利的"拉德茨基①再世"。对此，奥皇约瑟夫的反应是越过五六位更有才干的军官，极为仓促地将贝内德克任命为陆军总司令（Feldzeugmeister），并授予中将军衔，让他同时掌管奥地利最大的常备军——驻维罗纳意大利军团（Army of Italy in Verona）和维也纳的帝国总参谋部。[66]

　　贝内德克的迅速崛起充满了危险，因为这位陆军总司令是众所周知的无能的战略家。奥皇约瑟夫提拔他，是为了在奥地利新近被授予选举权的中产阶级中间赢得声望而使出的政治手段。奥地利的中产阶级拥戴贝内德克，是因为他有趣的人格和普通的出身，但他们往往忽略了这位陆军总司令作为参谋军官的明显缺陷。贝内德克是一位外省医生的儿子，他高调地蔑视军事科学，常常开玩笑地说，自从十年前离开维也纳战争学院后，就再也没读过一本相关的书了。他关于战争的格言之一是："在参谋部任职需要的唯一才干，是能吃，能消化。"②[67]

---

①　约瑟夫·拉德茨基（Joseph Radetzky，1766—1858 年）：奥地利陆军元帅，参加过奥土战争和第二次反法同盟战争，1809 年起作为参谋长辅佐卡尔大公在阿斯佩恩-艾斯林战役中击退拿破仑，1814 年作为联军总司令施瓦岑贝格（Schwarzenberg）亲王的参谋长策划了莱比锡战役，1836 年晋升陆军元帅。——译者注

②　"能吃"的原文是"a strong stomach"，这个习语除了按字面意思指胃口很好，能够吃下各种不常见的、不好吃的或太辛辣的食物而不会引起胃的不适外，还指能够从容应付各种困难、令人不快的局面。所以，综上来看，贝内德克的这句话，既可能是幽默地讽刺在奥地利的总参谋部工作，只要能吃能喝会混关系就行（这与当时奥地利军队的风气也有关），也有可能是比喻在总参谋部工作，需要能应付各种棘手的局面。当然，结合上下文，第一种可能性更大。——译者注

图 2　1866 年奥地利北方军团总司令路德维希·贝内德克将军
（1804—1881 年）

　　贝内德克偶尔嘲讽他总参谋部的工作人员，称他们为"出身贵族的狒狒"和"书呆子"。士兵们很享受贝内德克这样的嘲讽带来的乐趣。虽然贝内德克深受士兵喜爱，但这位陆军总司令在军官同仁中间树立的却是另外一种形象。在这些军官中间，很多人因为他的粗俗而鄙视他，又因为他能对年轻、富于幻想的皇帝的想象力施加的强大影响而害怕他。[68] 这种影响力在19 世纪 60 年代达到了巅峰。当时，奥皇约瑟夫先是任命贝内德克为帝国总参谋长，接着在贝内德克本人的请求下，于 1864年免去了他总参谋长的职位，将该职位给了他最好的朋友兼副官阿尔弗雷德·亨尼克施泰因（Alfred Henikstein）将军。亨尼克施泰因将军出身于犹太银行业家族，时年 54 岁，生活上颇为放纵。随着奥地利与丹麦的战争逐步结束，他不情愿地从维罗纳搬到维也纳，负责奥地利的战略规划工作。

贝内德克草率地选中亨尼克施泰因做总参谋长，竟然得到奥皇弗朗茨·约瑟夫的批准，约瑟夫整个统治时期的性格缺陷在这件事上体现得最为明显。亨尼克施泰因的军旅生涯一直平平无奇，除了与陆军总司令的友谊之外，他没有任何长处能让他配得上这个新职位。在 1859 年的大败之后寻找新道路的迷茫的奥地利军官，在这次奇怪的任命上，看到了宫廷政治对唯才是举的胜利。据私下传言，贝内德克在维罗纳感到孤立，想从他的个人圈子里选一个人安插到维也纳，遏制哈布斯堡军队内部对他权力的挑战。[69] 不然，将亨尼克施泰因这样倒运的人任命到这样一个至关重要的职位上，还会有什么**别的**理由吗？

从 1864 年得到任命到 1866 年开战期间，在进一步做好与普鲁士和意大利两线作战的战备方面，亨尼克施泰因几乎无所作为。在 1861 年意大利开始向奥地利索取威尼西亚，普鲁士开始向奥地利施压，要求奥地利出售或割让奥地利占有的石勒苏益格-荷尔斯泰因（1864 年，普奥这两个德意志强国从丹麦手中夺取了石勒苏益格－荷尔斯泰因）的一半权益之后，奥地利与普鲁士、意大利两线作战的可能性越来越大。尽管德意志和意大利的问题迫在眉睫，显然有随时爆发的危险，贝内德克却没有采取任何行动纠正亨尼克施泰因的动向。相反，1865 年，他还写信告诉亨尼克施泰因，他将利用自己在维也纳的影响力，给他的朋友亨尼克施泰因安排一位勤勉的副总参谋长来负责奥地利的战略规划工作，这样亨尼克施泰因就可以将时间用在更重要的追求上，毕竟贝内德克最看重亨尼克施泰因的，就是他作为"家长、男伴、美食家、赌徒和猎鹿人"的品质了。[70]

　　如果奥地利能有一位战争大臣，拥有普鲁士阿尔布雷希特·冯·罗恩将军这等才干，也许还能抵消在总参谋长任免上的缺陷。然而，弗朗茨·约瑟夫却将战争部交托给一个比亨尼克施泰因更不可靠的人：时年 58 岁的卡尔·弗兰克（Karl Franck）将军，一位听话的官僚。正是因为弗兰克听话，约瑟夫才在 1864 年选拔他当战争大臣，目的是阻止即将卸任的战争大臣奥古斯特·德根费尔德（August Degenfeld）将军企图推行的普鲁士式的军事改革。[71] 从军官的晋职考试，到设立 20 个新的步兵团，德根费尔德的一揽子改革提案都遭到奥皇约瑟夫的否决。约瑟夫给出的牵强理由是，这样的革新会破坏军队的"传统"。约瑟夫反对称，晋职考试将干涉他将朝臣任命到关键军队职位上的"君权"，而新设立的团级单位将会像一个"杂种崽子"一样，只不过是将一群人仓促地聚在一起，而缺少拥有几百年悠久历史的团那种凝心聚力的榜样精神。与 19 世纪设立更小、更灵活、火力更集中的分队的趋势背道而驰的是，奥皇约瑟夫和他年轻有权势的副官、45 岁的弗朗茨·福利奥－克雷内维尔（Franz Folliot-Crenneville）伯爵，最终仅同意德根费

图 3　1866 年奥地利总参谋长阿尔弗雷德·亨尼克施泰因将军
（1810—1882 年）

尔德建议设立的一半数目的团，至于其余的，他们则坚持将征募的新兵一刀切地和奥地利"古老的团"原有的、越老越尾大不掉的营所属的老兵混编在一起。[72]

　　既然有像弗朗茨·约瑟夫这样的领导者，用他那样的头脑来擘画奥地利的战略与军队组织的纲领，那么也很难将 19 世纪 60 年代奥地利军事发展停滞不前的责任完全归罪到贝内德克、亨尼克施泰因和卡尔·弗兰克的头上。然而，他们自己起草的文件还是证实了，他们中间没有一个像毛奇或罗恩那样多产和奋发有为。的确，到了 1865 年，一向快活的亨尼克施泰因（亨尼克施泰因有时会护送体弱多病的卡尔·弗兰克参加内阁会议，以便代他发言），似乎也被奥地利军队高层的懒于作为弄得意志消沉。当年早些时候，亨尼克施泰因甚至建议撤销总参谋长这一职位，将该职位与哈布斯堡战争部的"作战部"合并，而作战部则由卡尔·弗兰克的 16 位副职之一掌管。[73] 毋庸赘言，他们和毛奇与罗恩相比有天壤之别。

　　简言之，针对毛奇的新战略和战术理念，奥地利没能采取有效的对策。因为没有更好的选择，19 世纪 60 年代的奥地利战略家只能退而依靠约米尼和卡尔·哈布斯堡（Karl Habsburg）大公在波旁王朝复辟时期的理念。卡尔大公曾经在 1809 年的阿斯珀恩（Aspern）战役中击败拿破仑。直到 1847 年去世前，他曾撰写了大量关于战争的论述。虽然卡尔大公的战略思想主要撰写于 19 世纪三四十年代，但直到 1862 年才真正在奥地利出版，恰于此时，奥地利的参谋军官们如获至宝般地将其用作奥地利战略的本土思想基础。

　　奥地利和普鲁士的战略学派之间的差异已经大得不能再大了。克劳塞维茨不惜将战争鼓吹为"政治的延伸"（extension of

policy），卡尔大公却将战争斥为只有在最绝望的情况下才可以
30 采取的重大战略选择。卡尔大公断定："战争，是一个国家所
能经受的最大罪恶。"[74] 注意到拿破仑在征战过程中因超越国力、
过度用兵而显现出心有余而力不足的颓势，卡尔大公提出了一
种更谨慎的**防守**理论，以替代拿破仑-克劳塞维茨的理论。克
劳塞维茨坚决主张，所有军队的目的都是消灭敌人的武装力量。
他的这个主张是从拿破仑的一句名言中得出的。这句名言说，
一支军队的使命再简单不过，那就是"前进、战斗和宿营"。
为了将敌人歼灭，拿破仑常常无视补给线和撤退路线。通过经
常地无视"战争法则"，拿破仑总是能达到出其不意的效果，
在与兵力更占优势的敌人战斗时，赢得重大胜利。[75]

然而，卡尔大公认为，正是拿破仑不断出其不意地变阵导
致了他的毁灭。无休止的进攻浪费了法国的精力，让它在 1814
年时门户大开，遭到入侵。卡尔大公为奥地利寻求一种更为可
持续的防御体系，并在 17 世纪的一项主张中找到了答案，即
"占领战略要地是战争的关键"。[76] 为了防止未来再出现一位攻
击奥地利的拿破仑，卡尔大公设计了一套建立在三要素基础上
的防守战略，这三个要素是：改良的要塞，固定的交通线，以及
一个假设，即奥地利和欧洲包含了有限数量的"要地"，只要控
制了这些要地，无论敌人使用什么样的机动策略，都能确保奥地
利取胜。1840 年，卡尔大公发表意见说："每个国家都包含了可
以决定它命运的战略点。这些战略点就是这片国土的要害。"[77]

对拿破仑、克劳塞维茨和**毛奇**战略理论的背离，还能想象
出比这更彻底的吗？卡尔大公主张，围绕要塞打造奥地利的
"防御体系"，"通过保护局部来保护整体"；在滑铁卢战役之
后，哈布斯堡军队以极其高昂的代价贯彻了这一主张。[78] 东有俄

国，南有意大利，北有普鲁士，西有法兰西，四面威胁之下，
奥地利在 1815—1866 年间，花费了 10 亿弗罗林（约合 1995 年
的 135 亿美元）建造新要塞及修复旧要塞。1833—1849 年间，
光是在威尼西亚修建四座方形要塞，奥地利军队就花费了 1 亿
弗罗林（约合 13.5 亿美元）。这四座要塞，三座是多边体的防
御工事，分别位于曼托瓦、佩斯基耶拉（Peschiera）和莱尼亚
戈（Legnago），一座是加筑了壕沟防护的营地，位于维罗纳；
它们为奥地利封锁住了朝向意大利那一面的侧翼。[79] 在德意志邦
联内部，奥地利贡献了 6000 万弗罗林（约合 8 亿美元），用来在美
因茨（Mainz）、卢森堡（Luxemburg）、乌尔姆（Ulm）、拉施塔特
（Rastatt）和兰道（Landau）建造现代要塞，以防止法国（或
普鲁士）夺取莱茵河的左岸或袭击多瑙河地区。[80] 在奥地利与普
鲁士的边境沿线，哈布斯堡的战争部选择了不资助建造更好的
公路或铁路，即使这能让奥地利像普鲁士那样，将步兵团快速
运送到受威胁的地点。相反，战争部选择资助维护神圣罗马帝
国皇后玛丽亚·特蕾莎（Maria Theresa）的 "北部方形要塞
群"。这片古老的易北河畔要塞群分别坐落在特莱西恩施塔特
（Theresienstadt）、克尼格雷茨和约瑟夫施塔特，在腓特烈大帝
的时代挡住了普鲁士进军维也纳的路线。

　　维护那么多早就被新建的公路和铁路绕开的军事设施，突
出了 19 世纪 60 年代奥地利与普鲁士在战争规划方面的根本差
别。早在 40 年代，普鲁士就停用了他们的旧要塞，将节约出来
的一些开支转移到战略铁路的投资上。1861 年，毛奇主张加快
这一汰旧建新的过程，重申了他最初在 1843 年就写下的观点：
"铁路的每一项新发展都是一处军事优势；对于国防而言，用
在完备铁路上的几百万支出，远比用在要塞上更加物有所

值。"[81] 奥地利则走上了相反的道路，执迷不悟地将经费投在固定的要塞而不是铁路的建设上。[82]1861 年，弗朗茨·约瑟夫让已经退休的陆军元帅海因里希·赫斯重新出马，交托给他一项任务，让他促使议会通过新一轮的要塞建设议案。约瑟夫认为，这项 1.4 亿弗罗林（约合 18.9 亿美元）的工程将一劳永逸地"封住"奥地利零落的边境线"缺口"。[83]费伦茨·弗拉西茨（Ferenc Vlasits）上校曾经为奥地利制订了入侵丹麦的计划。1865 年，当弗拉西茨被召见，让他评判毛奇在丹麦战争中短兵相接的战术时，他批评普鲁士的行动"混乱不堪……尽管普鲁士的战术家明白在战争中占据主动、贸然行动和冒险取胜的价值，但他们不懂交通线的关键——不，不仅是关键，甚至是**决定性**的重要性"。弗拉西茨继续批评道："他们是无可救药的乐观主义者。在混乱、冒进的行动中，他们也没能组织好后方维持生存的补给线。"[84]

在战术上，弗朗茨·约瑟夫和奥地利军队高层的退步同样也不小。自从 1859 年奥地利没有经验的战列团被法军步兵全力冲击的纵队击溃后，他们一下子就对法军冲击战术取胜的例子念念不忘。在索尔费里诺战役之后，弗朗茨·约瑟夫发誓再也不相信射击战术，没有道理地坚持"只有**行动**才能带来胜利"。[85]这位奥地利的皇帝没弄明白的是，1859 年的意大利战争更多的不是证明了战术的优劣，而是说明了奥地利军队的无能。在 19 世纪 50 年代，当哈布斯堡军方与皇帝约瑟夫的国民政府携手在奥地利推行"新专制主义"统治时，军队多的是经费，但他们将大部分经费浪费在奢侈品、要塞和冗余的职位上了。只有很少的宝贵资金流入作战部队，而当 1859 年战争爆发时，他们大部分人甚至都没有受过如何使用新式洛伦兹步枪

（Lorenz rifle）的训练。因此，尽管奥地利军队装备着欧洲最好的步枪，以300人一队的小规模营级"分队"进行部署，在理论上能够以三个"分队"为一组进行机动配合，对法军600人的密集营级大队进行纵射，但实际上他们在1859年的射击表现得一塌糊涂。他们对自己的战术手册表现出无动于衷的漠视，拒绝机动配合，让法军的营级大队得以渗透到奥军的"分队"之间，将它们逐个击破。[86]

这场失败，要归咎于什么原因呢？无论敌友都把奥军在战役中的糟糕表现归因于两件事上：一是哈布斯堡军队高层在官僚机构方面慷慨花费，在部队的训练上却吝于支出；二是普通步兵的蒙昧无知，他们在贫穷的农村地区长大，甚至没接受过小学教育，因此也不要指望他们能掌握射击术，甚至不能指望他们听得懂哈布斯堡军队的"指挥语言"——德语。[87]1859—1866年，哈布斯堡战争部为官僚机构与办公大楼做的预算，远远多于为战士、武器和训练所做的预算。[88]弗朗茨·约瑟夫将帝国军队视为他与反王朝党派无休止斗争中的政治支柱。在他的纵容下，哈布斯堡军队变成了组织涣散、官员冗余、机构臃肿的就业库。每一年，拨给"省军区""超编军官"和养老基金的钱都比拨给奥地利80个战列步兵团的钱多；这些步兵团一直都没学会射击、掩护和小分队作战，而这三样技能正是毛奇从1859年之后就在普鲁士步兵的训练中一直强调的。[89]

弗朗茨·约瑟夫没有像普鲁士那样，投入大量花费在射击战术训练上。相反，他选择了冲击战术。作为对普鲁士射击战术的替代，冲击战术投入少、易操作。冲击战术为这位皇帝节省了大量步枪训练的成本。此外，他把他那多民族混杂的作战团像牛一样赶在一起，以解决语言和士气的问题。[90]1861年之

33

图 4　1866 年哈布斯堡奥地利皇帝弗朗茨·约瑟夫
（1830—1916 年）

后，只有奥地利的轻步兵（狙击兵）可以使用步枪。战列步兵 ³⁴
仅仅发挥蒸汽压路机的功能——战列步兵纵队之间的间隔在
1859 年为 54 步距离，到了 1866 年已经减少到仅仅 12 步的距
离。[91] 尽管奥地利的战术家承认，如果将"营级密集纵队"
（battalion masses）部署在速射的普鲁士步枪对面，前排士兵将
遭受沉重的伤亡，但他们仍然推断，每个冲击纵队的**大部分**兵
力能够幸存下来，将敌人分散的步兵连残忍地蹂躏，就像 1859
年法军肆意践踏奥地利分散的"营级分队"那样。

　　1864 年普奥联手入侵丹麦的结局，本应让奥地利的战术家
停下来仔细思考一下，因为丹麦军队在很多方面都和奥地利军
队相似，而丹麦军队却被普鲁士军队轻而易举地打败。1864 年
的丹麦军队编有很大比例的德意志军官和军士，他们都是来自
德意志邦联的职业军人。然而，丹麦军队的大部分战列步兵都
是未经训练的丹麦农民。和奥地利人一样，丹麦人把冲击战术
视作最简单、最经济的组织大批新兵的方式。[92] 然而，每次丹麦
的"突击纵队"朝普鲁士的火线（firing lines）冲锋时，都会
带着令人痛心的伤亡被打退。1864 年初，在日德兰半岛
（Jutland）的伦比（Lundby）发生的一起小型战斗，提供了教
科书般的例证，证明冲击战术面对射击得法的步枪时的徒劳无
益。在伦比，180 名丹麦士兵在旷野遇到了 124 名普鲁士士兵。
他们组成两个连级纵队，装上刺刀，朝普鲁士士兵冲去。普鲁
士士兵部署成横列，一直等到丹麦士兵逼近到 250 米的射程之
内才发出一轮齐射。丹麦士兵跑了那么远的距离已经很累了。
他们跟跟跄跄，但继续冲击过去。普鲁士士兵等他们到达 200
米的距离时，发出第二轮齐射，在 150 米的距离发出第三轮齐
射。丹麦士兵停下了，零散地射击一轮后，就乱哄哄地撤退了。

在 1 分钟的时间内，他们损失了 3 名军官、85 名士兵，已经是有生力量的一半。如果再要坚持进攻，丹麦士兵将被迫在最后 150 米的路程内，承受普鲁士士兵三四轮的齐射和最后一波猛烈的单兵射击。这是不可能完成的任务。即便奥地利的战争大臣，一位冲击战术的狂热信徒，也不得不赞叹"普鲁士步枪在伦比战役，面对丹麦两个以密集队形排列的连，通过有条不紊、迅速精准的齐射所取得的令人惊叹的战果"。[93] 奥地利赴丹麦远征军的参谋长费伦茨·弗拉西茨也回忆了一起在日德兰其他地方发生的类似插曲。"我看见一个普鲁士连用快速的火力抵挡住两个丹麦连。这两个丹麦连甚至没法**发起**冲击进攻。"[94]

丹麦战争一结束，奥地利战争部立即对普鲁士的撞针步枪进行了重新评价，但得出的结论却是，普鲁士的射击战术更为优越这一"纯理论的主张"并"没有在丹麦战争中得到验证"。为什么？因为丹麦战争没有"在开阔战场上展开大规模部队的重大对阵战……它主要是散兵遭遇战组成的战争"。丹麦军队不是从树后或石墙后射击，就是隐蔽在战壕或躲在要塞里。[95] 这些吹毛求疵的说法，部分上是说得过去的。毛奇自己也承认，"在丹麦战争中……我们的步枪从没在一场**真正的**战役中证明自己"。[96] 然而，奥地利战争部在伦比和其他类似战斗中亲自观察发现，当面对缺少足够散兵而从旷野中穿过的大规模密集纵队时，普鲁士的撞针步枪效果最佳；它怎么能忽视这一发现的意义呢？

总的来说，奥地利对丹麦战争的反应充满了深深的迷信。奥地利总参谋部注意到，尽管付出的伤亡代价要大得多，但奥地利的冲击战术在丹麦收获的胜利并不比普鲁士的射击战术收获的少。因而，他们得出结论，冲击战术在**精神上**的优势远远比伤亡的风险重要。阿道夫·舍恩费尔德将军是霍夫堡皇宫（Hofburg）的一名副官，也是一位参谋军官，在1864年曾与普军携手战斗过。当奥皇约瑟夫让舍恩费尔德比较奥地利和普鲁士的战术时，他提交了一份富于启示的报告。"普鲁士军队，"他写道，"实在是**太过于**聪明、太过于有条不紊。他们缺少奥**地利精神上的**要素：内心的平静、沉着、毅力以及不顾代价发起或承受猛攻的决心。"舍恩费尔德是在1864年普鲁士对迪伯尔的围攻战中得出这个结论的。在这场围攻战中，他将普鲁士士兵的"谨慎、有条不紊和迂腐"与奥地利士兵的"朝气、乐观和勇敢"进行了对比。舍恩费尔德总结道，普鲁士军队缺少"冲劲"（élan），即奥地利军人的原动力。[97]

奥地利总参谋部在完成对丹麦战争和普鲁士射击战术分析的时候，即将被授予奥地利军队指挥权的陆军总司令贝内德克则坚持将集中的正面攻击（massed frontal attacks）视为对付普鲁士步兵的最佳手段。贝内德克愚不可及地坚持认为，突击攻击会取得成功，"因为普鲁士军队自恃步枪先进，绝对**想不到**我们会攻击他们的正面"。贝内德克无视广为人知的伦比的战例，指示各军的将军们这样对付普鲁士的战术单位："要坚定地向敌人逼近到300步的距离内，再向敌军冲锋，压倒他们。"[98] 可以理解，法国驻维也纳的武官怀疑道："这里的军队高层坚称，奥军将用刺刀冲击普军。在我看来，奥军是否能真正冲到普军**跟前**，似乎更成问题。"[99]

第二章　普奥战争的根源

　　自从法国大革命战争（French Revolutionary Wars）以来，德意志问题和意大利问题就在不断地酝酿，而普奥战争则是针对欧洲这两个纷争迅速而暴力的解决方式。这两个纷争中，德意志问题更为紧迫，因为统一的德意志将成为欧洲大陆最富有、工业化程度最高的民族国家。因此，德意志问题对 1815 年维也纳会议上达成的微妙的欧洲权力平衡构成的压力也最大。

　　1866 年，"德意志"指的是由 39 个邦国组成的松散联盟，统称为德意志邦联（German Bund 或 German Confederation）。德意志邦联是 1815 年由英国、法国、俄国、奥地利和普鲁士这五大欧洲强国，在 1806 年被法国皇帝拿破仑一世废除、解散的原神圣罗马帝国的基础上所建立的。尽管德意志邦联将奥地利与普鲁士的同种族德意志省份与小的德意志邦国联合起来，但邦联的使命本质上是消极的：它不是为了统一德意志，而是为了在 35 个诸侯国和 4 个自由市之间消耗德意志的人力与物力资源，不让任何一个大国独占德意志的巨大财富。此外，虽然设在法兰克福的德意志联邦议会，在投票权的权重分配上对奥地利和普鲁士有利，但在 1848 年之后，这两个德意志大国很少能就某事达成一致，因而它们在法兰克福的精力都被用在拉拢小规模的"中等邦国"（middle states）和培植互相敌对、拆台的同盟上；这些"中等邦国"是指如梅克伦堡（Mecklenburg）、巴伐利亚、萨克森、黑森和巴登这样小或中等规模的公国。[1]

德意志邦联让进步的德意志人感到挫败，因为在联邦议会上最微不足道的事务也会引起无休止的争论，再加上耗资严重、重叠交叉的官僚机构，德意志邦联就是在白白浪费德意志的能量。然而，1815 年成立的德意志邦联却是维持欧洲权力平衡不可或缺的支柱，因为它的合法存在将德意志的大部分地区变成欧洲四个大陆强国①的"禁区"，从而防止它们削弱对方、扩张自己的经济和军事实力。[2]

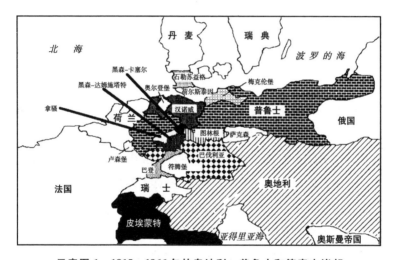

示意图 1　1815—1866 年的奥地利、普鲁士和德意志诸邦

至少这是 1815 年奥地利外相克莱门斯·梅特涅（Klemens Metternich）亲王在设想建立德意志邦联时的背后动机。1814 年反法同盟第一次占领巴黎之后，梅特涅亲王便不遗余力地阻止普鲁士吞并所有北德意志地区的企图。意识到普鲁士可能成为

---

① 指上文英、法、俄、奥、普五个欧洲强国中除去英国以外的四个大陆强国。——译者注

德意志统一的中心后，梅特涅便建议成立德意志邦联，让邦联成为德意志领土的托管者。当时，其他大国对法国潜在侵占德意志的担忧，远远大于对普鲁士侵占德意志的担忧，便同意了奥地利的这一安排。让这整个计划变得完整的最后一步，是英国外交大臣卡斯尔雷勋爵（Lord Castlereagh）抱着巩固奥地利作为对抗法国和俄国的堡垒地位的想法，确保了佩戴神圣罗马帝国皇冠 400 年之久的奥地利皇帝，成为新成立的德意志邦联的名誉总统，并拥有世袭的主持法兰克福联邦议会的权利。

普鲁士在这个由奥地利主导的德意志邦联中，一直配合着奥地利，直到 1848 年当梅特涅的"亲王邦联"在欧洲革命期间被民众暴动短暂地解散。当德意志的自由派试图建立德意志民族国家的努力化为徒劳，普鲁士便效仿意大利、匈牙利和波兰的类似尝试，抓住 1848—1849 年联邦议会短暂解散的机会，趁着奥地利位于捷克、匈牙利和意大利境内的王室领地爆发武装起义而分散了注意力之时，夺取德意志的控制权。1849 年 4 月，普鲁士国王腓特烈·威廉四世（Friedrich Wilhelm IV）提议建立一个以柏林为中心、赋予普鲁士国王广泛行政权、专制性质更强的联盟，以取代 1815 年建立的邦联。而且，这个联邦要将奥地利排除在外，毕竟大多数德意志的自由派都将奥地利斥为大部分由斯拉夫人组成的"杂种国家"。[3]

腓特烈·威廉四世建立的所谓埃尔福特联盟（Erfurt Union）无异于普鲁士赤裸裸地夺取奥地利的权力。因此，奥皇弗朗茨·约瑟夫一旦镇压了国内的起义，便匆匆于 1850 年 11 月派出一支军队开到普鲁士的边境。腓特烈·威廉四世眼看一场普奥大战近在眼前，便改变了统一德意志的想法，非常谦卑地同意放弃埃尔福特联盟，恢复 1815 年梅特涅设计的德意志邦联。受到这次胜利的激励，奥地利政府便在新加冕的皇帝和有才干的国务大臣费利克斯·施瓦岑贝格（Felix Schwarzenberg）亲王的领导下，打算一劳永逸地消除普鲁士的威胁，同时通过按照**奥地利的**方针重组德意志，满足德意志人希望更为统一、更加强大的愿望。因此，19世纪60年代，弗朗茨·约瑟夫的财政大臣路德维希·布鲁克（Ludwig Bruck）男爵提议建立一个广大的"中欧"贸易集团，总部设在维也纳。用布鲁克浮夸的话说，这不亚于建立一个"7000万人口的帝国"，这个帝国将从安特卫普一直延伸到亚得里亚海，将德意志39个邦国的经济全部统一起来。

尽管布鲁克的"中欧"计划引起德意志部分邦国的兴趣，但它和普鲁士短命的埃尔福特联盟一样，对于其他欧洲强国而言都是不可接受的。因此，它先是遭到奥地利的竞争对手们的破坏，接着又因为奥地利在法奥战争中的军事崩溃而遭受重创，最终不了了之。1859年，奥地利派出一支军队开到皮埃蒙特，阻挠都灵对意大利民族主义者在伦巴第和威尼西亚这两个哈布斯堡省份的支持。这两个省份是奥地利在1815年维也纳会议上承袭而来的。法国加入了保卫"勇敢的小小皮埃蒙特"的冲突中，而接下来的结果却大大出人意料：刚刚经过十年前所未有大手笔军事支出的奥地利军队，却在这场冲突中接二连三地遭遇耻辱的战败。在这短暂却令人气馁的战争之后，奥地利被迫向皮埃蒙特割让伦巴第，它在德意志的地位也一落千丈。在德意志，奥地利被视为无可救药地被十几个难以驾驭的非德意志民族破坏了实力的颓败大国，这并非无缘无故。1863年，当奥皇弗朗茨·约瑟夫召集法兰克福"王公议会"（Congress of Princes），商讨奥地利为1815年邦联制订的新改革方案时，普鲁士决定不出席这次议会，已足以确保它不会成功。

当奥地利的名声在德意志衰落，普鲁士却迅速从 1850 年的外交耻辱中恢复过来。奥地利走出 1859 年的意大利战争时已经负债累累、接近破产，而普鲁士进入 19 世纪 60 年代时，却成为一股由德意志关税同盟（Zollverein 或 Prussian Customs Union）推动的不可阻挡的经济力量。德意志关税同盟于 1834 年在柏林建立。尽管梅特涅一直反对德意志关税同盟，认为它不过是普鲁士一步步征服德意志的掩人耳目的工具，但它却在 19 世纪 40 年代发展起来，将大部分德意志邦国纳入旗下，并蓄意地将奥地利排除在外。因此，普鲁士的经济便成为联结德意志新教北部与天主教南部的链条。更为巧合的是，德意志最深、最丰饶的煤层与铁矿，这两样工业化的原料，就埋藏在**普鲁士的**国土之下，分布在鲁尔、萨尔（Saar）、卢萨蒂亚和上西里西亚。因此，到了 1860 年，普鲁士已经成为德意志经济的引擎，煤铁产量占到德意志邦联煤铁产量的 80% 以上，强大到足以在 1812 年将除奥地利之外的所有德意志邦国，拉入低关税的盆格鲁-法兰西-普鲁士贸易区。鲁道夫·德尔布吕克（Rudolf Delbrück）作为普鲁士专门对付奥地利路德维希·布鲁克的人物，通过这种方式，成功地将经济效率低下、层层保护的奥地利帝国孤立于德意志和欧洲其他国家之外。[4]

普鲁士在企图从经济上将奥地利孤立于德意志之外的同时，在政治上也采取了同样不手软的策略。1862 年，奥托·冯·俾斯麦伯爵成为普鲁士首相，在向议会发言时宣布了他的意图，即视局势需要不惜采取"铁血政策"，以重组和巩固德意志邦联。[5] 俾斯麦绝不是传统的民族主义者。他在发表尽人皆知的"铁血政策"讲话时还提醒人们，他的目的不是统一德意志民

族，而是"将普鲁士从"梅特涅在 1815 年围绕普鲁士编织的
"［德意志］邦联条约的罗网中解放出来"，从而"全力施展普
鲁士在德意志的影响力"。[6] 俾斯麦和他同样野心勃勃的前辈们
之间的区别在于，他务实，愿意选择性地使用自由派的德意志
民族主义者的说法和口号，来达到他和普鲁士国王威廉一世的
目的：通过废除 1815 年奥地利领导的德意志邦联、吞并所有德
意志邦国，将普鲁士扩张到能够实现霸权的地位。[7]

　　和普鲁士前一位伟大的扩张主义者腓特烈大帝一样，俾斯
麦相信，为了越过勃兰登堡（Brandenburg）边境难以防御的天
然边界，在中欧最佳的山脉屏障与河流沿线设立新的边界，
"普鲁士的首要任务就是扩张"。不同的是，"老弗里茨"[①] 满足
于以波兰、奥地利和萨克森为代价，拓展、巩固普鲁士的东部
空间，俾斯麦却将视线瞄向西面。1865 年，俾斯麦决心兼并易
北河口的石勒苏益格与荷尔斯泰因公国，通过征服中间的诸侯
国与自由市，将普鲁士的东西两个半边统一起来。这些诸侯国
和自由市包括黑森-卡塞尔（Hessia-Kassel）、汉堡以及其邻国
或邻市，它们阻碍了柏林与波恩、杜塞尔多夫和鲁尔附近普鲁
士莱茵河左岸地区之间的联系。

　　打造一个相连接的北德意志国家，主宰波罗的海，俾斯麦 40
的这一战略意图重新将普鲁士拖进与奥地利这个德意志邦联的
法定监护人的冲突之中。19 世纪 60 年代，奥地利从没有像惧
怕俾斯麦的前辈们那样惧怕他。他是一个可怕的人：高大，机
敏，有威势，言辞犀利，危险地迷恋着普鲁士 18 世纪的征服者
腓特烈大帝。从 1851 年至 1859 年，俾斯麦曾担任法兰克福议

---

　　① "老弗里茨"（Old Fritz）：指腓特烈大帝，"弗里茨"是"腓特烈"（Friedriech）
　　　的昵称。——译者注

会的普鲁士代表。在那里，他给代表同仁们留下的最深刻印象便是对奥地利的仇视。在他相较宽厚仁慈的时候，他形容奥地利是一只令人生厌的"老狐狸"。这只老狐狸通过玩弄手腕和诡计，而不是依靠实力，紧紧地抓着它古老的特权不放。1856年，提及在德意志邦联中普鲁士对奥地利的公认从属地位时，俾斯麦警告："奥地利是唐璜①，但普鲁士不会一直当他的莱波雷洛。"[8]1815 年德意志邦联成立时，这种分级的安排是合理的。当时，普鲁士在拿破仑战争中表现糟糕，而被定为二等强国。但是，这种安排已经不再符合 19 世纪 60 年代的经济、军事和政治实际。因此，当 1864 年第一次面对与奥地利的危机时，俾斯麦毫不回避。他喜欢说"巨大的危机"乃是"最有益于普鲁士成长的气候"；"危机"指现代普鲁士被 1815 年划定的边境所包围的形势。[9]

1848—1866 年的石勒苏益格-荷尔斯泰因问题

1864 年的普奥危机，源于德意志最北边的领地——石勒苏益格与荷尔斯泰因这两个"易北河公国"的归属纠纷。尽管自1460 年开始，这两个公国就是丹麦王国的一部分，但它们受丹麦王室法律约束的程度却不同。荷尔斯泰因在民族上以德意志人为主，曾是神圣罗马帝国的古老公国，仅仅在名义上由丹麦人控制。的确，1815 年，荷尔斯泰因虽然是丹麦的一个省，却被接纳为德意志邦联的一员，而荷尔斯泰因的德意志人口在邦联的代表由丹麦国王任命。相比之下，石勒苏益格的人口却有

---

① 唐璜（Don Juan）是西班牙家喻户晓的传说人物，先后有莫里哀、莫扎特和拜伦等人以唐璜的故事作为文学、音乐创作题材。莱波雷洛（Leporello）是唐璜的仆人。——译者注

一半是丹麦人，而且从不是神圣罗马帝国的一分子。虽然位于哥本哈根（Copenhagen）的丹麦政府愿意考虑德意志荷尔斯泰因的独立，但丹麦政府紧紧抓住石勒苏益格不放，这不仅是因为丹麦政府将石勒苏益格视为丹麦王国不可分割的一部分，而且是出于战略上的必要，因为石勒苏益格的施莱河口（Schlei river estuary）将德意志进入丹麦的入口收紧成一片狭窄、易守的缺口。[10]

因此，当石勒苏益格与荷尔斯泰因境内长期受到压迫的德意志人自发组成"石勒苏益格-荷尔斯泰因党"，坚持让丹麦遵守15世纪一条规定石勒苏益格与荷尔斯泰因不可分割的法律时，一场丹麦-德意志战争爆发在即。尽管这条古老的丹麦法律的初衷是防止将这两个公国分割成很多难以治理的采邑，保持它们作为丹麦王国易于治理的两个省份的地位，但现代的"石勒苏益格-荷尔斯泰因党"却意图合并这两个公国，让它们**整体脱离**丹麦，作为第40个邦国加入德意志邦联。

1847年，丹麦国王克里斯蒂安八世（Christian VIII）去世，却没留下男性继承人。这给上述两个公国中的德意志民族主义者提供了机会，让他们可以趁着哥本哈根的王位继承危机造成的混乱，先合并两个公国，再完全脱离丹麦王国。1848年，在劝诱荷尔斯泰因的德意志人留在统一的丹麦国家（Helstat）的折中方案失败后，大失所望的丹麦政府准予荷尔斯泰因独立，但是发誓不仅要保留石勒苏益格，而且要废除它的地方自治权和语言特权，将它与丹麦政府更紧密地捆绑在一起。当一支浩浩荡荡的讲丹麦语的官僚队伍，磨磨蹭蹭地跟在一支丹麦军队后边，开进石勒苏益格执行这一中央集权政策时，法兰克福的德意志联邦议会投票批准了由北德意志的"宪兵"（gendarme），即普鲁士军队，入侵丹麦，保卫石勒苏益格的德意志人的自治权与语言权利。1850 年，普鲁士战胜丹麦后，迫使丹麦签订《马尔默停战协定》（Malmøl Armistice），恢复到战前状态。石勒苏益格、荷尔斯泰因以及荷尔斯泰因南部突出于外的地区劳恩堡（Lauenburg），仍保留为丹麦王国的省份，但各自由民选议会管理，享有地方自主权。[11]

然而，事实证明，对于石勒苏益格-荷尔斯泰因问题，这种部分的解决方式并未解决任何问题。18 世纪五六十年代，在德意志邦联的每一块领土上，对于建立德意志民族国家的鼓动都在日渐高涨，而对于激进民族主义并不陌生的丹麦本身，也有它自己形式的"泛德意志主义"（Pan-Germanism），又称作"艾德丹麦主义"（Eiderdanism）。"艾德丹麦主义"谋求将中央集权的统一国家的边境推进到将石勒苏益格与荷尔斯泰因分隔的艾德河（Eider river）。[①] 德意志民族主义与丹麦民族主义之间的冲突便于 1863 年激起了第二次丹麦战争。当时，丹麦国王弗雷德里克七世（King Frederick VII）受哥本哈根的"艾德丹麦主义者"的驱策，颁布新的宪法，首次将石勒苏益格并入集中统一的丹麦国家。丹麦这样明目张胆地违背 1850 年结束丹麦战争的条约，每一个德意志邦国的政府都感到受了侮辱。[12]

在法兰克福，德意志联邦议会再次呼吁奥地利和普鲁士提供军事支持，与丹麦对抗，因为尽管丹麦绝算不上大国，但它仍然能集结一支 5 万人的大军。为了平息邦联内德意志民族主义者不断高涨的情绪，彻底解决普鲁士北部边境接连不断的危

---

① 石勒苏益格位于艾德河靠近丹麦的这一边，荷尔斯泰因位于另一边。丹麦激进的民族主义者希望将边境推进至艾德河，就是想将石勒苏益格并入丹麦，将以德意志民族为主的荷尔斯泰因完全排除在丹麦之外。——译者注

机，一支 6 万人的普奥联军于 1864 年 2 月侵入石勒苏益格，用了不到四个月的时间，便将丹麦军队赶出了"易北河公国"。尽管奥地利与普鲁士发起战争时，只是为了迫使丹麦恢复石勒苏益格的自治权，但普鲁士首相俾斯麦在很早的时候就决定利用这次危机为柏林谋取利益。

奥地利人希望在战胜后，丹麦可以在亲奥地利的首相弗里　42
德里希·冯·奥古斯滕堡（Friedrich von Augustenburg）的领导下合并石勒苏益格与荷尔斯泰因，而整个战争期间，俾斯麦都在密谋兼并这两个公国，因为它们将会让普鲁士的北部边境变得完整，让普鲁士得以控制波罗的海。1864 年 10 月，当丹麦承认战败，将石勒苏益格、荷尔斯泰因与劳恩堡一起割让给奥皇与普鲁士国王时，奥地利与普鲁士为石勒苏益格 - 荷尔斯泰因所制定的矛盾的未来规划，便成为争议的焦点。[13] 普奥共同统治这两个公国，在维也纳和柏林只是被视作临时的安排。它们谁也不会同意割让或者出售在这两个前丹麦的省份里各占的一半份额。在长达一年的外交拉锯后——其间，弗朗茨·约瑟夫将亲普鲁士的外相换成仇普鲁士的外相亚历山大·门斯多夫（Alexander Mensdorff）——奥地利与普鲁士最终同意在 1865 年 8 月签订《加施泰因协定》（Gastein Convention）瓜分这两个公国。[14] 普鲁士将获得石勒苏益格，奥地利将获得荷尔斯泰因。但是，俾斯麦还迫使奥地利做出了很多让步，致使这份交易远远不如表面看起来那样利益均衡。奥地利同意未来将这两个公国的问题单独作为普奥事务来处理，这就排除了奥古斯滕堡向德意志中等邦国申诉的可能；接着，奥地利将劳恩堡卖给普鲁士，完成了它们的交易。[15] 奥地利的这两个决定，只会离间奥地利在德意志邦联中潜在的盟友。不然，这些邦国本有希望与奥地利一道，针对普鲁士的扩张先发制人发起战争。此外，奥地利承认了普鲁士在荷尔斯泰因开挖运河的权利，让普鲁士得以将其波罗的海诸港口与北海连通，并给予柏林使用荷尔斯泰因主要道路和电报设施的权利。[16]

俾斯麦在战争前夕的外交策略

在"易北河公国"有了这一稳固的立足点之后，普鲁士势必进行大规模投资。考虑到这一点，现在奥地利想把普鲁士从石勒苏益格-荷尔斯泰因赶走就变得尤其困难了。门斯多夫将军无视德意志中等邦国的想法，又几乎是引狼入室般地将俾斯麦请进"易北河公国"，从而让自己陷入了困境。1865 年 8 月，俾斯麦与法国皇帝拿破仑三世在比亚里茨（Biarritz）进行秘密会谈后，门斯多夫的施展空间进一步缩小。1861 年，通过帮助沙皇亚历山大二世（Alexander II）镇压波兰的起义，俾斯麦获得了俄国在未来的普奥战争中保持中立的承诺。1865 年，通过**口头上**许诺将比利时与卢森堡给拿破仑三世，以换取普鲁士在未来的德意志战争中不受干涉的自由，俾斯麦又得到了法国保持中立的承诺。[17] 到 1866 年初时，门斯多夫与奥地利在外交上已经被孤立，实际上在欧洲已经孤立无援了。1866 年 4 月，当俾斯麦与意大利缔结军事同盟后，奥地利的困境更是雪上加霜。现在，普鲁士只要在 90 天内对奥地利宣战，意大利就必须在哈布斯堡的威尼西亚和蒂罗尔（Tyrol）开辟第二战场，意大利也想得到奥地利统治下的意大利省份。[18]

为了进一步向奥地利施压，迫使德意志邦联的君主们顺从普鲁士的意志，俾斯麦于 1866 年 4 月采取了另一项激进的措施。俾斯麦建议废除德意志邦联的治理机构"王公议会"，代之以民选的德意志议会。根据俾斯麦的说法，这将成为共同建立统一、民主的德意志的第一步。考虑到普鲁士自身的选举法都将选举权留给财富和财产的持有者，这明摆着是俾斯麦玩的争取民心的把戏。但是，尽管如此，俾斯麦的提议还是在德意志的邦国中激发起普遍的热情。这一举措让俾斯麦在与反动的哈布斯堡奥地利的斗争，以及与诸如汉诺威、巴伐利亚等中等邦国国王这样的德意志王公们的斗争中，胜算变得更大。毕竟，哈布斯堡奥地利害怕普及男公民选举权，而那些王公们则担心在一个由普鲁士统一和集权控制的更为民主的德意志，他们还能不能存在下去。[19]

门斯多夫被俾斯麦的大胆策略逼至绝境后，于 1866 年春做了两项孤注一掷的决定。为了赢回德意志诸邦日渐淡薄的友谊，将普鲁士从石勒苏益格-荷尔斯泰因驱逐出去，1866 年 6 月 1 日，奥地利外相门斯多夫单方面放弃了普奥双边的《加施泰因协定》。门斯多夫公然违反与俾斯麦达成的将"易北河公国"问题仅作为普奥事务处理的协定，将"易北河公国"问题提交至法兰克福的德意志联邦议会处理，希冀感恩的中等邦国在迫近的普奥战争中将军队供奥地利调遣，以表达它们的感激之情。做完这件事，门斯多夫又通知他的驻巴黎大使理查德·梅特涅（Richard Metternich）亲王，奥地利准备将威尼西亚省割让给法国，**换来**法国在普奥冲突中的中立。维也纳于 6 月 9 日承诺这一秘密的割让，将于 7 月 5 日兑现。尽管奥地利这样做，对于即将来临的意奥战争并非毫无意义，因为意大利渴望得到威尼西亚和蒂罗尔，而奥地利则企图通过割让威尼西亚彻底破坏意大利的统一，但这确实表明奥地利在外交策略上的平庸。[20] 门斯多夫舍弃威尼西亚，换来的却只是拿破仑三世的"善意"，以 44

及法国将尽其所能拆散意大利与普鲁士的军事同盟这样含糊其词、最终变成一口空话的保证。[21]

门斯多夫于 6 月 1 日将石勒苏益格-荷尔斯泰因问题交给德意志联邦议会处理，违反了 1865 年 8 月的《加施泰因协定》。这正是俾斯麦向奥地利宣战，将奥地利赶出荷尔斯泰因与德意志邦联所需的借口。然而，普鲁士国王却没有俾斯麦这样好战。威廉一世敬畏奥地利军队和奥地利古老的传统，起初拒绝批准他颇为浪漫地称为"同室操戈之战"（Bruderkrieg）的"德意志兄弟国家之间的战争"。因此，在俾斯麦和毛奇将军恳求他们的主上立即宣战，以便充分利用普鲁士更迅速的动员能力时，令人紧张的一星期就这样过去了。最终，6 月 8 日，当奥地利的"域外管辖"军团纷纷从加利西亚（Galicia）、匈牙利和克罗地亚的遥远驻地汇入摩拉维亚（Moravia）、波希米亚和威尼西亚时，俾斯麦和毛奇消除了威廉一世的担忧，将普鲁士军队派往荷尔斯泰因，关闭地方议会，挑衅驻扎在基尔（Kiel）的一支奥地利旅。奥地利的荷尔斯泰因驻军兵力处于严重弱势，拒绝了挑战，由铁路撤退到波希米亚。在波希米亚，和 19 世纪 50 年代一样，一支奥地利军团已经开始集结，准备对柏林进行惩罚性打击。

6 月 14 日，在法兰克福，奥地利要求德意志诸邦国进行动员、部署军队，以惩罚普鲁士对荷尔斯泰因的入侵。当巴伐利亚、萨克森、汉诺威和黑森-达姆施塔特（Hessia-Darmstadt）就奥地利的提议投票表决时，俾斯麦的回应是解散德意志邦联。这是一个纯象征性的姿态，奥地利和它的德意志邦联的盟友们选择对此无视。当德意志邦联的大部分成员都站到俾斯麦的对立面时，俾斯麦在法兰克福的代表于 6 月 14 日那一天，从联邦议会一怒而去，发誓要让哈布斯堡奥地利威风扫地，粉碎德意志邦联，并在普鲁士的控制下重组德意志。[22]

1866 年的意大利问题

尽管在 19 世纪 60 年代，奥地利战略家专注的欧洲纷争**本该**是德意志问题，但包括陆军总司令贝内德克在内的很多人，反而更愿意为意大利问题耗费心力，因为这个时期奥地利在意大利的最后一个前哨基地威尼西亚是一个神奇的地方。1866 年 7 月，卡尔·默林（Karl Moering）在日记中倾诉："只有在意大利，奥地利士兵才能真正地快乐。"[23] 同年，另一位军官住在帕拉第奥式（Palladian）的营舍，享受着美妙的食物和怡人的气候，抽着用馥郁的弗吉尼亚烟叶在威尼斯卷制的雪茄，欣赏着漂亮的女人，不由低声感叹："终于回到了意大利。"[24] "哦，意大利，你让悲伤变成快乐/在这里，南方的舒适日子像坚果/我们敲开了果壳，品尝到快乐。"军队里的小调这样哼道。[25]难怪在 19 世纪 60 年代，奥地利军队中资深的哈布斯堡大公都喜欢自己能派驻意大利：恩斯特（Ernst）与海因里希（Heinrich）驻扎在维琴察（Vicenza），约瑟夫驻扎在罗维戈（Rovigo），阿尔布雷希特则驻扎在帕多瓦（Padua）。[26]1866 年 4 月，贝内德克试图拒绝担任奥地利北方军团总司令。他给出的理由是，他连"从维罗纳到米兰的每一棵树都一清二楚"，但对德意志却一无所知。实际上，他是太享受在威尼西亚军区的生活。结果，弗朗茨·约瑟夫的一位副官口中"拉德茨基式参谋军官"的现象便出现了。这些奥地利军官为了环境的原因，"无视德意志和俄国，目光只盯着意大利"。[27]确实，在 19 世纪 60 年代初，最优秀、资历最老、最有名望的奥地利将军都把自己安排到意大

45

利，如阿尔布雷希特大公、路德维希·贝内德克、阿尔弗雷德·亨尼克施泰因、路德维希·加布伦茨（Ludwig Gablenz）、威廉·拉明（Wilhelm Ramming）、安东·莫利纳里（Anton Mollinary）、吉迪恩·克里斯马尼奇（Gideon Krismanic）和弗朗茨·约翰。他们在意大利，是为了保卫威尼西亚，抵抗意大利的入侵。在 1859 年失去伦巴第后，维也纳方面相信，意大利入侵威尼西亚在所难免。但是，他们在意大利，也是为了结交有用的人脉，玩军队政治。正如副官弗朗茨·克雷内维尔的侄子回忆："1850 年之后，所有有才干的［奥地利］军官都争相去意大利任职，那里有战斗和升职的最佳机会。可结果呢？注意力浪费在外围，没有人关注中心。最优秀的人才都去了意大利，维也纳只剩平庸之辈，而军队也没有明确的目标。"[28]

哈布斯堡军队对意大利的专注，有着深厚的历史根源。在中世纪，意大利的大部分地区都属于哈布斯堡家族统治下的神圣罗马帝国。到了现代初期，在整个 18 世纪，奥地利军队都介入了意大利事务，以遏制法国在意大利半岛扩散的影响。在1815 年的维也纳会议上，奥地利接收了伦巴第、威尼西亚和达尔马提亚（Dalmatia），使奥地利的南部边境变得"圆满"，让奥地利得以控制富饶的波河盆地、亚得里亚海和巴尔干半岛（Balkans）西部地区。拿破仑·波拿巴的"意大利王国"包括了伦巴第、北部意大利诸公国和教皇国的大部分领地。该"意大利王国"被肢解后，哈布斯堡的大公们被安插到托斯卡纳、摩德纳（Modena）和帕尔马（Parma）。为了扶持这一反动的、奥地利主导的意大利邦国联盟，梅格涅强迫法国赔款，用以建造方形要塞群。这一要塞群是沿着波河、阿迪杰河（Adige）与明乔河交汇的河汊而建造的具有战略意义的桥头堡，能够为奥

地利守卫威尼西亚，并将整个意大利半岛置于哈布斯堡家族的
控制之下。²⁹

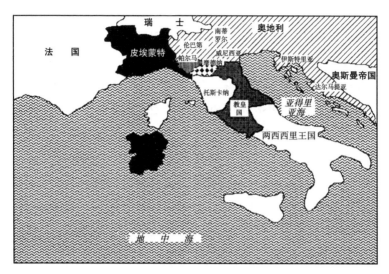

示意图 2　1815—1859 年的奥地利、皮埃蒙特和意大利诸邦

1815 年，恢复了对罗马、拉齐奥大区（Lazio）、马尔凯大
区（the Marches）和罗马涅（Romagna）统治的教皇，给予奥
地利随时渡过波河、占领他难以驾驭的费拉拉（Ferrara）和安
科纳（Ancona）这两座城市的权利。此外，奥地利也受到欢
迎，可任意介入哈布斯堡家族的托斯卡纳、摩德纳和帕尔马公
国的事务。在欧洲大国的联合帮助下，费迪南多·波旁
（Ferdinando Bourbon）国王重返双首都的巴勒莫（Palermo）和
那不勒斯（Naples），这两座城市的辖区（包括西西里岛和那不
勒斯地区）被奇怪地命名为"两西西里王国"；自然，费迪南
多·波旁被笼络进保守的奥地利的势力范围。³⁰1815 年之后，萨
伏伊（Savoy）的卡洛·费利切（Carlo Felice）国王则在皮埃蒙

特恢复了统治权。本着大多数复辟君主的精神，卡洛·费利切
宣称："受过教育的人民是邪恶的；只有无知的人民才善良。"[31]
这种种加在一起，便成为令人窒息的暴政。这种暴政在司汤达
的笔下有着最真切的描述。司汤达是 19 世纪 30 年代驻教皇国
奇维塔韦基亚（Civitavecchia）城的法国领事，他本人曾在 1812
年被奥地利警察从意大利驱逐出境。在《帕尔马修道院》
（*Charterhouse of Parma*）中，司汤达笔下的法布里奇奥
（Fabrizio）可以从米兰潜入那不勒斯，又悄悄地从那不勒斯溜
回来，但他绝对无法逃脱奥地利在米兰警局的局长宾德尔
（Binder）男爵的追捕。法布里奇奥最终被送入阴暗的奥地利监
狱，而司汤达则遗憾地写道，关于意大利的生活，没有哪里比
"奥地利警局的登记簿"更一丝不苟地细致："那厚厚的、绿色
皮面装订的登记簿……沾有红酒、墨水的污渍和摸来摸去的黑
手印。"[32]

对于奥地利人而言，意大利一度是赚钱的好地方。19 世
纪 40 年代，哈布斯堡政府在伦巴第和威尼西亚推动了纺织品、
丝绸、玻璃和烟草领域的工业革命。政府在公共部门创造就
业，排干沼泽，建造桥梁、公路、铁路和配套的设施，以便庇
护和雇用臃肿的官僚机构的人员和奥地利的意大利军团。哈布
斯堡政府征收了新的重税，以供政府与军队开支。尽管税收和
官僚机构逐渐遏制了经济增长，导致偷税和抢劫犯罪行为的猛
增，但是当陆军元帅约瑟夫·拉德茨基的大批警察、官员和军
队越过阿尔卑斯山脉，被部署起来，在面对公民的不服从和经
济萧条做出越来越强烈的反应时，税收和官僚机构实际上也增
加了奥地利在北部意大利的筹码。[33] 1855 年，单是伦巴第和威
尼西亚就提供了奥地利赋税收入的 25%，哈布斯堡官僚机构的

各个分支都被这块肥肉养得脑满肠肥。威尼斯宗主教区和米兰大主教区扩张为奥地利最富裕的两个主管教区，而哈布斯堡的意大利军团则在维罗纳附近的平原驻扎了 7 万非意大利士兵。[34]

1815—1859 年，哈布斯堡王朝充当了"意大利宪兵"的角色。奥地利分别于 1815 年、1821 年、1830 年和 1831 年派兵渡过波河，镇压在皮埃蒙特、罗马、那不勒斯和意大利诸公国爆发的对复辟政权的反抗。[35]1847 年，奥地利派遣一个军的兵力，在维琴察和费拉拉解除了新崛起的几个教皇旅的武装，结束了教皇庇护九世（Pius IX）与自由派民族主义之间短暂的眉来眼去。[36]1848 年，哈布斯堡军队镇压了在伦巴第、托斯卡纳、帕尔马和摩德纳爆发的意大利民族主义者起义，促使法国驻帕尔马的公使评论道："意大利的君主们过去一直是、现在也仍然只是奥地利政府的地区行政长官和行省总督。"[37]

1859 年，法国决定支持皮埃蒙特与奥地利对抗，实际上终结了奥地利对意大利事务的控制，因为哈布斯堡军队在索尔费里诺战败，缩小了奥地利的势力范围。但究竟缩小到什么程度，要到 1860 年才见分晓。那时，朱塞佩·加里波第（Giuseppe Garibaldi）率领一支由意大利民族主义者组成的小规模军队远征波旁国王的西西里。奥地利在与法国和皮埃蒙特战争后仍旧一蹶不振，除了要求**其他**欧洲大国抵制加里波第对 1815 年边境线的"非法入侵"，便束手无策了。结果呢？奥地利的大国伙伴们不仅拒绝援助哈布斯堡军队，他们甚至承认了"意大利王国"，而意大利王国正是公然违背 1815 年维也纳条约、在大幅扩张后的皮埃蒙特基础上建立的。[38]1861 年之后，在奥地利与意大利民族主义者的斗争中，尽管只有西班牙和教皇支持奥地利，

48

但奥皇弗朗茨·约瑟夫仍然坚定地死不放手；他决心恢复奥地利作为"意大利宪兵"的地位，解散新组建的"意大利王国"，因为这个王国不断对奥地利的讲意大利语的王室领地施加压力。[39] 在 1859 年后的几年时间里，弗朗茨·约瑟夫将驻扎在威尼西亚的意大利军团的常驻兵力增加至 10 万人。到了 1866 年，他驻扎在维罗纳的将军已经十分渴望来一场意奥大战了，因为正如 1866 年 4 月奥地利驻罗马大使所解释的那样："对于奥地利而言，一场胜仗将给予这个幽灵般的意大利王国致命的一击，为意大利半岛迅速而彻底的旧政权复辟做好准备。"[40]

奥地利彻头彻尾的保守主义，再加上年轻的意大利王国自诞生起便伴随而来的将奥地利永远地驱逐到阿尔卑斯山脉另一边的决心，在 19 世纪 60 年代让意大利问题变得和德意志问题一样一触即发。1859 年，皮埃蒙特国王维托里奥·埃马努埃莱二世（Vittorio Emanuele II）与声名显赫的首相卡米洛·加富尔（Camillo Cavour）伯爵，已经与法国结盟，夺回了奥地利最富饶的省份之一伦巴第。得到伦巴第后，加富尔与加里波第将军的志愿军结盟，又兼并了托斯卡纳、帕尔马、摩德纳、教皇国大部分领地、那不勒斯和西西里，并于 1861 年将皮埃蒙特更名为"意大利王国"。[41] 1864 年，国王维托里奥·埃马努埃莱二世将意大利政府从都灵迁至佛罗伦萨，宣布他意图夺回意大利境内最后的由外国控制的飞地，即奥地利的威尼西亚和教皇的罗马。这便是"领土收复主义"（irredentism），代表了皮埃蒙特从外国的控制下"收复"（redeem）整个意大利半岛的决心。但是，这一决心只有在与奥地利帝国打一场战争后才能够实现。因此，在加富尔 1861 年逝世到 1866 年战争期间，连续五届意大利政府都发誓，作为原则性的问题，一定**不惜任何代价将威**

尼西亚从奥地利手中夺回。为了兑现这一承诺，他们进行了大规模军备扩建，将意大利军队从 5 万人增加到 20 万人，并在国家统一的头五年里，从零开始建造了欧洲第三大的铁甲舰队。[42]

1866 年 4 月，意大利与普鲁士签订军事同盟。该同盟严重危及了 1815 年的"梅特涅体系"。梅特涅秩序的建立之基础，是哈布斯堡军队的威慑、在意大利偶尔使用的武力，以及奥地利的大国伙伴们的积极同情。到了 1866 年，普鲁士和意大利清楚地看到，奥地利已经被孤立。欧洲其他大国因国内和殖民地的事务而分心，已经不再相信奥地利所深信的，即德意志与意大利的不统一对于欧洲的权力平衡是绝对必不可少的。尽管其他大国之后会为自己在这方面的短视而后悔，但在 1866 年春天，它们抛弃了奥地利，让它独自对抗普鲁士与意大利的联合军队。就这样，在南北两面受到威胁后，奥皇弗朗茨·约瑟夫召见了他最有名的将军陆军总司令路德维希·贝内德克，命令他为一场两线作战的战争做好准备。在 50 万敌军的进攻之下，奥地利帝国的生死存亡将系于此一战。

第三章　作战计划与动员

　　普鲁士总参谋长赫尔穆特·冯·毛奇对石勒苏益格-荷尔斯泰因的兴趣丝毫不亚于俾斯麦。截至 1865 年春，他已经反复劝谏普鲁士国王兼并这两个公国，即便这会导致与奥地利开战。毛奇后来写道："普鲁士绝不允许这两个公国合并成独立自主的中等邦国。"因为独立的石勒苏益格-荷尔斯泰因将会在普鲁士北部向海的侧面打开一个缺口，而且一旦石勒苏益格-荷尔斯泰因听命于丹麦首相奥古斯滕堡，加入德意志邦联，那么它将符合哈布斯堡家族而不是霍亨索伦家族的利益。[1]

　　因此，毛奇和俾斯麦一样，都已准备好为了石勒苏益格-荷尔斯泰因和对德意志的政治控制，与奥地利开战。在这场迫在眉睫的冲突中，普鲁士军队将占有关键的时间优势。19 世纪五六十年代，就在奥地利的农业经济不景气时，普鲁士却将这段时期用于铁路建设。结果，到了 1866 年，奥地利唯一一条从维也纳北上至波希米亚（与普鲁士开战时最可能的战场）的双轨铁路，却在奥地利沿着西里西亚、摩拉维亚、波希米亚和萨克森形成的突出部的边缘那段边境线上，迎来普鲁士的五条铁路线路。对于奥地利作战计划的制订者来说，这使得制订与普鲁士作战计划的工作变得更加复杂了。他们自己的动员和部署将至少耗费 12 周的时间，而这是普鲁士所需时间的两倍。[2]时间因素造成的压力对意大利的奥军同样很大。在威尼西亚，贝内德克将军警告道，意大利北部拥有法国资助建设的良好的双轨铁路，可以在 14 天内将一支庞大的入侵部队部署在伦巴第-威尼西亚边境，而哈布斯堡意大利军团的大部分后备力量都驻守在遥远的加利西亚和匈牙利，若要将他们调来支援方形要塞群的防务将需要三个月的时间。[3]

所以，对于 1866 年普鲁士的作战计划而言，时间因素至关重要。为了激活与意大利的 90 天军事同盟，并在哈布斯堡奥地利有时间动员更庞大的人口（3400 万人口对普鲁士的 1900 万人口）之前扼杀哈布斯堡王朝的反抗，毛奇对奥地利的进攻必须又快又狠。然而，正是这个时间因素在 1866 年几乎毁掉毛奇。普鲁士国王威廉一世是个缺乏勇气的政治家，他在与同为德意志大国的"兄弟国家奥地利"开战方面犹豫不决。国王这一不合时宜的顾虑，危及了毛奇精心制订的动员计划。该计划需要普鲁士及时宣战，从而使意大利卷入战争，打更庞大的奥地利军队一个措手不及。

就在柏林犹豫不决的时候，维也纳开始了备战。奥皇弗朗茨·约瑟夫担心普鲁士和意大利的威胁，于 1866 年 2 月 28 日发起了动员，命令驻扎在奥地利最东边的诸骑兵团做好"行军准备"。[4]两星期后，奥地利知道普鲁士的动员安排更迅速，便在波希米亚的普奥接壤地区"预置"了 20 个步兵营和一个完整骑兵师，以便在毛奇行动之前抢得先机。[5]尽管俾斯麦和毛奇迫不及待地想要发起一场预防性战争，恰好可以将奥地利这种挑衅的行为当作开战的充分借口，但威廉一世只同意进行局部的调遣，将普军五个师沿着普鲁士与奥地利和萨克森零落的边境线排成防守阵势。国王如此克制，浪费了普鲁士动员迅速的巨大优势，为此毛奇深感痛惜。俾斯麦坚持认为"更明智之举是在局势对我们有利时发动（战争），而不是坐等奥地利在局

51

势对它有利时，由它来发动"，可惜他的坚持同样是徒劳的。[6]

因为再一次被威廉一世的谨慎拖后腿，毛奇和俾斯麦整个 4 月都焦虑不安。其间，奥地利不断地将军队调到摩拉维亚和波希米亚（据毛奇估计，奥地利调动了 70 个营的兵力），而普鲁士国王则仅仅是寻求通过谈判解决德意志的危机。[7]4 月 21 日，威廉一世在诸如鲁道夫·德尔布吕克（Rudolf Delbrück）、弗里茨·奥伊伦堡（Fritz Eulenburg）伯爵等近侍的决定性影响下，与奥皇达成了一致，同意将部署在普奥边境的兵力全部撤回并解除动员。这让俾斯麦懊恼不已：一个月前几乎一触即发的普奥战争，似乎已经被解除了引信。[8]

52　　然而，即便威廉一世平息了这场风波，但俾斯麦旨在将奥地利帝国拖入两线作战的普意同盟却得到了落实。整个 3 月和 4 月，奥地利在意大利的警探都在报告，意大利动员了军队和舰队，意大利兵工厂中军备生产的激增也令人感到不安。在 4 月的最后一个星期，意大利人担心奥地利的外交策略会夺走他们兼并哈布斯堡威尼西亚的机会，开始在奥地利的威尼西亚部署大量兵力。这一危险的挑衅行为迫使奥皇下达了在威尼西亚进行反动员的命令。接下来，略微犹豫之后，弗朗茨·约瑟夫做出了一个重大决定，要将威尼西亚的局部动员扩大到摩拉维亚和波希米亚。到了 4 月末，维也纳方面获悉普意同盟的建立，也不得不作最坏的打算。[9]

普鲁士的作战计划与动员

威廉一世被弗朗茨·约瑟夫 4 月 27 日针对普鲁士的动员所刺痛，在 5 月的第一个星期做出回应，下达了一系列动员命令，批准普鲁士的八个军团和整个后备队为战争做好准备。当普鲁士、奥地利与意大利开始动员时，法国皇帝拿破仑三世在英国与俄国的催促下，呼吁召开一次欧洲会议，和平解决石勒苏益格-荷尔斯泰因与威尼西亚的问题，力求避免战争。随着欧洲大国终于后知后觉地插手德意志的危机，俾斯麦的侵略政策似乎再次受挫。然而，俾斯麦又一次得救了，这次是多亏了他的奥地利对手亚历山大·门斯多夫伯爵。门斯多夫是一位极其缺乏想象力的外长。实际上，他甚至表明，如果打算改变威尼西亚的地位，他便拒绝参加拿破仑三世倡议的会议。既然召集的旨在解决德意志与意大利问题的欧洲会议势必会涉及威尼西亚的问题，拿破仑三世只得放弃召开欧洲会议的计划，而威廉一世在耗尽对奥地利王朝的耐心后，也批准了毛奇将作战计划定案。[10]

尽管 1866 年奥地利的军队比普鲁士的军队庞大，为 10 个军、40 万总兵力对普鲁士的 8 个军、30 万总兵力，但毛奇知道，奥地利将被迫派出大规模的分遣队去守卫威尼西亚。[11]确实，为了抵挡 20 万意大利军队对方形要塞群的进攻，奥皇弗朗茨·约瑟夫将被迫派遣 3 个整编步兵军、2 个骑兵旅至威尼西亚。这样一来，他在波希米亚可用于抵抗普鲁士的兵力就只剩 7 个军和 6 个骑兵师了。因此，在这场战争的决定性战场波希米亚，奥地利 24.5 万人的"北方军团"将面对人数上略占优势、兵力为 25.4 万人的普鲁士军队。

然而，普鲁士在兵力上的微弱优势被奥地利内线作战的战略优势抵消了。为了控制西部德意志诸邦、加快对萨克森和奥地利的入侵，毛奇被迫将普鲁士军队分成四个规模适中的军团，可以由普鲁士广泛分散的铁路线路迅速地运送到奥地利、萨克森与汉诺威的边境。只有这样，毛奇才能弥补威廉一世在 3 月和 4 月因为犹豫不决而损失的宝贵时间。[12] 截至 6 月中旬，其中一个军团已经被部署在汉诺威边境；两个军团部署在萨克森和波希米亚周围；第四个军团部署在 500 公里以东的上西里西亚境内，与其他三个军团中间隔着波希米亚的巨人山脉（Giant Mountains）。由于贝内德克北方军团的大部分兵力都集结在摩拉维亚的奥尔米茨，尽管奥军动员迟缓，却出乎意料地发现，他们所处的阵地大有可为。毛奇仓促分散的部署意味着，如果北方军团全军反应迅速，便可以突入普鲁士军队东半边与西半边之间的缺口将他们分头歼灭。[13]

在 6 月中旬关键的一个星期里，德意志、卢萨蒂亚和西里西亚境内的四个普鲁士军团通过电报交流了他们的担忧，紧张地等待宣战，这样他们才能开始对德意志邦国和奥地利波希米亚省的突袭，而波希米亚则是毛奇计划中三个军团的会师之地。4 月的时候，毛奇因为门斯多夫的"和平攻势"被迫让奥地利人有整整三个星期的时间进行军事动员。那时候，一向镇定自若的毛奇也遭受着疑虑的折磨。他的三个主要军团将**至少**需要一个星期才能穿过巨人山脉，在波希米亚境内彼此靠拢至一个行军距离之内。6 月中旬，卡尔·赫尔瓦特·冯·毕滕菲尔德（Karl Herwarth von Bittenfeld）位于托尔高（Torgau）的易北河军团（Elbe Army）发现他们与腓特烈·卡尔（Friedrich Karl）亲王位于格尔利茨（Görlitz）的第一军团有五个行军距离，而第一军团则发现他们与腓特烈·威廉（Friedrich Wilhelm）王储位于尼斯（Neisse）的第二军团有七个行军距离。[15] 普鲁士各军团之间这些巨大的缺口，为位于奥尔米茨的奥地利北方军团的现任总司令、被誉为"索尔费里诺的雄狮"（Lion of Solferino）的贝内德克将军提供了绝好的进攻机会，而毛奇也充分意识到了这种危险。"仅是'贝内德克'的**大名**,"毛奇写道,"便代表他会**迅速**上前,左右攻击。"[16] 尽管毛奇在 6 月初因为对贝内德克的意图存疑而修改了计划,从格尔利茨调动两个军至尼斯,以防奥地利进攻上西里西亚,但他那大胆战略的实质仍然没变。 54
他将占领萨克森和其他德意志邦国,渗透波希米亚,在那里用三支**机动纵队**,包围贝内德克的北方军团。[17]

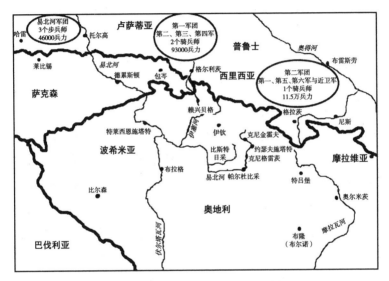

示意图 3　1866 年 6 月,普鲁士动员

为了入侵奥地利和德意志邦国,毛奇在从西向东的一条宽阔弧线上部署了四个军团。第一个是普鲁士西部军团(West Army),实际上是一个 4 万兵力的加强军,由三个师组成,已经蓄势待发,准备先攻占汉诺威和黑森-卡塞尔,再渗透到南德意志诸邦的虽人数占优但较为分散的各军之间。毛奇不情愿地将这个军团交托给爱德华·福格尔·冯·法尔肯施泰因(Eduard Vogel von Falckenstein)将军。法尔肯施泰因是王室的

红人，但已经在丹麦证明难堪大任。威廉一世认为，对于施展法尔肯施泰因平庸的才干来说，西部德意志算是个相对"稳妥"的战场了，但毛奇却认识到，西部军团在西部德意志境内作战的胜败，将对奥地利境内的战斗产生重大影响。尽管西部军团没有直接涉及波希米亚的战斗，但它仍然发挥着至关重要的作用，因为只有打败集结了 15 万兵力的德意志联邦军，法尔肯施泰因才能为奥地利境内行动的其他三个更庞大的普鲁士军团守住补给线和撤退路线。

　　在奥地利战场，毛奇沿着波希米亚形成的突出部分别部署三个军团，其中最西边和最小的一个是只有 4.6 万人的易北河军团。易北河军团交由卡尔·赫尔瓦特·冯·毕滕菲尔德将军指挥。在与法尔肯施泰因竞争普鲁士军队最平庸将军的奖章方面，毕滕菲尔德不遑多让。但是，易北河军团却使命艰巨。在开战的最初几天内，毕滕菲尔德的三个师将以哈雷（Halle）、托尔高为根据地，对萨克森施以毁灭性的攻击；接着，在占领萨克森的首府德累斯顿后，沿着易北河左岸溯流而上，进军至波希米亚。进入波希米亚后，易北河军团将与毛奇三个军团中的第二个军团在奥地利的战场会合。这第二个军团，就是普鲁士的第一军团，它将在毛奇计划的对奥地利北方军团的包围中起到中枢作用。第一军团在指挥上的安排，要比西部军团和易北河军团稍微乐观一些。毛奇和普鲁士国王将编有 3 个步兵军与 2 个骑兵师、共 9.3 万兵力的第一军团交给国王的侄子腓特烈·卡尔亲王指挥。在 1864 年的丹麦战争中，腓特烈·卡尔与毛奇一起拯救弗兰格尔与法尔肯施泰因的指挥于将倾，为自己赢得了一些名声。毛奇将第一军团部署在卢萨蒂亚的格尔利茨周围，这片青松覆盖的地区位于萨克森的东北部边缘，1815

年被普鲁士兼并。第一军团的任务是进军到波希米亚，与易北河军团保持联络之势，同时设法渡过伊塞河（Iser River）。伊塞河是波希米亚北部一道宽广易守的河障，毛奇认为奥地利军队将会死守这道屏障。

一旦占领伊塞河上蒙申格莱茨、波多尔（Podol）和图尔瑙（Turnau）处的桥梁，易北河军团和第一军团就可以畅通无阻地向东进军，与毛奇部署在奥地利战场的第三个，也是最易受到攻击的腓特烈·威廉王储指挥的第二军团会师。第二军团在第一军团以东的200公里处，在尼斯河两边，距离贝内德克部署在奥尔米茨的奥地利北方军团仅有几个行军距离。它的任务是这场战争中最艰巨的。尽管第二军团组编了4个步兵军、1个骑兵师，总兵力达到11.5万人，是入侵波希米亚的三个普鲁士军团中最强大的一个，但它必须先粉碎奥地利夺回上西里西亚和布雷斯劳（1740年，哈布斯堡家族的这两块领地被霍亨索伦家族夺取）的企图，然后再杀出通路，穿过巨人山脉，与从卢萨蒂亚和萨克森开进波希米亚的易北河军团和第一军团会合。贝内德克没有如人期望的那样将奥地利的北方军团部署在波希米亚，而是出人意料地决定将其部署在更东面的摩拉维亚，这将普鲁士的第二军团置入了巨大的危险之中。无论是面对奥地利进攻布雷斯劳时进行防御，还是在贝内德克选择向西疾行，攻击位于波希米亚的易北河军团和第一军团时试图穿过巨人山脉与第一军团联合，年轻的、未经考验的指挥官腓特烈·威廉王储都会发现，无论哪种情况，他的军团在兵力上都会比整个奥地利北方军团胜出很多。[18]

尽管普鲁士的大部分将军和国际媒体，都因为毛奇将普鲁士18个一流的师"像穿珠子一样"散落地穿在"一根长绳上"

这样明显地分散普军兵力的部署方式，而对其大肆抨击，但这位普鲁士的总参谋长也是几乎别无选择。毛奇也愿意将普军集中在德累斯顿和格尔利茨之间的公路与铁路密集的区域，但是这个计划未能实施，主要是因为普鲁士需要在动员期间尊重萨克森中立地位的外交礼节，另外是因为普鲁士国王极为谨小慎微，坚持让毛奇派出一个整编军团去守卫上西里西亚和奥得河（Oder）河谷。因此，毛奇后来抱怨道，他被迫"让普鲁士军队"从西面的哈雷到东面的尼斯，"在这样一条 500 公里长的弧线上，从沿线的铁路运输终点站挨个站点下车"。尽管毛奇为了争取行军时间，愿意分散普军的兵力，但这样的分散也远远超出了毛奇所愿意的程度，因为这将大大限制毛奇的战略选择。在 6 月份部署后，毛奇便懊恼不已：国王不断地反复地要求毛奇将兵力分散部署，已经让毛奇付出代价，不得不选择打一场纯粹的防御战。从现在开始，只有令普鲁士三个军团全部采取迅速的**攻势**，攻入波希米亚，才能缩小三个军团之间巨大的缺口。[19] 不过，毛奇还是表现出他一贯的从容，他劝慰国王说，不管奥军往哪里调转，是进攻普鲁士第二军团（它距离维也纳路线最短），还是进攻易北河军团与第一军团（它们距德累斯顿与布拉格近在咫尺），普军各军团指挥部都有充足的时间命令被奥军忽略的军团迅速推进，猛攻贝内德克的侧翼和后卫，完成预期中对奥军的包围。[20]

这并不是说，普鲁士的计划不存在巨大的、潜在的灾难性的风险。毛奇一向主张"没有哪份行动计划，在与敌军首次交锋后还能保持一成不变"。他会第一个站出来，承认他的计划和其他一切计划一样，是基于对他下属和下属能力的乐观假设，而下属的能力则是指他们能够按照柏林设定的快速节奏行军和为自己提供补给。[21] 在"战争的迷雾"中，即便是最完善的计划也会被意外事件打乱。正是意识到这一点，毛奇的同事才充满担心。第二军团第五军军长、70 岁高龄的卡尔·施泰因梅茨（Karl Steinmetz）将军便感到痛惜，认为毛奇毫无必要地导致了他所说的普鲁士兵力的"衰减"。[22] 即便奥地利在波希米亚的山脉做出轻微的抵抗，都会扰乱普鲁士的入侵，阻止普鲁士三个军团联合，让贝内德克得以将它们逐个击破。

普鲁士方面的担忧，是建立在柏林对贝内德克这位"奥地利的布吕歇尔（Blücher）"的崇高评价上。[23] 在 1866 年，这位奥地利陆军总司令可是个国际名人。他的战功广为人知，而且一向透着进攻的精神。1849 年，在摩塔拉（Mortara），他仅用一个旅便进攻并俘虏了皮埃蒙特一个整师。1859 年，他在索尔费里诺战役中，无视让他撤回侧翼兵力的命令，反而击退了皮埃蒙特军队对奥地利明乔河渡口发起的疯狂进攻，掩护奥军井然有序地撤退，避免了本可能出现的混乱。因此，在 1866 年，包括毛奇在内，没有人会相信在将普奥战争的战火烧到普鲁士的领土这方面，这位陆军总司令会拖延不前。这也解释了为什么 6 月份的时候，毛奇会在最后关头决定将柏林的近卫军（Guard Corps）和精锐的东普鲁士第一军（East Prussian I Corps）从腓特烈·卡尔亲王位于格尔利茨的第一军团调到腓特烈·威廉王储位于西里西亚的第二军团。既然贝内德克的奥地利北方军团集结到摩拉维亚，柏林方面理所当然地认为奥地利将会突袭布雷斯劳。

57

奥地利的作战计划与动员

柏林方面没有考虑到的是，贝内德克作为将军的指挥才干已经衰退，他在奥尔米茨的部署更是一片混乱。虽然贝内德克骁勇善战，但他不懂战略。给他一个军，他可以游刃有余；给他一个军团，他就不知所措了。再加上 1864 年，他轻率地挑选亨尼克施泰因男爵做奥地利的总参谋长，让事态变得更加复杂，因为 1866 年 3 月，亨尼克施泰因坚持随奥地利北方军团出征。然而，迟至此时，亨尼克施泰因的无能已经广为人知，致使哈布斯堡的军队总监阿尔布雷希特大公感到有必要为贝内德克指派一位能够替亨尼克施泰因制订战略计划的真正战略家，来担任贝内德克的"作战总指挥"（operations chief）。阿尔布雷希特的选择是吉迪恩·克里斯马尼奇，一位有威名的 49 岁的克罗地亚人。作为索尔费里诺战役中整个奥地利军团的副参谋长、维也纳哈布斯堡军事学院（Kriegsschule）的战略学教授，以及德意志战场的专家，克里斯马尼奇浑身散发着自信，**看似完美之选**。然而，在这自信的外表下，潜伏着的是一个迂腐学者的灵魂。克里斯马尼奇研究过 18 世纪道恩①将军与拉西②将军指挥过的战役，这两人是腓特烈大帝在奥地利的对手。此外，在克里斯马尼奇 1866 年 4 月提交给贝内德克的作战计划中，他建议在这场最新的战争中采用的打法，和道恩将军与拉西将军在他们的战役中所采用的没有任何不同，即依据奥地利在奥尔米茨加筑了壕沟防护的营地和易北河畔的要塞，打保稳的防守战。就这样，克里斯马尼奇把被贝内德克吹捧的"进攻精神"（Offensivgeist）中所剩无几的那一点儿也给扼杀了。而且，他

① 利奥波德·约瑟夫·冯·道恩（Leopold Joseph von Daun, 1705—1766 年）：神圣罗马帝国陆军元帅，七年战争中奥地利的拯救者。——译者注
② 弗朗茨·莫里茨·冯·拉西（Franz Moritz von Lacy, 1725—1801 年）：神圣罗马帝国陆军元帅，参加过奥地利王位继承战争，七年战争中担任利奥波德·约瑟夫·冯·道恩元帅的参谋长。——译者注

拒绝利用奥地利在这场战争中唯一最大的优势，即对入侵的普鲁士军团之间的"内部阵线"的自由运用。

1866 年 4 月，克里斯马尼奇为贝内德克与亨尼克施泰因拟订的 70 页长的作战计划，理所当然地认为奥地利军队应该将大部分兵力**防御性地**集中在摩拉维亚的奥尔米茨。后来，包括贝内德克在内的批评者责怪克里斯马尼奇将军队部署在摩拉维亚，而不是波希米亚。但是，正如克里斯马尼奇在战后为审查他的战略计划而召集的调查庭上郑重宣告的："1866 年 3 月，在我从意大利来维也纳**之前**，计划的基本原则就已确立了"。[24] 确实，克里斯马尼奇的作战计划，只不过是在另一位参谋学院教授的初稿基础上所做的扩充。这位教授就是奥古斯特·诺伊贝尔（August Neuber）。他是贝内德克亲密的私人朋友，而且和克里斯马尼奇一样，都是约米尼和卡尔大公战争理论的信徒。

58

诺伊贝尔的初稿在 3 月时获得了贝内德克与亨尼克施泰因的批准，4 月的时候交给克里斯马尼奇。这份初稿主张，为了避免奥地利在动员上落后的野战军受到普鲁士先发制人的攻击威胁，应该先在摩拉维亚而不是在波希米亚进行防御部署。[25] 摩拉维亚的奥尔米茨要塞就像是奥地利在维罗纳加筑了壕沟防护的营地的翻版，诺伊贝尔与克里斯马尼奇都有充分的理由将奥尔米茨要塞视作难以逾越的障碍，可以阻挡住普鲁士对维也纳的任何进军。奥尔米茨拥有独立的堡垒与堑壕、庞大的驻军，与克尼格雷茨和约瑟夫施塔特这两处易北河要塞相比更具优势，因为后面两个要塞太小了，容不下整个军的兵力驻防，而且它们地势低洼，正处于周边群山的火炮射程内。[26] 此外，克里斯马尼奇认为，面对萨克森在德累斯顿和柯尼希施泰因

59

图 5　1866 年奥地利北方军团"作战总指挥"吉迪恩·
克里斯马尼奇将军（1817—1876 年）

（Königstein）的防御工事，以及奥地利在约瑟夫施塔特、克尼格雷茨和特莱西恩施塔特（Theresiensradt）的要塞，在这重重艰险之下，普鲁士军队不可能经由萨克森和波希米亚入侵奥地利。[27] 和克里斯马尼奇一样拥有这种错觉的还有许多同时代人，其中包括一名英国的战地记者。这名记者判断，克里斯马尼奇的初步推测"无可指摘，因为奥地利人相信，如果做不到极其小心谨慎，普鲁士是不会试图穿过波希米亚山脉的峡谷的"。[28]

在毛奇开始于奥地利边境集结三个军团之前的那个月，克里斯马尼奇认为，普军将选择腓特烈大帝向维也纳进军的经典路线，取道尼斯与奥尔米茨。从克里斯马尼奇的传统视角看，这样的选择似乎显而易见。这是到达奥地利首都最短的行动路线，而且这条路线会穿过一片富饶的、水分充足的平原，普鲁士有四条铁路、六条坚固的设卡公路通往这片平原。[29] 奥地利在1866 年 5 月和 6 月搜集到的情报似乎也肯定了普军将会走这条路。5 月初，奥地利的间谍汇报，在尼斯周围"有大规模的部队集结"；而根据莱比锡的"可靠线报"描述，6 月 5 日"普鲁士军队大规模地从西向东转移"。[30] 普军的这些动向反映了普鲁士统帅部内部也存在着矛盾。毛奇在争取将普军大部分兵力都部署到萨克森周围，而国王与更谨慎的将军们则放心不下奥地利对西里西亚的威胁，无视毛奇的命令，将普军往回拽到了东面。[31]

6 月，在普鲁士入侵的前夕，当克里斯马尼奇获悉毛奇将两个整编军从卢萨蒂亚调往东面的西里西亚时，这位奥地利的作战总指挥似乎证实了自己的观点，即普鲁士的目标是奥尔米茨，而不是易北河要塞与布拉格。[32] 他提醒贝内德克，自此以后

60

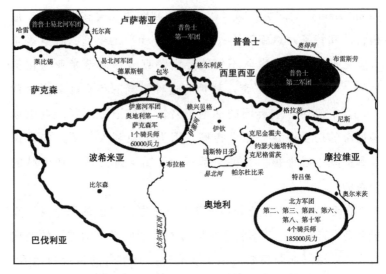

示意图4　1866年6月，奥地利北方军团动员

"普鲁士对约瑟夫施塔特和克尼格雷茨的任何进攻都只会是佯攻，要么是为了诱使意大利参战，要么是引诱我们朝波希米亚转移……此时，在我们侧翼行军时，普军就会将主力调往西里西亚，突袭我们的侧翼和后卫"。[33]

克里斯马尼奇主张，奥地利北方军团必须留在奥尔米茨，因为"以此为根据地，我们可以比普鲁士的行动更加大胆，因为普鲁士背对山隘，如果战败将有被全歼之虞"。克里斯马尼奇这位军事史学家，显然是预感到了某种与1778年巴伐利亚王位继承战争（War of the Bavarian Succession）相似的情形。当时，腓特烈大帝的一支军队从上西里西亚进入摩拉维亚，止步于奥尔米茨，之后便不战而退回到普鲁士，因为他估计围攻奥尔米茨的代价将会太过高昂。如果这段历史在1866年重演，克里斯马尼奇推断，贝内德克能够打退普鲁士对奥尔米茨的进攻，接着反攻，经由尼斯与克拉科夫（Cracow）迅速推进，实现**他**认为的弗朗茨·约瑟夫最重要的战争目标：夺回100年前被普鲁士兼并的布雷斯劳及其丰富的煤矿。[34]

克里斯马尼奇进一步推断，如果普鲁士只是绕道奥尔米茨，侵占萨克森，攻入波希米亚，他们的侧翼**仍**将面临奥地利驻扎在摩拉维亚的一整支野战军，交通线也将被这支野战军阻断；因此，他们几乎别无选择，在继续朝维也纳进军之前，只能调头向东，迎着威胁而上。[35]此外，时间因素也在发挥作用。克里斯马尼奇写道，如果弗朗茨·约瑟夫放任主动权转移到普鲁士手里（他的确放任了），为了完成北方军团的动员，将一个个团级部队从帝国遥远的驻地召集过来，"奥军将别无选择，只能主动放弃进攻，在敌人最可能的行动路线的途中布置好阵地"。[36]后来，克里斯马尼奇作证说："北方军团指挥部的方针一直是这样的：在奥尔米茨取胜，即便是在防御战中获胜，也比在波希米亚采取冒险举动可能赢取的任何胜利更加有利，因为对我们而言，波希米亚是战略上较不具优势的方向。"[37]贝内德克的副官斐迪南德·克里茨（Ferdinand Kriz）上校也赞同这一观点。他在战后指出："在贝内德克的指挥部内，大家谈论的**一直**是在**奥尔米茨**寻求决断。他们说，只有在真正有利的进攻机会在其他地方出现时，军队才能放弃奥尔米茨的'集中的阵地'。""总之，"克里茨最后说，"我经常听到人评论，我们从特兰西瓦尼亚和加利西亚赶来的部队之状态太差了……这将使奥地利采取的任何**进攻**都处于风险之中。"[38]

1866年5月，弗朗茨·约瑟夫、贝内德克、克雷内维尔、亨尼克施泰因、阿尔布雷希特与卡尔·弗兰克都批准了克里斯马尼奇的东部部署。奥尔米茨距离普鲁士在萨克森和卢萨蒂亚的起始铁路站点，有十几个进军行程；它阻挡了普鲁士第二军团在西里西亚的进军路线，也增加了封堵潜在的对手俄国部署在华沙与乌克兰的观察军的优势。自从 1859 年以来，俾斯麦便精明地培植了与俄国的关系。因为这个缘故，克里斯马尼奇将这两处的观察军视为麻烦，有必要在克拉科夫派驻一支庞大的奥地利分遣部队。[39]

总之，尽管包括贝内德克和奥皇在内的许多奥地利将军，在克里斯马尼奇的计划失败后，便想方设法地摆脱与它的干系，但毋庸置疑的是，奥地利这份为 1866 年战争拟制的计划代表了他们的共识。它符合奥地利传统防御思维的主流；它出自参谋学院，经受了奥地利军队高层整体的审视。尽管克里斯马尼奇因为将北方军团从最终的战场波希米亚调离而受到历史学家的严厉批判，但批判的矛头放错了地方，因为他 4 月时的行动计划，对于奥军的行动只是一份纲领性文件，而且是在毛奇开始部署普军各军团之前制订的。比计划本身更重要的是，贝内德克该如何根据侦察与谍报的发现解读和更新这份计划。事实上，正是贝内德克对克里斯马尼奇计划踌躇不定，而不是计划本身在 1866 年打乱奥地利的行动。

最终，在奥地利的战争努力中，贝内德克的踌躇不定可能是唯一最大的缺陷。在贝内德克眼中，克里斯马尼奇就像是弗朗茨·约瑟夫强加给他的令人迷惑的萨满（Shaman）巫医。但是，贝内德克却没有质疑克里斯马尼奇。相反，在奥尔米茨，他只是通过视察、检阅和午餐会这样的常规事务来回避问题。[40]奥地利指挥部的这种动向一定程度上也解释了为什么 6 月的时候毛奇会听到令人震惊的传言，说贝内德克的指挥部正在酝酿一份"**秘密计划**"。普鲁士的间谍（和奥地利媒体）声称，贝

62

内德克为应对普鲁士入侵制订了一份天衣无缝的计划，甚至连他的心腹都没有分享。[41] 从某种程度上，正是这种无端的怀疑诱使毛奇在 6 月将两个军从卢萨蒂亚调往西里西亚。然而，事实上，除了克里斯马尼奇的防御性计划，贝内德克并无其他计划。他和毛奇一样，都不确定彼此的意图。因此，6 月时，贝内德克调遣爱德华·克拉姆-加拉斯（Eduard Clam-Gallas）将军麾下的第一军和第 1 骑兵师向西，以便在毛奇的主要目标是波希米亚而不是摩拉维亚的情况下，能够给予一些抵抗。尽管贝内德克相信毛奇打算倾尽全力朝奥尔米茨和维也纳进军，他仍然指示克拉姆针对普鲁士可能的入侵，守住伊塞河一线，掩护萨克森五个旅的撤退，因为根据奥地利与萨克森在 6 月第二周签订的军事协议，如果普鲁士入侵萨克森，他们将撤退到波希米亚，与奥地利的北方军团联合。[42] 这支波希米亚分遣部队在纳入萨克森军与奥地利先前的荷尔斯泰因驻军后，兵力壮大至 6 万人，被贝内德克命名为"伊塞河军团"（Iser Army）。它的任务是抵抗普鲁士对波希米亚的入侵，坚守伊塞河阵线，直到贝内德克在奥尔米茨完成北方军团的集结，率领北方军团进军至约瑟夫施塔特和克尼格雷茨。[43]

63

　　然而，即便伊塞河军团的组建也不算是贝内德克的主意。这位陆军总司令憎恶德意志中等邦国的自由主义，完全乐于听任萨克森军队自生自灭，而将他的**全部**兵力集中在奥尔米茨。[44] 倒是皇帝约瑟夫拥有正确的判断和权威，他担心失去萨克森和巴伐利亚的支持，**迫使**贝内德克派遣部队到波希米亚，鼓励德累斯顿和慕尼黑抵抗普鲁士的入侵。实际上，面对所有可供选择的选项，贝内德克已经迷糊了，再加上克里斯马尼奇极力主张打纯粹的防御战，他已经陷入了消极的宿命论，决定仅仅在奥尔米茨固守。[45]

　　然而，这是私下的决定，也是令贝内德克的下属困惑不解的决定。当然，这位陆军总司令也不会在意他们。5 月 25 日，贝内德克第 3 预备骑兵师师长卡尔·库登霍韦（Karl Coudenhove）将军埋怨道："尽管我的骑兵被命令强行军到摩拉维亚，但对于**为什么**，我仍然没有一丝一毫的概念。"[46] 库登霍韦在日记中吐露，他 5 月 26 日抵达奥尔米茨，三个星期后，即 6 月 15 日才第一次与贝内德克见面，而此时距离普鲁士入侵萨克森也就只剩几个小时的时间。这段时间里，他每天的例行事务说明了贝内德克的指挥部有多么死气沉沉。上午，库登霍韦越来越敷衍地检查部下。下午，库登霍韦在营房附近"孤独地散步"，思念妻子和蒂罗尔的度假小屋。晚上，他去奥尔米茨附近的酒馆喝杯红酒，玩玩牌。6 月 2 日，也就在一天前，哈布斯堡政府已经将石勒苏益格 - 荷尔斯泰因问题提交至德意志联邦议会，但一天后，库登霍韦仍然听都没听说很快将成为普奥战争交战理由的这件事。他在信中给妻子写道："和往常一样，我在酒馆待了一晚上。"一个星期后，6 月 9 日，当普鲁士军队入侵荷尔斯泰因、将一个奥地利旅赶出基尔时，库登霍韦带着他的师到达奥尔米茨已经整整 14 天了："我还未收到贝内德克任何指示。"[47] 库登霍韦注意到，6 月 10 日，也就是奥地利驻柏林大使要求拿回护照，奥地利驻法兰克福公使命令德意志联邦分遣部队针对普鲁士进行动员的那天，北方军团的营地发生的最重大的事情，也不过是"周日的午餐……我们都朝奥尔米茨竖起了耳朵，想听到一星半点的消息"。[48]

　　最后，总算到了 6 月 15 日，贝内德克的指挥部传来消息，要召见库登霍韦。一天前，德意志中等邦国已经投票赞成与普鲁士开战，而普鲁士军队也已经在萨克森、汉诺威和卡塞尔的边境集结。那么，是召集作战会议吗？不，是吃午餐。"宾客和随从们可真不少啊。"库登霍韦在日记里如此记录道。他尚且不知，在德意志邦国，战争已经在进行了。"午餐会上有 40人。我坐在总参谋长亨尼克施泰因旁边。他看起来有些虚弱，可能是因为劳累过度。到了 6 点，我们从餐桌起身，各自离开。年轻的荷尔斯泰因亲王（贝内德克第 1 预备骑兵师师长）在普罗斯尼茨（Prossnitz）请我们喝了一顿好茶。"[49]

第二天早晨，普鲁士易北河军团在开往波希米亚的途中入侵了萨克森。6 月 18 日，普军占领德累斯顿，一天后占领了萨克森的夏宫皮尔纳（Pirna）。然而，奥尔米茨的市立图书馆馆长（贝内德克指挥部的安保系统对他似乎形同虚设）注意到："在指挥部，一切仍是无动于衷，这种状态无可动摇……只是含糊地说到'快要'行军，以及一份充满希望的'秘密、**万无一失**的计划'。"[50]

这种无所作为的状态，对于奥皇弗朗茨·约瑟夫来说是太过头了。到了眼下这个时候，弗朗茨·约瑟夫被两位 1859 年退休的指挥官在霍夫堡皇宫（Hofburg）与美泉宫（Schönbrunn）的走廊上追着不放。这两人分别是陆军元帅赫斯与卡尔·格林纳（Karl Grünne）将军。尽管赫斯与格林纳是死对头，但他们一致同意，奥皇必须**命令**贝内德克离开奥尔米茨，赶往波希米亚。这样改变计划有充分的理由，因为随着毛奇将军队开到奥地利与萨克森的边境，他的意图也越来越不会弄错。早在 5 月22 日，贝内德克的情报局就汇报过，在尼斯以东根本没有普军的踪迹，并预测普军不会像最初设想的那样在西里西亚集结，而是会在更西边的萨克森和卢萨蒂亚集结。[51] 就在同一天，弗朗茨·约瑟夫的秘密警察已经提醒维也纳方面，普鲁士总参谋部在柏林订购了 150 份亚麻布制的萨克森和波希米亚地图。奥地利警探汇报，这些地图突出显示了普鲁士经由格尔利茨和德累斯顿至**克尼格雷茨**的入侵路线。[52] 这是真正了不起的情报功劳，因为它详细揭示了毛奇的行动计划，但是，当报告被转达给贝内德克时，他却熟视无睹。[53] 总之，截至 6 月 5 日，贝内德克获悉了毛奇已经将军队分集团部署在托尔高、格尔利茨和尼斯三地，这当然意味着普鲁士要经由萨克森、卢萨蒂亚和西里西亚对波希米亚进行三管齐下的入侵，但这位陆军总司令仍旧无所作为。[54]

65

在 6 月中旬，奥皇弗朗茨·约瑟夫看到普军的进攻山雨欲来，而贝内德克却令人迷惑地拿不出回应，他的耐心一下子耗尽了。到了现在，他箭在弦上，不仅要与普鲁士抗争，避免普鲁士征服他最富饶的王室领地波希米亚，还要避免失去奥地利最好的两个盟友巴伐利亚和萨克森，因为普军溯易北河往上游进攻，就会将巴伐利亚和萨克森与奥地利的北方军团从根本上分割开来。弗朗茨·约瑟夫惦记着这些危险，便采取了极其非常规的措施，他**命令**贝内德克放弃奥尔米茨的阵地，将北方军团调遣到约瑟夫施塔特的新根据地。[55]6 月 16 日，就在普鲁士入侵汉诺威与萨克森的几个小时前，奥皇的命令像重磅炸弹一般击中了奥尔米茨。[56] 但是，弗朗茨·约瑟夫已经纵容贝内德克太久了，即便是强行军，北方军团也不能在 6 月 26 日之前赶到易北河与伊塞河畔的新阵地了，而这珍贵的 10 天时间，已足够让毛奇占领萨克森，将以巴伐利亚军为主的德意志联邦军赶出波希米亚，并让他最庞大的三个军团穿过巨人山脉，推进到奥地利境内。[57]

意大利的动员

贝内德克令人摸不着头脑的表现，与奥地利指挥部在意大利战场上高明、有系统的做法形成了鲜明对比。南方军团虽然规模比北方军团小得多，但两者的重要性不相上下。奥皇弗朗茨·约瑟夫将南方军团交给他的叔叔、49 岁的阿尔布雷希特·哈布斯堡大公指挥，他是 1866 年奥地利军队中唯一的现役陆军元帅，他是卡尔大公的长子，而卡尔大公则是拿破仑时期奥地利最优秀的指挥官。

阿尔布雷希特是一位认真、有学者风度的人。1866 年之前，他唯一的战斗经历是十七年前在皮埃蒙特的一次行动。1859 年，他错过了意大利战争。当时，他在柏林争取与普鲁士建立同盟而没有成功。1863 年之前，阿尔布雷希特一直担任帕多瓦驻军的军长，这算是不得志了，因为 1849 年奥地利入侵皮埃蒙特期间他的下属贝内德克这时已经是奥地利的意大利军团总司令了。1863 年，弗朗茨·约瑟夫任命他叔叔为陆军元帅的政治决定，意味着阿尔布雷希特将不得不从意大利军团调离。因为，从技术上说，在意大利军团内，阿尔布雷希特升职后，他的衔级已经超过了贝内德克。不管有没有元帅权杖，没有人会认真考虑将一支重要的野战部队交给这位总是戴着一副标志性厚瓶底眼镜、模样滑稽可笑的近视眼大公指挥。因此，在 1863 年之后的几年里，他一直无所事事。尽管 1864 年，弗朗茨·约瑟夫任命他为"军队总监"，但弗朗茨·约瑟夫同时削减了军队预算，压缩了可操纵经费的空间，让阿尔布雷希特这位总监没什么好监察的。因此，就和奥地利的另一位"和平时期的陆军元帅"赫斯男爵一样，阿尔布雷希特大公很快就成为军队里大家奚落的靶子。[58]

66

67

图 6　1866 年奥地利南方军团总司令、陆军元帅阿尔布雷希特·
哈布斯堡大公（1817—1895 年）

履历如此平淡无奇，无论怎么说，1866 年的阿尔布雷希特都不可能是南方军团总司令的人选。确实，在战争爆发前夕，关于谁将在贝内德克 5 月从维罗纳调往奥尔米茨时取代他的问题，还有很大的不确定性。4 月 7 日，南方军团的一位旅长预测，该军团的指挥权将落到王室红人弗里德里希·利希滕施泰因（Friedrich Liechtenstein）伯爵手上。尽管利希滕施泰因伯爵是位无能的"沙龙将军"（salon general），但他比一本正经的阿尔布雷希特大公受欢迎。[59] 因此，在 4 月中旬，当弗朗茨·约瑟夫任命他叔叔为哈布斯堡的意大利军团（1866 年战争时更名为"南方军团"）总司令时，大家的反应除了震惊，便是愤怒地指责弗朗茨·约瑟夫任人唯亲。

最终的事实证明，阿尔布雷希特将是这场战争的一个惊喜。阿尔布雷希特带着他意志专笃的特质走上了新职位。这一特质曾让他在贝内德克散漫的意大利军团中树敌无数。但在 1866 年，他的这一特质正是贝内德克的北方军团显著欠缺的。贝内德克将他军团的一半部队都交给了无能的门生和贵族友人指挥，并且毫无必要地将指挥部分割成四个独立的办事处。和贝内德克不同，阿尔布雷希特将半吊子军官断然地排除在南方军团之外，严格地将所有参谋和辅助的职能集中到唯一有真才实干的 51 岁的总参谋长弗朗茨·约翰将军手里。[60] 接着，阿尔布雷希特将三个步兵军和骑兵预备队的指挥权交到能干、非贵族出身、拥有战斗经历的职业军人手里。[61] 这些举措便是阿尔布雷希特与贝内德克的不同之处。贝内德克将他的参谋职能分给三位互相不对付的军官：亨尼克施泰因、克里斯马尼奇和斐迪南德·克里茨。此外，出于谋求政治影响的私心，贝内德克将大部分步兵军的军长职位授予奥地利军队中最不够资格的贵族军官们。[62]

图 7　1866 年奥地利南方军团总参谋长弗朗茨·约翰将军
（1815—1876 年）

一旦指挥部搭建完毕，阿尔布雷希特大公就不得不腾出手来解决意大利战场的作战问题了。这个问题至少与贝内德克在北方面对的问题一样棘手。三个步兵军和四支要塞驻军加在一起，南方军团为保卫威尼西亚而能集结的兵力也不会超过 13 万人。[63] 然而，这支相对较小的军团却要抵抗整个意大利军，而自从 1861 年统一以来的这几年，意军已经增加了三倍，从 5 万兵力扩充至 20 万人。[64] 此外，自从加里波第将军在 1860 年成功地征服西西里和那不勒斯之后，在意大利所有的作战计划中，他的"志愿军"都占有一席之地。因此，再加上加里波第将军的志愿军，意大利的总兵力将达到 22 万人，几乎是阿尔布雷希特南方军团兵力的两倍，庞大到足以渗透到奥地利的方形要塞群。

69

后勤问题进一步加剧了阿尔布雷希特的困境。阿尔布雷希特从威尼西亚经由内奥地利①的公路、铁路与电报线路有两条，一条是从东北经由斯洛文尼亚（Slovenia）与施蒂里亚（Styria）到达维也纳，另一条沿着阿迪杰河的河谷向北到达因斯布鲁克（Innsbruck）。这两条线路都很脆弱。自从 1815 年以来，这第二条线路虽然容易受到来自伦巴第的攻击，但因为南蒂罗尔被并入德意志邦联，可以依靠南蒂罗尔抵御意大利的攻击，从而守卫这条线路。在 1866 年之前，意大利只要企图为民族国家意大利"收复"特伦蒂诺，就会激起德意志邦联的武装回应。但是，在普鲁士入侵汉诺威与萨克森之前，俾斯麦于 1866 年 6 月解散德意志邦联的那一刻起，这一道安全屏障便消失了。[65] 同

---

① 内奥地利（inner Austria）：14 世纪晚期到 17 世纪初的地名，指的是哈布斯堡家族在塞默林山口（Semmering Pass）以南的世袭土地，包括施蒂里亚公国、卡林西亚（Carinthia）公国、戈里齐亚-格拉迪斯卡（Gorizia-Gradisca）和的里雅斯特（Trieste）。——译者注

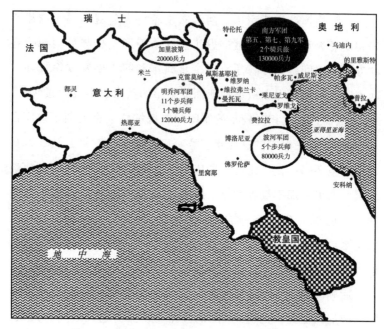

示意图 5　1866 年 6 月，意大利战场

样，德意志邦联的解体也将奥地利的的里雅斯特置于危险之中。考虑到意大利在亚得里亚海的海军优势，以及的里雅斯特（也被并入德意志邦联）自从 1815 年以来便充当了哈布斯堡意大利军团**政治**上不容侵犯的左翼屏障，所以的里雅斯特这段线路也一样让人不放心。[66]

70　　在波希米亚，贝内德克部署的兵力起码与普鲁士旗鼓相当，但在威尼西亚，阿尔布雷希特布阵松散的 3 个机动步兵军、2 个轻骑兵旅和若干要塞部队的 13 万奥军，却要对抗分成 16 个师（4 个加强军）的 20 万意军。而且，正如贝内德克不确定毛奇的三个军团最终进入波希米亚或摩拉维亚所采取的进军路径一样，在威尼西亚，阿尔布雷希特也面对着分成三个集团的意军：恩里科·恰尔迪尼（Enrico Cialdini）将军指挥的 5 个师，驻扎在波河下游河畔的博洛尼亚；阿方索·拉马尔莫拉（Alfonso la Marmora）将军率领的 11 个师，部署在明乔河 60 公里长的河道沿线；朱塞佩·加里波第（Giuseppe Garibaldi）将军率领的飘忽不定的 20 个营的志愿军，活跃在伦巴第北部，威胁着特伦托和阿尔布雷希特经由布伦纳山口（Brenner Pass）到因斯布鲁克的生命线。[67]

考虑到兵力上的劣势和意大利令人费解的意图，阿尔布雷希特感到有必要以奥地利在维罗纳加筑了壕沟的营地为中心，展开对哈布斯堡威尼西亚的防御。然而，这一谨慎的决定也会造成问题，因为维罗纳距离方形要塞群体系的明乔河与波河并不是**等距的**。将兵力集中在维罗纳的要塞群中间，南方军团距明乔河仅有一个行军距离，但离波河下游将会有四五个行军距离。在酷暑的天气下，这段距离将会令人受尽折磨。如果阿尔布雷希特仅在威尼西亚东南、恰尔迪尼的对面摆放一个观察军，而将南方军团大部分兵力集中在维罗纳，他相信兵力占优的意军一定会立即"宣战，同时渡过明乔河与波河，开到阿迪杰河"。拉马尔莫拉会将奥地利集中在维罗纳的两个军封锁起来，而恰尔迪尼则会包围奥地利波河河畔的第三个军，一举消灭阿尔布雷希特本就薄弱的兵力的三分之一。此外，阿尔布雷希特也明白，如果恰尔迪尼渡过波河，进驻到维罗纳与维也纳之间的地带，南方军团将会立即面临被加里波第志愿军切断北部补给线的危险，并被恰尔迪尼切断仅剩的一条撤退路线和交通线。[68]意大利人"将会用他们兵力较强的一支军队引诱我们到明乔河"，阿尔布雷希特在 6 月 3 日给弗朗茨·约瑟夫的信中写道，"而用兵力较弱的一支在费拉拉-帕多瓦一线强渡波河……

在运用这些策略的同时，意大利的海军还可能会在亚得里亚海的海岸登陆……而（加里波第的）志愿军也会在蒂罗尔的山口发起攻击"。[69] 在方形要塞群里坐等着敌人的这些进攻是绝对不行的："南方军团将会**被夹在**敌人的军团之间，被敌人消灭。"[70]

71　　　为了避免被意军包围，给自己争取一些机动空间，阿尔布雷希特和弗朗茨·约翰将三个军环威尼西亚的腰部进行部署：加布里尔·罗迪奇（Gabriel Rodic）的第五军在维罗纳，恩斯特·哈通（Ernst Hartung）的第九军在维琴察，约瑟夫·马洛西奇（Joseph Maroicic）的第七军在帕多瓦。[71] 这样部署可以让南方军团根据预料的意大利入侵的时机，迅速向西或向东转向。6 月份，阿尔布雷希特收拢编队，将三个军转移到方形要塞群的心脏地带，驻扎在阿迪杰河阵线之后，全都距离维罗纳在 50 公里之内。[72] "处在这个阵地上，"阿尔布雷希特在给奥皇的信中写道，"敌军的两个军团，我都能牵制住，因为无论在哪个方向，我只需要一个强行军的行军距离，就可以截住离得更近的一个军团，并拥有相当大的获胜概率。"[73] 和贝内德克不同，阿尔布雷希特立即将计划一丝不苟地传达给各军军长：如果主攻从西边或西南打过来，去哪里，怎么做，如此等等。接着，阿尔布雷希特大公沿着波河与明乔河上下游的观察所，每隔 30 公里便配备好信号弹，以便在意大利入侵时早早地预警。[74]

　　　和北方军团形成强烈对比的是，南方军团在战争的部署阶段并没有盲目地遵守行动计划。克里斯马尼奇在任何可能的情况下都坚持防御的决定让贝内德克的指挥部麻痹到志得意满。与此相反的是，阿尔布雷希特却将军队部署在中央阵地，密切观察敌人的动向，随时寻求**出击**的机会。最后，阿尔布雷希特将像拿破仑那样，在战斗前夕，当意军已经不可逆转地投入兵力时，才制订作战计划。阿尔布雷希特与贝内德克的其他不同之处还在于他决定**灵活**部署，不断通过积极的侦察与刺探活动确认阵地的有效性。他不仅充分利用了方形要塞群的防御能力，而且也希望利用南方军团内部阵线的进攻优势，以及它在两支分散的意大利军团**之间**的机动能力和集中全部力量攻击其中一个的能力。在北部战场，贝内德克也享有同样的优势，但他选择待在奥尔米茨，主动放弃了这个优势。

对于意军而言，尽管他们在兵力上占优势，但还不足以同时进攻阿尔布雷希特相对较小的野战军团，**并**包围方形要塞群的驻军。这些驻军大概率会在意军的几个师试图渗透威尼西亚的时候，主动出击，攻击他们的侧翼。因此，为了插到奥地利明乔河畔佩斯基耶拉要塞与曼托瓦要塞之间，避开它们的要塞部队，阿方索·拉马尔莫拉的 11 个师别无选择，只能将自己压缩在沙龙镇（Salionze）与戈伊托（Goito）之间狭窄的 20 公里长的正面上。[75] 既然拉莫尔马拉大量的兵力无法一次性地渡过明乔河，那么阿尔布雷希特的三个军便有相当大的机会从维罗纳迅速沿河而下，趁着拉莫尔马拉军团渡河中间奇袭他们。

恰尔迪尼在波河下游指挥着意军的 5 个师。对他而言，渡过这道河障的风险更大。尽管波河东起曼托瓦，蜿蜒流淌至亚得里亚海，长 120 公里，但在这片沼泽地上，只有不到一半的长度适合渡河。波河中游根本不用考虑，因为从那里渡河将会把恰尔迪尼的军团送到奥地利曼托瓦要塞与莱尼亚戈要塞之间的波河三角洲地带。这片地区太过潮湿，容易引起瘟疫，根本无法行动。这样一来，就只剩费拉拉附近的波河下游可以渡河了，而恰尔迪尼最终正是从这里渡河的。但是，过了河，恰尔迪尼的处境也几乎没有改善。波莱西内（Polesine）这片位于波

72

河下游沿岸、方形要塞群以东的沼泽地带，不仅层峦叠嶂，而且水道纵横，更是蚊虫肆虐。如果恰尔迪尼想要穿过这片土地，将会付出战术完整性的代价。恰尔迪尼波河军团的火炮和弹药将会远远地落在步兵后面，这简直是为隐蔽的、补给充分的防御者创造机会。

一旦恰尔迪尼的军团在这片沼泽地带行动艰难，即便奥地利一支小规模的分遣队也能够全歼恰尔迪尼的行军纵队。马洛西奇将军率领奥地利第七军驻扎在阿迪杰河下游沿线。他们正面有四条易守的河道：波河、比安科运河（Canal Bianco）、阿迪盖托河（Adigetto）与阿迪杰河。这片区域太难走了，恰尔迪尼的每个**团**都必须携带 300 米的架桥设备；在这样的负重下，意军的任何入侵只能以蜗牛的速度进行。[76]"在如此破碎、泥泞的地形，意军将无法发挥兵力上的优势，"马洛西奇在 5 月时这样提醒他的各旅旅长，"记住：始终朝着火炮声的方向前进。如果敌军分几个纵队行进，我们就以优势的兵力袭击第一支纵队，打得他们退到波河里，然后袭击下一个纵队，攻击他们的后卫，消灭他们。"[77] 总之，无论意军看向哪里，哪里都潜伏着灾难性的危险与陷阱。这正是方形要塞群的精髓所在：将坚固要塞的选址，设在噬人的沼泽地带与汹涌宽广的河流之间仅有的潜在突破口之处。阿尔布雷希特、弗朗茨·约翰和各军军长决定充分利用这一优势，甚至考虑克服重重困难而采取**攻势**，这与贝内德克极端的悲观主义，以及在波希米亚行动的各军军长彻头彻尾的茫然形成强烈的反差，实在是意味深长。

德意志的第一枪

德意志邦联的诸邦国在 1815 年同意，只要德意志领土受到威胁，无论这威胁来自像普鲁士这样的德意志兄弟国家，还是像法国或者像 1864 年真实的侵略者丹麦那样的外国强权，各军队便联合组成"联邦军"（federal army），共同抵抗入侵。在 1866 年，不算庞大的奥地利和普鲁士分遣部队，德意志的"联邦军"还能够集结 15.2 万人的战时兵力：其中，巴伐利亚 6.5 万人，符腾堡 2.2 万人，萨克森 2 万人，汉诺威 1.9 万人，巴登 1.6 万人，黑森 1 万人。[78] 这些德意志"中等邦国"的分遣部队合在一起，兵力如此众多，乃至法国驻维也纳的武官确信，有了这支庞大的联邦军分布在普鲁士的两个莱茵河省份周围和西进柏林的整个沿线，俾斯麦一定不敢在 1866 年瓦解德意志邦联，因为担心会激起德意志联邦军对普鲁士的惩罚性进攻。[79]

当然，问题在于德意志邦联的 30 支分遣部队根本组不成一支"军队"。自从拿破仑战争以来，它们没有一个经历过持久的战斗，自从 1815 年以来全都只是维持了几分之一的战时兵力。联邦作战计划不是在法兰克福的联邦议会制订，而是在 6 个德意志邦国首府由 6 个不同的总参谋部制订的。这 6 个总参谋部互相妒忌，在里边任职的人，就像法国人诙谐地说的，都是"心比天高、才比纸薄的贵族和禄虫"。[80] 动员这支组织混乱的联邦军将被证明是一个令人痛苦的缓慢过程。确实，1865 年夏天，奥地利总参谋部估计，假如普奥战争爆发，奥地利最可能的德意志盟友萨克森、巴伐利亚、符腾堡、汉诺威、黑森 - 达姆施塔特和巴登，如果它们想及时参战并对战争结果产生影响，那么它们就必须与奥地利**同时**、比普鲁士**提前**很久就开始动员。[81]

然而，政治上，这些中等邦国中没有一个会考虑提前动员，因为即便是预防性的部署也违反 1815 年的邦联宪法。该宪法禁止任何德意志邦国用武力解决争端。即便只是抢在普鲁士动员的前面，邦国的动员仍然会带有侵略性的表象，而这样的先例是任何中等邦国都不愿开的，毕竟它们清楚自己处于弱势。的确，巴伐利亚部署了最大的一支联邦分遣部队，即 6.5 万人的联邦军第七军，而它在 1866 年 6 月初就忠告奥地利，只有当普鲁士实际入侵了德意志兄弟邦国，并且之后法兰克福的德意志联邦议会投票通过了针对普鲁士采取"联邦报复行动"时，贝内德克将军才可以依赖巴伐利亚的支持。[82] 奥地利在萨克森的间谍提醒维也纳方面，如果弗朗茨·约瑟夫发起推翻俾斯麦的预防性战争，"没有一个德意志邦国政府会将军队交给奥地利支配"。[83]

　　巴伐利亚的分遣部队组成了整个联邦军第七军，萨克森的分遣部队则构成第九军的大部分。符腾堡、巴登与黑森-达姆施塔特将它们的分遣部队联合起来，组成了联邦军第八军。1866 年，该军军长是 43 岁的黑森的亚历山大亲王（Prince Alexander of Hessia），一位效忠于奥地利的将军。亚历山大曾经在 1859 年率军在蒙特贝洛（Montebello）与索尔费里诺经受过战火的淬炼，选择他当军长合情合理。但是，尽管如此，第八军的几支分遣部队，没有一支同意听从他的指挥，除非他宣誓放弃对奥皇弗朗茨·约瑟夫的效忠。直到 6 月 17 日，普鲁士入侵汉诺威与萨克森的一天之后，亚历山大亲王才照做。[84]

　　第八军远远算不上一个有凝聚力的战斗单位。作为联邦军的一个典型的军级单位，它包含了大量冗余的部门，夹杂着各种矛盾的立场。例如，亚历山大亲王是亲奥地利的，他一心想迅速地介入战争，减轻他的战友贝内德克在波希米亚的压力。然而，他的参谋长却是个更为谨慎的符腾堡人。他收到符腾堡首府斯图加特方面的命令，要将亚历山大亲王的部署拖延到极其缓慢的地步，并且为了保存符腾堡分遣部队的实力、守卫他们自己的边境，要阻止第八军任何向东移动的企图。[85]巴登的分遣部队甚至不愿意与奥地利配合。巴登军人穿的是普鲁士式的军装，扛的是普鲁士式的步枪，甚至口音听起来也常常像普鲁士人。6月，巴登的首相提醒奥地利驻卡尔斯鲁厄（Karlsruhe）公使道："告诉你们的首相，我们会进军，但是会**慢慢地**进军。"[86]

毫不奇怪，6月战争爆发之前，亚历山大亲王第八军麾下，没有一支分遣部队成功地动员、训练和装备了即使小部分的兵力。符腾堡的三个旅中，只有一个旅在6月17日准备就绪，第二个旅在6月28日才整备就绪，第三个旅甚至在7月5日才终于就绪，而那时，战争的高潮、波希米亚境内的克尼格雷茨战役都已经**结束**整整两天了。[87]联邦军的核心巴伐利亚的联邦第七军也是一样的低效。截至1866年5月，动员了一个月后，在10万满足兵役年龄者中间，它仅仅装备、集结了1万人。[88]第九军的萨克森人虽然在1866年春季一直都遭到俾斯麦的严峻威胁，但到了6月时它的2万人部队中仅仅6000人全副武装。剩下的大部分是新兵，他们不得不在6月16日当普鲁士入侵萨克森时才集合起来，塞进铁路车厢里向南赶路，以便在奥地利完成动员。[89]总之，对于在法兰克福被称作1866年"联邦战争"（Bundeskrieg）的这场大战而言，这些现象并非好兆头。鉴于德意志联邦军动员迟缓，毛奇那支不大的西部军团将会拥有充分的时间，不仅可以将德意志分遣部队赶走，让它们**远离**贝内德克的北方军团，还可以将它们全面**打败**，使普鲁士战后在德意志西部的大规模兼并成为可能。

75

1866 年 6 月 15～24 日，普鲁士入侵德意志邦国

"我感到被困住了，像笼子里的狐狸一样。"普鲁士国王威廉一世在 1866 年 5 月的最后一周，向俄国的一位特使这样抱怨道，"最终，我别无选择，只能**撕咬**出一条路来。"[90] 他指的是奥地利通过与德意志邦国结盟而编织成一张松散的大网来围困普鲁士的局面。汉诺威与黑森-卡塞尔为了自己在迫在眉睫的战争中的生存，都与奥地利结盟，而它们就横亘在普鲁士王国东部与柏林在 1815 年获得的两个莱茵河省份之间。奥地利的盟友萨克森威胁着普鲁士的南部边境，而且为贝内德克北方军团提供了行动的起点，可以沿易北河而下，开往霍亨索伦家族普鲁士王国的心脏地带。[91] 这些威胁压在心头，威廉一世在 6 月 15 日表明了其敌意，他粗暴地命令汉诺威、卡塞尔和萨克森解除武装，放弃与奥地利结盟。这三个邦国担心即便答应也会被普鲁士兼并，便索性拒绝了威廉一世。结果，6 月 16 日黎明，威廉一世这只"笼子里的狐狸"开始发飙、撕咬，通过公路与铁路入侵这三个邻国。1866 年的战争打响了。

被征召起来阻止普鲁士侵略的德意志联邦军队发现他们装备不完善、训练不充分，在德意志西部这片拥有欧洲最稠密、快速铁路网的区域，组织却十分混乱。正如奥地利人早就预料到的，北德意志的分遣部队要花很长时间才能开始行动，而普鲁士西部军团已经迅速地从四面八方朝他们集结过来：西边从勃兰登堡，东边从威斯特伐利亚，南边从荷尔斯泰因。6 月 16 日，汉诺威国王乔治（King George of Hanover）和他 1.9 万人的部队（这支部队能完成动员，恰好是因为普鲁士入侵的时间与汉诺威夏季演习的时间撞在一起）由铁路向南疾驰至哥廷根

（Gottingen），才勉强躲开了普鲁士从明登（Minden）发起的猛攻。[92] 尽管汉诺威人将身后的铁路拆毁，迫使奥古斯特·格本（August Goeben）将军在明登的师和埃德温·曼陀菲尔（Edwin Manteuffel）将军从荷尔斯泰因开来的师只能步行进入汉诺威，但汉诺威人却是以将大部分补给和军火留给普军为代价。[93] 第二天，欢欣鼓舞的柏林报纸列出了在汉诺威缴获的数吨战争物资清单，并估算逃往南方的汉诺威军队中，每人最多有 3 发步枪枪弹。[94]

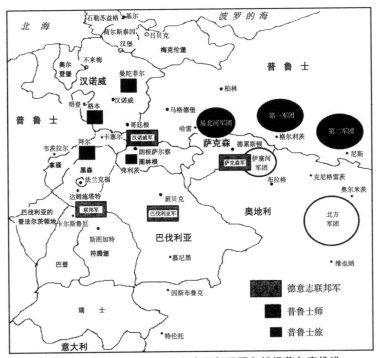

示意图 6　1866 年 6 月，普鲁士西部军团向朗根萨尔察推进

和汉诺威的军队一样，卡塞尔的旅也是勉强逃脱了普鲁士西部军团的第三师，也是最后一个师，它由古斯塔夫·拜尔

（Gustav Beyer）率领，从霍亨索伦家族位于韦茨拉尔（Wetzlar）附近的飞地发起对黑森-卡塞尔的侵袭。卡塞尔的两个团的前身是 1776 年被乔治·华盛顿（George Washington）在特伦顿（Trenton）打败的"黑森军"。这两个团由铁路撤到南边的富尔达（Fulda），拆除了卡塞尔与韦茨拉尔之间的铁轨，迫使拜尔将军的师像格本与曼陀菲尔的师那样，只能靠步行奋力追赶他们。[95] 和汉诺威军一样，卡塞尔的部队也不得不在慌张的撤退中抛弃大部分补给（他们的亲王指挥官还被普军俘虏了），最后到达驻扎在法兰克福的第八军的营地时，他们的普鲁士制造的撞针步枪甚至连子弹都没有了。[96]

在萨克森，军队的工兵愚蠢地忘记了破坏王国的铁路。烧掉枕木，将铁轨弄扭曲变形，这在欧洲其他地方是标准操作。萨克森的工兵却没有这样做，而是仅仅拆除铁路，将铁轨和枕木整整齐齐地码在路堤上。普军越过边境，将铁轨放回原位，上好螺栓，在 48 个小时内便占领了德累斯顿，这算是名副其实的闪电战了。这一切都是革命性的。针对这样的事实，英国一位记者评论道："几天的时间，德意志最重要的中等邦国之中，三个已被普鲁士的部队完全侵占，它们的君主被闪电般地赶出了他们的首府与国家。"[97]

在调头攻打集结在美因河下游的南德意志军队之前，先扫荡了北德意志的各分遣部队，毛奇的这个决定让巴伐利亚的分遣部队和第八军得到了喘息之机，以便协调他们的行动。然而，他们却令人震惊地没有做到这一点。南德意志的指挥官是巴伐利亚的卡尔亲王（Prince Karl of Bavaria）与黑森的亚历山大亲王。其中，卡尔亲王年事已高，是拿破仑战争时期的老兵了。尽管他们两人都知道，要打败普鲁士西部军团，他们离不开汉诺威的 1.9 万兵力，但他们却躲在班贝克（Bamberg）与法兰克福的营地里，迟疑着不敢北进。在他们看来，美因河以南的德意志形成了一座天然的堡垒。前面横亘着美因河，东部侧翼被巴伐利亚森林封堵，西部侧翼有黑森森林（Hessian Forest）与黑森林（Black Forest）屏护，南德意志构成了固若金汤的防御战场。这对巴伐利亚人来说尤其如此，因为他们的首府就坐落在南方腹地、多瑙河的水源地后面。因此，对于南德意志而言，防守的前景一片光明，而攻入北德意志则危险重重。单是行军至汉诺威的平原，南德意志联邦军的两个军就必须小心谨慎地穿过图林根这片层峦叠嶂、林深叶茂、山谷纵横交错、两侧悬崖峭壁的地区。大部分未经训练的骑兵和轻步兵走在前边，如果普鲁士西部军团快速射击的燧发枪兵再埋伏在他们的两侧和路上各个坑洼处，那他们将是自投死路。

因此，当联邦军第八军的各分遣部队终于在 6 月 16 日接受了黑森的亚历山大亲王的指挥后，亲王并没有率军前往哥廷根救援汉诺威军，而是宣称除非法兰克福已经"和（他的）美因河畔基地一样稳固"，他是不会前进一步的。[98] 奥军先前还指望南德意志与汉诺威联手，现在只剩下灰心丧气。然而，亚历山大亲王也是无可奈何，因为他那混杂编组的部队仍然分散在南德意志各地。指挥部在达姆施塔特。黑森的一个旅在海德堡（Heidelberg），另一个旅甚至还没动员。拿骚的部队在威斯巴登（Wiesbaden）。符腾堡的两个旅还留在斯图加特。巴登的部队正离开卡尔斯鲁厄，但他们已经提前发来电报，说他们在 7 月之前将完成不了战斗的准备。奥地利的奈佩格（Neipperg）旅是从德意志邦联的莱茵河要塞挑选的 1.2 万人驻军，被编在亚历山大亲王的麾下，而他们正在阿沙芬堡（Aschaffenburg）

78

休养。[99]

不过，希望的微光仍存在。有了巴伐利亚军在东面驻扎于班贝克，第八军至少在**地理位置**上具备了条件，可以阻止毛奇两支夹攻钳臂的下钳臂（即拜尔在卡塞尔的师，有 1.8 万兵力）接近哥廷根的汉诺威军。然而，无论在哪里，邦联都缺乏斗志和组织。"我已经头昏脑胀。"6 月 21 日，亚历山大亲王的奥地利武官在给维也纳方面的信中这样写道，"从本月的 16 号开始，我就一直在努力为这座德意志的巴别塔（Tower of Babel）带来一些秩序，但他们甚至在参谋长的人选上也达不成一致！别指望从巴伐利亚军那里得到**任何援助**。"[100]

多亏了意想不到的施救者，愚蠢的德意志联邦军才得到解救。这个施救者就是愚蠢的普鲁士军（的指挥官），毕竟不是每个普鲁士军人都像毛奇那样聪明。先前，普鲁士国王将西部军团交给了 67 岁的爱德华·福格尔·冯·法尔肯施泰因将军指挥。法尔肯施泰因是一位人脉很广的朝臣，在西里西亚拥有大片的庄园。1864 年，他和陆军元帅弗里德里希·冯·弗兰格尔（Friedrich von Wrangel）联手搞砸了普鲁士对石勒苏益格的入侵。[101] 两年后，在汉诺威，法尔肯施泰因在**挽救**自己的声誉方面还是一样的乏善可陈。尽管普鲁士国王和毛奇故意将这场战争中最保险的一个战场交给了他，但他们很快便会为这个决定而后悔。法尔肯施泰因一开进汉诺威，确定汉诺威国王乔治的军队确实逃走了，便停止追击，在乔治的首府安下心来享受这一不流血便赢得的胜利。

与此同时，汉诺威的 20 个营早已到达哥廷根，距离巴伐利亚还有三分之一的路程。如果眼睁睁地让汉诺威与巴伐利亚的部队联合，那么在兵力和武器上势必超过法尔肯施泰因分散的纵队。然而，6月18日，在普鲁士奥古斯特·格本将军的师抵达汉诺威，朝南布好阵线后，法尔肯施泰因命令休息一天。毛奇惊呆了。他勃然大怒，西部军团可以在以后休息，但不能在德意志邦国被打败并解除武装，柏林方面拿下到波希米亚的交通线之前。他不客气地命令法尔肯施泰因追击汉诺威军。法尔肯施泰因这位有钱的庄园主看不起毛奇这位没有土地的议院容克（Kammerjunker）。因此，他干脆无视总参谋长的电报，反而直接向国王回复。他汇报说，在汉诺威的首府他发现了数不清的食物和草料（足有700马车），所以他考虑，没必要再追击国王乔治的军队，他们在到达巴伐利亚之前就会饿死。[102] 事实上，汉诺威军队**确实**饥饿，补给很差，这也是他们会决定浪费关键的三天行军时间，在哥廷根附近征用物资的原因。[103] 他们就像是手到擒来的目标，而法尔肯施泰因却不肯向前伸手。他的懒散威胁到了毛奇的整个作战计划。

到了现在，毛奇已经不耐烦了。按照计划，普鲁士易北河军团与第一军团要在6月23日入侵奥地利，而巴伐利亚与汉诺威就位于这两个军团零落的撤退路线后边。焦虑于此，毛奇在6月22日通过电报第四次给法尔肯施泰因下达命令：立即攻击哥廷根的汉诺威军，不得延误。然而，法尔肯施泰因还是不愿动弹。他回电报说，他需要更多时间修复汉诺威的铁路。第二天早上，国王威廉一世本人直接介入，亲自命令法尔肯施泰因前进。法尔肯施泰因的骑兵在前面刺探后，却发现汉诺威军已经不在哥廷根了。[104] 他们已经穿过图林根森林（Thuringian Forest），向东南撤到一个叫朗根萨尔察（Langensalza）的地方。朗根萨尔察离巴伐利亚军更近了，而巴伐利亚军正打算从班贝克向北突入以支援汉诺威军。就因为法尔肯施泰因的踌躇不前，汉诺威军还差几个行军距离就能彻底摆脱危险。毛奇 6 月 16 日从荷尔斯泰因、威斯特伐利亚和韦茨拉尔撒出的一张大网，似乎已经扑空了。[105]

朗根萨尔察战役

毛奇不会就这么轻易地屈服。他意识到，南德意志的分遣部队在营地磨蹭不前，为他创造了绝好的机会，可以利用西部军团联合在一起的 4 万兵力，包围并消灭汉诺威的 1.9 万兵力。因此，他与柏林的总参谋部齐心协力，争取弥补法尔肯施泰因造成的损失。凭借他们的努力和法尔肯施泰因下属拼命地赶路，到了 6 月 25 日，汉诺威军终究逃不到巴伐利亚了，而仅仅几天前，他们的前景看起来还是那么的光明。普军的工兵最终修好了汉诺威的铁路，而毛奇也从普鲁士的要塞重新部署了 9000 兵力至哥达（Gotha）。[106] 现在，朗根萨尔察的汉诺威军已被三面包围：南面，爱德华·弗利茨（Eduard Flies）将军的要塞部队部署在哥达；西面，拜尔的先头部队驻扎在爱森纳赫（Eisenach）；北面，法尔肯施泰因与格本率军从卡塞尔和哥廷根慢慢逼近。国王乔治唯一畅通的逃跑路线就是向东，但这会离巴伐利亚军**越来越远**，并会进入普鲁士境内。毛奇有些满意地看着这样的形势，命令弗利茨仅仅牵制住汉诺威军，直到西部军团的主力缩小包围圈瓮中捉鳖。[107]

在朗根萨尔察，汉诺威军焦急地等待着巴伐利亚军和德意志第八军的援助，但这两个联邦军还在忙着自己的动员，决定让汉诺威自生自灭。[108] 毛奇明白，再拖延的话可能将会毁了他的德意志战役，于是便命令法尔肯施泰因在 6 月 26 日深夜发起进攻，"彻底结束汉诺威这出插曲"。毛奇担心汉诺威国王乔治会拔营逃走，导致普鲁士的几个师，不得不在普鲁士入侵萨克森和波希米亚的两个军团的**后方**、图林根的附近，对汉诺威军进行耗时的追击。在拜尔与格本的部队赶上来之前的整个白天时间里，毛奇忠告弗利茨，要他率领他的旅竭尽全力守住哥达与威拉河（Werra）峡谷，以阻挡预料中汉诺威军的突围，因为只要国王乔治行动足够迅速，那么弗利茨的 9000 兵力与 22 门火炮将要面对的就是汉诺威的 1.9 万兵力与 42 门火炮。[109]

渴望荣誉的弗利茨在 6 月 27 日违抗毛奇精心拟定的作战计划，对处在朗根萨尔察有利防守阵地的汉诺威军发起了攻击。[110]事实证明，这只是普军不服从上级命令的众多例子之一，这样的例子每隔一段时间便会出现一次，每次都有打乱毛奇周详作战计划的危险。这次进攻便以普军的屈辱战败为结局。汉诺威以优势兵力从他们所处的高地向下冲锋，将弗利茨只组编了 5 个正规军的营、7 个后备役营的临时拼凑的旅，打得狼狈地退回到哥达。

对于毛奇来说，这出令人沮丧的插曲中唯一的亮点，便是这场战役为他、俾斯麦和罗恩从 1862 年开始便不顾议会的激烈反对而坚决推行的"禁卫军"（praetorian）军队改革提供了充分的理由。对于普鲁士的后备役军队而言，朗根萨尔察战役是个"黑暗的日子"，因为弗利茨的由中年"律师和眼科医生"组成的几个营不仅不愿做出最大的牺牲（与更加老实的正规军营 10.6% 的伤亡率相比，他们的伤亡率只有 5.3%），而且他们中间当逃兵的、装受伤的、在战场附近躲藏起来的人数量惊人。在战役中间，弗利茨的后备役营中有不少于 45% 的兵力失踪，只有奥地利叛变的维也纳新兵才在 1866 年超过这个逃避战斗的比率。[111]

81　　　要打败汉诺威军，普鲁士的后备役军队明显需要援助。第二天，6 月 28 日，援助的力量到了。当时，普鲁士西部军团的主力集中在朗根萨尔察，迫使汉诺威国王乔治向东撤退，远离了其南德意志盟友。[112]6 月 29 日，国王撤到北豪森（Nordhausen），背后便是哈茨山脉（Harz Mountains）。他在北豪森投降了。普鲁士的埃德温·曼陀菲尔将军解除了汉诺威军的武装，给他们发了火车票，让他们回家。[113]柏林到萨克森和波希米亚的交通线终于安全了。随着德意志邦联的战争逐渐走向尾声，普奥战争才刚刚开始。而在德意志邦联南边的威尼西亚，意奥战争的决定性战役已过去了一周，尽管这场战役的消息才开始逐渐传入德意志。

第四章 意大利宣战

1866 年 5 月，一位德意志侨民在从罗马寄出的信中写道：
"看来，意奥战争在所难免，（意大利）政府要么征服，要么垮台……这场可怕的战争将决定意大利的命运。"[1] 6 月 5 日，马真塔战役的周年纪念这一天，阿尔布雷希特大公的南方军团做好了抵抗意大利进攻威尼西亚的准备。尽管白天平静地过去了，但意大利和奥地利的哨兵隔着明乔河确有交火，阿尔布雷希特的密探也不断地潜入阿方索·拉马尔莫拉将军的营地，计算意大利战地面包房的总面包条数，在火车站和电报局来回转悠，甚至渗透进意大利总参谋部的办公室。到了夜里，奥地利的密探便清点在前线附近的教堂和公共建筑里睡着的意大利士兵的数目，将他们的调查结果传回维罗纳的南方军团指挥部。[2] 6 月 12 日，奥地利驻维罗纳警察机构报告称："（奥地利）军官中间，很多人正变得越来越急不可耐地想行动起来，因为人人都在遭受着酷暑的折磨。"[3] 同一天，奥地利与法国官员同意，不管输赢，在意奥战争之后，奥地利都会将威尼西亚割让给法国，得到的回报则**可能**是普鲁士的西里西亚。[4] 在法国扶持的墨西哥帝国①耻辱地崩盘后，拿破仑三世进行了部分动员，迫切想得到一场对外政策的胜利，从而慢慢地将法国拖进普奥意的三方冲突。

---

① 墨西哥帝国（Mexican Empire）：指墨西哥第二帝国，是第二次法墨战争时拿破仑三世在墨西哥建立的傀儡政权。——译者注

从奥地利的立场来看，一支法国军队武装在阿尔萨斯与弗朗什-孔泰大区（Franche-Comté），准备视情况向巴伐利亚或伦巴第进击，那么割让威尼西亚以换取法国的中立，让陆军元帅阿尔布雷希特可以对意大利军队实施制胜的一击，将这个新联合成立的意大利王国打回它原先相对无害的、诸多小国分裂共存的状态，这个代价似乎也可以接受。奥地利推断，如果民族国家意大利在 1866 年的风暴中消失，拿破仑三世将几乎别无选择，只能将威尼西亚还回哈布斯堡奥地利。确实，拿破仑三世最信任的顾问吕西安·缪拉（Lucien Murat）和欧仁·鲁埃（Eugène Rouher）的公开表态，也在将奥地利官员朝这条思路上引导。这两人都将普鲁士和意大利，而不是奥地利，视为法国利益的真正威胁，而且确实已建议法国皇帝在战后将威尼西亚和方形要塞群归还给奥地利。[5]

1866 年 5~6 月意大利部署的问题

1866 年 6 月，意大利 400 个步兵营中的 120 个，大约 6.2 万人仍在罗马以南打击反叛分子、黑手党和土匪，那里 1860 年之前曾是国王弗朗切斯科·波旁（Francesco Bourbon）的两西西里王国的地区。[6] 这些南方的意大利作战团中，大部分都得经由天然的土路穿过敌对的地区，沿着意大利半岛跑步北上，才能及时赶上与奥地利的战争。有些部队不得不一天行进 30 英里，在地中海炎热的天气下步行这么远的距离极其艰辛。[7] 那些中午休息、夜里行军的部队，情况也没有好到哪里去，因为他们要承受疟蚊的摧残。[8] 在这场漫长的行军结束时，在威尼西亚方形要塞群前停下的意大利指挥层，很难将这些分散的、精疲力竭的部队整合起来，这阻碍了师与军的及时设立，在某种程度上也解释了意大利在战争中的糟糕表现。[9]

　　此外，意军还存在其他问题。尽管意大利80个战列团中的35个是在中佐焦尔诺①征募的，意大利国王维托里奥·埃马努埃莱二世（Vittorio Emanuele II）仍然决定将大部分南方的团排除在与奥地利的战争之外，因为国王担心他们会投敌。这样的政治决定让意大利军队失去了将近一半的前线骨干兵力，迫使军队高层将北方的兵站搜刮了个底朝上，也只能得到二流与三流的新兵。[10]6月，当意大利战争部召集10.5万名应征士兵组成后备军时，明确将所有"那不勒斯人、西西里人和撒丁岛人"排除在征召范围之外。[11]维托里奥·埃马努埃莱二世坚持将这场酝酿中的意奥战争称作意大利统一的最后一站，但人们从中更清楚地看到了意大利统一的裂痕。这真是一种讽刺。在意大利，除了北部的中产阶级，人们对意大利统一运动的热情并不高，尤其是在农民看来，意大利统一运动就等同于税负、兵役和战争。

　　即使将南部意大利人排除在他的军队之外，阿方索·拉马尔莫拉这位意大利资历最老的将军，仍然对集结在威尼西亚边境、新组建的意大利战列团怀有深深的疑虑。在4月的一次作战会议上，拉马尔莫拉承认，在他的20万现役兵额中，"实际上只有一半可以算作'战士'"。[12]剩下的人里边，很多人要么未接受过训练，要么不确定他们的忠诚。在5月和6月，数十名意大利逃兵越过边境，进入奥地利。其中一些人对一味攫取的意大利王国十分仇视，奥地利驻威尼西亚的官员甚至建议将他们招募到哈布斯堡的南方军团里。[13]5月，当一位法国军官从博洛尼亚前往米兰，

————————

　　①　中佐焦尔诺（Mezzogiorno）：指意大利半岛南部以及西西里和撒丁岛地区，也泛指意大利南部地区。——译者注

中间参观了意大利四个军的其中三个军的宿营地时，他指出，"意大利的参谋与行政机关十足的无能"。[14] 奥地利的警方密探可以自由出入意大利营地。他们评论道，意军严重缺少马车、马匹、面包、草料和红酒，并向维也纳方面保证："从克雷莫纳到博洛尼亚整个前线沿线都笼罩在混乱之中。意军没有地方睡觉，没有东西果腹。"[15] 他们的艰苦条件，激起了偶尔的示威抗议。5月 20 日，意大利 46 岁的国王在克雷莫纳检阅他疲惫的军队时，非常粗鲁地警告他们，要小心身边的失败主义者和叛徒。队伍中间爆发出阵阵的怨言，有几个声音大喊道："然而出卖**我们**的就是**你**！"一位奥地利密探满意地将这个丑闻向南方军团指挥部汇报道，对于意大利人而言，"这给人留下了最不吉利的印象"，"意大利军队疲惫不堪又厌战"。[16]

5 月，维托里奥·埃马努埃莱二世将朱塞佩·加里波第召至佛罗伦萨，让他着手组建一支由 2 万人非正规军组成的军队。加里波第是意大利的伟大爱国者，曾于 1860 年将西西里和那不勒斯从波旁家族手里夺回。加里波第还是一位忠实的共和主义者，正因为如此，他恰好也成为征募他的王室军队的敌人。因为这一双重身份，加里波第将军立即遭到来自国王战争部官僚机构的阻力，他们极不情愿为由左翼狂热分子组成的一个军提供装备。因此，王室政府各部逼着加里波第几乎用尽了乞求、欺骗和窃取各种手段，才拿到步枪、残余的加农炮、食物和草料。就连军报和 1859 年缴获的多余的、扔在一边生锈的奥地利步枪，他们也不愿给加里波第和他的"革命暴民"。"革命暴民"正是国王本人私下里对加里波第军（Garibaldini）的称呼。"在利莫内（Limone），有 8 支奥地利步枪，"一位加里波第军的士兵在 6 月时恼火地写道，"但没有战争部签字的调拨单，我们就拿不到这 8 支枪。"[17]

图 8　1866 年意大利明乔河军团总司令阿方索·
拉马尔莫拉将军（1804—1878 年）

奥地利密探立刻对这样的内斗做出了评论，弗朗茨·约瑟夫的罗马大使馆汇报道："志愿军的武器装备、服装供给和组织都进行得缓慢，因为政府担心培养出一支无产阶级的军队。"威尼斯的警察当局形容加里波第的志愿军都是"15岁到19岁之间、以前从未握过枪的男孩子"。[18]奥地利间谍观察志愿军在科莫湖（Lake Como）组建营级单位时发现，只要这些男孩子调皮捣蛋，就会被王室的军官狠狠打一顿以示惩戒。一位间谍写道："不满情绪笼罩着志愿军。他们怀疑加里波第被皮埃蒙特人的政府当工具利用。"[19]另一位间谍发现，"志愿军像猪群一样被（他们的正规军军官）粗暴地对待……在莱诺（Leno）的志愿军发生了兵变，一位王室军队的少校被他自己手底下的人用刀杀死了"。[20]

正规军的组织情况也并没有好多少。1866年5月，意军在扩充至战时兵力的同时，也出现了太多无能的军官，以致接受教育还不到两个月的军校学员都被迫从教室直接派往前线的连队里。意军的少数师级将领根本没有任何战斗经验。[21]出于政治原因，加里波第的一些军官（1860年征服那不勒斯后被整体收编进王室军队），即便他们的实战经验仅限于在南方的沙漠进行游击战，却被委以师长之职，每人要指挥一个师1.2万人的兵力。[22]国王甚至任命战争部的文职人员当旅长，而且被迫取消一些高级将领的任职资格，因为他们的无能实在是非常地显而易见。[23]因此，在战争的前夕，意大利的部署不啻一场官僚和后勤的噩梦，这再一次表明了，要在存在那么多年的6个旧国家的残骸上创建一个单一的新国家是多么的困难。[24]

1866年6月意大利统帅部的问题

意大利军队的高层更加助长了这种混乱。5月，在动员的高峰期，法国驻佛罗伦萨（1864—1870 年的意大利首都）武官惊诧地说："战争大臣［伊尼亚齐奥·佩蒂嫩戈（Ignazio Pettinengo）］指挥的军队，其真正的指挥官是国王，而国王最资深的将军（阿方索·拉马尔莫拉）却不指挥，而是一直辛勤地干着首相的事儿。"这位法国武官断定，即便佩蒂嫩戈被任命为总参谋长，"他也没有足够的权威对两位军团总司令（拉马尔莫拉和恰尔迪尼）发号施令，因为凭他的资历，他只能担任副总参谋长一职"。[25] 事实上，自从 1861 年统一以来，维托里奥·埃马努埃莱二世便将军队打造得更适合对难以驾驭的半岛进行政治管理，而不是与大国进行真正的战争。重要的是，一直到 6 月 18 日，野战军总司令拉马尔莫拉才被解除在佛罗伦萨的政治职务，而这时距离他的军团按计划入侵威尼西亚只剩不到一个星期。此外，无论他还是他的下属，都没有为这场由意大利的盟友普鲁士在 6 月中旬触发的与奥地利的战争及时地制订作战计划。

6 月 16 日之后，当普鲁士入侵汉诺威与萨克森，开始兵临奥地利边境时，俾斯麦与毛奇焦急地等待意大利在南方宣战。4 月，在柏林和佛罗伦萨签订的军事协议确保意大利会宣战，然而意大利却毫无动静。炎热的季节已经降临到威尼西亚平原，很多意大利军官根本不信维托里奥·埃马努埃莱二世竟会认真考虑进行一场必须在 7 月和 8 月决出结果的战争。这两个月可是一年之中最炎热的，此时的波河盆地将成为疟疾和斑疹伤寒的温床。[26]

普鲁士驻维托里奥·埃马努埃莱二世营地的特使特奥多尔·伯恩哈迪（Theodor Bernhardi）向柏林提交的令人担忧的报告中描述到，整个 6 月，意大利统帅部动员迟滞，作战计划举棋不

定，即便在前线穿着的也不是制服，而是凉爽的亚麻西装搭配丝
88　绸领结。[27] 在柏林方面看来，这样可不行。根据普意军事盟约的
规定，意大利**有义务**针对奥地利开辟第二战场。因此，俾斯麦指
示伯恩哈迪与普鲁士驻佛罗伦萨公使吉多·乌泽多姆（Guido
Usedom）伯爵，要坚持让意大利立即进攻威尼西亚，为准备入侵
波希米亚与德意志中等邦国的普鲁士军队减轻压力。

伯恩哈迪是一位军事史学家，他当即评论道，在意大利根本
不存在任何战争规划部门。总参谋部就像一潭官僚的死水。[28] 再
往上，维托里奥·埃马努埃莱二世的权力很大，他的才干很难匹
配。他的军事内阁——国防常设委员会（Commissione Permanente
per la Difesa dello Stato）成了所谓皮埃蒙特卡莫拉（Piedmontese
camorra）的大本营，卡莫拉的成员都是像佩蒂蒂、德拉罗卡
（Della Rocca）、拉马尔莫拉和德拉罗韦雷（Della Rovere）这样
的政客将军。虽然他们在 1848—1849 年，以及 1859 年的战争
中表现平平，却总能成为战地指挥官的第一人选。无论常设委
员会还是王室战争部，都没有肩负起制定意大利战略的职责。
也难怪，自从 1861 年统一以来，战争部已经换了六任大臣。[29]
在 1859 年，这样的组织问题几乎算不上什么，因为当时有法国
的军官为皮埃蒙特人制订作战计划，让年轻的维托里奥·埃马
努埃莱二世这位"绅士国王"（Re galantuomo）在没有总参谋
长的情况下也可以征战自如。[30] 然而，在 1866 年，意大利是单
独作战，而且发现在官方报纸所谓"第四次联盟战争"（Fourth
War of Union）的前夕，甚至没有一份从奥地利军队手里夺回威
尼西亚的作战计划。"谁来指挥战争？"一位意大利的报界职员
后来问道，"没有人！当佩蒂蒂（国王的副官）和拉马尔莫拉
（首相）组织意大利的部署时，恰尔迪尼（拉马尔莫拉在军队

中的头号对手）却与佩蒂嫩戈（战争大臣）合谋，为恰尔迪尼在波河下游的部队获取最精良的骨干和最好的物资。"[31]

普鲁士的伯恩哈迪收到毛奇的指示，要说服意大利人渡过波河，攻入方形要塞群的**后方**（而不是渡过明乔河，攻打方形要塞群的**正面**）。所以，库斯托扎战役前的两个星期，他便在维托里奥·埃马努埃莱二世统帅的各个互不关联的部门之间穿梭，包括佛罗伦萨的王宫与战争部，拉马尔莫拉在外交部的办公室、在皮亚琴察的意大利主营地，以及恩里科·恰尔迪尼在博洛尼亚的指挥部。伯恩哈迪汇报，每到一处，他都能感受到由拉马尔莫拉和恰尔迪尼在根本战略上的分歧而引起的紧张氛围和迟疑不决。

如果在 1866 年意大利能够做出自然而然的选择，从波河与明乔河在曼托瓦相交汇而形成的夹角两侧，对威尼西亚发起夹攻，那就没多少可产生分歧的空间了。但是，奥地利的方形要塞群的设计目的正是挫败这一策略。奥地利在曼托瓦与莱尼亚戈的要塞既可以用作入侵意大利的桥头堡，也可以用作防御的屏障，从而阻止意大利在威尼西亚河流边界的交汇处集结。鉴于这一事实，意军在 1866 年只有两个选择，要么在曼托瓦以东120 公里的波河下游集结，要么在奥地利位于曼托瓦与佩斯基耶拉两座要塞之间 35 公里长的缺口处集结。正如加里波第不久后发现的，攻击威尼西亚在佩斯基耶拉以北的蒂罗尔命脉也是完全不可能的，因为有加尔达湖（Lake Garda）和布雷西亚段阿尔卑斯山脉（Brescian Alps）所形成的屏障。加尔达湖有奥地利的炮艇巡逻，而瓦尔萨比亚（Valsabbia）、斯泰尔维奥（Stelvio）和托纳莱（Tonale）这三道山口则有弗朗茨·约瑟夫一流的蒂罗尔狙击兵把守。[32]

企图从曼托瓦附近的任何地方渡过波河也不可能。从博洛尼亚以西渡河，意军上岸后面临的是曼托瓦与莱尼亚戈之间的柳林沼泽地。再往东，波河盆地泥泞不堪且容易引发瘟疫，渡河或是从亚得里亚海登陆都不可行。因此，远在意奥战争爆发之前，奥地利在维罗纳的指挥部便十分确定恰尔迪尼这位南面入侵路线的首要拥护者最后会从哪里渡河，即从塞尔米德（Sermide）与科洛尼亚（Cologna）之间 45 公里长的滨河地带。这进而又暴露了恰尔迪尼入侵威尼西亚的进军路线：费拉拉-罗维戈-帕多瓦-维琴察再到威尼斯。[33]

即便假设意大利"南部的"与"西部的"军团未遇到抵抗就渡过了波河与明乔河（至少在波河河畔，奥军不可能从阿迪杰河后面安全的阵地中出击，艰难跋涉穿过南部威尼西亚的水道和堤围泽地），他们仍会发现他们之间将相隔 100 公里、5 天的行军距离，而因为有方形要塞群与阿迪杰河保护，无论何时侧翼与后方都无安全之虞的奥地利南方军团，能够倾尽全部兵力轻而易举地完败意军。[34] 方形要塞群的地理位置带来的问题，说明了它在军界的名声为什么会这么可怕。这些战术问题也说明了为什么在 1848 年之后意大利的战略会分裂成"南部"与"西部"学派。这个战略困境在 1861 年便已显现。当时，意大利的战争大臣开始在博洛尼亚和皮亚琴察建造战壕防护营地；也就是说，一个是为波河下游而建，另一个是为明乔河而建。一位法国评论家指出，自此以后，意大利军队"便在博洛尼亚和皮亚琴察之间游移不定，谁也不敢做出决定，除掉这致命的不确定的胚芽"。[35] 意大利军队两位最有权势的军人领导了两个互相对立的学派，造成与奥地利战争的不可调和的战略问题，这将成为 1866 年意大利军队的不幸的预兆。

62 岁的拉马尔莫拉将军是意大利战略西部学派或"皮埃蒙特"学派的领袖，他计划在接下来的这场战争中，采取和他皮埃蒙特的前辈在 1848 年和 1859 年与奥地利的战争中所采取的一模一样的打法。[36]1848 年，皮埃蒙特的军队 6 月在库斯托扎最终被拉德茨基打败之前，曾在戈伊托、佩斯基耶拉和帕斯特伦戈（Pastrengo）打败奥军，强渡明乔河一线。假如皮埃蒙特军队组织士兵占领威尼西亚，一进入方形要塞群就巩固他们的阵地，那么赢得这场战争的就可能是他们了。[37]1859 年，夺得索尔费里诺战役的胜利后，法军和皮埃蒙特军考虑从明乔河还是从波河包围方形要塞群，在判断波河下游河面太宽、河岸太低、河水太满而无法有效架桥的情况下，最终选择了从明乔河渡河。一个军可以在一天内渡过相对狭窄的明乔河，但要渡过波河则需要三天，这个时间已足够一支奥地利分遣队从罗维戈或莱尼亚戈出击，并像一位意大利军官说的那样，趁他们"在渡河的当口"（in flagrante passaggio）杀他们个措手不及。[38]确实，在波河渡河的前途太过晦暗，以至于维托里奥·埃马努埃莱二世的军事内阁在 1862 年 6 月决定，今后意大利军队最多在那儿采取佯攻。[39]

然而，得到了普鲁士总参谋部支持的恰尔迪尼却持有相反的观点。他主张意大利应该在明乔河采取佯攻，在波河进行主攻。恰尔迪尼和毛奇推断，从西部入侵只会浪费时间（因此毛奇对这场争论兴趣浓厚）和士兵的鲜血来攻陷佩斯基耶拉、曼托瓦，再然后是维罗纳。而且，毛奇推断，即便明乔河军团占领了维罗纳也只能封锁奥地利两条补给线中的一条，即布伦纳路线，而更重要的经由菲拉赫（Villach）的路线依然畅通无阻。在这种情况下，即便奥地利失去了维罗纳，南方军团还是可以退守到莱尼亚戈、罗维戈和威尼斯的要塞，一直等到援军从维也纳赶来，这正是 1848 年夏天曾出现的情形。

图 9　1866 年意大利波河军团总司令恩里科·
恰尔迪尼将军（1811—1884 年）

恰尔迪尼认为，在 1866 年，更明智的做法是采用佯攻策略将奥军引诱至明乔河，同时以压倒性的兵力渡过波河，袭击位于方形要塞群**后方**的帕多瓦。一旦在帕多瓦站稳脚跟，切断南方军团通往内奥地利的主要公路与铁路路线，恰尔迪尼的波河军团就可以陆路与海路协同进攻，攻陷威尼斯，然后调转方向攻入方形要塞群，与拉马尔莫拉的明乔河军团联合起来攻占维罗纳，封死布伦纳路线，结束战争。[40] 毛奇从没有实地踏足过波河与阿迪杰河之间这片潮湿、人迹罕至的区域，所以非常喜欢这个表面上简洁明了的"南部计划"。[41] 毛奇指示伯恩哈迪，要力劝佛罗伦萨方面的拉马尔莫拉"西部学派"接受这一计划。从始至终，毛奇都想当然地认为，恰尔迪尼不会浪费时间围攻维罗纳这座"奥地利的塞瓦斯托波尔"，而是仅仅将南方军团困在那里，派出一支观察军留下来，然后率领 15 万大军赶往多瑙河畔，与普鲁士军队一道，像吉多·乌泽多姆说的那样，给哈布斯堡奥地利"直插心脏的一击"。[42]

拉马尔莫拉与恰尔迪尼之间的战略之争一直拖到 6 月的第三个星期。这样的延误让柏林方面很恼火，因为即便维托里奥·埃马努埃莱二世最终选择了恰尔迪尼的计划，接下来大部分的意军还得从克雷莫纳重新部署到费拉拉，这个过程又将花费几个星期的时间。在国王缺乏坚强领导的情况下，总得赶快采取点什么措施。最终，就在意大利对奥地利宣战的几天前，与恰尔迪尼和拉马尔莫拉关系都不错的国王副官阿戈斯蒂诺·佩蒂蒂（Agostino Petitti）将军从中调停，达成了一项致命的妥协。作为国王的国防常设委员会主席，佩蒂蒂的当选不是为了在"南部"或"西部"学派之间二选一，而是为了两个**都**选，给了拉马尔莫拉 11 个师、12 万兵力驻扎在明乔河河畔，给了

91

92

恰尔迪尼 5 个师、8 万兵力驻扎在波河下游。[43]

佩蒂蒂戏谑地为恰尔迪尼的部属起了个名号，叫"特派军"。这其实是一种委婉的说法，代表了虽然拉马尔莫拉被新任命为意军总参谋长，但恰尔迪尼的军团是完全脱离于他的。[44]由于维托里奥·埃马努埃莱二世没有任命任何人协调两个军团，以及加里波第军和停泊在安科纳的铁甲舰队，实际上所有部队都是独立行动，只是在理论上统一由国王控制。拉马尔莫拉在佛罗伦萨，佩蒂蒂在皮亚琴察，加里波第在科莫，恰尔迪尼在博洛尼亚，意大利海军大臣准备带领一个师的兵力，随陆地部队一起行动，而铁甲舰队的主要舰队司令则分散在从佛罗伦萨到布林迪西（Brindisi）一带。这样一来，意大利统帅部永远也选定不了一个综合的、全局性的作战计划。确实，直到意大利对奥地利宣战的 6 月 20 日这天之前，拉马尔莫拉甚至都没想过要下令将曼托瓦与佩斯基耶拉的攻城火炮和辎重集中起来。

加里波第的志愿军理应从布雷西亚段的阿尔卑斯山脉处向里瓦（Riva）进攻，减轻明乔河军团的压力，牵制住奥地利驻扎在佩斯基耶拉的要塞部队。但是，在 6 月 22 日，离库斯托扎战役只剩两天时，加里波第的志愿军（大部分是赤贫的南方人，"为了糊口"而参军）中，40% 的兵力还留在意大利"靴跟"处的普利亚区（Apulia，亦作 Puglia），距离布雷西亚段的阿尔卑斯山脉还很遥远。其余的志愿军则分散在伦巴第附近，很多人的武器还没有配发。总体上，只有不到 25% 的加里波第"红衫军"（之所以称作"红衫军"，是因为他们身着屠夫穿的铁锈色罩衣，将自己与正规军区分开来）能够在拉马尔莫拉宣战时及时做好准备。剩下的志愿军要到 7 月才能动员就绪，但那时已经太迟，帮不上王室军队。[45]

6 月 17 日，恰尔迪尼与拉马尔莫拉会面，**似乎**达成了一致：恰尔迪尼将在拉马尔莫拉渡过明乔河后，立即渡过波河，双方在阿迪杰河中游会师。[46] 然而，尽管他们表面达成了一致，但这两位将军主要关心的是他们在战争中可以放手作战的权力，所以拒绝将他们的计划落实到纸面上，对于彼此的意图也都仍存有疑虑。一位意大利历史学家认为，拉马尔莫拉的目标实际上是"占领佩斯基耶拉和维罗纳之间的高地，切断方形要塞群主要要塞之间的交通，引诱奥军至明乔河"；想必是如此，拉马尔莫拉才好趁着恰尔迪尼尽可能久地在波河牵制奥军的时候，渡过明乔河，奇袭南方军团的后方。[47] 但就恰尔迪尼而言，他显然认为他那个牵制性的军团才是主攻，而拉马尔莫拉那个主攻的军团才是牵制。[48]

假如恰尔迪尼的 8 万波河军团真的打算为 12 万明乔河军团提供牵制，常识决定了他们应该在拉马尔莫拉渡过明乔河，发起进攻之前渡过波河，而不是在拉马尔莫拉之后渡过波河。然而，到头来，这一基本问题却令人费解地被搞混了。6 月 21日，恰尔迪尼给国王发电报，请求让明乔河军团提供牵制。6月 22 日，佩蒂蒂电复恰尔迪尼，许诺在 6 月 24 日明乔河那边将有"佯动"。然而，佩蒂蒂清楚，拉马尔莫拉计划于 6 月 23日带领 10 个师的兵力渡河，这么庞大的兵力显然不只是"佯动"。24 日，恰尔迪尼听到库斯托扎的消息时简直震惊得怔住了，因为一直以来，他都以为他才是主攻的锤头，而拉马尔莫拉则是牵制敌人的铁砧。[49]

在战争打响前不久，一位普鲁士官员问佩蒂蒂，阿尔布雷希特南方军团的阵地位于中央，那么意大利军队要如何在两个军团同时渡过波河与明乔河的情况下，又不被南方军团将未会

94

师的两个军团逐一击破呢？佩蒂蒂向这位普鲁士官员保证（事实证明，这一保证没有兑现），奥军不会冒险攻击其中任何一个军团，而是会让出波河与明乔河阵线，待在更易于防守的阿迪杰河后面，让恰尔迪尼和拉马尔莫拉的军团有时间和空间会师。这种推测的一个问题在于，意大利的两个军团并没有就在威尼西亚境内会师的计划形成一致意见。这种推测的另一个问题在于，阿尔布雷希特并没有打算在阿迪杰河后面固守，而是计划在意大利的两个军团**之间**机动作战。显然，意大利阵营中没有人对这场迫在眉睫的战争将如何展开有一个清晰的画面。在库斯托扎战役的一周前，拉马尔莫拉的一位师长写道：“**看情形**，好像恰尔迪尼将渡过波河下游和阿迪杰河。**假如**这是真的，事情就会非常顺利了。”[50]6 月 21 日，拉马尔莫拉寄给恰尔迪尼一封预示了即将到来的灾难的信件：“作为一个独立军团的指挥官，你可以朝任何你认为适宜的方向放手行动。”[51]

佩蒂蒂拙劣的折中将意大利的机动军队砍成两半。只有维托里奥·埃马努埃莱二世作为最高统帅，有权向恰尔迪尼和拉马尔莫拉两人下达命令。然而，国王拒绝为意大利战略指定一个唯一的方向，这可能是出于政治上的考虑。拉马尔莫拉是“皮埃蒙特卡莫拉”的头头，而恰尔迪尼则是意大利左翼“行动党”（Party of Action）富有号召力的偶像。国王同样地依赖他们，哪个也冷落不起。因此，国王将制定入侵威尼西亚的计划这样重要的事情一直推迟到 6 月 18 日，当拉马尔莫拉终于顶不住柏林要求进攻奥地利的压力，放下在佛罗伦萨的首相职务，来到位于克雷莫纳的军团指挥部之时。

6 月 20 日，为了“意大利的荣誉和民族国家的权利”，维托里奥·埃马努埃莱二世正式对奥地利宣战。[52]拉马尔莫拉向驻扎在维罗纳的阿尔布雷希特大公送去了正式的宣战书，决定 6 月 23 日带领大部分兵力进攻到明乔河对岸。然而，一位奥地利军官后来写道："拉马尔莫拉心里（为 23 日和 24 日的行动）究竟是怎么打算的，还很难说。恐怕拉马尔莫拉本人也不清楚。"[53] 奥军并没有拆毁他们在明乔河上的三座永久性桥梁，这一事实本应让拉马尔莫拉警惕起来，但这位意大利总参谋长依然认为，阿尔布雷希特将待在阿迪杰河后面。拉马尔莫拉希望，他 12 万人的军团快速进军至维罗纳，将阻止阿尔布雷希特率领 7.5 万人的机动部队向南调转，抵抗恰尔迪尼，让意大利的两个军团可以在阿迪杰河的河畔会师。当然，国王和拉马尔莫拉都没有料到，他们会在 6 月 24 日，在维拉弗兰卡（Villafranca）上方的几座山上无意中展开战斗。的确，那天拉马尔莫拉渡过明乔河的时候，他甚至没有带上参谋；他只是留下一句话，说他骑马到前边去，只是"看看部队的进军情况怎么样"。[54]

95

1866 年 6 月 21~24 日，拉马尔莫拉入侵威尼西亚以及阿尔布雷希特的对策

阿尔布雷希特大公对维托里奥·埃马努埃莱二世宣战的回应是向南方军团发布公报，谴责意大利"背信弃义、骄傲自大"。这位陆军元帅发誓，绝不会让意大利国王"将军旗插上布伦纳和喀斯特高原（Karst）"的计划得逞。布伦纳和喀斯特高原是意大利"天然的边境"，恰好伸进哈布斯堡的蒂罗尔与斯洛文尼亚境内。尽管在意大利的条件极为不利，7.5 万兵力、仅拥有 168 门火炮的奥地利机动部队要对抗 20 万兵力、拥有 370 门火炮的意军，但阿尔布雷希特仍然以拉德茨基式的奚落口吻结束了训令："别忘了**这支**敌军在你们面前逃跑已经是家常便饭。"[55]

　　一直到 6 月 21 日之前，南方军团仍待在维罗纳附近阿迪杰河左岸中间的阵地，随时准备根据情况需要向南或向西出击。[56]阿尔布雷希特派遣一个旅到波河下游，但留下 6 辆火车待命，假如拉马尔莫拉先于恰尔迪尼行动时便将他们迅速运到维罗纳。[57]6 月 21 日，明乔河畔的奥地利侦察兵汇报，拉马尔莫拉将大举从那里渡河。意军的分遣队已经前进到奥军完好无损地留在那儿的几座桥梁，意军的工兵也忙着在瓦莱焦（Valeggio）与戈伊托之间另建两座桥梁。奥地利的前哨可以肉眼看到大规模的意大利步兵聚集在渡口的后面。同时，波河下游的奥地利侦察兵汇报，恰尔迪尼至少再需要两天的时间，才会开始在波河下游渡河。[58]

　　既然意大利第一波，也是最重的一波攻击是从西面打过来，阿尔布雷希特与他的总参谋长弗朗茨·约翰将军迅速制订了应对计划。他们将向西进军，干扰拉马尔莫拉渡河，夺取明乔河军团在瓦莱焦和戈伊托的主要桥梁，接着俘虏或消灭任何试图渡河的意军，同时保持对恰尔迪尼波河军团的时刻关注。为了同时做到这些，弗朗茨·约翰计划将南方军团集结到威尼西亚平原唯一的战略地形上，即索马坎帕尼亚（Sommacampagna）、库斯托扎和圣卢西亚（Santa Lucia）高地。这三处高地的主体是一片绵延的山脉，一直延伸到明乔河对岸、伦巴第地区的索尔费里诺。南方军团部署在维拉弗兰卡上方的这三处高地，就能够变阵朝南，在明乔河军团为了渡河而被迫分散在 35 公里长的正面、一直向东散开到阿迪杰河的时候，居高临下地攻击拉马尔莫拉的左翼。

　　6 月 21 日，弗朗茨·约翰将军向各军军长下令，于 6 月 23 日日出时分在阿迪杰河的右岸、维罗纳的城墙下集结。[59]尽管弗朗茨·约翰安排只在夜里、大清早或者傍晚行军，但约瑟夫·马洛西奇的第七军必须在酷热中从圣博尼法乔（San Bonifacio）跋涉 20 公里至维罗纳，差点没赶得及。在途中，马洛西奇的部队与恩斯特·哈通的第九军撞在一起，马洛西奇的士兵被迫在炙烤的太阳下站立很久，直到严重损害身体的健康。在维罗纳附近，第七与第九军的路线又交叉到一起，阿尔布雷希特的参谋人员也不安地发现，从维罗纳到城西第七军露营地的最后 6 公里，路上到处都是晒伤、脱水的士兵。马洛西奇的特普利（Töply）旅和威尔瑟海姆（Welsersheimb）旅因为受暑气折磨，各自只剩下一个营的战斗力。[60] 弗朗茨·约翰出于担心，停止了夜渡明乔河、攻入拉马尔莫拉后方的计划，向阿尔布雷希特（他现在也担心疲惫的军队第二天将无法行军和战斗）呈报了第二天早晨向库斯托扎前进的命令。"尊敬的阁下，"弗朗茨·约翰坚持道，"尽管我们在行军之前还有 24 小时，但我们只剩半小时来送出命令了。"阿尔布雷希特立即签发了弗朗茨·约翰的计划。[61]

6 月 23 日中午，阿尔布雷希特与弗朗茨·约翰召集作战会议，讨论 24 日的作战计划：南方军团的三个军在敌人进攻距离之内，在索马坎帕尼亚与明乔河之间丘陵起伏、10 公里长的正面上行军并变换阵线。[62] 这一策略风险极大。由于意大利的散兵在早晨的时候，已经将阿尔布雷希特的前哨从明乔河赶回到维罗纳，南方军团在向西前进的时候将没有前哨，也几乎不会收到意军前进的警报。下午 2 点，阿尔布雷希特收到曼托瓦和佩斯基耶拉传来的消息：拉马尔莫拉已经渡过明乔河，正在瓦莱焦与维拉弗兰卡之间的平原上集结。[63] 阿尔布雷希特大公清楚，他可能正将南方军团往陷阱里送：意军从明乔河桥头堡北面和东面伸出的两只钳手所形成的包抄之势。然而，鉴于他对拉马尔莫拉那个组织混乱的军团的了解，这个险值得冒。

因此，在第七和第九军心存感激地退到露营地时，阿尔布雷希特命令"预备师"和加布里尔·罗迪奇的第五军，在 6 月 23 日天一黑便向西行军至索纳（Sona），赶在南方军团 24 日能够于维拉弗兰卡上方的几处山峰集结之前，阻止拉马尔莫拉任何试图占领这几座山峰的努力。上述"预备师"是由奥地利的意大利要塞挑选出的 13 个混编的营组建而成，而第五军之前在整个部署过程中则一直驻扎在维罗纳。[64] 当向西的路变得畅通后，阿尔布雷希特下令第九军的韦克贝克（Weckbecker）旅在 24 日凌晨 2 点出发。该旅的任务是占领索马坎帕尼亚，因为南方军团将以索马坎帕尼亚为枢轴，向南调转方向，居高临下地攻击拉马尔莫拉的侧翼。[65] 在这场战争结束后，维托里奥·埃马努埃莱二世为阿尔布雷希特的大胆惊诧不已，因为奥地利的这一战术和布置给贾科莫·杜兰多（Giacomo Durando）的意大利第一军的 24 日的战术恰好是反向的，即意大利第一军以瓦莱焦为枢轴，向北调转方向，开进库斯托扎和索马坎帕尼亚高地。意军的这一战术也并非不可行。阿尔布雷希特必须假定拉马尔莫拉在 23 日一早开始渡过明乔河时，至少会派出一个师登上索马坎帕尼亚高地以保护他的侧翼。"说一说，"意大利国王在战争结束后，询问阿尔布雷希特的其中一个旅长卡尔·默林道，"我的整个军团早已布置在明乔河的几处高地，为什么阿尔布雷希特大公还会冒与整个军团遭遇的风险？"维托里奥·埃马努埃莱二世正确地判断出这是个"严重的战略失误"。默林回答道："确实是这样，陛下。在整个进军过程中，我们都担心您会预料到这一战术，先占领那几处高地。"[66] 然而，风险越大，

97

98

机会才越大。而且，正如阿尔布雷希特所了解的，意军的威胁并不像它单凭兵力所显示的那样大。

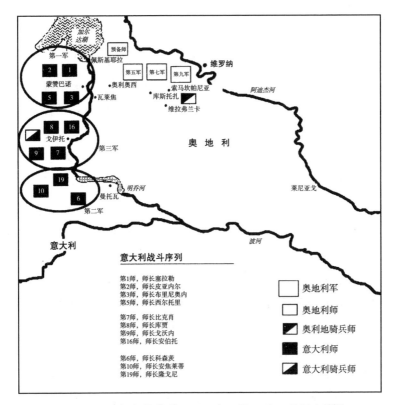

**示意图 7　库斯托扎战役：1866 年 6 月 23 日，拉马尔莫拉
与阿尔布雷希特的部署**

　　维罗纳人先前连第七和第九军的影子也没见到（他们从流经维罗纳的阿迪杰河下游渡河），23 日下午 5 点的时候，第五军的行军纵队突然出现在内城，把他们吓了一跳。这样壮观的战争场面持续时间太长，令约翰感到不悦。加布里尔·罗迪奇的一位参谋军官发火道："我们的辎重队把街道都堵塞了。部

队携带的辎重太多了！"尽管如此，第五军最终还是渡过了阿迪杰河，登上右岸，在夜幕和冷雨开始落下时朝着索马坎帕尼亚的方向进发。[67] 南方军团剩下的部队吃了一顿热饭，在维罗纳城外潮湿的露营地铺床睡下。按计划，他们要在凌晨 2 点醒来，煮咖啡，一小时后在没有辎重队的拖累下拔营前进。[68] 午夜，阿尔布雷希特收到他留在波莱西内唯一的一个团传来的电报，说恰尔迪尼正在波河架桥，比预期的时间提前了很多。尽管阿尔布雷希特清楚，就算恰尔迪尼能飞渡波河，也需要至少两天的行军时间才能与拉马尔莫拉会合，但这份电报仍让他感到不安，因为前线的消息总是会迟到几个小时，而且信息太过于简略，让人难以安心。[69]

拉马尔莫拉在明乔河西岸的切伦戈（Cerlungo）度过了 6 月 23 日的夜晚。意军的侦察疏忽大意，对罗迪奇的进军没有给出任何警报，麻痹了拉马尔莫拉，让他放心睡去。[70] 因此，24 日，即索尔费里诺战役七周年纪念日这天，拉马尔莫拉凌晨 4 点才起床，骑马去了威尼西亚，确信当天不会发生什么战役；当他亲眼看到他的军队在渡河时混乱不堪时，这一信念一定让他心里好过不少。[71]

拉马尔莫拉在 23 日下达的渡河命令（"要在明乔河左岸获取立足点"）进展并不顺利。由于他只下令为蒙赞巴诺、博尔盖托（Borghetto）和戈伊托的永久性桥梁就地增建 2 座浮桥，拉马尔莫拉的军队在经历了酷热、艰难的行军和 23 日潮湿的一夜而变得筋疲力尽之后，在 24 日进入威尼西亚时前进缓慢，并且不断因为交通堵塞和组织混乱而陷入停滞。[72] 杜兰多将军的第一军有两位师长，一位是恩里科·塞拉勒（Enrico Cerale），法国人，出生在法国北部迪耶普（Dieppe）；另一位是朱塞佩·西尔托里（Giuseppe Sirtori），原先是加里波第军的人，意大利国王骂他是"自大的蠢驴"。先前，这两位师长收到指示，要占领明乔河以东从奥利奥西（Oliosi）到圣卢西亚的那片高地，但他们把这一任务搞砸了。塞拉勒偏离了行军路线，与西尔托里的部队撞在一起，等进入威尼西亚境内时已经太迟了，没有拦住从维罗纳和帕斯特伦戈（Pastrengo）上来的奥军。西尔托里师的队伍往东游荡得太远了，就像法军参谋部后来评论的，"把第一军分散在整片异常辽阔的地域上"。[73]

当然，拉马尔莫拉本该在 23 日将骑兵巡逻队派到更远的维罗纳，因为奥地利的战壕防护营地就在瓦莱焦以东不到 20 公里。然而，拉马尔莫拉却选择了让 50 个骑兵中队干闲着，因而也没能侦察到罗迪奇在夜里向索纳行军的情况。接着，他还纵容了如此缓慢的渡河，乃至到了 24 日黎明，军队才渡过去一半的兵力，而且正如一位奥地利军官所说，"就像个醉汉一般歪七扭八地走进"南方军团张开的双臂。[74]

得益于拉马尔莫拉严重的战术失误，阿尔布雷希特现在有机会向他声名显赫的父亲看齐。1809 年，他父亲曾在相似的情形下，在阿斯佩恩战役中取得了胜利。阿尔布雷希特公爵可以用南方军团 7.5 万人的全部兵力，攻打实际渡过明乔河的 6.5 万意军。[75]拉马尔莫拉将库基亚里（Cuchiari）的第二军调派去毫无必要地围困曼托瓦，这个愚蠢的决定致使他将自己的入侵兵力削减了三分之一。在佩斯基耶拉一线，他又派出一个师监视那座小要塞里的奥军 4 个营。[76]这些分遣队再加上恰尔迪尼军团第四军在波河河畔闲待着的 4 个师，实际上让意大利在库斯托扎战役的关键一天减少了一半的兵力。

第五章 库斯托扎战役

1866 年 6 月 23 日，奥地利派去占领维拉弗兰卡上方若干高地的几个旅，于 24 日凌晨 4 点集结在库斯托扎与圣卢西亚以北的几座山上。奥军第九军的韦克贝克旅（阿尔布雷希特计划以该旅为枢轴对意大利明乔河军团施行包围战术）于清晨 5 点 30 分到达索马坎帕尼亚，接着第二个旅在 6 点到达，第三个旅在 8 点 30 分到达。[1] 沿着阵线往西下去，罗迪奇所辖第五军的旅长们惊喜地发现，他们的战区还没被意军占领。确实，卡尔·默林将军遇到的唯一阻碍倒是来自自己人：一个是一支神秘莫测的匈牙利骠骑兵部队，在黑暗中潜行，却没有带上他们的德语翻译；一个是相邻的皮雷特旅，他们生着闷气，在喝到配给的红酒之前拒绝朝南布阵。[2] 最后，欧根·皮雷特（Eugen Piret）的士兵还是醉醺醺地完成了这一部署，并且在 24 日破晓时，发现维拉弗兰卡上方那处至关重要的山脊，即前阿尔卑斯山脉（pre-Alps）与威尼西亚高原相接的最高点，还没有被任何一方占领：这时奥地利南方军团的主力正排成行军纵队从维罗纳吃力地行进，还在继续渡河的意军并不知道阿尔布雷希特已经进军，还在慢吞吞地朝着明乔河高地前进。

胡戈·韦克贝克（Hugo Weckbecker）的旅比军团其他单位提前了一个小时，在 24 日凌晨 2 点离开维罗纳，于清晨 5 点 30 分到达奥军阵地的要地索马坎帕尼亚。奥地利的骠骑兵从索马坎帕尼亚附近的山上下来，通知韦克贝克将军意军还没有占领上方的要地，尽管维拉弗兰卡后边扬起的滚滚尘土的确预示了有一支庞大的军队正在快速前进。一小时后，第一阵战斗的响声从战场的两头儿传到韦克贝克的阵地。在他左边，路德维希·普尔茨（Ludwig Pulz）的骑炮兵连已经在维拉弗兰卡的郊外卸下火炮，开始朝城镇开炮。恩里科·德拉罗卡（Enrico Della Rocca）的意大利第三军占领并巩固该城镇。在他右边，在奥利奥西附近，距离明乔河最近的几座山上，弗里德里希·鲁普雷希特（Friedrich Rupprecht）的预备师，即前一天夜里被阿尔布雷希特派去守卫奥地利右翼的两个兵力薄弱的旅，在清晨6点撞上了塞拉勒的其中一个旅；当时，双方的兵力都在往蒙赞巴诺和瓦莱焦两处桥梁上方的高地会集。[3]

在阿尔布雷希特和弗朗茨·约翰看来，战役正朝着令人意想不到的、十分危急的方向转变。拉马尔莫拉并没有直线向维罗纳进军，而是向北回旋开进那几处高地，而那几处高地恰巧是阿尔布雷希特正在努力占领的，以便从上边居高临下地攻击拉马尔莫拉的左翼。拉马尔莫拉是在最后关头才临时对计划做出了这样的改变。24日清晨5点30分，拉马尔莫拉进入瓦莱焦，指示正在指挥第一军渡河的杜兰多，让第一、第三军暂停渡河，前去包围佩斯基耶拉，同时让第二军攻陷曼托瓦，而这一耗时费力的行动恰恰是毛奇和恰尔迪尼所要竭力避免的。因此，到了清晨6点，杜兰多的两个师已经向东朝着佩斯基耶拉和明乔河高地前进，而不是向北朝着维罗纳和阿迪杰河一线进发了。但是，他们的速度缓慢。在瓦莱焦，塞拉勒的纵队撞上了西尔托里的部队，造成交通堵塞，费了珍贵的几小时道路才重归畅通，让阿尔布雷希特的右翼得以利用这一空当悄悄下到奥利奥西。不过，尽管塞拉勒失误，杜兰多的第一军还是设法

图 10 库斯托扎和丽城（照片由作者拍摄）

向北迂回，把奥地利弗朗茨·约翰巧妙的侧翼进攻，变成拉马尔莫拉的明乔河军团与变阵朝南的奥地利南方军团之间直截了当的正面冲撞。[4]

战场军情的变化彻底改变了这一战役的态势。要想取胜，杜兰多的第一军只需守好蒙赞巴诺和瓦莱焦的渡口，同时，德拉罗卡第三军的四个师和索纳兹（Sonnaz）的重骑兵在戈伊托渡过明乔河，经由维拉弗兰卡行军至索马坎帕尼亚，绕到阿尔布雷希特的左翼，切断南方军团与位于维罗纳的根据地的联系。然而，这个宏大的计划将难以实现，因为拉马尔莫拉的侦察队太差劲，导致他连奥军是如何部署的都不知道，实际上他还以为在索马坎帕尼亚的是奥军的中军，而不是左翼。[5]

对于阿尔布雷希特，要想取胜，就不是突击拉马尔莫拉并无防备的左翼的问题了。相反，既然意大利明乔河军团回旋后处于对峙的状态，那阿尔布雷希特就必须将弗朗茨·约翰原先的迂回战术进一步拉长，迂回到拉马尔莫拉的后方，占领瓦莱焦，切断拉马尔莫拉最重要的撤退路线。但是，由于阿尔布雷希特的左翼兵力严重失衡，两个奥地利旅要对抗整整五个意大利师，如果他的右翼和中军往前突入太深，他自己也容易被敌人的侧翼包围。而且，正如阿尔布雷希特的一位批评者后来指出的，南方军团自己阵线沿线的兵力就严重失衡，至关重要的右翼每平方米只有 2 名士兵，而相比之下，中心阵地每平方米却有 12 名士兵；这样一来，阿尔布雷希特如果不突入以压倒性兵力集结在明乔河畔的意大利步兵的侧翼部队，在战术上就不可能绕到拉马尔莫拉的后方。[6] 因此，库斯托扎战役势必将成为残酷的僵局。要想对付意军，南方军团必须放弃侧翼进攻，尝试对意大利中心阵地进行正面猛攻。然而，随着战役像失控的

103

船只一样，一会儿向这边侧倾，一会儿向那边侧倾，交战双方也都是一片混乱，几乎难以用语言形容。的确，库斯托扎战役不会按照既定的计划发展；它让两支偶然撞到一起的军队进入对峙，又迅速地陷入糟糕的、毫无章法的混战中。

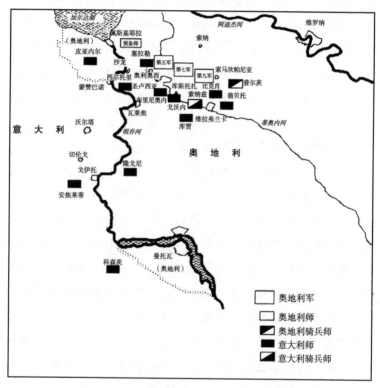

示意图 8　库斯托扎战役：1866 年 6 月 24 日，拉马尔莫拉通过明乔河

104　　6 月 24 日清晨，奥军与意军指挥部都将时间用于探究维拉弗兰卡上方几处高地的动态。两个指挥部对形势都没有清晰的把握，两支军队也都没有呈现符合预期的行动。早上 7 点，拉马尔莫拉穿过维拉弗兰卡，让第三军的各旅放心地解除戒备，烹制早餐，因为在维罗纳以西没有出现奥军。在这之后，拉马尔莫拉带着一队骑兵，骑马登上库斯托扎，照例侦察一番。他爬了 115 米，攀登上克罗切山（Monte Croce）山顶，震惊地看到恩斯特·哈通的奥地利第九军分成三个纵队正从南边朝着他的方向移动过来。这是拉马尔莫拉第一次看见奥军，[7] 他们已经离得那么近，只有几公里远，在起伏的田地上尽可能快地逼近过来。震惊之下，拉马尔莫拉命令人飞马报信，向杜兰多和德拉罗卡请求支援。在库斯托扎，他只有第一军布里尼奥内（Brignone）师的两个旅。然而，单凭布里尼奥内师不足以抗衡哈通的整个军，而哈通的军大有席卷明乔河高地，并居高临下地攻向拉马尔莫拉的桥梁之势。[8]

奥地利轻骑兵旅的冲锋

就在拉马尔莫拉草草地完成库斯托扎的防御时，他又被震惊了。这一次，是他身后索马坎帕尼亚和维拉弗兰卡之间的平原上爆发的激烈战斗声浪。之前，阿尔布雷希特大公将全部的"预备骑兵"（15 个轻骑兵中队）都交给路德维希·普尔茨上校指挥，并将普尔茨部署在索马坎帕尼亚与维拉弗兰卡之间的公路上，让他咬住德拉罗卡的第三军，以便在意军朝阿尔布雷希特位于索马坎帕尼亚防守薄弱的侧翼推进时，及早发出警告。[9] 德拉罗卡的四个师里，有两个师在 24 日凌晨 2 点便已开始渡河，他们的任务是拿下西威尼西亚的道路枢纽维拉弗兰卡，然后向北推进，在库斯托扎与索马坎帕尼亚之间的高地与第一军会合。[10] 这两个意大利师构成了最不可能的一对组合：右边是皮埃蒙特的王储翁贝托（Umberto）的师，左边是一位激进的加里波第军成员尼诺·比克肖（Nino Bixio）的师。普尔茨的两支轻骑兵从凌晨 3 点就一直在侦察。当这两个师在维拉弗兰卡进行部署，距离奥军在索马坎帕尼亚的枢轴仅仅 8 公里远时，普尔茨一直不安地观察着。[11] 仿佛这样的威胁还不够大似的，清晨王储翁贝托和比克肖又得到了第三个师，即索纳兹的几个重装旅的支援，它小跑着赶到比克肖的左侧后，这三支部队在维拉弗兰卡周围形成了一个完整的半圆。

如果不是普尔茨的一名较为鲁莽的军官自作主张，事态也许就会这样僵持一整天：普尔茨与哈通束手无策，而德拉罗卡也不会采取行动，他将满足于针对想象中的奥军在戈伊托发起105 进攻，做好自己对维拉弗兰卡的防守。清晨 7 点钟，当拉马尔莫拉在库斯托扎附近察看，阿尔布雷希特和弗朗茨·约翰也从他们位于索纳的地势低矮的指挥部茫然地观察时，浑身无处不散发着波兰枪骑兵气质的约瑟夫·罗达科夫斯基（Joseph Rodakowski）上校，从普尔茨的师中派出他的四个乌兰（uhlans）枪骑兵中队，骑马朝比克肖的部队奔去。

当罗达科夫斯基没有停在维拉弗兰卡的郊外对意军进行侦察，而是快马扬鞭地向意军疾驰冲锋时，仅受命"咬住"德拉罗卡部队的普尔茨都惊呆了。就在不久之前，阿尔布雷希特还命令普尔茨将骑兵留到当天结束的时候使用。弗朗茨·约翰修订后的作战计划（该计划主张攻入拉马尔莫拉的后方），实际上需要普尔茨将德拉罗卡的部队诱往索马坎帕尼亚，这样罗迪奇和鲁普雷希特才能挤入意大利明乔河军团和它的几座桥梁之间。[12] 然而，罗达科夫斯基已经跑得太远，没办法召回了，而比克肖在清晨阳光下休息的几个团赶紧组成方阵，抵御敌人这出乎意料的进攻。出去散步的王储翁贝托赶紧冲刺到最近的方阵，钻到阵地里。[13] 普尔茨之前安排守卫维罗纳驿道的七个轻骑兵中队被他们右边突然的行动吓了一跳，也骑马慢跑穿过了桃园和玉米田，而他们的旅长奥古斯特·布亚诺维奇（August Bujanovics）则大喊"向着维拉弗兰卡！前进！前进!"（Direktion Villafranca! Marsch! Marsch!）。[14]

在索马坎帕尼亚附近，普尔茨的一名参谋军官对罗达科夫斯基投入一个轻步兵旅与敌人两个步兵师、20 个重骑兵中队战斗的行为，表现出不解的神情。普尔茨安慰他说罗达科夫斯基的冲锋肯定只是虚张声势，目的是将德拉罗卡从索马坎帕尼亚吓走。无论如何，这种进攻都不会是真打。没一会儿，普尔茨的随员震惊地听到维拉弗兰卡传来火炮的隆隆声和步枪的嗒嗒声。罗达科夫斯基的乌兰枪骑兵在普尔茨前方 3 公里远，他们已经开始袭击比克肖和翁贝托。普尔茨一直相信罗达科夫斯基不会真的蠢到发起进攻的程度，所以错误地推断，既然罗达科夫斯基真的进攻了，那一定是德拉罗卡最终在朝索马坎帕尼亚进军，以便绕到南方军团左翼的缘故。因此，布亚诺维奇跟着罗达科夫斯基、普尔茨则跟着布亚诺维奇全都投入了战斗。[15]

弗朗茨·约翰和阿尔布雷希特从位于索纳的指挥部实际上并不能看到这不自量力的行动；这也许是好事，因为这场行动导致南方军团三分之一的骑兵死亡、受伤或疲累过度，并再次表明了骑兵（和骑手）在作物茂密的地形完全发挥不了作用。[16] 罗达科夫斯基雷霆万钧般地冲进意军两个步兵师之间的缺口，对翁贝托的左翼发起攻击。意军部署在桃树林中的九个步兵方阵阻止了罗达科夫斯基的骑兵从索马坎帕尼亚公路冲过来的势头，轻而易举地将他们的冲锋打退。当奥军的乌兰枪骑兵调头向东跑开、躲避翁贝托步枪兵的射击时，他们一个接一个地掉到维罗纳驿道两边挖的排水沟里。好几十匹马栽倒在地上，骑兵摔了下来。有的骑兵及时地勒住了马，却被意军近距离地成片射杀，或者被从马背上拽下来活活打死。跟着罗达科夫斯基的乌兰枪骑兵加入战斗的普尔茨的骠骑兵在撤退前穿过意军的七个方阵时，也被步枪射杀得很惨。[17]一些幸存的骑兵滑下马投降了，其余的则跟着罗达科夫斯基退回到索马坎帕尼亚。经此一战，罗达科夫斯基共计损失 260 名骑兵，几乎占到他一半的兵力。[18]尽管后来普尔茨将用恐慌而"弄瘫了"德拉罗卡一个军的功劳归于自己，还因此拿到了奥地利炙手可热的"玛丽亚·特蕾莎十字勋章"（Maria Theresa Cross），但一些不涉及利害关系的人士仍然认为，这次不成熟的骑兵攻击乃是一场自负的蠢行，实际上阻碍了当天下午阿尔布雷希特追击敌人。[19]

不过，即便罗达科夫斯基的突袭没有对翁贝托从容的狙击兵造成多大影响，却无可置疑地在翁贝托和比克肖的**后防线**播下了恐慌的种子。这个后果非常重要。罗达科夫斯基的冲锋将德拉罗卡的辎重队吓得惊慌逃窜到后方，让援军的前进停滞了几个小时，而这些援军有可能说服意大利第三军去试探一下阿尔布雷希特在索马坎帕尼亚的兵力。恐慌像潮水一般，流经维拉弗兰卡后面 10 公里处德拉罗卡位于马辛博纳（Massimbona）的指挥部，一直蔓延到戈伊托；在戈伊托，辎重队的马车夫、没人骑的战马和逃兵挤作一团，挡住了步兵援军渡河进入威尼西亚，而那些逃兵还叫嚷着"德意志人打过来了！我们败了！各自逃命吧！"。[20]

上午 8 点 45 分，从拉马尔莫拉围困曼托瓦的军队中派出来支援德拉罗卡的一支意大利师，在戈伊托的桥上遇到了严重的混乱。该师师长隆戈尼（Longoni）将军以为德拉罗卡的第三军已经战败，正在撤退，就暂停了往维拉弗兰卡前进，准备留在这里守卫戈伊托；于是，当意大利的参谋军官清理辎重队和逃兵、让通往维拉弗兰卡的公路保持畅通时，他就待在戈伊托，浪费了关键的两个小时。[21] 罗达科夫斯基突袭时，比克肖和德拉罗卡一起，都在阵线后面。比克肖本人也认为，罗达科夫斯基的攻击只是打前锋，后边还会有奥军的主攻。德拉罗卡表示同意，并立即减缓了战斗的节奏，命令比克肖和翁贝托只需在维拉弗兰卡坚守阵地就好。德拉罗卡在不尝试搞清楚奥军阵线后边情况到底如何的情况下，就做出了这个决定，让阿尔布雷希特防守薄弱的左翼在接下来的一整天里都减轻了压力；这个决定，也成为意大利在库斯托扎战役战败的主要原因。[22]

争夺明乔河高地

当德拉罗卡的后方梯队夺路而逃、隆戈尼在戈伊托进行防御部署时，阿尔布雷希特和弗朗茨·约翰也在索马坎帕尼亚以北4公里处、索纳上方的一座小山顶上焦虑不安。先前，在清晨4点的时候，他们在那里设立了奥军的指挥部。尽管他们可以非常清晰地听到战斗声，但看不到战斗的情形。这片郁郁葱葱的前阿尔卑斯山脉的一个奇怪的特点是，这里的山丘都是一样高，难以总览全局。一直到上午8点30分，当普尔茨在平原上进攻，奥地利和意大利的几个旅在索纳以西、维拉弗兰卡上方建有防御工事的几个村镇中间厮杀时，阿尔布雷希特和弗朗茨·约翰只能**听到**战斗沿着他们10公里长的阵线逐渐展开。独立的、血腥的战斗从西向东扩散，经过中间的玉米田、果园和葡萄园，在奥利奥西、圣罗科、库斯托扎和圣乔治展开。阿尔布雷希特右翼爆发的这场激烈战斗，当然意味着拉马尔莫拉放弃了向维罗纳进攻，反而调头攻上明乔河高地。[23] 因此，阿尔布雷希特和弗朗茨·约翰不得不匆忙地重新考虑原先的计划。现在，要包围拉马尔莫拉，必须斜着下到他的后方。在理论上，鲁普雷希特和罗迪奇必须在右翼加速前进，而哈通和马洛西奇则要将在枢轴处的脚步放得更慢些。但是，在实际行动中，奥地利的几个旅还是按照原先的指示向南奋勇突进，让这场战役一如清晨 6 点钟开始时那样，依旧在维拉弗兰卡上方的山丘间惨烈而不受控制地进行着。

在奥利奥西，奥军的右翼，恩里科·塞拉勒从瓦莱焦赶来，刚巧可以见证他那个师的溃败。塞拉勒师挤在明乔河与明乔河高地之间的狭窄隘道里，打算引开鲁普雷希特向南朝着瓦莱焦行进的预备师，结果却闯入一片葡萄园，从里边走出来时又一头撞上了欧根·皮雷特旅。[24] 塞拉勒本人大腿处中弹，他的整个师一触即溃。在他们左边，鲁普雷希特的克罗地亚士兵从树林里钻出来；在他们面前，皮雷特旅部署成攻击纵队。于是，塞拉勒那几个团的士兵拼命往回朝瓦莱焦逃去，连踩踏到他们的军官也顾不上了。[25] 接着，为了将塞拉勒的步兵彻底从奥利奥西赶走，皮雷特以半个营的规模朝奥利奥西发起冲击，遭受了当天最沉重的伤亡。"我看了（奥利奥西的）战场，"奥军中一位突击战术的批评者回忆道，"当我说每倒下 1 个意大利士兵就要牺牲 2 名奥地利士兵时，我并没有夸张。"[26]

在瓦莱焦，杜兰多看到了塞拉勒师的溃败，并七零八落地退回到明乔河。这位第一军的军长亲自集合预备队，包括 3 个狙击兵营、20 门火炮和 5 个骑兵中队，前往文托山（Monte Vento），以便阻挡皮雷特的追击。杜兰多的第四师（另外三个师已经到达明乔河对岸）仍然留在伦巴第地区，在明乔河后边围困佩斯基耶拉。后来，获悉塞拉勒溃败后，这个师什么也没做。这样毫无斗志的行为，成为后来谴责对此负有责任的该师师长的依据；该师师长是朱塞佩·萨尔瓦托·皮亚内尔（Giuseppe Salvator Pianell）将军，那不勒斯人，他简直是被奥地利人收买的波旁走狗。[27]

在塞拉勒被奥军从奥利奥西赶出去的同时，杜兰多位于河对岸的另一个师，即朱塞佩·西尔托里师在与罗迪奇第五军的对抗中也没有取得进展。罗迪奇的第五军正从圣罗科往西南朝文托山移动。清晨 6 点 30 分，西尔托里的先头部队撞上了罗迪奇的鲍尔（Bauer）旅，还把他们误认作友军，直到无意中听到德语的号令才反应过来，但那时已经晚了。当时，鲍尔自己也迷路了，在寻找回归大部队的路上，刚向一位意大利农民问过方向。他赶紧骑马到前边，带领奥军进攻，为了将西尔托里打退，在惨烈的刺刀冲锋中牺牲了 660 员官兵。和皮雷特一样，因伤亡而遭到削弱的鲍尔，在追击敌军时也朝西南方向追去，一直追到蒂奥内河（Tione）。这条河将战场分成了东西两半。追到这里之后，罗迪奇担心在茂密的农田地形会失去他对自己那几个旅的控制，便停止了前进。[28]

清晨 8 点，当西尔托里将他浴血的师撤回时，国王维托里奥·埃马努埃莱二世在明乔河右岸醒来，命令他的副官佩蒂蒂将军爬上切伦戈教堂的尖塔，去看看意大利的第四次联盟战争打得如何。佩蒂蒂什么也看不到，便派两名参谋军官到河对岸搜集情报。他从尖塔上爬下来，走到街道上，遇到一队宪兵押着意大利逃兵去监狱。"我们战败了。"逃兵对佩蒂蒂和他吃惊的随员信誓旦旦地说道。就在佩蒂蒂瞪眼看着这些人时，辎重队的车夫从东面冲进城镇里，跳下马车，割断挽具将马匹放下来，骑着马一溜烟向西消失了。此时是清晨 8 点 30 分，佩蒂蒂带着令人不快的消息回到国王那里。[29]

在奥军那边的山上，阿尔布雷希特大公也有他自己的担忧。截至清晨 8 点 30 分，随着奥军阵线向南朝瓦莱焦移动，并蔓延到索马坎帕尼亚与库斯托扎之间那片被太阳晒得泛白的科德索尔（Cà de Sol）高原上，奥军阵线上的缺口也在不断地扩大。阿尔布雷希特和弗朗茨·约翰感觉就像被隔绝了一样，十分沮丧，便放弃索纳，向西南骑行 4 公里至圣乔治，以便离行动更近一些。可是，他们还是什么也看不到。[30]战场上唯一像样的"指挥山"（captain's hill）是库斯托扎上方名字起得恰如其分的丽城。① 但是，截至 8 点 30 分，丽城也在杜兰多的布里尼奥内手里。之前，布里尼奥内师在从瓦莱焦去往索纳的路上与哈通第九军交锋过，之后便在库斯托扎及其周围占据了防御阵地。

在圣乔治，阿尔布雷希特和弗朗茨·约翰忧心忡忡地听着这场不受控制的战役的声音。他们知道，他们正陷入输掉这场战役的危险之中。意军控制了离平原最近的高地，有充足的援军正从瓦莱焦和戈伊托赶来，在维拉弗兰卡有三个完整的师，而维拉弗兰卡离阿尔布雷希特在索马坎帕尼亚的右翼几乎不到一个小时的行军距离。奥军要么撤退到维罗纳，要么挥军向前进攻。值得赞扬的是，阿尔布雷希特的军长们本能地选择了后一条道路，往往不需要命令便投入战斗，将意军从明乔河高地赶走，确保了南方军团至少能够将自己从阿迪杰河一线以西的脆弱阵地上解脱出来。

---

① 丽城（Belvedere）：地名，"Belvedere"也有望楼、瞭望塔的意思。——译者注

哈通在克罗切山的反击

上午 9 点，恩斯特·哈通的第九军从索马坎帕尼亚攻上克罗切山，将布里尼奥内师赶出这片高地，从而准备对瓦莱焦的杜兰多、维拉弗兰卡的德拉罗卡发起全面反攻。[31] 哈通的韦克贝克旅和博克旅前往西南越过斯塔法洛（Staffalo），即索马坎帕尼亚与库斯托扎之间一片没有遮蔽的洼地，然后穿过葡萄园和一人高的玉米地，艰难地登上克罗切山，朝山顶意军的师奔袭。和奥军在库斯托扎的大部分进攻行动一样，这次的行动再次证明，即便面对几乎是最差的步兵，哈布斯堡的冲击战术也是无异于自杀般的蠢行。尽管布里尼奥内的后方梯队在奥军每一次刺刀冲锋下都会恐慌地崩溃，但他前线的士兵仍镇定地往奥军连续四次冲击的队伍中倾泻着火力，造成奥军惨重的伤亡。[32] 不到 30 分钟，韦克贝克就耗尽了他两个团的兵力，在通往库斯托扎的泥泞道路上铺满了奥军阵亡和受伤的士兵；那些伤者躺在地上，在正当头的太阳下呻吟，忍受着酷热和口渴的折磨。[33] 博克本应在韦克贝克的右侧加入战斗，但他部署得太晚，已经给不了任何帮助。战斗的势头再一次出现转折。韦克贝克的两个团都被酷热和伤亡压垮后，他请求支援，但没收到任何回应，便退回到索马坎帕尼亚。[34]

随着天气越来越热，到上午 10 点时，意军似乎已经克服了最初的不利局面，控制了战场。就像维托里奥·埃马努埃莱二世后来说的那样，奥军被逼到在居高临下的明乔河高地下方"没有稳固的立足点"（sans pied ferme）的境地。[35] 作为奥军的左翼和枢轴，索马坎帕尼亚现在只有 2000 名疲惫的骠骑兵在防御，处于维拉弗兰卡的德拉罗卡的两个步兵师和索纳兹的重骑

110

兵攻击的危险中。"最终，"奥军一位参谋军官承认道，"全拜意大利将军们的无能，南方军团才逃过了一劫。"[36]

拉马尔莫拉的阵线出现裂痕

上午10点，拉马尔莫拉与国王在维拉弗兰卡寻找德拉罗卡。此时，寂静笼罩了战场，显得十分怪异。在左侧，塞拉勒与西尔托已经被打退，布里尼奥内还坚守在中央，翁贝托和比克肖仍待在维拉弗兰卡，正对着索马坎帕尼亚。拉马尔莫拉审阅了德拉罗卡畏首畏尾的部署，竟然愚蠢地批准了。错上加错的是，紧接着，拉马尔莫拉还将全部的骑兵预备队（索纳兹的重骑兵师）正式分配到第三军麾下。拉马尔莫拉准备骑马回克罗切山，看看布里尼奥内进展如何，同时也看看能不能确定德拉罗卡从清晨4点开始就不见的两个师的准确位置。在此之前，他请求维托里奥·埃马努埃莱二世先回瓦莱焦，那里更安全。战役目前进展顺利。拉马尔莫拉稍后将去找国王，谋划决定性的战术。[37]国王答应了，尽管他明显比拉马尔莫拉更为担心库斯托扎附近高地上的态势。

在动身前往瓦莱焦之前，维托里奥·埃马努埃莱二世将德拉罗卡拉到一旁，问第三军可不可以匀出来一个或两个旅给布里尼奥内，布里尼奥内在克罗切山遭受了25%的伤亡。德拉罗卡提出异议。他向国王保证，维拉弗兰卡才是"这场战役的关键"，库斯托扎不是。除非国王明确下令，他才会派部队到那几处高地。由于维托里奥·埃马努埃莱二世也不确定阿尔布雷希特的部署，他便没有坚持。但是，当他在上午11点骑马回瓦莱焦，亲眼看到布里尼奥内师在精神上已经土崩瓦解时，他开始后悔了。布里尼奥内师在击退韦克贝克的冲击进攻后，开始撤离克罗切山，下山朝明乔河撤去。国王骑马在士兵中间，想让他们重整队伍，但没有用。之前，他们登上一座很高的高地，远眺战场，打量了几个小时，但还是不理解拉马尔莫拉临时制订的作战计划。**前线**在哪里？他们**四周**全都是奥军。为什么普尔茨的枪骑兵正在他们后方游荡？在所有兵种中，步兵最怕枪骑兵，布里尼奥内的士兵也不例外。因此，数百的逃兵从他们长官身边挤过，从国王身边列队经过——他们脱下帽子，恭敬地低头向国王行礼，但对国王的命令置若罔闻。[38]

与此同时，拉马尔莫拉正赶回明乔河高地时，遇到了朱塞佩·戈沃内（Giuseppe Govone）。戈沃内是普意联盟的缔结人，也是德拉罗卡那不见踪影的两个师之一的师长。他本应赶去救援布里尼奥内那摇摇欲坠的师。拉马尔莫拉生气地命令戈沃内带领部队登上克罗切山，之后便骑马去寻找德拉罗卡的第四个师，即库贾（Cugia）的师。和戈沃内师一样，库贾师也在平原上漫无目的地乱转，整个上午一会儿朝北（库斯托扎）布阵，一会儿又朝南（维拉弗兰卡）布阵。拉马尔莫拉找到了库贾，命令他推进到比克肖和布里尼奥内的残师之间的阵线上，完成意军从维拉弗兰卡到明乔河高地的半圆形部署。[39]

做完这件事，拉马尔莫拉思考了一会儿，心想他总算是掌控了战役的局势，直到库贾指向他身后，那是一群溃散的意大利步兵从克罗切山往下奔逃。他们是布里尼奥内的几个预备营，被韦克贝克匈牙利骑兵的第四次也是最后一次冲锋吓坏了。从这一恐慌逃向后方的行为，拉马尔莫拉错误地推断布里尼奥内已经让出库斯托扎的高地，韦克贝克已经突破他的中心阵地。为了阻止这一想象中的突破，拉马尔莫拉快马加鞭，亲自登上克罗切山，来到布里尼奥内的逃兵中间，命令他们折回去战斗。当拉马尔莫拉眺望库斯托扎时，他再次强烈地感到震惊。哈通的博克旅经过很长时间总算悄悄占据了韦克贝克旁边的阵线，对库斯托扎构成了威胁，但拉马尔莫拉却没看到意大利的部队在那里。拉马尔莫拉放下克罗切山的一切事务，来到库斯托扎，在那里找到国王的另一个儿子、正在城镇下方用早餐的王子阿马代奥（Amadeo）。收到拉马尔莫拉的警报，阿马代奥作为布里尼奥内师的旅长之一，离开餐桌，急忙率他的旅朝库斯托扎冲去，结果被敌人射中胸口。阿马代奥的伦巴第掷弹兵团（Lombard Grenadiers）在受伤的王子身旁停下，接着就像布里尼奥内的其他团一样土崩瓦解，在上午 10 点时往下面的平原撤退，将库斯托扎留给了博克和安东·斯库迪耶（Anton Scudier）；斯库迪耶是奥地利第七军的一位旅长，为了支援博克，他刚带着一个营的罗马尼亚士兵抵达库斯托扎。[40]

意军死守库斯托扎

战役再次出现转折，这次是朝着有利于阿尔布雷希特的方向。但是，意军手头还拥有充足的预备队。一旦库贾和戈沃内开始率领他们新到的几个师登上高地，救援布里尼奥内，博克和斯库迪耶就不得不撤离库斯托扎，而韦克贝克也不得不放弃对克罗切山再发起一轮进攻的计划。在库斯托扎的公墓，斯库迪耶坚持了一会儿，并在戈沃内的第 34 狙击兵师从南边推进到城镇里时，向马洛西奇请求支援。然而，马洛西奇最后的预备队是他的特普利旅和威尔瑟海姆旅，这两个旅已经被阿尔布雷希特指定为军团的预备队。除非阿尔布雷希特大公亲自下令，他们不可以投入战斗。因此，当戈沃内将他的师部署在库斯托扎这座城镇的南头时，斯库迪耶先前从北边过来，现在又退回北边。他往山上撤退，并翻越这片战场的最高点、库斯托扎后边的丽城，在奥军阵线上又打开了一处缺口。戈沃内赶紧占领丽城，插进了奥军阵线的这处缺口，将慢悠悠赶来占领丽城的哈通的一个团赶跑。此时是上午11点，阿尔布雷希特的战争齿轮又停滞了。斯库迪耶可耻的逃跑（战后他将因此受到军事法庭的审判），让阿尔布雷希特的第七军和第九军之间的缺口处只剩下七个营的奥军，与整整一个意大利师对峙。[41]在蒂奥内河以西，西尔托里已经增援了圣卢西亚，稳固了因清晨塞拉勒的逃跑而削弱的意大利左翼。罗迪奇本应作为奥军先锋居高临下地进攻瓦莱焦，但他在明乔河沿线的果园足足损失了一个旅的兵力。

在经历了一些惊心动魄的时刻后，拉马尔莫拉草草布好的前线似乎扛住了奥军的攻击，甚至还有挫败敌军的势头。在6月的意大利，如果你能迫使敌人在梯田状的葡萄园里艰苦地向上跋涉，仅仅一次就足够你赢下战争。到了上午11点，阿尔布雷希特的大部分旅都在拖着脚步缓慢地前进，随着他们在糟糕的地形上深一脚浅一脚地向南迂回，也在奥军阵线上打开了几个大缺口。马洛西奇形容他的处境时用了"糟糕"一词，并指出这场战役的胜利对于拉马尔莫拉来说，只是予取予求的问题。[42]斯库迪耶仓促撤往索纳暴露了马洛西奇的侧翼，而右翼的鲁普雷希特预备役师和中心阵地的罗迪奇第五军之间的奥军阵线上也打开了一处缺口。[43]

在意大利一方的战场上，形势至少看起来也同样严峻。国王维托里奥·埃马努埃莱二世刚骑马抵达瓦莱焦，就发现从明

112

乔河高地过来的几条路上堵满了撤退的部队和辎重车队。至于瓦莱焦本身，黎明时城镇上还挂出了三色旗①，为意军来到威尼西亚而欢呼，现在除了成千上万名逃兵蹒跚的脚步声，整个城镇一片寂静。上午时，这些逃兵成功脱离了塞拉勒、西尔托里和布里尼奥内的部队，丢掉行囊和步枪，朝明乔河的西岸走去。瓦莱焦的威尼西亚人担心奥军报复，悄悄摘下了城镇上的意大利国旗和阳台、商店橱窗上的彩纸。他的两个师竟然那么快就败得如此彻底，让国王感到不可思议。44

拉马尔莫拉心灰意冷

到了中午 12 点，敌对双方的指挥部都陷入了非常奇怪的处境：他们都以为，己方才是这场战役中失利的一方。尽管拉
113　马尔莫拉对他在维拉弗兰克和圣卢西亚的两翼很有信心，却放心不下他的中心阵地，即库斯托扎这座山顶小镇；意军从平原派出几个旅巩固中央阵地，而奥军的几个团则不断来回突袭，想赶走这里的意军。45 维托里奥·埃马努埃莱二世比拉马尔莫拉的情绪更加低落。听到儿子阿马代奥受伤的消息，国王心情抑郁，在 12 点 30 分离开瓦莱焦，渡过明乔河，回到切伦戈。在那里，国王电告波河河畔的恰尔迪尼："明乔河军团正在大战。"恰尔迪尼还不知道这个消息；下午，当国王发来电报，命令他帮助拉马尔莫拉"摆脱"战斗时，对他来说更像是晴
114　天霹雳。46 当国王在切伦戈忙活的时候，拉马尔莫拉还在瓦莱焦四处找他。当然，这是徒劳的。下午 1 点，越来越心烦意乱的拉马尔莫拉放弃了寻找；虽然明乔河这边没人知道国王去了

---

① 指意大利国旗。——译者注

哪里，但杜兰多第一军的残部向西鱼贯而行，似乎指明了他的去向。

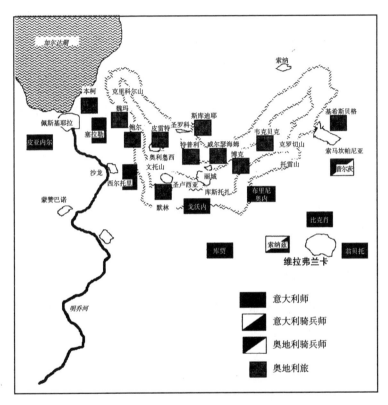

示意图 9 库斯托扎战役：争夺明乔河高地

拉马尔莫拉没有掌握库斯托扎事态的进展（实际上，戈沃内在库斯托扎正对奥地利第七军取得上风）便猝然决定，奥军距离他位于瓦莱焦的主要桥梁太近，让人没法放心，因此，这场战役也等于是输掉了。为了保证至少能有一条撤退路线，拉马尔莫拉命令意大利的海军大臣安焦莱蒂（Angioletti）将军率领他的师从明乔河折回，守住戈伊托，以便全面撤军。安焦莱蒂不情愿地同意了，因为他的师从清晨 5 点开始就离开曼托瓦，一直在行军。接着，拉马尔莫拉骑马到戈伊托，在那里停下，匆匆写好讯息，一份给切伦戈的佩蒂蒂，宣布撤军；一份给圣卢西亚的杜兰多，指示第一军撤回，守卫瓦莱焦。然而，佩蒂蒂早已离开切伦戈，在前往戈伊托的路上。杜兰多的第一军已经七零八落，军长也早已渡河到了沃尔塔（Volta）。在维拉弗兰卡，德拉罗卡拒绝了库斯托扎附近库贾师的支援请求。相反，他决定掩护意军撤退。他预料，意军随时可能经由维拉弗兰卡的十字路口向戈伊托撤退。在整条战线的沿线，意大利的将军们突然停止了进攻，开始无精打采地朝明乔河撤退。拉马尔莫拉从戈伊托观察到军队的崩溃，忍不住流下了愤怒与绝望的泪水。[47]

罗迪奇突袭圣卢西亚

与此同时，阿尔布雷希特也有他自己的烦恼。斯库迪耶没有正当理由的逃跑在奥军中央撕开了一处缺口。下午的时候，戈沃内师的几个分队插入这处缺口中。因此，下午 3 点 30 分，当戈沃内最终登上丽城观察到斯库迪耶正往东北撤离时，他欢欣鼓舞地宣布意军赢得了一场胜利，还命令辎重队做一顿庆功的意式浓菜汤，这给了正沉浸于沮丧中的明乔河军团总司令一个惊喜。[48]在索马坎帕尼亚，普尔茨焦虑的骠骑兵开始对奥军获胜失去信心，小声议论着奥军在几座山上遭受的巨大损失和即将降临的大败。[49]对阿尔布雷希特来说幸运的是，罗迪奇选择在这个关键时刻发起了这位陆军元帅在 3 小时前就已下达命令的进攻，派出皮雷特旅和默林旅，袭击拉马尔莫拉左翼的文托山和高处的村庄圣卢西亚。[50]欧根·皮雷特下午 2 点突袭文托山，卡尔·默林下午 3 点进攻圣卢西亚，而此时，意军的戈沃内正在库斯托扎庆祝胜利，奥军的马洛西奇、哈通和普尔茨正打算向维罗纳撤退。

杜兰多组织对文托山的防御时，手指被皮雷特先发起的轰击飞溅的榴霰弹击中。他立即将部队交给一位下属指挥，自己骑马去了沃尔塔的医院。医院位于瓦莱焦后面 5 公里处。没多久，他的部队也跟随过去。在路对面的圣卢西亚，西尔托里师毫无抵抗就放弃了山顶的阵地，留下 200 名未受伤的俘虏，他们大呼"奥地利万岁！"；还留下了意军残暴罪行的证据——2 名奥地利狙击兵一丝不挂，被活活打死，并且还被意军用水壶带子绑着、头下脚上地吊起来。[51] 随着西尔托里的退却，又一波意大利逃兵如洪流般涌入瓦莱焦，在拉马尔莫拉的前线打开一处缺口，威胁他的左翼和后方。而此时，奥地利鲁普雷希特的预备师已经在明乔河沿线的矮树丛中徘徊了好几个小时，难以变换阵线；之后，他们悄悄经过沙龙镇，往杜兰多位于蒙赞巴诺的桥梁前进。[52] 就那么一眨眼的工夫，戈沃内在库斯托扎的师已经被四面包围。阿尔布雷希特意识到优势，便命令普尔茨下午 3 点率领骑兵向前，"试试敌军的右翼"。现在，阿尔布雷希特大公打算从两翼对明乔河军团进行包围。从中午就在休息的普尔茨，顺从地率领骑兵前进到维拉弗兰卡，结果此处的意军未做任何抵抗便放下武器，全部投降了。在他们后边，德拉罗卡蒙受着这不光彩的一天带来的耻辱，开始朝戈伊托撤退。[53]

马洛西奇攻占库斯托扎

下午 4 点，戈沃内已被奥军的旅从四面包围，他们正谨慎地缩小着包围圈。突然，戈沃内被索马坎帕尼亚的轰炸声吓了一跳。在没有得到阿尔布雷希特（此时他已将指挥部转移到更西面、离瓦莱焦更近的圣罗科，他预料决战将在那里展开）指示的情况下，马洛西奇自行决定将特普利旅和威尔瑟海姆旅的 1.3 万兵力投入战斗，他们已经在索马坎帕尼亚附近的树荫下休息了一整天。这两个预备旅大部分是由匈牙利人组成的，他们以半个营为单位组成纵队，系紧腰带，开始朝丽城攀登。之前，南方军团指挥部刚命令马洛西奇用他的两个预备旅堵上斯库迪耶在第五军和第七军之间打开的缺口，现在才后知后觉批准了这次对默林口中明乔河高地与平原的"关键连接点"的进攻，命令罗迪奇从圣卢西亚派出一个旅加入进来，进行侧翼进攻。[54] 据此，罗迪奇命令默林集合 9 个营，去往库斯托扎。与此同时，哈通恢复了他从上午 9 点就开始的进攻，再次登上托雷山。这一次，他将库贾师从山顶驱赶下来。在山顶，他发现了 6 门没人看守的火炮、一箱箱原封未动的弹药、运载痛苦呻吟的伤员的救护车和成千上万支丢弃的步枪和行囊。[55] 库贾师的一些士兵逃到平原，其他一些往库斯托扎逃去，结果闯到马洛西奇骑兵旅的进攻路线上。马洛西奇的骑兵旅以密集的突击纵队在一阵阵榴霰弹的爆炸和一轮轮步枪火力的齐射中往上冲时，遭受了沉痛而完全不必要的伤亡才攻下丽城，将意军从柏树高地赶到库斯托扎村。[56] 马洛西奇命令骑兵休息，派出三个预备炮兵连，开始用 40 门火炮猛轰库斯托扎，在下午 5 点将最后一批意军赶跑。他们是皮埃蒙特掷弹兵团，意军的精锐部队。正面、一侧和后方都被敌人占领后，他们停下来，向着逼近库斯托扎村的马洛西奇的匈牙利骠骑兵团射出一轮齐射后，便往戈伊托的方向逃去。在库斯托扎附近游荡的晕头转向的意军逃兵汇报，他们的旅长和大部分长官已经阵亡。[57] 库斯托扎战役，这场在北部意大利平原展开的最缺乏战争艺术、最胜之不武的战争，终于结束了。

阿尔布雷希特追敌不力

可是真的结束了吗？拉德茨基曾经说："一位将军，赢得胜利却不懂如何利用胜利，那他就算不上真正会带兵打仗。"[58]当阿尔布雷希特拿下库斯托扎后，向陆军元帅赫斯发电报致谢（"感恩的学生向他的老师致以谢意"）时，这样的批评便萦绕在这位南方军团总司令的头上；他的表现更像他保守怯懦的父亲，而不像伟大的拉德茨基。[59]库斯托扎战役在开局的大胆上，那样的交锋的确能与拿破仑的经典战役比肩，但在至关重要的收场上，它就肯定不能与之相提并论了。要让意军败得更**彻底**，阿尔布雷希特需要往西南推进，夺取明乔河军团在蒙赞巴诺、瓦莱焦和戈伊托的桥梁。之前，拉马尔莫拉忘了加强对它们的防御。奥军大举追击敌人的话，本可能将意大利两个军的残部困在方形要塞群内，让阿尔布雷希特处于有利的位置，可以攻过明乔河，所向披靡，就像 1849 年那次战役一样，当时拉德茨基渡过提契诺河（Ticino），在诺瓦拉（Novara）大败皮埃蒙特军队，凭借著名的"百小时战争"（Hundred Hour War），迫使国王卡洛·阿尔贝托①妥协。[60]

6 月 24 日下午 6 点，当马洛西奇将布里尼奥内的皮埃蒙特掷弹兵团从库斯托扎南面的山坡赶跑时，作为一位军事史领域的学者，阿尔布雷希特一定想到了各种各样的历史先例。这一情形就像阿尔布雷希特的父亲 57 年前在阿斯佩恩所面临的情形

---

① 卡洛·阿尔贝托（Carlo Alberto, 1798—1849）：意大利撒丁王国（亦称皮埃蒙特-萨丁尼亚王国，1720—1861 年）国王，1831—1849 年在位。——译者注

117　一样。当时，卡尔大公拿下了对拿破仑的部分胜利，但是错失机会，没能将它转化成决定性的胜利。在库斯托扎，阿尔布雷希特站在高地上，观察着士气全无、基本上武装尽失的意军没命地逃窜。这个新生的意大利民族国家的命运就掌握在他的手里。[61] 他该怎么办呢？

　　当然了，抓住好不容易赢来的荣誉的诱惑是有的（阿尔布雷希特最终屈服于这一诱惑）。到下午 5 点时，阿尔布雷希特已将最后的预备队投入战场，而南方军团的士兵还在戴着头盔艰苦地行军。马洛西奇手下很多人在登上丽城的过程中死于中暑。马洛西奇注意到，一些人追击意军，经过库斯托扎，一路追到平原，而另一些人则"偷偷开溜，躲进葡萄园里"。显然，他们已经受够了。[62] 约翰·特普利（Johann Töply）旅刚千辛万苦地登上丽城，他表态追击敌人是"不可能的……我的一些士兵早就死于过度疲累"。[63] 不过，在 22 日重新部署到维罗纳的辛苦行军中，特普利旅和威尔瑟海姆旅是走得最远的两个旅。其他部队的情况更好一点。"我不能代表第七军和第九军说话，"罗迪奇的一位参谋军官后来写道，"但我可以向你确保，第五军是可以从文托山追击意军的……为什么没人下令追击？向下方强力追击到瓦莱焦和戈伊托，将会让敌军的队伍更加混乱，捕获更多的俘虏。"[64] 第五军另一位军官持有相同的意见："士兵愿意追击，最后一鼓作气将收获更大的战果……我们甚至可以休整两小时，然后动身追击……意军的部队、辎重队和脱离了组织的掉队士兵在瓦莱焦交通堵塞了一整夜。他们不会做任何抵抗。"[65] 普尔茨的一位军官判断，即便上午普尔茨上校毫无必要地耗费了阿尔布雷希特骑兵预备队的精力，仍然可以给那些马匹喂食，让它们喝水、休息，然后在夜里动身。"黑夜对我们有利。过去三个星期以来，我们一直在维拉弗兰卡-瓦莱焦-戈伊托地区巡逻。我们熟悉这里，而敌人不熟悉。"[66]

阿尔布雷希特的传记作者将士兵疲惫和缺乏骑兵作为原因，解释为什么阿尔布雷希特大公在 24 日下午 6 点会下令停止追击，而此时距离天彻底黑下来还有 4 个小时。[67]普尔茨的马匹在前一天的下午 6 点就套上马鞍，他准备带领骑兵勉强朝戈伊托追去，但只能骑马疾走，而没法更快了。[68]然而，那天晚上，南方军团有一个绝佳的机会，可以消灭明乔河军团一半的兵力，而自身却几乎不用冒什么风险。在阿尔布雷希特本人看来，拉马尔莫拉的战败仅仅是"（意大利）士气全无的表现"。意军的俘虏描述的是一支处于被毁灭边缘的土崩瓦解的军队，意军整队整队的举着双手朝奥军走过来投降。[69]24 日俘获的 4500 名俘虏中，有 3500 名没有受过伤。[70]奥方的大部分军官都同意，意军单个而不是组成炮阵发射的火炮，并没有多少杀伤力。[71]"消灭"明乔河军团不过是追击它、接收它投降的事。换作拉德茨基，他会毫不犹豫地从明乔河高地下山追击。有其父必有其子，阿尔布雷希特也犹豫了，没有从高地下来追击敌人；到了 7 月，当意军重组、恰尔迪尼带头渡过波河时，这个决定将让阿尔布雷希特耿耿于怀，而那时他已经在克尼格雷茨战役之后被派往北方，取代贝内德克去对付多瑙河畔的普鲁士军队。

阿尔布雷希特不仅在 6 月 24 日放任了拉马尔莫拉逃脱，第二天他也没能动身追击或者当心恰尔迪尼的波河军团；在库斯托扎战役之后，波河军团便向西行军，去掩护佛罗伦萨了。[72]当阿尔布雷希特没有预料到恰尔迪尼会侧翼行军经过曼托瓦，也没能趁着恰尔迪尼在奥利奥河后边行军去与国王会合而召集全部预备队（维罗纳驻军和帕多瓦的一个旅）给他当头一击时，

118

默林将军记录下他的"震惊"。"那本可以将他们一举歼灭的。"当恰尔迪尼毫发无损地快速通过摩德纳时，默林在 26 日发出了这样的怨言。[73]

在库斯托扎战役之后，阿尔布雷希特不仅没有入侵意大利王国，反而在 26 日将指挥部迁回维罗纳，之后的 4 天时间里，便与意军完全失去了接触。[74]如果阿尔布雷希特大公是担心奥地利入侵伦巴第，法国可能会做出反应，那他完全是多虑了。甚至法国官方的媒体也怂恿奥地利南方军团再进一步，弗朗茨·约瑟夫也在 6 月 28 日劝告阿尔布雷希特："一切政治上的考虑都不用理睬，只管专注于军事目标，利用好每一个有利的机会，行动起来。"[75]同一天，拿破仑三世的副官埃德加·奈伊（Edgar Ney）将军在巴黎举行盛大的宴会，庆祝奥地利在库斯托扎取胜。用餐的时候，拿破仑三世的另一位副官为奥地利南方军团举杯致敬，祝愿它在意大利取得"更大的胜利"。[76]法兰西帝国迫切地想要看到在它南面形成的新大国被削弱成一个意大利北部卫星国的规模，因而在战争中调头站到奥地利一边。即便如此，一直到 7 月 1 日之前，阿尔布雷希特还是不敢越过明乔河；此后，他之所以越过了，那全是因为明乔河奥军这一侧尸体腐烂发出的恶臭已经令人忍无可忍。[77]尽管拉马尔莫拉的仓促撤退让加里波第和他的志愿军困在南方军团和弗朗茨·库恩（Franz Kuhn）将军驻扎在蒂罗尔已经做好行军准备的、拥有 1.7 万兵力的军之间，但阿尔布雷希特并没有利用加里波第的困境，而是毫无作为，一枪未开便放任他退到布雷西亚。[78]

7 月 1 日，渡河进入伦巴第地区后，阿尔布雷希特命令第二天原路返回威尼西亚。到了 7 月 3 日，即北部战场克尼格雷茨战役爆发的那天，阿尔布雷希特又回到库斯托扎，他担心恰尔迪尼会将重整旗鼓的意军集结在曼托瓦周围，继续在波河与明乔河阵线的交汇处围城。从战略上看，这就仿佛10天前奥军的胜利根本不存在一样。拉马尔莫拉11个师与恰尔迪尼的5个师联合起来后，一支庞大的意军又向东滚滚推进。加里波第再次恢复了行动的自由，向特伦托和因斯布鲁克挺进，而意大利的铁甲舰队尚未受到挑战，仍然是亚得里亚海的主宰。[79]

恰尔迪尼的新军队会不会像拉马尔莫拉的旧军队一样轻而易举地被击溃，这已经不重要了，因为一旦贝内德克在克尼格雷茨战败，在威尼西亚将不会再有奥地利的军队做这种"击溃"敌人的事儿。南方军团将不得不领命匆匆向北行军，保卫维也纳，而恰尔迪尼可以无所顾忌地将部队倾泻到蒂罗尔、威尼西亚和斯洛文尼亚；在那里，他们将威胁到多瑙河防线的后方，而阿尔布雷希特将被召去守卫的恰恰是多瑙河防线，他将依靠这道防线抵御毛奇的进攻。阿尔布雷希特没能完成在库斯托扎开始的任务，也让在教皇治下的罗马活动的奥地利间谍组织的南方起义流产。在库斯托扎战役的前两天，弗朗茨·约瑟夫的财政部支出了100万法郎（540万美元），在那不勒斯和西西里资助反意大利起义。这笔未经奥地利议会同意而非法获得的资金，于24日交给驻罗马的哈布斯堡大使馆。[80]阿尔布雷希特在这方面的过度谨慎，也导致奥地利必然不能实现南部战场上的主要战争目标，即破坏意大利的统一。[81]

库斯托扎战役之后，阿尔布雷希特的犹豫让意大利军队得以自救，重组后他日再战，最终对普鲁士7月在多瑙河畔的胜利贡献了力量。[82]阿尔布雷希特似乎没有意识到，方形要塞群不仅是防御的堡垒群，也是进攻的桥头堡。一位法国的参谋人员后来写道："佩斯基耶拉是一扇大开的门户，奥地利军队本可

120

以经由这里攻击拉马尔莫拉的侧翼和后方。"[83] 曼托瓦也一样。一位奥地利的参谋军官后来批评了阿尔布雷希特的不作为："尽管渡过波河或明乔河追击意军可能会让阿尔布雷希特大公损失 1000 名中暑的士兵……但非同寻常的是，他不仅不追击，事实上完全无所作为！意军已经是一盘散沙，然而他却不愿将他们一网打尽。"[84] 在 25 日一早，阿尔布雷希特就宣称南方军团"状态良好，为新的任务做好了准备"，然而他就是不行动。[85] 阿尔布雷希特大公向弗朗茨·约瑟夫解释说，"对于防卫战争而言"，攻到克雷莫纳显然不是"合适的策略"。[86] 可是，什么适合"防卫战争"呢？伟大的拿破仑绝不会在这个问题上有疑虑，拉德茨基也不会，毕竟拉德茨基总说："最好的防守就是进攻。"[87] 阿尔布雷希特的观点却相反。而且，与他父亲在阿斯佩恩和瓦格拉姆一样，他将为自己的过度谨慎付出代价。[88]

尾声

121 　　7 月 1 日，阿尔布雷希特渡过明乔河，搜集粮秣、躲避库斯托扎附近高地弥漫的病菌。也许，他的渡河行为最终解释了他为什么会做出不去追击和消灭意军的莫名其妙的决定。6 月 23~24 日，南方军团从维罗纳行军到索马坎帕尼亚时，没有带上辎重队。士兵仅带了两天的口粮，将沉重的辎重和架桥材料留在维罗纳的新门（Porta Nuova）外边。这就是在自己的要塞群范围内作战的优势，而这是阿尔布雷希特在明乔河对岸所享受不到的。7 月 1 日，随着他的军队渡河而出现了意军风格的混乱场面时，他发现了这一点。假如阿尔布雷希特的军队跌跌撞撞地渡河时，遭到在附近潜伏的德拉罗卡军队的阻击，南方军团可能在渡过明乔河之前就被打退，更不要说还有基耶塞河

（Chiese）与奥利奥河，拉马尔莫拉可是打算将这两条伦巴第的
河流用作掩护的。[89]

　　毫无疑问，这就是阿尔布雷希特对时局的看法。他宁愿待
在方形要塞群的范围内等待第二场战役，也不愿冒险出击将自
己交给未知的命运。7月1日，他通知各军军长，战争的"决
定性战役"将再次在库斯托扎打响，好像意军新的总指挥恰尔
迪尼已经预订好要在下周渡过明乔河似的。[90]看到这些防守倾向
从一个包括施里芬在内的众多仰慕者视为拉德茨基式突进者的
人身上冒出，这实在有趣。不得不说，库斯托扎战役就是一场
非常传统的要塞防卫战，有着适度的获胜概率，也不需要那种
造就了拿破仑和拉德茨基式胜利的、在机动战术和后勤方面的
超绝表现。尽管拉马尔莫拉为战役准备了12.7万人和282门火
炮，但他只将6.5万人和122门火炮运过明乔河，从而在意奥
战争至关重要的一场交锋中，将数量上的优势让给了拥有7.5
万人、160门火炮的阿尔布雷希特的军队。[91]

　　许多对阿尔布雷希特部署的批评合乎情理。6月，考虑到
波河与阿迪杰河的阻碍，来自恰尔迪尼的威胁是轻微的。确实，
弗朗茨·约翰后来声称，早在24日之前他就准备进军至明乔
河，但被阿尔布雷希特出于"政治考量"拦下了。[92]24日，奥军
抵达战场时已经很迟，将居高临下的高地拱手让给了杜兰多的
第一军，接着一整天的时间就用来攻击敌人的阵地，让自己遭
受重创；而那些阵地，如果有一些先见之明的话，本可以在拉
马尔莫拉渡河之前就先占领并加以巩固。这便解释了为什么默
林将军会抱怨说，南方军团不得不付出5000人伤亡的代价，从
阿尔布雷希特"战略上失误的作战计划"中夺回来一场"战术
上的胜利"。[93]的确，南方军团的伤亡总数还略微超出了意军的

122

损失，并成为对奥军战术的有力控诉。从奥利奥西以东至索马坎帕尼亚，在战场各处，亲历者都注意到了，当突击纵队和骑兵中队以密集队形向着意军的野战工事和方阵冲锋时，被杀死的士兵堆积成山。[94] 甚至连奥军的狙击兵，作为军队唯一受过训练的散兵，也常常被派去用刺刀冲击意军的阵地。

最终，奥地利南方军团获胜，是因为它强大的火炮、在明乔河左岸占优势的兵力和正如默林所说的奥地利步兵不顾理智的"英勇"。然而，这是一种自杀式的冲动。意大利狙击兵充分利用的正是这种冲动，也是因为这种冲动，普鲁士撞针步枪在北方战场上无情扫射，将整营的奥军士兵连同他们的军官消灭干净。[95] 这是愚蠢的、不可持续的战术。拉德茨基在1849年面对军纪更加严明的皮埃蒙特军队，仅以3%的伤亡便横扫敌军，得以在非决定性的莫卡拉（Morcara）战役初战告捷后便进军到诺瓦拉，而阿尔布雷希特在库斯托扎一役却蒙受了7%的伤亡，这是惨重的、无可替代的损失，某种程度上也解释了为什么此役之后他决定不去追击维托里奥·埃马努埃莱二世如惊弓之鸟的军队。[96]

拉马尔莫拉将军在库斯托扎的行为，正如他的法国武官所说，是"名副其实的胡来"。[97] 他没有制订作战计划就入侵方形要塞群，甚至连奥地利南方军团的位置都未确定，在入侵前也没有评估南方军团的实力。24日，随着这天一点点地过去，他的不安越来越深，并像电光火石般传递到他的士兵身上，而这些士兵，沿着整个阵线，未挣扎便放弃了战斗。

奥地利对皮埃蒙特-意大利是否能够持续存在的一切怀疑，似乎都因库斯托扎战役的结局而变得合乎情理。正如谚语所说，意大利人"生来便是可以一面挨饿一面唱歌的"坚强民族，但是他们很少有人愿意为了统一的意大利，一个令普通农民感到憎恶的概念（考虑到意大利的累进税、兵役和阶级关系）而牺牲自己。在库斯托扎，所有意大利旅与奥军一接触就溃散了，他们经过咒骂他们的军官，蜂拥地向后方逃去。确实，对于忍受着酷热和饥渴的意军阵线来说（有的人已经 48 个小时没有吃过东西），在库斯托扎，压在他们身上的最后一根稻草甚至可能是看到那些千人一面的军官：皮埃蒙特政府的这些军官留着山羊胡子，戴着眼镜，贪婪无度。对农民出身的应征士兵而言，他们一定像极了穿着制服的律师（avvocati），而农民与律师则有着血海深仇。[98]

最后，"坚持"（perseveranza）是一个与农民本能格格不入的中产阶级词语。库斯托扎战役主要的令人惊诧之处不是意军一触即溃，而是意军竟然渡过了明乔河。在战役后，弗朗茨·约翰将军在伦巴第的间谍记录了"混乱"与"绝望"的蔓延——"农民们在高喊'奥地利万岁！'"[99]甚至加里波第这位不信上帝的人，也祈求救世主拯救意大利："求求上帝，给我们派些会带兵打仗的人吧！"在库斯托扎战役之后，加里波第的志愿军对国王军队的憎恨之情再次暴露出来。[100]至于国王军队本身，混在意军队伍中与他们一起从威尼西亚撤退的一位法国参谋军官告知巴黎方面："从 6 月 24 日开始，士气就非常糟糕。士兵们不断自问，怎么会是这种结果。"[101]如果不是阿尔布雷希特的克制，奥地利可能已经收回了波河盆地。弗朗切斯科·波旁的土匪军，教皇庇护九世的瑞士和爱尔兰卫队，以及在 11 月发起叛乱的西西里黑手党集团，可能就控制了意大利半岛以及西西里岛与撒丁岛。

在库斯托扎的战场上，6 月 24 日残酷战斗的难熬之痛苦，从军和军团指挥部的阴凉办事处，转移到四处都是饥饿难耐、半脱水的战列部队和团级军官的山丘上。一旦被子弹射中，那9000 名奥军和意军的战斗伤员就要躺上几个小时，没人照料。让·亨利·迪南（J. Henri Dunant）的红十字会在索尔费里诺战役之后力主的医疗改革在这里没有产生任何影响。意军发现难以将伤员撤离到明乔河对岸，注意到这里的创伤性损害的发生率和即死率比 1859 年的情况还要高很多；那时，奥军使用滑膛炮作战，而且只是部分配发了米涅步枪（Minie rifle）并进行了相应训练。[102] 在库斯托扎战役结束的 12 小时后，奥托·威尔瑟海姆（他那个遭到重创的旅还有伤员遍布丽城四周）写信给马洛西奇："我有 330 名阵亡人员和伤员，但是到现在还没有一名医生、没有一辆救护车过来照管他们。"[103]

第六章　波多尔、维索科夫和陶特瑙战役

1866 年 5 月 27 日，贝内德克将军已经将北方军团的指挥部从维也纳迁到奥尔米茨。6 月初，一位奥尔米茨的官员在看到陆军总司令贝内德克随员的荒唐表现时感到吃惊，因为他们的行为完全不像军人的作风："他们大部分都是粉面俊俏的小生……参加音乐会，在城镇上纵情玩乐，过得好不快活。"贝内德克本人也是高调地接连参观了奥尔米茨周边的村镇。在一处郊外的宿营地，他在镇政厅逗留了一下，并在访客留言本上写下一句戏剧性的话："如果我真被打败了，请将这页留言撕下！"然而，在贝内德克的小圈子之外，情绪就没那么乐观了。参谋军官们为陆军总司令深感遗憾，因为他"拼命追求名望"，"好表现的欲望"难以餍足，"缄默的令人捉摸不透"。[1] 糟糕的指挥只是加剧了另外一个问题：到了 6 月中旬，北方军团艰苦行军，离开奥地利东部的卫戍区，已经精疲力竭，但在装备方面仍然不足，因而也没做好沿着奥地利边境全线抵抗普鲁士入侵的准备。[2]

就在贝内德克磨磨蹭蹭的时候，毛奇已经于 6 月 16 日让普鲁士易北河军团和第一军团入侵了萨克森。两天后，当势单力薄的萨克森军经公路和铁路前往奥地利边境逃生时，易北河军团已经占领德累斯顿，并在那里安插了一位普鲁士总督。在柏林，毛奇品尝到普鲁士几乎兵不血刃便征服北部德意志诸邦的胜利滋味，但仍然提醒各军团总司令，他们的主要目标尚未达

成："只有我们明白如何守住胜利，（在德意志的）胜利才是真正的胜利，而决定能否守住胜利的关键就在**波希米亚**。"[3]

为了赢得兼并石勒苏益格-荷尔斯泰因的权利，将德意志邦联置于普鲁士的控制之下，普鲁士首先必须真刀实枪地打败奥地利。因此，毛奇在 6 月中旬得知贝内德克军队的主力分布在摩拉维亚境内的奥尔米茨后，便命令易北河军团、第一军团和第二军团于 6 月 19 日进入奥地利边境。毛奇的计划简单明了：侵入波希米亚，迫使贝内德克攻打普鲁士三个军团中的一个，此时，毛奇将用另外两个军团插入贝内德克的两翼。[4] 当毛奇的三个仍然分散的军团集结在波希米亚的山口前时，奥皇弗朗茨·约瑟夫终于失去了对贝内德克的耐心。6 月 16 日，奥皇**命令**贝内德克离开在奥尔米茨的"侧翼阵地"（flanking position），进一步往西移动，在约瑟夫施塔特和克尼格雷茨占据新的阵地，而这两个地方正好位于普鲁士入侵的路线上。[5] 因此，虽然贝内德克想在为北方军团配置装备期间尽可能地远离普军，但也只能不情愿地做好侧敌行军至波希米亚的布置：行军于 6 月 17 日开始，13 天后在约瑟夫施塔特结束。[6] 为了给这次迟缓的西移行军争取时间，贝内德克命令波希米亚境内克拉姆-加拉斯的第一军，与阿尔贝特王储的萨克森军和利奥波德·埃德尔斯泰因（Leopold Edelstein）的第 1 轻骑兵师在伊塞河阵线后面联合，以抵御易北河军团和腓特烈·卡尔亲王的第一军团的进军。除非普军确实强渡了伊塞河，克拉姆才能退却，率领伊塞河军团撤退到克尼格雷茨大桥，与北方军团主力在易北河后面会合。[7]

6 月 17 日，北方军团离开奥尔米茨，此时尚不确定毛奇三个军团的确切行踪。[8] 虽然接到命令向波希米亚进军，贝内德克仍然担心普军的主要进攻目标是克拉科夫（Cracow）和奥尔米茨。[9]因此，针对这一想象中的普军从西里西亚发起的进攻，他派出卡尔·图恩（Karl Thun）伯爵的第二军掩护北方军团的侧翼，之后才开始向西转移北方军团其余兵力。[10]到了6月22日，腓特烈·卡尔亲王已经入侵波希米亚三天后，北方军团才列成三支庞大的行军纵队开始向西行进。三大纵队行进时扬起的滚滚尘烟，足以让毛奇最终确信，贝内德克的确放弃了入侵上西里西亚的计划，已经在前往伊塞河的路上。毛奇在确定了贝内德克的进军方向后，便命令第二军团离开位于尼斯的防御阵地，往西南侵入波希米亚。他告诫三个军团的总司令要行军迅速，保持在一个行军距离向波希米亚的伊钦镇挺进，以防贝内德克渗透到军团之间将他们逐个击破。[11]现在，这场战争已经变成赶往伊钦高原的竞赛。伊钦高原是一片绝佳的开阔战场，这里可以部署炮兵、步兵和骑兵等一切兵种，并能取得良好成效。贝内德克相信克拉姆－加拉斯在伊塞河阵线将会支撑几天的时间，打算率先到达那里。到了伊钦，贝内德克将采用拿破仑的打法：先投入24万的联合兵力攻打易北河军团和腓特烈·卡尔亲王的第一军团的14万兵力，然后转身迎战第二军团的11.5万普军。就毛奇而言，他显然乐于看到这样的形势。他推断，奥军只要攻击他西边的两个军团，就会为从东北方向杀过来的普鲁士第二军团打开一条通往贝内德克侧翼和后方的通道。确实，甚至在部队行进之前，普鲁士第二军团的参谋长阿尔布雷希特·冯·布卢门塔尔（Albrecht von Blumenthal）就向他的指挥官威廉王储保证，在波希米亚将会形成一场大的"包围战"："如果奥军（在伊钦附近）应战，那么（从西里西亚）加入战斗的我们将攻击他们的侧翼和后方。"[12]

126

贝内德克侧翼行军至约瑟夫施塔特

当毛奇谋划合围之势时，贝内德克也在计划挫败它。贝内德克派出两三个军，尽可能地拖延第二军团从西里西亚下行进军，为北方军团争取时间击溃从西面逼近的两个普鲁士军团。然而，要抵达伊塞河，与克拉姆-加拉斯的第一军和萨克森军会师，北方军团将不得不经历极其艰辛的侧翼行军。奥军6个步兵军、4个骑兵师（每个单位后边都跟随着800辆辎重马车）从奥尔米茨转移到约瑟夫施塔特，都必须经由两条硬化道路和三条土路。[13] 频繁的交通堵塞造成奥军各行军营队经常性地缺少热食和酒精饮料，而在19世纪，没有这两样东西军旅生活便无可忍受。动员过程中早就已经耗尽了体力的北方军团，还要在去往波希米亚的大部分路途中饿着肚子跌跌撞撞地行进，这样疲惫不堪的行军让士气也变得低落。[14] 在6月23日这个平常的一天，利奥波德大公整个第八军的2.5万名士兵都因为当天早些时候辎重队陷入交通堵塞，一直赶不上前边饥肠辘辘的部队而饿肚子。[15] 6月第三个星期的大雨冲坏了北方军团五条行军道路中的三条，导致这次转移慢得像爬行一样。[16] 当毛奇的几个军团急行军通过波希米亚的几处山口时，贝内德克形容枯槁的士兵还在奥尔米茨与约瑟夫施塔特之间的广阔地域上慢慢挪动，几天的时间才行进了不到20公里。

127 　　侧翼行军过度的体力消耗让奥军多个团的战斗力受损。这些团的大部分士兵是在哈布斯堡奥地利最贫困、最不健康的省份招募的。在整个行军过程中，有相当数量的士兵干脆将步枪和背包丢到路边，或者退到辎重车队中间，爬到补给马车的车顶上。6月17日，北方军团行军的**第一**天，贝内德克第2骑兵师师长埃默里希·塔克西斯（Emerich Taxis）亲王就汇报说，他"早已拘捕了罗特基希（Rothkirch）将军的旅（大部分是匈牙利人）里的大量士兵，因为他们丢弃自己的步枪和背包"。[17]其他人则将应该随身携带到约瑟夫施塔特的沉重干粮包袱扔到路边。所有人都脱掉了外套和紧身短上衣，流下的汗水和着扬起的灰尘弄得浑身脏兮兮的，慢慢地都变得像稻草人一样。一位奥军的狙击兵军官为侧敌行军对士兵精神的影响感到惋惜："士兵们的状态很差。他们只穿了衬衫，灰色的外套搭在肩膀上；紧身短上衣揉成一团，塞进背包里；单肩包的包带和步枪的背带交叉在胸前，包和枪垂在身体两边。身上挂着这么多滴沥咣当的用具，我的士兵基本上累垮了。他们看起来臃肿笨重，很不自在。"[18]6月24日，拉明的一位参谋军官记录道："到了今天是行军的第九天，每个人都精疲力竭。所有人一开口就说需要休息几天，恢复体力，修补鞋子。"[19]一般而言，骑兵中队都是部署在行军纵队的侧翼，但这次是在行军纵队的前面。他们让路面变得更加污秽不堪。士兵们步履维艰，不断前行，以1分钟110步的步速，在扬着滚滚尘烟和到处是一坨坨冒着热气的马粪的路上，走了整整13天，没有休息。

毛奇的进军却进行得更轻松，这主要是因为他将普鲁士军团分成了三个集团，从铁路运输终点经由5条畅通的行军道路兵临波希米亚。[20]截至6月19日，易北河军团到了德累斯顿；第一军团已经从格尔利茨（Görlitz）穿过萨克森东南部，向南推进到波希米亚边境的齐陶（Zittau）；第二军团正准备从尼斯和格拉茨（Glatz）向西南推进。到了6月21日，大部分普军都已布置到从易北河向东至奥得河的波希米亚边境。[21]奥军在波希米亚东北部陶特瑙附近侦察的一位龙骑兵军官向指挥部汇报说，

他"最优秀的间谍去了河对面，（目前）都没再回来"。[22] 在从
128 奥尔米茨前往约瑟夫施塔特的行军路上，奥军一位将军忧心忡
忡地指出，"普鲁士大军似乎正从四面八方逼近过来"。[23]

6 月 26 日，伊塞河畔的第一波战斗

6 月 21 日，普鲁士国王威廉一世向贝内德克的指挥部下达
了正式的宣战书。[24] 贝内德克还在斟酌怎么回应的时候，毛奇则
抓住了主动权。此前，普鲁士未遇到抵抗就征服了汉诺威和萨
克森，让毛奇拥有了从德意志西部延伸到俄占波兰的广阔作战
基地。为了利用这一优势，为腓特烈·威廉王储的第二军团穿
过"波希米亚的三道门户"（Three Gates of Bohemia）（陶特瑙、
埃佩尔和纳霍德三处山口）争取时间和空间，毛奇命令易北河
军团和第一军团于 6 月 23 日，即比第二军团从东面入侵提前三
天开进波希米亚。[25]

6 月 23 日，普鲁士西面的两个军团从萨克森的两端分别入
侵了波希米亚，缓缓朝伊塞河逼近。因为没有贝内德克的明确
指示，克拉姆-加拉斯和萨克森的阿尔贝特王储未抵抗便放弃
了通往波希米亚的山口和赖兴贝格这座富裕的市镇，准备撤退
到约瑟夫施塔特与贝内德克会合，逃脱不断朝着他们围拢的两
个普鲁士军团。就在伊塞河军团谋划撤退时，6 月 26 日下午 3
点，他们收到了贝内德克令人措手不及的电报："不惜一切代
价守住伊塞河阵线。"[26] 这份莫名其妙的命令与伊塞河军团在这
场战争中的任务是相互矛盾的。伊塞河军团的任务是：向克尼
格雷茨-约瑟夫施塔特方向且战且退，为北方军团全部兵力的
大反攻争取时间。贝内德克"不惜一切代价"的措辞暗示了北
方军团指挥部的惊慌，而这只是加剧了克拉姆-加拉斯指挥部

的困惑。克拉姆的第 1 骑兵师师长利奥波德·埃德尔斯海姆（Leopold Edelsheim）将军相信伊塞河军团的任务就是尽可能地拖延普鲁士易北河军团和第一军团，好让贝内德克在陶特瑙、埃佩尔和纳霍德攻打普鲁士第二军团。[27] 萨克森王储刚从德累斯顿经过一星期的行军抵达蒙申格莱茨，他和克拉姆的参谋部一样，都认为按计划他只是去拖延普鲁士易北河军团和第一军团的进军，为北方军团争取时间在伊钦附近的原野重新集结。[28] 总之，即使当普军已经入侵波希米亚之时，伊塞河畔的萨克森和奥地利的将军中间，尚没有一个人对贝内德克的作战计划有哪怕一丝模糊的概念。

6 月 26 日，许纳瓦塞尔遭遇战

收到贝内德克"不惜一切代价守住伊塞河阵线"的命令，克拉姆－加拉斯的副军长利奥波德·贡德勒古（Leoplod Gondrecourt）将军决定于 6 月 26 日下午 6 点，率领两个营渡过伊塞河与易北河军团接触，将前哨从蒙申格莱茨的伊塞河渡口迅速撤回来。当克拉姆－加拉斯和萨克森的阿尔贝王储准备在波多尔和图尔瑙的渡口抵御腓特烈·卡尔亲王第一军团的进攻时，贡德勒古进军至位于蒙申格莱茨以西 10 公里处的村庄许纳瓦塞尔（Hühnerwasser），准备在那里击退易北河军团。截至 6 月 26 日，易北河军团已经走完 10 天令人备受折磨的行程，离开了萨克森，距离伊塞河仅剩一个行军距离。[29]

贡德勒古伯爵是奥皇的独子鲁道夫（Rudolf）大公的法语老师。他是个天不怕地不怕的人，就喜欢将自己暴露在敌人的火力之下。1864 年在丹麦的时候，他就这样干过。现今在许纳瓦塞尔，他的老毛病又犯了。他率领 1500 名士兵，穿过密林，

129

经由蒙申格莱茨驿道（驿道上方枝叶相连、遮天蔽日），攻向许纳瓦塞尔。许纳瓦塞尔已经被废弃，只有赫尔瓦特第 31 旅的两个营在村子里。他们大多数人都懒洋洋地待在室内。自从 20 日离开德累斯顿，这还是他们第一次享受躺在床上的待遇。

贡德勒古的部队有一个斯洛伐克狙击兵营和一个由匈牙利人和罗马尼亚人混编的战列步兵营。他们在许纳瓦塞尔村头碰到普军在林中放哨的一个连。双方交起火来，惊动了易北河军团的前卫部队，前卫部队形成散兵线，推进到林中，抵御奥军的进攻。[30] 在蒙申格莱茨驿道上，贡德勒古将士兵排成横列，面对普军的反攻发出三轮齐射，接着就端起刺刀朝他们猛冲过去。这时，普军已经集结了四个连，他们在距离冲锋过来的奥军 300 米射程时用一轮精准的齐射招呼他们。当硝烟散去，普军步兵发现贡德勒古的各小队已经被打散，他们置长官集结的命令于不闻。几十名奥军被精准的普军火力所消灭，贡德勒古仓促布置的冲击纵队拒绝向前推进。普军第二轮齐射射穿树木，让敌人逃窜开来。贡德勒古召唤后备队各连上前，但面对普军从许纳瓦塞尔新赶来的几个排，看到倒下了那么多奥军士兵，他叫停进攻，折回蒙申格莱茨。普军的一位亲历者对撞针步枪的威力感到震撼。他回忆道："（许纳瓦塞尔）的树林和路上**铺满了**尸体和伤员。满眼望去，到处都是奥军的尸体和背包。树木被我们的火力打秃了皮。伤员的哭喊声撕心裂肺。"[31] 在这场冲突中，普军损失了 4 名军官、46 名士兵。贡德勒古的部队却损失了 13 名军官、264 名士兵，竟是普军损失的 5 倍。对于一场"前哨战"而言，这样的伤亡数字是惊人的。这也首次预示了这场普奥战争将会怎样展开。奥军在许纳瓦塞尔的人员损失中，有四分之一是未受伤的俘虏。普军在 300 米射程仅仅发了两轮瞄准的齐射后，这些人就被撞针步枪的威力吓坏了。普军甚至都没来得及切换到速射（Schnellfeuer）模式。速射是普军在近距离射程的射击战术：在这个阶段，士兵被命令尽可能快地装弹、瞄准和射击。[32]

当赫尔瓦特的前卫将贡德勒古收拾了一顿，让他退回到伊塞河时，阿尔贝特王储和克拉姆-加拉斯伯爵于当天下午 7 点在蒙申格莱茨会合了，商量如何最有效地执行贝内德克调整后的命令。现在，要想防御伊塞河阵线就难了，因为位于波多尔和图尔瑙的关键桥梁早已经被普军控制。[33] 虽然腓特烈·卡尔亲王的第一军团从卢萨蒂亚向伊塞河的进军缓慢，而易北河军团不仅要穿过萨克森，还要穿过大半个波希米亚，耗时又费力，这算是帮了克拉姆-加拉斯和阿尔贝特王储的忙，但他们也没多少时间来巩固伊塞河这道不久前还计划放弃的阵线。[34]

6 月 26 日，波多尔战役

普鲁士 38 岁的腓特烈·卡尔亲王是奥军的老熟人了。在丹麦战争中，这位霍亨索伦家族的亲王的指挥是如此的平庸，乃至在 1866 年，奥军热切地**希望**普鲁士能将一个军团交给他来指挥。尽管在 1864 年，未开一枪一炮而将丹麦军队从石勒苏益格赶走的侧翼包抄行动被归功到腓特烈·卡尔亲王的头上，但这个主意实际却是毛奇出的，而且卡尔亲王也从未证明过自己擅长发挥普鲁士的新射击战术。正如普军在迪伯尔进攻丹麦的战壕时所展示的，腓特烈·卡尔亲王更喜欢冲击纵队和刺刀冲锋，而这正是奥军所擅长的。在战略上，他不信任毛奇将军队分散成多个纵队快速行进再会合起来的理念，而且和贝内德克一样，他常常踌躇不前，将麾下的各军安排到一条道路上行进，误以为这样就能迅速地集结起来作战。[35] 在普奥战争的初期阶段，腓特烈·卡尔亲王没有拿出任何行动以改善他平庸的名声。确实，和贝内德克一样，他的军团几乎总是一行动就被后勤拖住了后腿。

6 月 23 日，通过三道山路入侵波希米亚，并于 24 日一早未遇抵抗便占领赖兴贝格后，腓特烈·卡尔亲王无视毛奇让他加紧渡过伊塞河、与从西里西亚开拔的第二军团建立联系的命令。相反，和法尔肯施泰因在汉诺威一样，他在赖兴贝格——奥地利这座极其富饶的纺织业中心安顿下来，开始对食物、饮品和秣料严重短缺的问题进行补救，代价则由这座城镇来承担。[36] 再往西，赫尔瓦特·冯·毕滕菲尔德将军也在干着同样的事；他这支饥肠辘辘、拥有 4.6 万兵力的易北河军团刚在没有任何辎重车队的情况下，经由唯一的一条道路入侵波希米亚。[37]这些征用物资的事情既复杂又耗时。的确，在整整 48 个小时里，腓特烈·卡尔亲王的主要目标似乎不是在伊钦集结，而是要将赖兴贝格吞掉。伊钦是毛奇计划中普鲁士三个军团的会合之地。在赖兴贝格，即使第一军团级别最低的列兵，每天也能得到一磅现杀现切的牛肉、几条长面包、一升啤酒和十根方头雪茄烟。[38] 最终，毛奇一封带着不满的电报——只有鼓足干劲进军，第一军团才能让第二军团摆脱敌人——才激发卡尔亲王行动起来，使得他在 26 日不情愿地离开赖兴贝格，朝图尔瑙和波多尔的伊塞河渡口进军。[39] 腓特烈·卡尔亲王花了"整整四天时间，才前进了 46 公里"，就连被安排阻挡他行军的奥地利骑兵将军利奥波德·埃德尔斯海姆都感到不可思议。即便考虑到埃德尔斯海姆派出龙骑兵断断续续的骚扰，这个行军速度也是出奇的迟缓。[40]

与此同时，克拉姆－加拉斯和阿尔贝特王储研究了地图，决定在伊塞河阵线进行前沿防御（forward defense）。他们没有坐等易北河军团和第一军团在蒙申格莱茨、波多尔和图尔瑙集结，而是渡到伊塞河右岸，从蒙申格莱茨行军 20 公里到达西赫罗夫（Sichrov）；西赫罗夫恰好是位于第一军团行进路线上的一处坚不可摧的阵地。[41]伊塞河军团部署在西赫罗夫，位于赫尔瓦特和腓特烈·卡尔亲王**之间**，既可以向左，也可以向右，以面对从北方和西方逼近过来的普鲁士两个军团中的任意一个。然而，到 6 月 26 日时，他们计划的这一招就不明智了，因为西赫罗夫的高原已经不利于防守。第一军团在前，易北河军团在侧翼，身后是伊塞河，奥地利－萨克森联军很容易被包围、歼灭。[42]

命运对腓特烈·卡尔亲王移动缓慢的前锋部队实施了干预。凭借着赖兴贝格的肉和啤酒，吃饱喝足后，爱德华·弗兰泽基（Eduard Fransecki）将军的第 7 师在 25 日和 26 日分两个阶段前进了 20 公里至图尔瑙的伊塞河渡口。海因里希·霍恩（Heinrich Horn）将军的第 8 师经过弗兰泽基的第 7 师，向南再前进 10 公里，占领了波多尔的桥梁。普军出其不意出现在西赫罗夫以南，抵达克拉姆－加拉斯与阿尔贝特王储正计划第二天利用的几处伊塞河渡口，挫败了阿尔贝特王储打算重新部署到伊塞河西岸的计划。

阿尔贝特王储与克拉姆－加拉斯又碰头商议了一下，决定当天夜里就占领波多尔，巩固伊塞河阵线，在霍恩的援军 27 日从赖兴贝格抵达前取得西赫罗夫阵地。波多尔位于蒙申格莱茨西北 8 公里，是最重要的伊塞河渡口，因为赖兴贝格铁路和驿道就是在这里通过两座坚固的桥梁跨越到伊塞河的东岸。普军

132

133

图 11　克拉姆-加拉斯将军（1805—1891 年），克尼格雷茨战役之前一直担任奥地利第一军军长（普鲁士参谋部对他的评价是："比起打仗，他更会吃。"）

需要这些桥梁将第一军团的火炮、弹药和辎重运过伊塞河这道河障，而克拉姆-加拉斯认为贝内德克将会利用波多尔的桥梁供北方军团发起迫近的反攻，又不敢破坏掉这两座桥梁。克拉姆-加拉斯在决定防御波多尔后，结束了蒙申格莱茨的作战会议，骑马到上游去指挥斐迪南德·波沙赫（Ferdinand Poschacher）的"钢铁旅"（Iron Brigade）抵御霍恩从北面抵达的先头部队。波沙赫的"钢铁旅"是在丹麦战争中赢得的名号。

晚上9点30分，夜幕降临，当战斗正酣时，克拉姆-加拉斯来到波多尔。90分钟前，在村子里设置了路障防护的波沙赫"钢铁旅"已经用一阵齐射招呼了从北面过来的普鲁士散兵。普军增援了3个营的战列步兵后，又攻击上来。随着双方都争取控制波多尔及其关键的两座桥梁，一场凶残的巷战展开了。普军迅速了结了部署在村子巷道里的奥地利步兵，躲在屋子里的奥军则朝着冲上来的普军的侧翼射击。在开阔地带，奥军不是忙着用通条装弹，就是只能用刺刀冲上去，成为普鲁士步兵随便射击的靶子。在近距离射程内，普鲁士步兵可以从臀部的位置快速地给后膛枪装弹、射击。普军得更深入地冲进波多尔。他们一边前进，一边清除屋子里的敌人。在砍倒的柳树堆成的路障处，战斗达到了最激烈的程度。在那里，正如一位英国记者所描述的："普军奋勇地朝路障冲上去，而奥军坚守在路障后，寸步不让。在3步远的距离内，进攻者和防御者的子弹互相朝着对方的胸膛上倾泻出去。"[43]

当普军在波多尔把战斗推进到伊塞河边时，他们已有400名战友从下游经过那座铁路桥梁渡过伊塞河，企图进行普奥战争的第一次战术性包围。但是，当他们折回来攻击波沙赫的侧翼和后方时，撞上了波沙赫的两个后备营。这两个营就躲避在两座桥梁之间的石屋里。接下来发生的血腥一幕再次证明了普鲁士撞针步枪的可怕威力和奥地利冲击战术的徒劳。克拉姆-加拉斯刚好从蒙申格莱茨过来，他将波沙赫的后备营从石屋赶出来，以冲击纵队朝普鲁士的步枪连冲去。普鲁士的几个步枪连停下脚步，排成横列，扣动扳机。即使在夜间，普军对着奥军密集的营级纵队也不会错失目标，而奥军的冲击纵队立即调头，土崩瓦解。当克拉姆-加拉斯躲在石屋安全地观察时，他的士兵中间有几十上百人负伤、阵亡，还有几百上千人在恐慌中仓皇逃走。普军的几个步枪连在打退奥军连续三次正面的进攻后，又撤回到伊塞河的对岸；他们的弹药快要用光了，步枪也发烫得几乎握不住。在这次行动中，400 名普鲁士士兵就轻而易举地打败了 2000 名奥军。对于接下来将要发生的战争，这是又一个不祥的征兆。[44]

在河对岸的波多尔，普军在黑暗街道上的一次冲锋，将最后一批奥军从隐蔽处打跑，将他们赶回到伊塞河的另一边。与此同时，已经浪费了波沙赫后备营的克拉姆-加拉斯在次日凌晨 2 点承认战败，闷闷不乐地回到蒙申格莱茨，身后留下一堆堆的尸体和数不清的伤员。普军的伤亡不超过 100 人。克拉姆-加拉斯的损失是这个数字的 10 倍：共计 1048 人，其中 600 人没有受伤就做了俘虏；他们来自混编有波兰人和乌克兰人的第 30 团，在巷战中被打散。[45] 后来，这些俘虏中有些人向普军的审问者解释说，当长官命令他们用刺刀朝普军冲锋时，他们断然拒绝了，宁愿受监禁也不愿死亡或负伤。当克拉姆-加拉斯的一位旅长谴责这些人是懦夫时，他的参谋长进行了反驳。他用以反驳的理由，是一份对困扰着奥地利多语言军队的问题做的了不起的概括："直到夜幕降临之前，这个团作战都很英勇。夜幕一降临，长官就没法再用手势传达（需要采取什么行动）的示范了。随着伤亡增加，伊塞河谷弥漫着硝烟，又被夜色笼罩，长官们看不到他们的士兵，士兵就竭力避开敌人的火力，躲藏起来。"[46]

普鲁士的射击战术已经击败过冲击战术两次，第一次是在许纳瓦塞尔村外的树林，第二次是在波多尔的夜里。在波多尔，一位奥军军官后来写道，奥军"尽管数量上占优，借着夜色躲过了（撞针步枪最猛烈的威力）"，却仍然输掉了这场交火。[47]奥地利步兵在和平时期练习的枪弹只有普鲁士士兵的五分之一。他们那糟糕的枪法从1859年起显然就没有改善过。面对着牺牲和逃生，成百上千人都选择了后一条路。这是个不祥的态势。在许纳瓦塞尔，一位普鲁士军官碰巧遇上三名在村子附近高高的玉米地里对交战置身事外的威尼西亚步兵后评论道："这支军队有些不对劲（etwas faul）。"当时，他们看到这位普鲁士军官后，便丢下步枪，握住他的手不住地亲吻，向他求饶。[48]

在波多尔，普鲁士第一军团突破克拉姆－加拉斯的伊塞河阵线，占领了两座完整的桥梁和前往伊钦战略要地最短的行军路线。在波希米亚北部，最好的几条道路都是在伊钦交会。从波多尔往上游几公里到图尔瑙，弗兰泽基在27日一早未遇到抵抗便占领了第三座桥梁。再往南，赫尔瓦特·冯·毕滕菲尔德的易北河军团逼近了蒙申格莱茨。尽管蒙申格莱茨暂时有整个伊塞河军团重兵防守，但已经被在波多尔渡河后的腓特烈·卡尔亲王包抄，不久就会被放弃。确实，27日一早，克拉姆－加拉斯回到蒙申格莱茨就取消了前往西赫罗夫的行动，下令将蒙

135

申格莱茨的桥梁破坏掉。[49] 控制了主要的桥梁，克拉姆－加拉斯军和萨克森军也都撤退，现在毛奇西面的两个军团实际上已经实现了会合，离伊钦也只剩一个行军距离，而伊钦就是柏林最高指挥部计划中普鲁士三个军团的会师之地。[50]

6 月 27 日，贝内德克侧翼的战斗

截至 6 月 26 日，贝内德克受库斯托扎战役消息鼓舞的北方军团已经快要抵达约瑟夫施塔特。在那里，贝内德克收到奥地利国务大臣理查德·贝尔克雷迪（Richard Belcredi）伯爵的电报，通知他仅仅是奥地利在波希米亚取胜的传闻就在法国议会激起了热烈的掌声和向巴黎阐明情况的召请。法国终于后知后觉地认识到普鲁士对其生存构成的威胁，在德意志战争中转变了立场，就像支持意大利一样友好地支持奥地利。[51] 不过，除了这些政治上的好消息，在陆军总司令贝内德克的随员中间并没有多少值得庆祝的理由。根据一位参谋军官的描述，北方军团的侧敌行军是奥军在整个普奥战争中遭遇的"唯一最严重的灾难"；这次行军因为自己散乱的辎重车队致使内部停转，一直在走走停停。[52] 赶在普鲁士第二军团前面从巨人山脉涌出的农民难民，挤到贝内德克行军的道路上。奥地利军官每遇到一个岔路口，就要咒骂他们过时的地图。[53] 贝内德克计划在伊钦地区进攻腓特烈·卡尔亲王，根据命令先行进军到伊钦地区的一个军向他汇报道，那里的食物和秣料甚至不够维系仅仅一个军 3 万兵力的生活，更不用说八个军了。[54] 就在贝内德克忧心忡忡地把士兵赶上一条命运未卜的道路上时，普鲁士第二军团已经穿过陶特瑙、埃佩尔和纳霍德的山谷，悄悄地朝贝内德克的侧翼奔袭而去。[55]

6月25日，腓特烈·威廉王储的四个军已经在西里西亚的几处山口前集结，在26日分成三组进入奥地利。每个行军纵队在攀越山峰时，都与各自的辎重队被山峰和树林隔开了三四十公里，这种情况可能会造成灾难性的战术问题，尤其是考虑到普鲁士国王将通行这段危险地区的指挥权交给他35岁的儿子腓特烈·威廉王储。比起军事才干，腓特烈·威廉王储更多的是以大学学术研究和自由政治而知名，所以在两年前的普丹战争中他甚至没有被委任任何指挥职务。[56] 他的声誉如此平庸，乃至在6月中旬，一位奥地利间谍汇报道，俾斯麦一直坚持"要给缺乏指挥才能的王储安排一位副将，并严格指示不准王储殿下独立指挥"。[57]

腓特烈·威廉王储的军长们就更加让人激发不起什么信心。其中两位，路易斯·穆蒂乌斯（Louis Mutius）和卡尔·施泰因梅茨（Karl Steinmetz）已经是七八十岁高龄、参加过1813—1814年德意志解放战争的老兵。第三位军长阿道夫·博宁（Adolf Bonin）出生于1803年，却连拿破仑战争也没参加过，第四位、普鲁士近卫军司令、53岁的符腾堡亲王奥古斯特（Prince August of Württemberg）也一样。[58] 总之，第二军团的几位军长并不显赫。6月26日，当他们分散地、艰难地在巨人山脉中间穿行时，他们本可能会被轻而易举地打败。每个军如长蛇般开进波希米亚时，队伍从头到尾拖有50公里长。当普鲁士的行军纵队进入波希米亚的开阔地区时，假如贝内德克想要攻击纵队的前头，那么最后边的普军将需要四个多小时才能增援到前面。[59]

事实恰恰是，王储的军队无须担心。贝内德克决心尽可能迅速地行军至约瑟夫施塔特，只留下势单力薄的分遣队抵抗普鲁士第二军团，从而为他自己最后被包围埋下了隐患。尽管贝内德克从 22 日起就获悉腓特烈·威廉王储在进军，但他似乎还是被出现在右翼的普鲁士四个军吓了一跳。[60]"指挥部于 26 日迁到约瑟夫施塔特，"贝内德克的副官在战后写道，"在当时显而易见的是，军团总司令并没有明确的作战计划，而只是被动应变。"[61]事实上，贝内德克的参谋长们也没给他提供多大帮助。侧翼行军的第一周，总参谋长亨尼克施泰因忙着和维也纳较量，他要把一位傲慢的波兰贵族从他的随员团队中赶走，而没对抵御腓特烈·威廉王储威胁极大的翼军（Flügelarmee）做出安排。[62]至于作战总指挥克里斯马尼奇，他是一位老派的战术家，甚至拒绝考虑向右调转，进入波希米亚东北部森林覆盖的群山里。他更偏爱伊钦附近平坦的原野地形，所以既不左转，也不右转，而是驱使北方军团一直往前进军到伊塞河。[63]

137   不过，为防止腓特烈·威廉 11.5 万人的大军袭击北方军团暴露的右翼与后方，奥军总得采取点措施。贝内德克在与克里斯马尼奇交换意见后，决定向北派遣两个军以保护右翼。他指派路德维希·加布伦茨将军的第十军封锁陶特瑙和埃佩尔的山口，指派威廉·拉明将军的第六军固守纳霍德的山口。不用说，如果贝内德克是密谋巧妙地报复加布伦茨和拉明这两位他在哈布斯堡军队的主要竞争对手，几乎没有比这更好的安排了。截至 6 月 27 日，对于互不相连、侧翼没有防护、敌人两倍于其兵力的两个军来说，波希米亚的东北角这片阵地注定要丧失。确实，26 日加布伦茨与贝内德克碰面时已经要求增援；正如他所预言的，有了增援，"在战斗中占领（陶特瑙）后，第十军才不会被迫再放弃它"。贝内德克一心在伊钦寻求与敌作战，拒绝给加布伦茨援兵。[64]

6 月 27 日，第十军疲惫地向陶特瑙开进。加布伦茨的士兵已经连续步行九天，在酷热下沿着坑洼的旁支小路，带着很少的干粮，从奥尔米茨走了 215 公里。26 日，第十军在约瑟夫施塔特附近休息。之后，27 日早晨 8 点，他们离开露营地，再行军 30 多公里，这次是向北至陶特瑙。在仅仅一天内完成这么远的行军并进行战斗，这样的要求是离谱的。加布伦茨并没有忽视这一点。后来，加布伦茨曾向阿尔布雷希特公爵怒斥贝内德克在离他们越来越远的指挥部下达着苛刻的、令部队疲于奔命的命令。[65]丹麦战争中的英雄、加布伦茨本人也受到他麾下一位旅长的批评。格奥尔格·格里维奇（Georg Grivicic）报怨道，在没有指示，不清楚贝内德克和加布伦茨准备让他们干什么，也不清楚普军正在那里等着他们的情况下，第十军诸旅就这样朝陶特瑙开进了。[66]

在前往陶特瑙的途中，加布伦茨收到贝内德克的书面命令："无论敌人在何处现身，尽全力攻击。"这道命令下得莫名其妙，考虑到前一天下午贝内德克刚拒绝给加布伦茨援兵，该命令在战后也成为众多争议的源头。[67]26 日夜里，加布伦茨的蒙德尔旅先于其他旅前往陶特瑙，在 27 日清晨 7 点 45 分登上陶特瑙南面的高地。在高地上，蒙德尔上校看到了阿道夫·博宁普鲁士第一军的先头几个营已进入陶特瑙。在身后的约瑟夫施塔特，蒙德尔（Friedrich Mondel）的战友们才开始向北起步，他们还要行进 7 个小时才能赶到这里。对于弗里德里希·蒙德尔的旅而言，要对抗普鲁士第二军团的整个右翼，这注定是个燥热的早晨。[68]

往东 20 公里，拉明将军的第六军正在加紧往纳霍德前进，

138

以封锁腓特烈·威廉王储的左翼进入波希米亚的通路。或者说，他们在努力地加紧。拉明的两个先头旅于清晨 6 点离开奥波奇诺（Opocno），在向北前往纳霍德的路上撞上两次。每次撞在一起，他们都不得不停下来，拆分一支闷闷不乐、不愿配合的营。这些人已经十天没有休息了，一直在行军，前一天夜里还没有睡成觉——当时，贝内德克修改后的命令迟了五个半小时才在凌晨 1 点 30 分送达拉明的指挥部，要求他们紧急向北行军。[69] 收到命令后，拉明的参谋部目瞪口呆。"从侧翼行军开始到结束，从没有人给我们提过普鲁士（第二军），"拉明的一位副官回忆道，"即便当我们收到的命令里提到了敌人在纳霍德附近出现，他们也从没说明敌人的兵力，所以我们并不知道普鲁士王储在哪里集结军队。"[70]

27 日凌晨，已经没时间探究这个重要的问题了。相反，拉明不得不盲目地驱使他的士兵前去堵住普军开进波希米亚的突破口。他在凌晨 3 点 30 分派出一部分兵力，清晨 5 点钟，正当余下的兵力点着炊火时，他又把余部全部派出去。就这样，第六军没吃早饭就踉跄着上路，行军 20 公里前往纳霍德。[71] 拉明将威尼西亚人组成的几个团放在队伍的尾部，置于监视之下。几天前，他们曾让北方军团蒙羞：为了表示与意大利王国的盟友普鲁士一心，他们停在涨水的沟渠旁，将弹药盒倒进沟渠里。[72]

在这期间，在纳霍德山口，年迈的施泰因梅茨将军和普鲁士王储发现他们被困在狭窄、蜿蜒的峡谷里，夹在第五军的弹药车、火炮和辎重车队中间。当施泰因梅茨的前卫部队出现在纳霍德的城镇上，遭到部署在维索科夫高原（这是一片封锁了西去之路的宽阔的、平坦的台地）的奥地利排炮的火力攻击时，他们只能听着在前方展开的战斗声音而无能为力。[73] 由于大部分师在施泰因梅茨的前卫部队后边绵延 15 公里，所以他们在打退了奥地利胸甲团的一次冲锋后就隐蔽起来，躲开从维索科夫倾泻而下的炮弹的攻击。

随着普军越来越多的步兵挤过纳霍德山口，三个营登上了维索科夫高原，为第五军其余人走出山脉清出一条路来。难以置信的是，在高原上仍然没有奥地利的步兵。奥地利第六军的一位上尉参谋回想起 27 日贝内德克的命令迟滞了五个小时才送到拉明手上，沮丧之情溢于言表："如果命令……哪怕早**两个小时**送达，我们都可能**先于**敌人占领维索科夫，战斗也会朝着有利于**我方的**方向发展。"[74] 然而事与愿违。普军的三个旅未遇到抵抗就占领了高地，观察着拉明疲惫的各旅穿过斯卡利采（Skalice）平原朝维索科夫赶来，但那时已经太迟了。[75]

6 月 27 日，维索科夫战役

拉明的赫特维克（Hertwek）旅最先到达战场。在六个小时的行军后，他们于 6 月 27 日上午 9 点从南面斜插入目的地。拉明此前已经骑马跑在前面，在斯卡利采火车站气恼地等着其他旅和火炮的到来。当他看到赫特维克右转朝东，在短暂的炮轰后派遣主要是由乌克兰人组成的第 41 团沿着维索科夫高原坡度平缓的西南面往上攻击时，他的内心是沮丧的。拉明在研究了施泰因梅茨已经部署在高原上、占据了有利阵地的前卫部队后，根本不打算进攻高地。[76] 普军已经在瓦茨拉维采（Vaclavice）——或称温泽尔斯贝格（Wenzelsberg），是一处有围墙的墓地——布置了中心阵地，在两边的森林里埋伏了左右两翼。在右翼后方，在维索科夫的村子里，还有十几个步兵连作为后备队等待着。[77]

赫特维克以四个密集的营级纵队发起的第一波进攻，艰难地穿过高高的草丛和黑莓灌木丛，迎着普军朝西南瞄准的几千杆撞针步枪和 5 门喷发着飞溅榴霰弹片的野战炮，根本没有任何希望。纵队被普军的速射撕开一道道口子，士兵们从赫特维克的波兰人第 2 团的纵列中间奔跑着退回去，而随着普鲁士燧发枪队的火力加剧，第 2 团也迅速地伏在高高的草丛里。他们的狙击兵护卫队的进展相对要顺利些。他们以散开的队形蜂拥而上，将瓦茨拉维采包围，把普鲁士的守军从教堂墓地赶跑。赫特维克的第 25 狙击兵团占领了普军的中心阵地，他的波兰人第 2 团又在掩蔽之下，这样拉明至少在维索科夫高原上有了一处立足点。

然而，拉明仍不打算进攻维索科夫，浪费更多的兵力。他更倾向于部署在铁路路堤后边和斯卡利采周围的高地上，等待施泰因梅茨的部队从维索科夫高原上下来。但是，问题是当拉明的几个旅从南面慢慢赶来时，在距离拉明的斯卡利采驻地还有 5 公里的索诺夫（Sonov）下了公路，径直攻上维索科夫高原。因此，上午 10 点 45 分时，约翰·约纳克（Johann Jonak）旅和之前的赫特维克旅一样，在没有得到拉明命令的情况下擅自开始往上冲进敌人毁灭性的火力之中。当约纳克旅前去支援瓦茨拉维采的奥地利狙击兵团，重新发起对普军中心阵地的攻击，而赫特维克仍然在没有得到拉明命令的情况下擅自放弃隐蔽而进攻普军左翼时，拉明只能再一次无助地看着这一切。

与此同时，普军的第 6 营已经从纳霍德爬上来，对约纳克

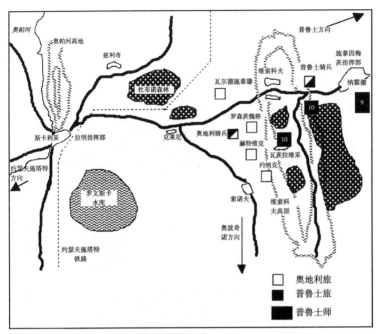

示意图 10　1866 年 6 月 27 日，维索科夫战役

旅进行纵射。约纳克旅仰攻维索科夫高地至半路时，遇到了赫特维克旅的残部缩在河床里，士气全无。"我命令他们加入我们的队列，"约纳克的一位军官回忆道，"他们听从了，但很不情愿。"当约纳克停下来收编赫特维克的掉队者时，他自己的两个团交叉在一起。他命令他们前进，但匈牙利人坚决拒绝上前，直到波兰人与他们的纵列完全分开。[78] 终于，约纳克旅到达了瓦茨拉维采。但是，当赫特维克几个完好的营开始攻击普军右翼时，约纳克旅被自己麾下的排炮打偏的炮弹打散，进入了维索科夫高原顶上的树林里。约纳克的匈牙利团已经损失了一半的士兵、三分之二的军官和他们的团长阿尔方斯·温普芬（Alfons Wimpffen）伯爵，他在冲击纵队的最前头被敌人射杀了。[79]

142

图 12　1866 年 6 月 27 日，奥军进攻维索科夫

　　紧接着在树林里爆发了持续 90 分钟、大部分是短兵相接的混战。约纳克的一位军官回想起这段经历时便不寒而栗："在（维索科夫）顶上的树林里，我们的几个营全都混在一起，没办法区分开。奥军阵亡或负伤的军官太多了，以至于实际上已经没有人指挥。我们的士兵朝着一切移动的东西开火，很多人干脆逃跑了。"[80] 训练有素的普军将赫特维克的乌合之众赶出树林，向下退回到高原东南麓的索诺夫。赫特维克的狙击兵团惊慌之下迷了路，朝着约纳克的阵地逃去，促使匈牙利团的一个整营走出树林，排成连级纵队掩护他们逃脱。这是英勇却无异于自杀的冲动行为。"谁下令出击的？"一位奥地利军官叫嚷道。这时，他的军士们则在嘴里咒骂他们，想将这些摸不着头脑的士兵赶回树林里隐蔽起来。上方的几个普军步枪连正在向他们瞄准，尽可能快地装弹并朝他们射击，倾泻的弹雨歼灭了几个纵队的全部匈牙利步兵。这又是一个悲惨的例子，证明缺少统一且易于理解的指挥语言，奥军的战术是没有效果的。[81]

　　拉明写道："我从斯卡利采可以看见好几个纵队的普军从纳霍德抵达维索科夫。此时（上午 11 点 30 分），我最关心的是拿下维索科夫高原，防止敌人从纳霍德往下推进到斯卡利采，将约纳克和赫特维克孤立在高地上。"由于第六军一半的兵力无意中投入了战斗，拉明感到他几乎没有其他选择，只能将剩下的部队也投入战场。[82] 在施泰因梅茨方面，他现在正在高原的顶上，愤怒地命令炮兵赶紧上来，但此时的炮兵正从纳霍德沿着堵塞的道路慢慢地将火炮往上拖呢。[83] 就在施泰因梅茨气恼的时候，拉明派出罗森茨魏格（Rosenzweig）旅，攻向维索科夫村，即普军的右翼。这次进攻在时机的选择上，与赫特维克、约纳克和拉明亲自指挥的五个骑兵中队对普鲁士右翼和中心阵地发起的第三波突击同时发起，一直攻到高原的下缘段。[84] 普军的几个营撤到维索科夫村里，躲在长满树木的高原边缘，从纳霍德上行的道路到了那里便现出一条宽广的沟道。

罗森茨魏格的第4团又称贵族及德意志大师团（Hoch-und-Deutschmeister）。团里的士兵是从维也纳的贫民窟和葡萄园招募来的。他们误打误撞，以沉重的损失为代价攻入瓦茨拉维采，与高原上的奥军三个旅形成并肩相连之势。此时，恰值正午12点，奥军不得不休息了。从奥波奇诺行军六小时，在炙热的太阳底下战斗了四小时，他们已经精疲力竭。正如拉明后来承认的，这时候停下休息是不明智的，但是士兵们实在是动不了了。自从前一天下午开始他们就没吃过东西。[85] 拉明命令第四个也是他最后一个旅，即格奥尔格·瓦尔德施泰滕（Georg Waldstatten）旅从斯卡利采往上行进至克莱尼，掩护奥军在高原上歇息的三个旅的侧翼与后方。随着普军的增援持续从纳霍德推进，现在连预备队也投入战斗的第六军已陷入极大的危险。

拉明不愿意放弃维索科夫高地上以巨大代价换来的阵地，而决定**往前逃**。下午1点钟，他命令瓦尔德施泰滕在罗森茨魏格的左侧向上冲锋，占领维索科夫村，迂回至施泰因梅茨的右翼，迫使普军往下退回到纳霍德。之前，瓦尔德施泰滕的波兰团和威尼西亚团在将普军一个侧翼行动的纵队从克莱尼周围的树林里赶跑的过程中，刚遭受过沉重的伤亡。现在，对于这两个疲惫的战列团来说，这个任务太艰巨了。而且，其中一个战列团，即来自波代诺内（Pordenone）的第79团仅仅几天前还曾哗变过。尽管如此，这两个团的士兵还是分成三个密集纵队，英勇地冲上了维索科夫。

到了战斗的这个阶段，施泰因梅茨的炮兵优势就发挥决定性的作用了，因为拉明的后备炮兵被困在从奥波奇诺过来的拥塞的道路上还没赶过来呢。于是，普军42门火炮瞄准了拉明的24门火炮，将瓦尔德施泰滕旅笼罩在猛烈的、难以还击的炮火中。而且，即使当瓦尔德施泰滕旅在左侧进攻、利用德意志大师团在普军中心阵地取得的优势时，普军还有一个整师部署在他上方的高原上。当普军新来的一个团横扫了固守瓦茨拉维采的疲惫不堪的德意志大师团的一个营时，另一个团也冲击到了维索科夫，从侧面攻击瓦尔德施泰滕的冲击纵队。[86] 奥军的两个纵队一下子就被普军的速射消灭了。第三个纵队由三个连的德意志和捷克狙击兵与一个营的威尼西亚步兵组成，他们冲到维索科夫，疯狂射击了几分钟，接着就撤退了。他们杀死了普军两个师长，高原上几乎所有的普军都朝他们追击过去。"我们命令其他三个旅冲上去帮助瓦尔德施泰滕旅摆脱敌人的接触，"拉明的一位副官回忆道，"但他们不愿再冲锋了。他们已经耗尽了体力，放弃了……任凭普军倾尽所有的武器打击瓦尔德施泰滕旅。"[87] 奥军的四个旅被一点点地吸进普军的绞肉机，5719人的伤亡代价是施泰因梅茨1122人伤亡人数的大约5倍。[88] 下午2点，拉明的预备队也已耗尽，于是他便命令士兵退回斯卡利采。在斯卡利采，他们在铁路路堤后边占据防守阵地。施泰因梅茨忙着指挥第五军其余兵力从纳霍德登上维索科夫，但决定不追击敌人。这也许是明智的，因为现在拉明的后备炮兵已经赶到，奥军的80门膛线炮已经对准了从维索科夫下来的斜坡。[89]

144

拉明在克莱尼的十字路口，骑在马上，在德意志大师团排成纵队哀伤地从他身边经过时，呈现出英勇的样子。"第八军正在赶过来！"他振奋地喊道。但是，他的内心却一点也振奋不起来。"我们顶不住再一次的进攻，"他警告贝内德克说，"我们必须立刻得到救援。"[90]虽然贝内德克早已派出第八军前去救援拉明，但第八军也补给不足，被行军折磨得筋疲力尽。[91]后来，拉明为自己在维索科夫的战败这样开脱道："战果还是令人满意的。我仍然占领着斯卡利采，能够掩护北方军团在约瑟夫施塔特集结。"[92]然而，取得如此微不足道的战果却是以232 名军官和 5487 名士兵的伤亡为代价，而且因为牺牲、负伤、失踪了那么多人，致使贝内德克不得不从他约瑟夫施塔特的驻军中派遣整整两个要塞营去补充第六军的兵力。[93]与贝内德克一样都不喜欢拉明的克里斯马尼奇，为拉明将军"愚蠢的指挥"和惨重的损失深感痛惜。[94]

然而，克里斯马尼奇本人在很大程度上也要为这次大败负责。他和贝内德克让拉明登顶维索科夫的命令下达得太迟，导致第六军的士兵不得不疲惫地急行军，被迫将居高临下的高地让与施泰因梅茨。这就造成他们在潜在最不利的条件下打了这场战役，导致除此之外别无其他解释的结局：截至上午过去一半时，奥军 21 个营被只有他们一半兵力的普军打败，几近解体。[95]就像一位奥军的亲历者愤怒地指出："我们的人在炙热的太阳底下行军了 6 小时后，还被命令要通过崎岖的地面穿过高高的草丛。甚至战役还没开打，他们就被逼到了极限。"[96]

剩下的就要归因到战术问题上了。在普奥战争开打之前，拉明被普鲁士总参谋部充满敬意地评价为"军事天才"。在上午 11 点之后，一旦拉明获得了对各旅长的掌控，他的指挥还是足够灵活的，但是他指挥的每一次行动都被奥军阵线笨拙的战术给挫败了，面对普军的速射不能取得任何进展。就像多年后

陆军元帅施里芬（Schlieffen）评价的，维索科夫"是一场分散
阵形对密集阵形、线列对纵队、精力充沛之师对疲惫之师、后
膛枪对前膛枪、枪手对靶子的战役"。[97] 结局绝对是毋庸置疑的。　145
在库斯托扎战役中，奥军的战术面对装备着后膛枪、易乱阵脚
的意大利军队起作用，但面对装备着前膛枪、沉着从容的普鲁
士军队，显然就**不**起作用了。

　　在战略上，维索科夫战役的后果影响更加深远。贝内德克
丢掉了一个强大的阵地。如果守住这个阵地，再由第二军和第
四军（距离斯卡利采都只有一个进军行程）位于附近的几个
旅，将阵地与陶特瑙的加布伦茨军连成一片，那至少会在普鲁
士近卫军向中间埃佩尔山口推进的两个师的两翼，各安插一个
军。但这令人振奋的一幕并没有发生。相反，加布伦茨在陶特
瑙被置于"孤悬"的状态，同时施泰因梅茨和普鲁士王储可以
自由地从纳霍德向下推进至约瑟夫施塔特，将贝内德克相对有
序的侧敌行军变成了混乱的溃退。

6月27日，陶特瑙战役

　　拉明既已战败，纳霍德山口畅通无阻，施泰因梅茨的第五
军列阵在维索科夫高原，普鲁士近卫军便继续在纳霍德以西10
公里、中间的埃佩尔隘道艰苦地通行。这要感激贝内德克已经
做出的选择，决定不再阻挠**他们**。再往西10公里，在陶特瑙，
阿道夫·博宁的第一军发现他们的道路也很险阻。的确，博宁
的前卫部队还没走出山脉、于6月27日上午10点进入陶特瑙
之前，维索科夫的战役就几乎结束了。博宁的前卫部队在高低
不平的路面行军了八个小时后，已经精疲力竭。他们对陶特瑙
匆匆打量了一下，只注意到这里有三处高地，陡峭地耸立在城

镇的边上，挡住了向南至约瑟夫施塔特的视线。[98]

　　加布伦茨的蒙德尔旅从早晨 7 点 45 分起就部署在陶特瑙后边的高地上。当博宁走得脚酸背痛的几个师中最前边的一个师刚刚心满意足地一屁股瘫倒在陶特瑙的连拱式广场的阴凉地里时，蒙德尔的狙击兵团就悄悄地从山上下来，朝他们开火。普鲁士步兵一惊而起，一些人立刻还击，还有一些人闯入了广场周边的房子里，爬到楼房上层，向上对着树木覆盖的高地射击。在高地上，他们很多自己人也正争前恐后地往上攀爬，追击蒙德尔的轻步兵。这是一场血腥的自由大混战。普军初次品尝战斗的味道，不顾他们长官反复下令停火，兴奋地连连射击，打死了多少蒙德尔的人，就打死了多少自己人。

　　蒙德尔得到加布伦茨的命令，让他在第十军主力赶到现场之前谨慎行动，便将他的几个团撤回，避开从陶特瑙攀登上来的普军第 1 旅。蒙德尔留下两个营驻守在中间的约翰内斯贝格（Johannesberg）高地后，向南下行 1 公里至霍恩布鲁克（Hohenbruck）。蒙德尔的后卫并没受到博宁前卫的滋扰，因为博宁的前卫已经在高地下面如迷宫般的山涧里迷失了方向。蒙德尔的后卫将普军拦截了一个小时，在经历了山顶争夺礼拜堂的恶战之后才向普军让步。当普军一个连的燧发枪兵从西头闯入礼拜堂，里边奥军的波兰士兵和乌克兰士兵依托着教堂里的一排排长椅，一边后退一边抵抗，直到最后被围困在唱诗席才投降。[99]

　　到了中午 12 点，随着拉明最后的预备队在维索科夫被彻底消灭，博宁的第一军看来已经拿下至关重要的兰茨胡特山口（Landshut Pass）的陶特瑙一端，而他付出的努力比起施泰因梅茨之前在纳霍德所付出的要小得多。博宁麾下的第 1 师已经打退蒙德尔，在上午的时候一直向下推进到新勒格尼茨（Neu-

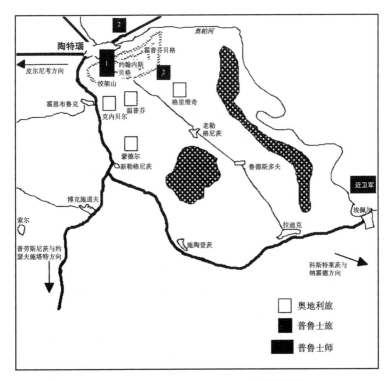

示意图 11　1866 年 6 月 27 日，陶特瑙战役

Rognitz）。博宁的第 2 师已经占领霍普芬贝格（Hopfenberg），一直侦察至老勒格尼茨（Alt-Rognitz）那么远的地方。可以说，陶特瑙镇、陶特瑙高地和陶特瑙腹地恰如普军在波希米亚境内的滩头堡。现在，它们已落入博宁手中，普军的步兵、火炮和补给从山脉中源源不断地开进这片区域，持续了三个小时。上午 10 点 30 分就到达陶特瑙外围的加布伦茨，眼睁睁看着博宁进军，感到越来越沮丧。他只带了蒙德尔一个旅，其他三个旅还在从约瑟夫施塔特赶来的路上，他们吃力地行进，要等到下午才能赶来。中午的时候，近卫军第 1 师的一位副官骑马从埃

147

佩尔赶来提供援助，但博宁确信他已经赶走了奥军，便请这位副官放心，他的通道已经安全了。[100]

当这位近卫军的副官带着博宁的第一军安全通过山脉的消息回到第二军团在埃佩尔的指挥部时，加布伦茨的几个旅也从约瑟夫施塔特开进了新勒格尼茨。曾在 1864 年指挥奥地利远征军在丹麦作战的加布伦茨立即着手行动起来。此前，他已经注意到陶特瑙的薄弱点和陶特瑙后面至关重要的高地，即绞架山（Gallows Hill）、约翰内斯贝格和霍普芬贝格。加布伦茨明白，占领了这些居高临下的高地，他就可以将普军赶到地势低洼的城镇上，再用他 72 门火炮的俯射火力将他们赶回山脉里。为了完成这个计划，加布伦茨命令阿道夫·温普芬（Adolf Wimpffen）行军经过蒙德尔，突击中间位置的约翰内斯贝格，同时格里维奇进军到蒙德尔的右侧，绕过普军阵地的左翼，突击霍普芬贝格，让这两个旅夹攻并占领这两处高地。加布伦茨的第四旅，即阿尔贝特·克内贝尔（Albert Knebel）旅还没从约瑟夫施塔特赶到。为了给奥军进攻做准备，加布伦茨在霍恩布鲁克部署了 40 门火炮，近距离轰击上述两处高地。普军的炮兵之前从陶特瑙的陡峭斜坡上只拖上去 10 门火炮，对奥军持续了一个小时的连续炮轰几乎没什么回应；像这样的连续炮轰，是博宁这位缺乏战争经历的将军从没见过、也闻所未闻的。[101] 博宁意识到奥军这种强度的轰炸预示着哈布斯堡军队名列第二的著名将军将发起一场重大出击，最终，他决定还是不要固守陶特瑙和那几处高地了，而是调头逃回兰茨胡特山口。

格里维奇的突击纵队在老勒格尼茨扫除了普军一支弱小的分遣队后，于下午 4 点钟仰攻霍普芬贝格。与此同时，阿道夫·温普芬的士兵因为之前从约瑟夫施塔特长途行军赶来而疲惫不堪，便扭身解下背包，组成几个密集的半营纵队，朝约翰内斯贝格进发，在霍恩布鲁克用刺刀冲锋切入普鲁士散兵组成的屏护部队。就这样，奥军两路进攻齐头并进，加布伦茨骑马奔忙往返于他们之间。但是，当每一路进攻的尖头部队在稠密的草丛中走得跌跌撞撞、浪费了时间时，进攻就失去了锐气。格里维奇的进攻比温普芬提前了很多。他攻击了普军的左翼，但面对敌人的撞针步枪没取得任何进展。格里维奇的纵队被普军的火力撕裂，纷纷从山上连滚带爬地逃下来，身后留下几十上百名阵亡者和伤员。格里维奇的匈牙利团在逼近敌人的过程中一路兴奋地呐喊，现在也没了声音。"我的第 23 团和第 2 团遭到重创，"格里维奇伤心地回忆道，"仅仅在这一次行动中的损失便超过了我经历过的三场战争中最严重的。"[102] 温普芬的进攻要穿过约翰内斯贝格崎岖、树木茂盛的背坡，最后在通往礼拜堂的极其陡峭的斜坡上蹒跚不前，被博宁的后卫部队，即东普鲁士第 43 团的两个营稳定、精确的火力打散。[103]

作为国王的副官和朝臣，博宁将军之前从没参加过战斗。现在，他陷入尴尬的境地：他带着王室军队的精兵、东普鲁士军仓皇撤退，而他留下的仅仅 4 个营的兵力却守在坚固的防守阵地忙着打退奥军整个第十军的兵力。然而，由于进出陶特瑙的道路被普军的辎重和火炮阻塞，博宁没法将援军派到高地上去。这就解释了为什么他 14 个步兵营和大部分炮兵没开一枪一炮就从战场上撤退了。博宁失去对陶特瑙的控制，威胁到毛奇的整个作战计划，因为毛奇之前指定由他这个军掩护近卫军和第二军团指挥部穿过埃佩尔山口，之后他再急行军穿过波希米

148

亚，到伊钦附近与腓特烈·卡尔亲王的第一军团保持接触。[104]
俾斯麦为陶特瑙的退败所震惊，称之为"让普鲁士全军震动的
一耳光"。[105] 博宁本人也蒙受了耻辱。当第一军争先恐后地往北
逃去时，博宁一位感到厌恶的下属啐道："英雄不是**谁都**能做
的。"[106] 与此同时，留在约翰内斯贝格高地上的普军的两个强悍
的营，几乎被他们自己的硝烟呛得窒息。这一天没有一**丝**风，
硝烟笼罩在几座山上不肯散去，遮住了加布伦茨第四个也是最
后一个旅的进军。

阿尔贝特·克内贝尔上校率全旅在下午 5 点从约瑟夫施塔
特赶到新勒格尼茨。加布伦茨命令将他的旅作为预备队，在蒙
德尔旅旁边待命。克内贝尔估计了陶特瑙的局势。格里维奇已
经被普鲁士第 4 旅打退，撤回老勒格尼茨。温普芬刚派人过来
紧急召见克内贝尔，前者正从约翰内斯贝格的南面山坡上搜集
他的大部分由乌克兰人组成的第 58 团的残兵。在那里，第 58
团就像之前温普芬的威尼西亚士兵一样，被部署在礼拜堂周围
的普军两个营杀伤惨重。克内贝尔决定无视加布伦茨留作预备
队的命令。相反，他决心进攻约翰内斯贝格。"我考虑敌人一
定精疲力竭，我的旅反复冲锋将会把敌人打到崩溃。"后来克
内贝尔在为他抗命辩护时这样写道。他来到正在努力朝礼拜
堂发起最后一次正面进攻的温普芬左侧。克内贝尔的几个密
集的半营纵队攀登着朝普军的右翼攻上去，在此过程中损失
了 43 名军官、859 名士兵。温普芬与克内贝尔联合起来，艰
难地登上顶峰，用刺刀扫除了礼拜堂内的敌人，将博宁的后
卫部队赶下山至陶特瑙。在陶特瑙，他们跟上普鲁士第一军
的其他各部。在格里维奇的窥伺下，第一军沿着奥帕河河谷
离去了。[107]

图 13　1866 年 6 月 27 日，奥军最后一次进攻陶特瑙

胜利了！但是这有什么意义呢？晚上 7 点，当他的士兵在三座高地上集结看着博宁撤退时，加布伦茨就清楚，普鲁士近卫军正通过埃佩尔山口走出山脉，从他的后方穿过。[108] 由于克里斯马尼奇只答应派出奥军两个营的兵力掩护第十军暴露的侧翼，加布伦茨清楚，他不得不放弃好不容易才赢得的陶特瑙的三处高地，赶紧回到约瑟夫施塔特，以免被切断与北方军团其他各部的联系，遭到普鲁士近卫军与第二天卷土重来的博宁军的夹击。简而言之，加布伦茨在陶特瑙的战术胜利并不具备战略意义。确实，当天一早，从约瑟夫施塔特开始行军的路上，格里维奇就问加布伦茨何苦要大费周折一直前进到陶特瑙。直接让蒙德尔缩回，在进一步向南、第十军可以与拉明的第六军保持接触的地方占领一处阵地，屯兵于此，既可以阻挡博宁，还可以阻止普鲁士近卫军，这样不是更明智吗？[109]

最终的事实证明，对奥地利军队而言，陶特瑙战役是一场得不偿失的胜利。尽管加布伦茨在炮兵方面拥有压倒性的优势，但他的几个旅却遭受了 5000 人的伤亡，几乎是普鲁士 1300 伤亡人数的四倍。而且，普军方面只损失了 56 名军官，奥军却牺牲了 191 名军官。这样的损失将对随后的行动产生重大影响。届时，奥军将被迫把越来越多的战斗单位交给从维也纳派来的没有经验的军校学员和非指挥类军官指挥。[110]

战役过后，陶特瑙和周围的几座山峰铺满了阵亡和负伤的士兵。三代人之后，到了 1936 年，一位德国的历史学家造访了陶特瑙镇，他在报告中写道："这里的老人谈及那天铺成一排排、堆成一摞摞的奥地利军人的尸体，**仍然**心有戚戚。"[111] 战争的双方都没有为应对伤亡采取措施，伤员痛苦的哭喊声一定会让幸存者的欣喜之情有所减损。和库斯托扎战役一样，在这场战役以及在波希米亚其他战役中受伤的大部分人，都是直接任由他们死于休克或失血过多。一些更不幸的伤员则被运到陶特瑙的一处保龄球场，被人用原油和烟油清洗伤口，他们受伤的四肢被人锯掉。还有一些伤员被行善的修道士和尼姑装到没有减震设施的推车上，送到附近的修道院里。[112]

　　未受损伤的从战斗中走出来的奥军士兵，则充满期待地等着吃一顿热饭，喝一瓶红酒、一杯白兰地——这是对经历了鏖战的士兵的奖励。不过，奥军的后勤服务一如既往地让他们失望了。第十军饿着肚子就过夜了，因为加布伦茨的辎重队被遗忘在约瑟夫施塔特的路上。第二天，当车队终于抵达陶特瑙时，加布伦茨那些饿坏了的士兵老远就闻到了车上的味道，因为车上装载的只有泛着灰绿色、肉已经腐臭的动物尸体。[113] 对于接下来的一天，这都不是个好兆头。奥军吃惯了肉与红酒。没了肉与红酒的滋养，这些士兵的行军速度很难超过从埃佩尔逼近的普鲁士近卫军。[114]

6月27日，柏林和约瑟夫施塔特的最高指挥部

　　在柏林，毛奇焦虑地关注着波希米亚的行动。他曾满怀希望普鲁士卓越的电报网络可以将他的命令即刻传达到前线，但事实上他的电报平均要用12个小时才能送到在波希米亚行动的普鲁士军团。这是因为，奥军一边撤退一边拆除电报线路，出了普鲁士的边境，毛奇的命令就不得不通过骑兵通讯员来传送了。因此，6月23日毛奇从柏林发出的一封命令腓特烈·卡尔亲王攻过伊塞河、帮助第二军团摆脱敌人接触的关键电报，竟然用了**整整**三天才送到赖兴贝格。[115] 从前线回复的电报也没有比送得更快。普军在柏林的指挥部要等到6月28日才获悉维索

151

科夫和陶特瑙的战役。那时，毛奇还发现，令他震惊的是腓特烈·卡尔亲王并没有遵照命令，向东急行军辅助腓特烈·威廉王储穿过纳霍德、埃佩尔和陶特瑙，而是转头向南，在蒙申格莱茨包围奥地利－萨克森的伊塞河军团。简言之，第一军团为了对决克拉姆－加拉斯，赢得一场相对而言无足轻重的战术上的胜利，而远离了贝内德克。一心渴求荣誉的腓特烈·卡尔亲王又让贝内德克恢复了内线作战的优势，给了贝内德克一个机会，让他可以举北方军团全军之力压向被孤立的普鲁士第二军团。[116] 在普奥战争开始前，毛奇就坚持认为，有了铁路和电报，将军人在首都也可以指挥远方的战役。但是，毛奇的希望却落空了：现在毛奇该有多羡慕贝内德克啊，27 日这天，贝内德克人就在约瑟夫施塔特，坐镇在军队的中心。

在约瑟夫施塔特，6 月 27 日这天的大部分时间里，贝内德克、亨尼克施泰因与克里斯马尼奇都待在要塞的城墙上，观察从维索科夫与陶特瑙升腾起的漏斗云状的硝烟。这几位先生与毛奇越来越遥远的统帅部之间形成的对比，真是鲜明得不能再鲜明了。然而，奥军的这几位指挥官和普军的总参谋长一样，都是忧心忡忡。虽然发生在北翼的战役规模和激烈程度让他们感到警觉，但他们却感到不得不继续**向西**行军至伊塞河。[117] 贝内德克受到克里斯马尼奇的鼓动，一心想要前行与克拉姆－加拉斯的伊塞河军团于 29 日在伊钦会合，然后以全部兵力对付普鲁士易北河军团与第一军团的五个军。所以，贝内德克担心如果调转向北对付第二军团，他全部的战争努力就会脱档。因此，当天的早些时候，当普鲁士第二军团在维索科夫和陶特瑙猛攻贝内德克的侧翼时，这位陆军总司令无视普军的威胁，反而在拟订奥军在伊钦和克尼格雷茨集结的计划。[118]

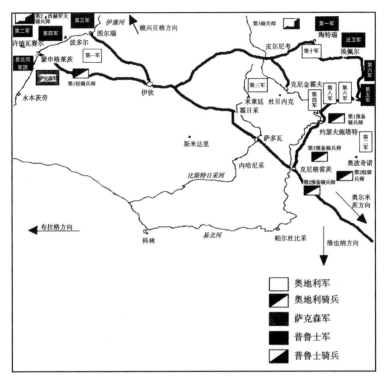

示意图 12　1866 年 6 月 27 日的战略形势

贝内德克的行军计划表墨迹未干，就传来了奥军在维索科夫和陶特瑙战败的消息。这样一来，计划表就被打乱了，贝内德克突然被迫在两翼迎敌。尽管到了 6 月 27 日晚上，贝内德克清楚毛奇包围北方军团的计划已经在实施之中，他仍然选择**不**调动他在约瑟夫施塔特亲自指挥的四个步兵军和三个骑兵师于 28 日袭击普鲁士的第二军团。为什么呢？因为贝内德克和克里斯马尼奇最关心的是执行当天早些时候商定的计划，即进军至伊钦。因此，他们尽可能地减少调派去北翼的分遣队的数量。这也解释了他们为什么那么迂腐，即使部队所过之处都能听到

153

斯卡利采和陶特瑙战斗的声音，仍然拒绝让部队从既定的行军路线上转向。这同样也解释了为什么拉明和加布伦茨派去请求支援的通讯员都能组成一个游行队伍了，他们却还是做出了臭名昭著的决定，即断然拒绝。28 日晚些时候，当克里斯马尼奇派去观察维索科夫战役情况的参谋军官建议大举增援斯卡利采时，克里斯马尼奇看了看地图，看了看行军计划表，又看了看他自己的手表，嘴里喃喃道："我能做什么呢？太迟了啊。全员只应继续向约瑟夫施塔特进军。"

从克里斯马尼奇的角度来看，按计划本应于 28 日行军至克尼格雷茨的利奥波德大公的第八军，他同意全军绕道至斯卡利采，对他而言这已经做得够多了。[119] 他和贝内德克铁了心要于 30 日在伊钦发起主攻。伊钦是一处重要的交通会合点，从克里斯马尼奇经典战争理论的视角看，也是一处较为有利的战场，因为这里地势平坦、开阔，而且还有约瑟夫施塔特、克尼格雷茨和帕尔杜比采的要塞、桥梁等"回击点"（reply points）的加持。[120] 最重要的一点是，在克里斯马尼奇看来，让北方军团更改行军路线至陶特瑙和斯卡利采，后勤上就不可能。首先，没有足够的道路。这也是加布伦茨和拉明将军队以单路纵队开进战场的原因；结果，他们的旅各自突击，而不是协同突击进入战斗，造成了灾难性的后果。此外，博宁轻而易举地便从陶特瑙逃脱，说明当腓特烈·卡尔亲王贪婪的追随者劫掠了布拉格盆地、向东横切贝内德克通往奥尔米茨和维也纳的撤退路线时，进入西里西亚境内追击第二军团会有多么危险。

考虑到所有这些因素后，克里斯马尼奇和贝内德克在约瑟夫施塔特同意将加布伦茨留在后边，派两个军阻挡第二军团的前进，同时北方军团的主力继续向西侧敌行军。[121] 克里斯马尼奇后来写道，在陶特瑙，"我们的意图只是让加布伦茨与（第二军团）进行接触。战役一结束，他的任务就完成了"。他本应摆脱战斗，赶快回到约瑟夫施塔特，让第十军脱离危险，避免出现第二天需要派兵耗时救援的情况。"如果加布伦茨留（在陶特瑙），"克里斯马尼奇警告加布伦茨于 28 日凌晨 2 点派到约瑟夫施塔特的传令官，"那么普军将会把他包围。"[122] 尽管他这个人缺点很多，克里斯马尼奇的确还是会看地图、筹划作战行动的。他早在 28 日一早为加布伦茨预测的命运，到了当天晚些时候就应验了。

然而，克里斯马尼奇和贝内德克显然也要承担责任。他们 26 日碰面的时候，本可以警告加布伦茨不要一直进军到陶特瑙。毕竟，加布伦茨是个臭名昭著的冲锋突进将军。1864 年，他太过于穷追不舍，将丹麦军队一直追击到厄沃塞（Oeversee），就因此受过批评。因此，贝内德克"尽全力攻击普军"的命令最不该下达给的人就是加布伦茨。[123] 至于拉明，克里斯马尼奇则为他在维索科夫"愚蠢的指挥"感到痛惜，并且好奇这位指挥官到底有多自大才会让一个整军冲上一座坚不可摧的阵地。然而，正是克里斯马尼奇自己在将命令传达给拉明时拖延了五个小时，才让普军得以巩固纳霍德与斯卡利采之间的山顶阵地。因此，对于奥军在维索科夫的战败，贝内德克指挥部的懒散至少要和拉明没能掌控住他那几个旅负同等责任。在伊塞河阵线，波多尔的血战让第一军遭受了巨大打击。克拉姆-加拉斯的参谋长爱德华·利策尔霍芬（Eduard Litzelhofen）在许纳瓦塞尔和波多尔战役前，就注意到双方的兵力悬殊——普军 14 万人，而奥军和萨克森军只有 6 万人。他回忆说，"我的理解是，第一军的任务只是在暴露的伊塞河阵地拖延时间，直到萨克森军赶过来。

然后，我们立即撤退"，在约瑟夫施塔特和克尼格雷茨"形成北方军团的左翼"。因此，6 月 21 日收到贝内德克"不惜一切代价守住伊塞河阵线"的命令时，利策尔霍芬和克拉姆－加拉斯目瞪口呆。他挖苦地写道："一直没有人明确这次部署的战略目标。"的确，利策尔霍芬继续写道，"直到 7 月 1 日，克里斯马尼奇才这样向我解释，'北方军团不想一枪未开就交出布拉格'"——"那么"，利策尔霍芬最后写道，"（贝内德克）为什么要为了这一没有任何把握的行动"，在伊塞河布设封锁线，而"放弃快速集结整个北方军团" "这一最初的计划呢"？[124] 这个问题问得合情合理，27 日在许纳瓦塞尔和波多尔、28 日在蒙申格莱茨的这几场没有意义且代价惨痛的战役更凸显了这一点。

　　然而，尽管遇到这些挫折，当 27 日贝内德克上床休息时，他的前景还是相当乐观的。利奥波德大公的第八军已经赶到斯卡利采救援拉明，阻止施泰因梅茨西进。北方军团的其余部队正在七条并行的道路上朝着与伊塞河军团在伊钦会合的方向进军。北方军团的弹药库，即用来抗衡普军撞针步枪的成吨炮弹和榴霰弹，已经从布尔诺（Brno）运出，卸在克尼格雷茨以南 20 公里的帕尔杜比采。此外还盼望着加布伦茨在他将博宁的东普鲁士军队赶出波希米亚之后的当天夜里从陶特瑙凯旋。至于伊塞河阵线，克拉姆－加拉斯慢悠悠的送信马车造成的消息闭塞也未尝不是一乐事啊。难以置信的是，克拉姆－加拉斯这个彻头彻尾的保守分子竟然还没有部署随军的野战电报机。因此，克里斯马尼奇绝不会想到第一军和萨克森军在伊塞河阵线正节节败退，实际上还以为他们已经获胜，正准备朝赖兴贝格推进呢。[125] 这一期待中的钳制行动，将为贝内德克争取到宝贵的两天

155

时间。有了这两天时间，他就可以将各步兵军和骑兵师在伊钦集结，发起他口中说的北方军团的"主攻"（Hauptstoss）。"我们的形势**看起来**极为有利，"贝内德克的副官回忆道，"因为至少**我方**是集中的，而普军仍然极为分散。"[126] 在部署向西的军事行动时，贝内德克为了确保侧翼和后方的安全，还计划第二天早晨前往斯卡利采展开参谋作业，并监督利奥波德大公对拉明的救援。就在这位陆军总司令入睡时，奥军一位参谋军官正坐在北方军团的作战指挥室里，在日记中草草写道："明天早上，贝内德克打算举全军之力攻击待在蒙申格莱茨的腓特烈·卡尔亲王。但现在，在我们的**屁股后面**，在斯卡利采就有普军。这里没有人**真正**了解加布伦茨在陶特瑙遭遇了什么。哎，老天啊，这一切将会走向什么样的结局呢？"[127]

第七章 蒙申格莱茨、博克施道夫
和斯卡利采战役

　　在贝内德克计划向伊钦进军期间，普鲁士易北河军团与
第一军团加紧了在波希米亚西部的物资征用，企图突袭布拉
格。"破坏太大了，"一位法国的观察员写道，"普鲁士军队对
待波希米亚这片奥地利君主国工业化程度最高的地区，就像
对待被征服的土地一样，肆意抢掠，让它为自己的战争成本
买单。奥地利需要尽快取胜。"[1] 确实，波希米亚的财富太诱人
了，腓特烈·卡尔亲王不禁推迟了毛奇安排给他的关键进军
任务：向东进军至伊钦，在斯卡利采和陶特瑙帮助第二军团
摆脱敌人。[2] 相反，卡尔亲王想拿下这场战争的第一次包围战
的胜利。普军的情报出了差错，告诉他困在蒙申格莱茨的不
仅有萨克森军和奥地利第一军，还有奥地利第二军。看着这
么大一块肥肉近在嘴边，这位第一军团的指挥官计划于 6 月
28 日向南绕道以包围伊塞河军团，然后再调头向东去帮助处
于强大压力下的普鲁士第二军团。[3] 在柏林，完全依赖三大野
战军团获悉波希米亚局势的毛奇，对腓特烈·卡尔亲王这一
不听从指挥的耗时行动一无所知。因而，他也没办法及时撤
销卡尔亲王的命令，阻止他浪费珍贵、可能也是至关重要的
一天时间。的确，在接下来的三天里，普鲁士的三个军团基
本上都是独自行动，很少或完全没能按照柏林最高指挥部的
命令进行协同。[4]

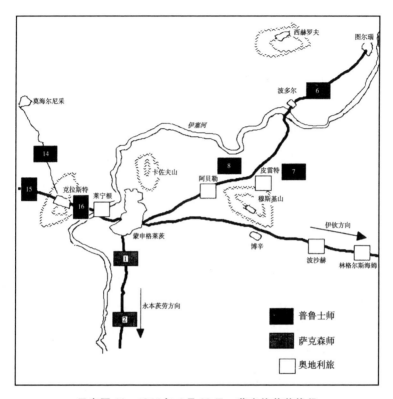

示意图 13　1866 年 6 月 28 日，蒙申格莱茨战役

克拉姆-加拉斯位于蒙申格莱茨的指挥部更是充斥着快活自信的氛围，但这只是因为整个战役期间他们不停歇地喝了大量香槟的缘故。6 月 28 日普军俘获的奥军俘虏信誓旦旦地说，他们当天早晨曾看到克拉姆-加拉斯伯爵从左侧上马，结果从马鞍上滑过去，摔到右边的地上。[5] 然而，克拉姆-加拉斯不得不尽快清醒过来。因为，虽然他收缩在位于蒙申格莱茨的天然牢固的阵地里，赫尔瓦特·冯·毕滕菲尔德的易北河军团却正在朝他逼近，而腓特烈·卡尔亲王的三个军之中也有两个已经

157

从波多尔向南迂回以攻击他的侧翼，切断他往伊钦的撤退路线。[6]

6月28日，蒙申格莱茨战役

克拉姆-加拉斯和萨克森的阿尔贝特王储决定放弃位于蒙申格莱茨的暴露的阵地，但是他们在撤退的路线上却走岔了。
158 这个战术性错误将在第二天伊钦的战斗中造成极为严重的后果。克拉姆-加拉斯命令三个旅留在蒙申格莱茨，阻延普军的追击，另外两个旅，即约瑟夫·林格尔斯海姆（Joseph Ringelsheim）旅和斐迪南德·波沙赫旅向东往伊钦前进。阿尔贝特王储并没有等着伊钦公路变畅通，而是命令五个萨克森旅踏上了南下永本茨劳（Jungbunzlau）的道路，这一遥远、耗费体力的绕道将会让萨克森王储在伊钦战役中付出一半兵力的代价。

要想前往蒙申格莱茨，卡尔亲王从波多尔下来的几个师就必须从两座山峰中间穿过。一座是城镇东面的穆斯基山（Musky Hill），一座是距离城镇以北一公里的卡佐夫山（Kaczov Hill）。赫尔瓦特从许纳瓦塞尔继续向东前进，在与蒙申格莱茨的奥军短兵相接之前，也要杀过两道障碍：先是克拉斯特（Kláster），即伊塞河西岸高地上的一座修道院，再就是伊塞河本身了。奥军左翼是克拉斯特修道院，中间是蒙申格莱茨和卡佐夫山，右翼是穆斯基山。克拉姆忙着往伊钦撤退，将守卫蒙申格莱茨的任务交给其中一个旅，即莱宁根（Leiningen）伯爵旅。莱宁根将狙击兵团部署在城镇上，派出两个战列团快速渡河，部署在山上的克拉斯特修道院。克拉姆的路德维希·皮雷特（Ludwig Piret）旅部署在穆斯基山容易崩塌的砂岩质地的山坡上，而阿贝勒旅则在皮雷特旅的下面整编成营级纵队，面向从波多尔延伸过来的公路。

　　显然，这一切部署就绪，就等着赫尔瓦特的第16师引领着普鲁士易北河军团从许纳瓦塞尔经过令人精疲力竭的八小时行军抵达此处了。普军的先头部队仍属舍勒（Schöler）将军麾下，由普鲁士第31旅的7个营组成。两天前，他们在许纳瓦塞尔击退了贡德勒古的部队。在伊塞河以西4公里处，他们遭到登上山顶、部署在克拉斯特修道院和修道院后面犹太公墓里的奥军炮兵连的火力攻击。舍勒也部署了自己的炮兵连，展开两个侧翼纵队，朝克拉斯特修道院仰攻上去。莱宁根的第38团由来自威尼西亚的意大利人组成，他们压根儿就没打算守卫这处高地。当他们身后波多尔公路上战斗的声音推进到河对岸时，他们便放弃了克拉斯特修道院，渡过伊塞河，放火烧掉桥梁，朝蒙申格莱茨撤去。[7]

　　腓特烈·卡尔亲王和参谋长康斯坦丁·福格茨－里茨（Konstantin Voigts-Rhetz）从波多尔观察着战斗。他们看到，赫尔瓦特往克拉斯特修道院推进的炮兵连喷射着火苗、冒出阵阵硝烟，接着在上午10点，伊塞河桥梁着火时突然爆发出浓浓的黑烟。这位普鲁士亲王之前用望远镜观察到，在穆斯基山上有一批奥地利将军的随员，他激动地想了一两个小时，以为他一定是把伊塞河军团全军困在易北河军团和第一军团的夹击中。[8]与此同时，卡尔亲王的几个先头旅，即霍恩的第8师，攻击了穆斯基山的北面，与皮雷特旅和阿贝勒旅交火，而弗兰泽基的第7师由一位热情的德意志农民带路，越过穆斯基山后的沼泽地，切断了与蒙申格莱茨和伊钦的交通。看样子，奥军在蒙申格莱茨的三个旅就要全部落到卡尔亲王不断收紧的包围圈中了。从穆斯基山上轰击霍恩纵队的奥军炮兵也意识到了这一点，他 159

们放松下来，在弗兰泽基从他们后方穿过时离开了。他们尽可能迅速地经由穆斯基村庄撤退。在村庄里，他们看到皮雷特第45 团整排整排的士兵（来自维罗纳的威尼西亚人）扔掉步枪，举起手来，感激地朝着弗兰泽基的侧翼纵队走去。

在蒙申格莱茨，莱宁根将军已经开始东撤至索博特卡（Sobotka），将城镇拱手让给赫尔瓦特和普鲁士易北河军团。舍勒那几个团的士兵又渴又饿，已经快要失去理智了。他们脱掉鞋子，卷起裤脚，不耐烦地等待下令淌过伊塞河，指望过了河有吃的喝的。普鲁士士兵的心情极差，因为他们从许纳瓦塞尔赶过来时就已经精疲力竭了。而且，赫尔瓦特的辎重队照例比部队慢了几个小时。路过每座路边餐馆时，普鲁士的行军纵队都发现食物橱柜是空的，井里也被下了毒。等到舍勒的先头部队占领了克拉斯特修道院时，他的士兵们已经渴得、饿得说胡话了。在伊塞河西岸什么吃的也找不到，他们就蹚水过河，来到蒙申格莱茨，砸开华伦斯坦宫（Wallenstein Palace）的大门，下到公爵的酿酒所。这处清凉的酿酒所像地下迷宫一样储满了啤酒。他们把一桶桶的啤酒扛到地上来，旋开桶塞放出酒来。士兵们围在一起，痛饮了一番。[9]

如果莱宁根反攻，这将是绝佳的机会。然而，这位奥军的旅长已经走远了，到了蒙申格莱茨郊外，向东朝伊钦撤退。他避开了腓特烈·卡尔亲王的侧翼包抄纵队。这要多亏阿贝勒的捷克团和匈牙利团，他们坚守在穆斯基山坑坑洼洼、枝蔓丛生的南坡和博辛，给莱宁根和皮雷特向东逃跑争取了足够的时间。卡尔亲王急行军从卡佐夫山和穆斯基山之间的缺口穿过，却扑了个空。伊塞河军团已经躲开他，卡尔亲王向南绕道的行动白忙一场，或者说几乎白忙一场。现在，易北河军团与第一军团并行，他们抓获的那 1400 名俘虏和华伦斯坦有名的啤酒一样，也算是一些安慰。普军在蒙申格莱茨露营的五个师喝了一个通宵。他们在战斗中只损失了 300 名战友，就此进行庆祝是有道理的。[10] 毕竟，克拉斯特修道院和穆斯基山这两处阵地令人望而生畏，但普军仅用 14 个旅便拿下了它们。虽然腓特烈·卡尔亲王的左翼距离腓特烈·威廉王储的右翼仍有 50 公里（他们之间盘踞着汇合后的奥地利北方军团全军），但当易北河军团和第一军团斟满啤酒欢畅通宵时，这个问题似乎也不重要了。[11]

6 月 28 日，博克施道夫战役

27 日那天，普鲁士王储与施泰因梅茨一起在维索科夫。下午，他将指挥部转移至埃佩尔山口。在埃佩尔山口，28 日一早，他焦虑地听着从左右两面传来的战斗声。他本打算在 28 日派出两个近卫师中的一个，前往斯卡利采支援奥帕（Aupa）河阵线的施泰因梅茨，但 27 日博宁被击退迫使他不得不将整个近卫军派往西北，将加布伦茨赶出陶特瑙，打开唯一仍对普军封闭的山口，稳定住战略上至关重要的陶特瑙-克尼金霍夫-伊钦公路，因为最终将由这条公路把毛奇军队的东西两部分兵力连接到一起。

科斯特莱茨（Kosteletz）位于埃佩尔东南 8 公里处。28 日，腓特烈·威廉王储坐镇在第 2 近卫师的后方梯队中间，从科斯特莱茨这里观察不到波希米亚的情况，这更加重了王储的焦虑。现在，他的两翼都受到威胁，一侧是因为博宁从陶特瑙仓皇逃走所致，一侧是他获悉奥军有三个军的兵力就在斯卡利采附近。正如威廉王储亲口所说，他觉得自己就像个"无能为力的旁观者"。在柏林，毛奇感到更加无能为力。直到 6 月 29 日，他

160

才收到陶特瑙战败的详细报告，而这已经是战役开始的两天之后了。他对 28 日的鏖战已施加不了任何影响。[12]

博克施道夫战役在普鲁士方面被称作索尔（Soor）战役。这场战役本质上是陶特瑙战役的延续。由于符腾堡亲王奥古斯特的犹豫，这场战役差点没爆发起来。奥古斯特亲王是普鲁士近卫军的军长，他决定直到博宁再次出现在陶特瑙之前，给予好斗的加布伦茨足够的安全距离。"与第一军**仍然**没有建立联系。"28 日一早，奥古斯特亲王就向腓特烈·威廉王储如此抱怨。他企图推迟计划中的进军。然而，上午 9 点，奥古斯特亲王的骠骑兵巡逻队带回侦察加布伦茨的消息：奥地利第十军正从陶特瑙周围几处高地拔营，缓慢地朝约瑟夫施塔特撤军，将他们的左翼暴露给普鲁士近卫军。奥古斯特亲王抛弃了先前的顾虑，开始执行第二军团指挥部交给他的任务：进军至陶特瑙以南的德意志－普劳斯尼茨（Deutsch-Prausnitz）；27 日，格里维奇曾建议加布伦茨固守在那里。[13]

与此同时，加布伦茨正试图带领他完好的第十军逃离陶特瑙。27 日，他一口气让部队行军至巨人山脉，已经消耗过大。现在，他必须赶紧恢复平衡。28 日下达给第十军的指示是，向南撤退至返回约瑟夫施塔特中途的普劳斯尼茨，在那里抵御普鲁士近卫军。从约瑟夫施塔特到陶特瑙，骑马飞奔过去需要

161 两个半小时。虽然克里斯马尼奇在 28 日凌晨 2 点就下达了命令，但直到早晨 7 点命令才送达位于陶特瑙的加布伦茨手里。这是又一个证明奥地利参谋工作有多糟糕的例子。[14] 加布伦茨一拿到命令，便做出一些愚蠢的决定。尽管有被从后方穿过的普鲁士近卫军和重新出现在陶特瑙的第一军包围的危险，加布伦茨还是忍不住在临逃走时对普鲁士开上一枪。和以往一样好战

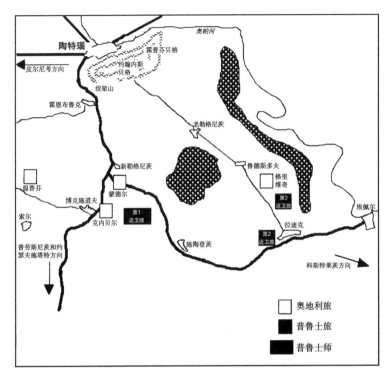

示意图 14　1866 年 6 月 28 日，博克施道夫和鲁德斯多夫战役

的加布伦茨派出格里维奇旅往东南进军至拉迪克（Radec），
在普鲁士近卫军从埃佩尔向西北前进以包围第十军的时候，
趁其不备攻击近卫军的侧翼。加布伦茨的参谋部对这一穿过
丘陵起伏、森林覆盖的地形进行还击的鲁莽行动表示诧异，
因为这几乎必然导致格里维奇以孤旅对抗普军一个整**师**。[15]

　　加布伦茨 27 日在陶特瑙宿营，结果贻误了宝贵的时间。鉴
于普鲁士近卫军、第五军和第六军已经成功地穿过他右边的巨
人山脉，他实际上并不需要 28 日的命令，因为他别无选择，只
能撤退到约瑟夫施塔特的易北河阵线，那里才安全。即使如此，

他仍然花了几个小时才开始撤离。直到清晨 5 点，加布伦茨的辎重队才出发。辎重队后边跟着第十军的预备炮兵、乌兰枪骑兵团以及温普芬旅与克内贝尔旅的 1.7 万人。前一天下午，这两个旅突袭约翰内斯贝格之前将背包丢在新勒格尼茨周边的旷野，现在他们找回自己的背包又浪费了更多的时间。等到早上 8 点加布伦茨离开陶特瑙时，普鲁士近卫军已经追了上来。沿着公路下行 5 公里，在博克施道夫，加布伦茨的行军纵队被从施陶登茨（Staudenz）赶来的奥古斯特亲王第 1 近卫师先头的第 2 近卫旅发现了。[16]

162　　　　加布伦茨预料到普鲁士近卫军会追来，只是没想到会那么快。幸运的是，他早已将三个炮兵连布置在博克施道夫，瞄准东面。为了守住最后一条撤往易北河的路线，即从博克施道夫和霍恩布鲁克向西至皮尔尼考（Pilnikau）的道路，加布伦茨急忙调头向左，将先前向南前进的克内贝尔旅和蒙德尔旅部署成面朝东的防御性半圆阵形，其中蒙德尔旅在左，部署在新勒格尼茨，克内贝尔旅在右，部署在博克施道夫。接着，加布伦茨从预备炮兵中再额外抽调八个炮兵连，布置在博克施道夫。这一系列动作以迅雷不及掩耳之势完成，普鲁士近卫军还未及开火，加布伦茨已经布置了 64 门火炮对准他们。尽管第十军的火炮稳定发出火力，牵制了普军一个小时，但第 2 近卫旅仍然于上午 9 点 30 分突破至博克施道夫，冲上高地，攻到村庄。与此同时，加布伦茨已经将第十军的大部分兵力转到向西通往皮尔尼考的公路上，仅留下一个团在博克施道夫阻延普军的追击。下西里西亚第 1 团（Lower Silesian 1 st Regiment）的这些德意志和捷克士兵给普鲁士近卫军造成了沉重伤亡，因为近卫军必须穿过 400 米的开阔地才能占领村庄。普军在这最后一段进攻距离承受了更猛烈的炮火和好几轮瞄准的齐射，冲锋中各连连长和上百名士兵牺牲。[17]奥军的第 1 团在博克施道夫退却的时候，加布伦茨的克内贝尔旅和蒙德尔旅已经四散在去往皮尔尼考路上的原野中，身后留下上千名未负伤的俘虏。随着奥军火力减弱，越来越多的近卫军士兵跟跟跄跄地进入博克施道夫。他们喘着粗气，大部分人身上都沾满了尘土和被炸飞落在身上的草皮。在鲁莽、仓皇地包围加布伦茨的行动中，他们冒险使用了奥式的正面刺刀攻击，结果也遭受了奥式的伤亡：此役有 18 名军官、478 名士兵倒在战场。此时是上午 10 点钟。[18]

克内贝尔的第 1 团放弃了博克施道夫，跟在加布伦茨后面朝皮尔尼考撤离。在符腾堡亲王奥古斯特谨慎的指挥下，普军是绝不可能奋力追击敌人的，因为近卫军的大部分兵力仍然在从埃佩尔赶来的路上，而且令所有人都大跌眼镜的是，直到第二天博宁才回到陶特瑙。打败了加布伦茨，第 1 近卫师就满足了。他们停在博克施道夫和索尔之间的旷野上，生起炊火。他们的身体已经累垮了。在两天的时间里，近卫军行进了 50 公里。而且，从埃佩尔赶到博克施道夫先要沿着一条狭窄的土路下山，然后穿过尚未收割的玉米地，太耗费体力。[19]

为了消磨下午的时光，闲不住的近卫兵便拣选约瑟夫施塔特公路上狼狈的奥军丢弃的战利品：弹药箱、装食物的马车和加布伦茨的全部现金储备 1 万弗罗林银币（合 13.5 万美元）。战役之后，为损失的现金负责的战争部官员解释道："我们没想到普军离得那么近。我正走在粮秣员的马车中间，敌人就仿佛'从天而降'了。"[20]的确，如果不是奥古斯特亲王当天早晨推迟了近卫军从埃佩尔的进军，他在博克施道夫可能还会俘获奥地利第十军更多的人。事实上，加布伦茨被迫放弃从路况良

163

好的硬化道路往南撤退，匆忙开进他身后地面较松软的旷野。难以置信的是，在这仿佛障碍赛般的撤退中，他只损失了两门火炮，并将跟随他的克内贝尔、蒙德尔和温普芬这三个旅带领至安全地区。[21]

然而，由于加布伦茨的仓皇撤离，格里维奇旅就在劫难逃了，因为正当第十军撤出博克施道夫以西最后一片森林阵地时，格里维奇正从奥帕河向南迂回，将他的几个团开进位于博克施道夫和索尔的普鲁士近卫师的后方。尽管加布伦茨当天更早的时候就取消了这一冒险的行动，他的通讯员却没能找到格里维奇。[22]到了中午 12 点，孤军处在陶特瑙东南荒原的格里维奇，在不知道博克施道夫战役结果的情况下，抵达了鲁德斯多夫。尽管是无意之举，他却恰好插入普鲁士第 1 近卫师和第 2 近卫师之间。如果加布伦茨在博克施道夫获胜了，这显然是理想的状态。但是，在目前的情况下，他最好循着原路折回至陶特瑙，向西南逃去。可是，鲁德斯多夫四周的地形导致往哪个方向行动都不乐观。目之所及，到处是随风摇摆的玉米田和蛇麻草，爬满了绵延起伏、郁郁葱葱的山岗。

"早晨的时候（加布伦茨）调走了我的骑兵，"格里维奇后来抱怨道，"尽管我听到右边传来加农炮声，但我并不清楚发生了什么。"所以，格里维奇遵照原先的命令，即继续向南前进 3 公里至拉迪克，面朝东北布阵，无论哪支普军从埃佩尔的公路过来，看到就打。他误以为博克施道夫的炮击声，是赶来支援加布伦茨的奥地利第四军的炮兵连。就这样，一头雾水的格里维奇上校带领着 5000 名饥肠辘辘的士兵误闯入陷阱之中。[23]

6 月 28 日，鲁德斯多夫战役

　　格里维奇侥幸躲过屠杀是因为来到鲁德斯多夫的恰巧只有普军的一个营。当时，格里维奇正让部队在向南的路上休憩。这四个普鲁士步枪连是从第 2 近卫师的行军纵队里例行派出来进行侧翼防护的。他们穿过鲁德斯多夫的玉米田，一头撞上格里维奇的部队。一开始，他们以为格里维奇旅是博宁第一军的先头部队，但是紧接着，指挥这支侧卫的中校就向副官喊道："我看到白色紧身短上衣。是敌人！去报告（鲁德斯多夫）被敌人占领，我们将拿下它。"[24] 在接下来持续了个把小时的战斗中，普军四个步枪连对奥军一个整旅，这再次见证了后膛枪在有"耐力"的精良部队手中所拥有的非同凡响的防御潜力。

　　格里维奇没有了骑兵侦察队，就没人提供关于敌人动向的详细情报，只能假定他遇上的是普军的一个整师。所以，他并没有轻率地将普军的这个营从他的行军路线上赶走，然后继续前进，而是在鲁德斯多夫占据防守阵地，吸引近卫军的主要进攻火力，从而像他说的那样，"为加布伦茨和第十军其余兵力向南撤到约瑟夫施塔特争取时间"。不幸的是，格里维奇不知道加布伦茨已经被赶下约瑟夫施塔特公路，而加布伦茨也不知道格里维奇在鲁德斯多夫。这个倒霉的旅长让人通过军号和战鼓向分散的各团下达了正面冲锋的命令，将普军这个营从鲁德斯多夫赶走，自己则带着七个营的匈牙利、波兰和德意志步兵，钻进村庄坚固的农舍里。直到与他对峙的普军那个营拒绝进攻时，格里维奇才意识到，他遇到的不是敌人的一个整师，而是一个兵力薄弱的侦察大队。

　　下午 1 点，困窘的格里维奇旅重新开始小心地进攻。到了现在，与格里维奇旅对峙的普军那个营已经获得了另外一个营的增援。第二个营赶过来，是循着鲁德斯多夫的战斗声调查情况。当格里维奇的散兵在鲁德斯多夫以南高高的玉米田里搜查时，他们遭到了 2000 名普军的突袭和蹂躏。奥地利狙击兵飞快地退回鲁德斯多夫时，普鲁士第 4 近卫旅追击过来，将格里维奇的战列步兵笼罩在火力攻击之下。虽然格里维奇的兵力仍以2∶1 的比例碾压周围的普军，但面对撞针步枪他们攻不过去，于是下令让士兵退回到鲁德斯多夫的安全处，在那里展开屋与

165　屋的争夺战。"我急需与加布伦茨联系，"格里维奇后来写道，"但是我没有骑兵，副官全都受伤了，前一天在陶特瑙又损失了大部分的参谋。"很快，他的处境变得更加糟糕。普军方面又赶来三个近卫营，并迂回到格里维奇的右翼，引起他第 23 团的恐慌。格里维奇表扬了匈牙利营和德意志营，他们毫不退却地战斗下去，而波兰士兵却溃退了。"我骑马到他们中间想稳住他们，"他回忆道，"我们不得不撤退，但在身后如此混乱的情况下是没法撤退的。（由于不听指挥的波兰士兵的溃散）我无法让士兵吹'撤退'号，只能一遍遍地吹'集结'号，但是没有用。然后，我也中弹了，从马上跌下来。"[25] 现在，没有了指挥，又被普鲁士近卫军包围，士气全无的格里维奇旅投降了。数百人牺牲，数百人投降，还有数百人躲在麦田里或者逃到附近的树林里。只有 1600 名奥军掉队者，因为害怕被长期关押在普鲁士的波罗的海战俘营，而在夜色中逃跑，并最终重新回到北方军团。在这些受到精神创伤的幸存者里，只有 600 人被评估可以参加一周后的克尼格雷茨战役。[26]

6 月 28 日，斯卡利采战役

当普鲁士骑兵巡逻队在鲁德斯多夫四周的树林里搜捕格里

维奇掉队的士兵时，一场更关键的战役在东边 30 公里的斯卡利采打响。斯卡利采是一座集镇，位于维索科夫高原的脚下。

在贝内德克和克里斯马尼奇看来，腓特烈·卡尔亲王当天早些时候徒劳地绕道至蒙申格莱茨，正是他们求之不得的。这给北方军团留出了时间，去支援伊钦的克拉姆-加拉斯军和萨克森军，同时加布伦茨在斯卡利采与利奥波德大公的第八军会合，拖延或阻止普鲁士第二军团从约瑟夫施塔特、普劳斯尼茨和克尼金霍夫的防御阵地进军。[27] 为了确保完成这一系列动作，贝内德克和克里斯马尼奇在 28 日上午 10 点 30 分骑马到斯卡利采，先在第六军位于特雷比绍夫（Trebisov）的预备阵地上与拉明会面，然后在斯卡利采的奥帕河高地与利奥波德大公会面。

克里斯马尼奇的一位副手赞许地指出，斯卡利采在 18 世纪时就是"著名的防守阵地"。确实，纳霍德、维索科夫和斯卡利采曾是西里西亚战争的咽喉要隘。在那里欧洲中部的最高峰巨人山脉与波希米亚平原相接。每次腓特烈大帝顺奥得河（滋养普鲁士军队的"母亲河"）河谷而下入侵奥地利时，奥军都是扼守在这里。[28] 在业已丢失纳霍德、维索科夫的情况下，拉明主张立即增援斯卡利采。他想移动到利奥波德大公的左侧，同时将塔西洛·费斯特蒂奇（Tassilo Festetics）伯爵的第四军从施魏因沙德尔（Schweinschädel）召来，扩展右侧的阵地。从清晨 6 点开始，普鲁士的步兵便在从维索科夫下来的道路两侧集结，而普军的炮弹从上午 10 点就不停地往奥军阵地上落去。拉明认为，集合奥地利的三个军，挫败施泰因梅茨的进攻，将他从维索科夫高原赶走的时机已经成熟。贝内德克似乎喜欢拉明的主意，但克里斯马尼奇预料到如此冒险的反攻行动会带来的后勤困难，而反对这个主意。[29]

166

贝内德克和参谋人员离开拉明所在的特雷比绍夫继续前进，于上午 11 点钟到达斯卡利采。到了这里，贝内德克才开始明白拉明建议的反攻所带来的困难。反攻，就会耽误北方军团关乎全局的西进的宝贵时间。再说，如果施泰因梅茨选择待在高原不下来交战，奥军该怎么办？他们会不会第二次突击维索科夫高地？路易斯·穆蒂乌斯将军的普鲁士第六军正从纳霍德赶来增援施泰因梅茨，重蹈前一天的蠢行，穿过早已被普军炮兵射程覆盖的 6000 米开阔土地，实在没有多大意义。所有人中，拉明是最应该明白这一点的。而且，斯卡利采的阵地虽然在 18 世纪很有名，但那时候军队规模小，加农炮的射程不超出 6 公里。到了 19 世纪，这块阵地就很脆弱了，很容易被敌人迂回，就像奥军一位善于观察地形的参谋评论的："上有维索科夫高原俯视，宽只有 600 米，**背后**是奥帕河幽深陡峭的河岸，而两翼也是暴露的，斯卡利采简直没法防御。"[30]

必须立即做出决定，而贝内德克第一次看到了他脚下与维索科夫之间的空地，选择不去为了一个代价高昂、存在争议的目标，而扰乱前往伊钦的进军路线。当克里斯马尼奇做笔记并向斯卡利采的参谋军官下达简令时，贝内德克巡视了阵地。"有一些普军一直在活动，"贝内德克的一位副官回忆道，"但看起来他们好像只是在引诱我们脱离掩护。"[31]尽管施泰因梅茨已经派出六个营朝下边的斯卡利采开去，但他那个军的主力仍待在维索科夫高原上，因为施泰因梅茨清楚，奥地利的三个军就在附近区域，他担心贝内德克在酝酿反击，以收回前一天的失地。[32]

中午的时候，贝内德克回来和克里斯马尼奇碰头，有人无意中听到他说当天在斯卡利采不会有什么"像样的战斗"。

"不管怎么说，"他斩钉截铁地说道，"我不打算**在这里**与敌人开战。"他和克里斯马尼奇认为，施泰因梅茨当天将会忙着为穆蒂乌斯的第六军从纳霍德登上高原做掩护，并尝试与埃佩尔的近卫军建立联系。贝内德克注视着维索科夫，宣布他将执行前一天就决定的计划：在伊钦与克拉姆–加拉斯的伊塞河军团会合。[33] 他让克里斯马尼奇拟就命令。"如果到了 2 点（在斯卡利采）还没形成正式的战斗。"贝内德克总司令开始口述命令。"如果**形成了**正式的战斗，我们需要怎么办？"第八军的一位军官问道。"你想说什么？"贝内德克反问。他没作答。贝内德克继续道："如果到了下午 2 点还没形成正式的战斗，利奥波德大公就放弃斯卡利采，在拉明的部队后面，按计划开始向西，朝克尼金霍夫和军团位于伊钦的（新阵地）进军。"[34]

在口述命令后，贝内德克便颇为鲁莽地决定加快命令的执行，让利奥波德大公的右翼，即舒尔茨旅立即开始向西行军。因为，斯卡利采是个局促的集镇，只有一道桥梁横跨在奥帕河上，贝内德克担心三个旅通过这段隘道可能会耗上一整天的时间。在调整了命令之后，贝内德克按照他一贯考究的廷臣作风，邀请利奥波德大公和他一起在约瑟夫施塔特吃午宴。利奥波德感激地婉拒了他的盛情，因为普军的炮弹已经开始从维索科夫高原落到奥军的阵地上，而普鲁士第 9 师的攻击纵队正在袭击斯卡利采。贝内德克依然坚持认为，这代表不了什么，只是小规模的战斗罢了。12 点刚过，他就朝着约瑟夫施塔特的方向返回了，并确信施泰因梅茨是在虚张声势。他离开前线不到 15 分钟，斯卡利采战役就爆发了。[35]

贝内德克与利奥波德议事的时候，施泰因梅茨也在做他自己的谋算。格拉德利采（Gradlice）是斯卡利采后面的一个村

庄，距离易北河更近一些。虽然第二军团指挥部安排给他的进
军目的地是格拉德利采，但他怀疑自己无法在 28 日到达那里，
因为他前面还有奥地利的三个军与他对抗。在他身后，普鲁士
的第六军提供不了多少帮助，因为它需要一整天的时间才能穿
过纳霍德，到达维索科夫高原。此时，博宁前一天没能在陶特
瑙突破，28 日也没能重新出现在陶特瑙，再次对局势造成了重
大影响，因为贝内德克现在可以将军队的一大部分兵力用于对
抗施泰因梅茨，而几乎不用担心侧翼的安危。

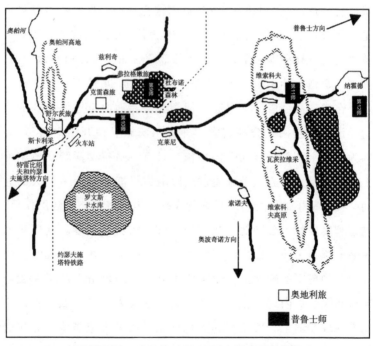

示意图 15　1866 年 6 月 28 日，斯卡利采战役

施泰因梅茨头发花白、蓬乱，戴着油布材质的步兵便帽，
活脱脱年老的布吕歇尔形象。他没有被敌我力量的悬殊吓倒，

而是决定继续前一天的进攻。他将请求穆蒂乌斯军和博克施道夫的近卫军给予支援，向下推进到奥帕河，努力打破贝内德克在斯卡利采的阵线。虽然他对自己成功的概率并不过于自信，但施泰因梅茨清楚，他在27日杀出纳霍德的隘路后，就已经度过战役最艰难的阶段。事到如今，贝内德克只能或者把他赶到侧面，那里有近卫军接纳他，或者逼他退回维索科夫，那里穆蒂乌斯可以率领普鲁士第六军向前接应他，帮他摆脱与敌人的接触。[36]

　　清晨8点30分的时候，施泰因梅茨就已经派出第9师一半的兵力，包括八个步兵营和两个炮兵连，向下朝斯卡利采进军，试探奥地利第八军紧凑阵地的左翼。在第9师迂回到奥地利第八军左翼的时候，施泰因梅茨打算率领第10师直接开进斯卡利采，将利奥波德的部队牵制在阵地上，好让第9师从侧翼和后方逼迫他们退向中央。实际上，贝内德克看到了这场包围开始的行动，但在和克里斯马尼奇商议之后，决定不必为了打败施泰因梅茨而调入三个整编军。斯卡利采镇后面的公路和桥梁早已塞满了部队，而这只是一个军在现场的情况。在短时间内再部署两个军到这里，这对贝内德克和克里斯马尼奇而言现实条件上也不可能。[37]

　　拉明后来指责说，下午1点30分当斯卡利采的战斗最激烈时，贝内德克途经他在特雷比绍夫的预备阵地，阵地就位于斯卡利采以西3公里。散兵的零星枪声已经被一轮轮的齐射取代。利奥波德的辎重队飞速地穿过特雷比绍夫，朝后方奔去，为斯卡利采的前线腾出空间战斗。根据拉明一位幕僚的描述，当贝内德克朝约瑟夫施塔特继续上路之前，走下马车与拉明告别时，特雷比绍夫阵地弥漫着"极度的焦虑不安和紧张气氛"。在这

169

期间，奥地利第四军军长塔西洛·费斯特蒂奇将军已经从施魏因沙德尔赶来，建议立即命令第四军和拉明军开到前线。[38] 贝内德克和克里斯马尼奇否决了这个建议，他们让这两位军长放心，守住北方军团的侧翼和后方不让普军突破，有第八军就足够了。随后，贝内德克便命令拉明和费斯特蒂奇开始向西行军。拉明抗议道，战斗在他们前面的斯卡利采已经"全面展开"，拉明再次请求准许他加入战斗。贝内德克再次回绝。他告诉拉明："我这样做是有原因的。我有比**这里的**战斗更重要的事要考虑。"[39] 说完，他和克里斯马尼奇就告别了拉明这位目瞪口呆的第六军军长，回到约瑟夫施塔特督促北方军团向伊钦进军。

如果贝内德克不是将防御斯卡利采的任务交托给利奥波德大公，施泰因梅茨还是有可能被遏制住的。虽然拉明前一天在维索科夫指挥得不是特别好，但贝内德克让拉明在这场至关重要的后续战役中服从利奥波德大公指挥的决定，却令人深恶痛绝。现年43岁的利奥波德大公从未经历过实战。他身材肥胖，肾脏有病，视力半盲，手下的士兵都看不起他。普鲁士一个整军的兵力向他逼近，而他自己的部队则以每平方米8名士兵的密度挤在促狭的阵地里，背后是深邃的河流——在这种情况下，在和平时期担任哈布斯堡海军总监的利奥波德，竟然想不起来向手下的旅长发布哪怕一道命令。在整个阵线沿线，他的部队四下张望，六神无主。大公的左翼没有掩护，而在他前方不到500米的地方的树林，为施泰因梅茨的进攻提供了绝佳的掩护。在这种形势下，撤退是可取的，但考虑到奥军密集的集中度和背后唯一的一座桥梁，想要撤退也是艰难的。在战役的一开始，当利奥波德的一名下属担忧地指出普鲁士的一个旅正在大公的左翼触探时，这名下属军官回忆道，大公"嘲讽地哼了哼，说我的眼睛还没瞎呢"。[40]

　　在维索科夫高原上，施泰因梅茨现在已经侦察了南面通往奥波奇诺的道路，确定没有什么会威胁到他的左翼时，便下令朝斯卡利采发起总攻，仅留下穆蒂乌斯的第11师守卫维索科夫的根据地。[41]到了上午11点，施泰因梅茨的第9师已经逼近到与位于利奥波德左翼的第八军弗拉格纳旅不到3000米的距离。虽然利奥波德的一些炮兵将火力对准了普鲁士这支侧翼行军的纵队，但大部分炮弹在爆炸前就钻入松软的泥土里，没有造成杀伤。到了中午，施泰因梅茨从一名骑兵参谋那里获悉，当天都指望不上近卫军的支援了，因为两个近卫师分别在博克施道夫和鲁德斯多夫与加布伦茨交上了火。施泰因梅茨并没有气馁，而是命令第9师逼近为利奥波德薄弱的左翼提供掩护的、在战术上至关重要的杜布诺森林，同时第10师猛攻利奥波德重点设防的中央地带。在杜布诺森林里，普鲁士第9师遇到一个由斯洛伐克人组成的营，他们放下步枪，便调头朝斯卡利采逃命去了。普军喊着"快速前进"（schnell avancieren）（这个口号今后将让奥地利步兵胆战心惊），冲到前边，在森林的边缘展开阵势，瞄准，朝着斯洛伐克士兵的背后射击。这个营的士兵在一人高的玉米田里飞奔1400米时有一半人牺牲或负伤。[42]

　　奥帕河高地构成了利奥波德阵地的左翼。在高地上，古斯塔夫·弗拉格纳（Gustav Fragnern）将军不安地目睹了这一切。他仍然没有收到利奥波德的指示。他担心，普鲁士第9师很快就会穿过杜布诺森林到达兹利奇（Zlic），迂回到他的左翼，突入第八军的后方。弗拉格纳决定率领两个团冲下高地，进入杜布诺森林，逼退普鲁士的侧翼行军纵队，从而打乱普军的这一包围计划。中午12点30分，弗拉格纳让军乐团奏乐，命令士兵前进，离开了固若金汤的山顶阵地；1点钟，他便牺牲了，他那个旅也遭到重创。[43] 后来，他的参谋声称，这次未授权的进攻算不上真正的抗命，因为贝内德克视察前线、拉明军在特雷比绍夫出现以及越来越猛烈的炮火声都让弗拉格纳确信，奥军正向纳霍德发起主攻。

171　　　弗拉格纳旅的各连连长后来回忆道，不管怎么说，他们的部队本来已经无法约束了。就连旅里的炮兵也行动起来，顺着陡峭的山坡而下，跟在步兵纵队后边，加入步兵的冲锋，而步兵就像发狂似的端着刺刀朝普军冲了过去。在弗拉格纳旅的第一波冲锋中，普军的第一轮齐射就消灭了该旅大部分的军官和一半的士兵，一举让14匹战马重重地摔倒在地。弗拉格纳旅第15团的乌克兰和波兰士兵原被部署为预备兵力，但他们攻击普军的心情是如此急切，以至于他们竟然追上了弗拉格纳第一波进攻的纵队，而不得不被命令退回。6000名奥军涌入杜布诺森林，结果被集中在那里的普军在400米的射程内发起速射，纷纷倒下。弗拉格纳冲在士兵中间，身中三颗子弹而亡。想在这个旅中搜寻最年长的、幸存下来的上校，结果却一个也没找到。其他军官或者被击中，或者下马躲进了林中。一个小时不到，弗拉格纳旅乱作一团的几个团就损失了3000人和6门火炮。[44]

　　普军步兵高喊着"前进！前进！"，穷追不舍，奥军的幸存者不顾一切地逃离杜布诺森林。乌克兰士兵组成的一个营疯狂地朝斯卡利采逃去，跑过设防的火车站，闯入奥军阵地的右翼卡尔·舒尔茨将军的战区。"我问他们，干什么要跑到我的地盘。"舒尔茨后来证实。"他们的军官回答说，士兵不服从命令，控制不住。我没办法，"舒尔茨写道，"只能命令我的士兵装上刺刀，押着他们回到阵线中他们的既定位置。"[45]

在弗拉格纳与舒尔茨之间的奥军阵地中央，利奥波德·克雷森（Leopold Kreyssern）将军也被卷进弗拉格纳鲁莽的进攻中。在仍未收到利奥波德大公命令的情况下，克雷森感到必须发动五个营到杜布诺森林东南角营救遭受重创的弗拉格纳旅。克雷森和杜布诺森林之间，斯卡利采铁路沿着高高的路堤从北向东蜿蜒，提供了绝佳的掩护，但克雷森的几个营向铁路行动时动身得太迟了。普军的一个掷弹兵团绕过去掩护第9师的左翼，抵御克雷森这次出乎意料的进攻。他们率先抵达铁路，突进到铁路后边，朝克雷森麾下跑着赶到的半营密集队形倾泻着火力。克雷森的第一波进攻崩溃了，第二波损失惨痛才挣扎着冲到路堤，同时普鲁士第10师的一个整旅也冲刺到铁路边，沿着铁路旁边的公路抵御他们。在这里，战斗变得更为猛烈，伤亡也不断加重。奥军布置在斯卡利采入口的炮兵连近距离朝路堤发射着榴霰弹和霰弹筒。施泰因梅茨军先前已从维索科夫撤到克莱尼森林（Kleny Wood）内隐蔽阵地的炮兵连则给予了还击。[46] 就像被弗拉格纳的进攻吓了一跳一样，利奥波德大公也因为克雷森的进攻而大吃一惊。他派出一位少校参谋急匆匆地穿过两军对峙阵地间的无人地带，到铁路路堤那里命令克雷森退回斯卡利采。但是，和之前的弗拉格纳一样，克雷森也阵亡了，身上布满了枪眼。利奥波德大公的通讯员安全到达路堤，横穿草地和石子路，寻找幸存的资历最深的军官。通讯员手里攥着的讯息写着："让自己卷入正式的战斗不符合我们的意图。"[47]

172

当舒尔茨旅从斯卡利采恐惧地观望时，克雷森集结成半营的几个团已经在下边的开阔地上被普军击溃。当幸存者试图回到奥帕河高地的安全地带时，普军两个营紧追过来，不停地开枪射击，一直渗透到斯卡利采火车站；火车站就位于舒尔茨旅

图 14 1866 年 6 月 28 日，奥军突袭斯卡利采的铁路路堤

的正下方，是第八军阵地的心脏所在。[48] 下午 1 点，一位副官带着贝内德克一个小时前口述的撤退命令到达舒尔茨的阵地。参谋军官们带着命令来到士兵中间，士兵们已在被围困的火车站上方和右侧组成攻击纵队。一开始，舒尔茨旅（第 8 团和第 74 团的捷克和德意志士兵）拒绝撤退。他们从早上 6 点就在阵地待命了，现在都按捺不住想战斗。利奥波德大公的通讯参谋们声嘶力竭地一遍遍重复着命令，他们的声音也一再被"万岁！万岁！"的口号所淹没。当天，在整个阵线，各个旅的奥军步兵都跃跃欲试地想要攻击普军。有些军官将此归因为奋勇。有些军官则认为，这是因为他们对普军的撞针步枪感到愤怒，看见那么多战友牺牲、负伤而感到悲愤。也有军官认为，这是因为上午 11 点 45 分斟给士兵的双份红酒起了作用。[49] 不管怎么说，第 15 团 400 名喝醉了的乌克兰士兵不知怎的穿过敌人的火力网，来到杜布诺森林的东头，飞奔过开阔地，疯狂追击一些目瞪口呆的普鲁士燧发枪兵。他们的长官喊他们回来，但是没人理会。[50]

　　毋庸赘言，利奥波德大公的旅长们发起的这些鲁莽而毫无协同的进攻违背了贝内德克与克里斯马尼奇的初衷。施泰因梅茨已经在奥军设于斯卡利采的防御警戒线上撕开了一个巨大的缺口，而迟至此时，早已向西进发的拉明第六军也已无能为力，堵不住这个缺口了。与此同时，施泰因梅茨的第 10 师正围拢在火车站附近，向利奥波德大公的中央和右翼倾泻火力，而第 9 师则忙着在兹利奇转到大公的左翼。普军两个团登上了奥帕河高地，朝奥军第八军唯一的一座桥梁攻去。此时是下午 2 点。在中央，施泰因梅茨亲自骑马到阵前，指挥西普鲁士第 47 团进攻火车站。仅仅凭借从利奥波德大公预备炮兵连发射大量的榴

174 弹和霰弹，以及仓促中召集的奥军后卫部队的英勇抵抗，才将普军正面和侧翼的进攻遏制了足够久的时间，让失去指挥的克雷森旅和弗拉格纳旅完成撤退。[51] 事到如今，利奥波德大公终于意识到，他已经被吞没在施泰因梅茨打造的"包围战"里，于是在下午 2 点 15 分宣布撤退。普军的一个旅从兹利奇逼近过来，利奥波德大公溃不成军的各部被恐慌裹挟着向后涌入小镇里。一位参谋军官回忆道："掉队的士兵、伤员、马车和火炮阻塞了街道。"[52] 只能经由唯一一座桥梁进行的撤退本就极其艰难，而弗拉格纳旅的第 15 团和克雷森旅的第 32 团的彻底溃散，让撤退变得更加举步维艰。[53] 许多奥军士兵在试图游到安全的河对岸时溺水而亡。其他一些士兵在躲避愤怒的普军追击时，躲进了斯卡利采着火的房子里而被烧成灰烬。下午 3 点，当施泰因梅茨与战士一道最终夺得小镇时，他们俘虏了将近 3000 名奥军。[54]

一旦逃离斯卡利采，在恐慌中加快了速度的奥地利第八军就赶上拉明更有秩序的行军纵队，把他们挤下约瑟夫施塔特公路，进入旁边的田野里。第六军当天夜里必须穿过田野，找到通往易北河的路。[55] 在斯卡利采，奥军已经充分领略了普鲁士撞针步枪的威力。克雷森旅的损失为阵亡、负伤和失踪 2000 人，弗拉格纳旅损失了 3200 名士兵和 100 名军官。第八军共计丢弃 6 门火炮、伤亡 6000 人，这个总数中包括了被俘的 3000 人，其中 1300 人未负伤。虽然只有两个旅在这一天时间里遭到火力攻击，但这个数目却占了利奥波德在斯卡利采有生力量的三分之一。施泰因梅茨仅仅付出了利奥波德大公代价的四分之一，就将奥军从高位阵地赶跑，渡过奥帕河。[56] 这场战役再次表明了奥军指挥的松懈、冲击战术的落伍和普鲁士撞针步枪恐怖的杀伤力。

6 月 28 日，柏林和约瑟夫施塔特的最高指挥部

在柏林，6 月 28 日的胜利并没有给毛奇带来安慰，因为直到当天很晚时，他仍然对波多尔、维索科夫和陶特瑙的战役所知甚少，更不用说有关博克施道夫和斯卡利采战役的消息了。这是因为，普军在波希米亚行动的三个军团仍然没有与柏林建立野战电报联系。因此，他们与毛奇的通讯必须由骑兵通讯员送到最近的电报站；第一军团最近的电报站是赖兴贝格，第二军团的则是西里西亚的利鲍（Libau）。讯息的拖延如此之长，令人沮丧，以至于 6 月 28 日，仅仅因为负责与汉诺威停战协定（6 月 29 日签订）才在柏林逗留的毛奇，为了更密切地领导和跟进局势，决心尽早将国王的指挥部迁到波希米亚。

在波希米亚战场上，普鲁士三大军团之间的地面通讯甚至比它们与柏林之间的通讯还要少。尽管毛奇要求第一、二军团密切配合，它们之间的直接通讯直到 7 月 2 日克尼格雷茨战役的前夕才建立起来。[57] 因此，普军这两大军团都是各自行军、独自为战。一直到克尼格莱茨战役之前，当毛奇最终抵达波希米亚、出现在战争现场时，这位总参谋长的影响都是微弱的，也容易被像腓特烈·卡尔亲王这样任性的下属所忽视。

尽管如此，毛奇仍然乐观。他的几个军团司令为了保持自主，尽可能减少柏林方面的干预，在向柏林汇报情况方面都不太积极。尽管毛奇对他们不满，但毛奇已经掌握了足够的有关波希米亚几场战役的信息，可以推断出他的军团已经遍及巨人山脉，而且在西面已经渡过伊塞河。简言之，他正在收紧包围贝内德克的钳口，只希望奥地利这位陆军总司令不要选择在 29 日这天倾尽所有兵力攻击普军两大军团中的任何一支，因为它

们仍然相距很远，无法协同作战。[58]

在约瑟夫施塔特，刚从斯卡利采回来的贝内德克下午 2 点刚过就在司令寓所吃了午餐。他的处境已经被彻底扭转，尽管他当时还很惘然。和普军的那几位总司令一样，他也更喜欢在没有野战电报的情况下指挥作战，所以在接下来的几个小时里他对斯卡利采的局势还将一无所知。[59] 早晨的时候，他听到了博克施道夫和鲁德斯多夫的战斗声，在从斯卡利采回来的路上则听到了那里的火炮声。当时，他还对身边的一位军官断言："看样子，普军又在发起进攻。"[60] 然而，这些迹象在当时似乎都没有引起他特别的担忧。的确，贝内德克下午 2 点回到约瑟夫施塔特的第一件事，是确保北方军团已经在去往伊钦的路上。[61] 防御部署已经做好，用以牵制普鲁士近卫军和施泰因梅茨。当时贝内德克不可能想到的是，他的参谋部又犯下另一个危及博克施道夫战役结局的大错。至于斯卡利采，贝内德克还不知道他那位名声不太好的门徒利奥波德大公正在那里主持着一场大败。

176   加布伦茨对撤往易北河的谋划是基于这样的假设，即至少从第四军抽调一个团，在陶特瑙露营地以南 10 公里的德意志－普劳斯尼茨等着接应他。由于他知道 27 日在埃佩尔有一个近卫师，便要求第四军分遣队去防护他的左翼，支援格里维奇从鲁德斯多夫朝拉迪克的进逼。[62] 然而，北方军团并没有把这支分遣队派往德意志－普劳斯尼茨，而是派到捷克－普劳斯尼茨（Ceska-Prausnice）。这两个地方差别大了，相距有 20 公里。当加布伦茨在 28 日一早疯狂地给德意志－普劳斯尼茨发信号请求支援时，那里根本就没有奥军的部队。贝内德克的参谋部被他们自己的地图弄糊涂了，无意中让格里维奇陷入孤立，要对抗四倍于他的兵力，并在此过程中暴露了加布伦茨的左翼，让普鲁士近卫军得以在博克施道夫突入进去。[63]

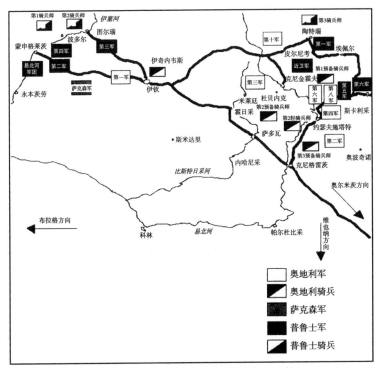

示意图 16　1866 年 6 月 28 日的战略形势

斯卡利采的战败主要怪在利奥波德大公的无能，加上贝内德克的谄媚纵容。确实，在 5 月时，贝内德克究竟为何会任命这位体弱多病的战争部官僚当北方军团的副总司令，至今仍令人百思不得其解。[64]6 月 28 日这天，无能的利奥波德大公和他易冲动的旅长们在 60 分钟内为普军完成了施泰因梅茨本需要一两天才能完成的任务：让奥军撤离斯卡利采和奥帕河阵线。许多历史学家表示，整个普奥战争的结局都取决于这场战役。要是贝内德克当时将他留作预备队的两个军集中到斯卡利采后边，将从南边赶来的卡尔·图恩（Karl Thun）的第二军开进施泰因梅茨的左翼，结局将会怎样？难道贝内德克不可以给第二军团带来致命一击，然后再从容不迫地击溃易北河军团和第一军团吗？不止一位历史学家表示，在 1866 年 6 月 28 日这天的中午 12 点，仿佛"时间停滞了"。[65] 其他人则声称，贝内德克实际上曾为（又一项）"秘密计划"的实施与克里斯马尼奇争执不下，这次是在斯卡利采遏制施泰因梅茨和穆蒂乌斯。[66] 还有人表示，如果不是贝内德克在雨中骑马缓步返回约瑟夫施塔特时诡异的雷声遮住了斯卡利采的战斗声，他本可以返回斯卡利采，率领三四个军的兵力在那里指挥战斗。[67] 然而，这所谓"斯卡利采的雷声"就像后来贝内德克的辩护者为解释克尼格雷茨的失利而编排出来的"赫卢姆（Chlum）的迷雾"一样，不过是为了将奥军耻辱的战败归因于无形之手而找的离谱的借口。拉明将证明，事实上贝内德克仍在战斗前线以西仅 3 公里处的特雷比绍夫的时候，就将斯卡利采的战斗声听得一清二楚。因此，不是天气原因，而是贝内德克自己的心理倾向阻止了他撤销从斯卡利采撤离的命令。

　　贝内德克当天早晨从布置在斯卡利采的炮兵连这个有利位置，已经非常清楚地看到，奥军对长满山毛榉的维索科夫高地重新发起进攻将无异于是自杀式的任务。而且，图恩伯爵的第二军事实上并不适于逼近施泰因梅茨的侧翼，更不要说绕过它，往下追击至纳霍德了。在纳霍德，第二军可能将会遇到路易斯·穆蒂乌斯整个普鲁士第六军的招呼。28 日在奥波奇诺休息的奥地利第二军，在利奥波德大公的火炮陷入沉寂之前，距离斯卡利采还有一半路程。图恩的旅长米夏埃尔·汤姆（Michael

1866 年 7 月 3 日，克尼格雷茨战役

约瑟夫一世的徽标
wikimedia commons

弗朗茨·约瑟夫一世
作者为 Károly Koller, wikimedia commons

阿尔布雷希特·哈布斯堡大公
作者为 Georg Decker，wikimedia commons

贝内德克
作者为 Ludwig Angerer，wikimedia commons

威廉一世的徽标
wikimedia commons

威廉一世
作者为 Wilhelm Kuntzemüller，wikimedia commons

毛奇
作者为 Franz von Lenbach，wikimedia commons

埃马努埃莱二世的徽标
wikimedia commons

维托里奥·埃马努埃莱二世
作者为 Giuseppe Ugolino，wikimedia commons

拉马尔莫拉将军

作者为 Lorenzo Kirchmayr，wikimedia commons

恩里科·恰尔迪尼将军

作者不详，wikimedia commons

库斯托扎战役
作者为 Juliusz Kossak，wikimedia commons

Thom）注意到，他那个旅的大部分士兵甚至还没行进那么远呢。奥军的步兵已经累垮了。他们趴在路中间，雨水落在他们朝上仰起的半边脸上。图恩的扎弗兰（Saffran）旅和亨里克兹（Henriquez）旅的成百上千名士兵晕倒在他们旁边。第二军从6月17日开始就一刻也没有休息地行军，昨天夜里还没有睡觉，已经超过12个小时没有吃过东西。[68]图恩人困马乏的第二军因为从奥尔米茨的侧翼行军而耗尽体力，这生动地证明了毛奇的那句名言：**"一开始**集结军队时的错误在整个战争过程中都难以纠正。"[69]

6月28日，贝内德克必须在两个截然不同的战场中选择一个战场，遏制普鲁士两个军团的其中之一。他选定了有利于奥军武器发挥威力、不需要耗时变换阵线的一个战场。仅仅调转方向在斯卡利采面对施泰因梅茨，贝内德克就将被迫中止北方军团的侧翼行军，转移辎重车队、后备火炮、弹药库、战地医院，花费一整天时间调头向北，更不用说在一片狭窄的阵地上与施泰因梅茨进行实际战斗了。毛奇曾说过，这样的"变换阵线"（changement de ligne）实乃战争各方面中最复杂、最伤脑筋的事之一。[70]因此，贝内德克选择只是在斯卡利采回避普军的攻势，同时继续向伊钦进军，这样就可以理解了。然而，当贝内德克让北方军团的主力快速向西进军时，他必须确保**有人**招架施泰因梅茨，让正在会合的普鲁士军团保持分开。因此，这就是贝内德克总司令28日清晨视察斯卡利采的意义。然而，在那里，他未能用手头三个军的兵力组织好奥帕河坚决而持久的防御阵线。于是，利奥波德大公下午完全在预料之内的溃败便威胁到北方军团全军。[71]在约瑟夫施塔特，贝内德克的一位副官对这骤然的战略逆转表示震惊："加布伦茨被包围了；斯卡利采也丢掉了！"毛奇的钳臂收紧的速度比预想得要快了很多。[72]
贝内德克现在比以往任何时候都更需要加快向西行军，以逃脱
普军收紧的钳子，赶在第二军团（已在斯卡利采和陶特瑙之间
连成一列）集结到他的侧翼和后方之前击溃腓特烈·卡尔亲王
的第一军团。确实，贝内德克的信心被摧毁了，他选择了所有
可能中的最糟糕的路线。他已如同困兽。

6 月 28 日晚上 9 点 30 分，贝内德克向各军军长发布了修改
后的命令。鉴于在斯卡利采和博克施道夫的失利，北方军团将
"中止"西进，并在易北河畔的克尼金霍夫占据一片"中央阵
地"。处在迎面而来的普鲁士两个军团之间，贝内德克将回转
方向，面对两者中更近的一个，即施泰因梅茨军和北下的第二
军团其余部队。[73] 然而，指挥系统的紊乱从一开始就将贝内德克
的新部署弄得一片混乱。贝内德克总司令直到第二天早晨 8 点，
才派人发出新命令。就连克里斯马尼奇作战指挥部的军官在 28
日就寝时，还都不知道第二天的计划。[74] 贝内德克自己的副官则
肯定地说，给他的印象是，克尼金霍夫只是第一个中继站，接
下来还要继续向伊钦行进。[75] 第二天，当贝内德克的打算最终公
布于众时，北方军团的几乎所有人都糊涂了。[76] 第三军参谋长本
来计划 29 日和第四军一起朝伊塞河挺进，他回忆说："我们始
终认为从斯卡利采传来的消息被夸大了，我们都不相信（贝内
德克）竟然**真的**要全力以赴地朝那个方向开进。而且，我们**没
有**收到关于维索科夫、斯卡利采和陶特瑙战役的消息，也不知
道第四军的踪迹。"[77] 贝内德克秘密而随意地制订计划，将他行
军中的军官在 29 日这天弄得疲于奔命。库登霍韦
（Coudenhove）将军的第 3 预备骑兵师已经走了计划中向伊钦行
军的一半路程，贝内德克与前令相反的命令才终于追上他们：

179

"立即转向，向克尼金霍夫前进。"[78] 在库登霍韦怒气冲冲的时候，北方军团指挥部头脑更冷静的人则指出贝内德克出其不意变换阵线的徒劳。"重新部署**整个军团**，就是为了救出加布伦茨**??!!**"作战指挥部的一位军官在日记中草草写道，"这**实际**上意味着，**现在**普军可以从**三个**方向袭击我们：陶特瑙、斯卡利采**还有**伊钦。这主意可真**蠢**。"[79]

总之，贝内德克是在斯卡利采战役**之后**而不是之前犯下了普奥战争中的关键失误。这位总司令没有将原计划贯彻到底，而是停在克尼金霍夫，面向北布阵，在易北河右岸坐等第二军团。他让奥地利六个军在那里停下脚步，就是为了等一个军，即加布伦茨的第十军，而第十军与北方军团的联系正受到迅速挺进的施泰因梅茨和普鲁士近卫军的威胁。加布伦茨在博克施道夫之战后神秘地消失和利奥波德大公在斯卡利采的失利，让贝内德克总司令明显地乱了方寸。一位参谋军官回忆道，在 28 日很晚的时候，贝内德克派他渡过易北河，去寻找加布伦茨。这位军官问贝内德克，一旦找到加布伦茨，他应该传达什么命令时，贝内德克只是耸了耸肩。[80] 就在北方军团总司令在新阵地等待普鲁士的施泰因梅茨、穆蒂乌斯、博宁和奥古斯特亲王从北方的山口下来时，奥地利的全部战争努力便极为荒唐地取决于从蒙申格莱茨往伊钦后退的克拉姆－加拉斯的小小伊塞河军团。克拉姆和萨克森军能够坚持足够长的时间，让贝内德克在克尼金霍夫击退第二军团，然后继续他的西进吗？

180

第八章 伊钦战役与贝内德克逃往克尼格雷茨

"假如贝内德克没有改变**原**行军计划",6 月 29 日,卡尔·库登霍韦气恼地说,"我的第 3 预备骑兵师就可以及时抵达伊钦",在伊塞河军团和普鲁士第一军团的决战中给予"增援"了。[1]确实,北方军团一半的兵力本可以做到。恩斯特大公的第三军在 29 日已经到达米莱廷(Miletin),利奥波德大公的第八军按计划也是同一天到达那里。费斯特蒂奇的第四军、拉明的第六军和图恩-塔克西斯(Thurn and Taxis)亲王的第 2 轻骑兵师都应在 29 日到达伊钦附近。[2]伊塞河军团在那里的战役开战几个小时之前,恩斯特大公就收到克拉姆-加拉斯的增援请求。他本有极其充分的时间进军到伊钦,巩固克拉姆的右翼和中央。然而,这位大公和他的表亲利奥波德大公一样无能。他拒绝了克拉姆的请求,蹩脚地解释说,"这样做就完不成贝内德克改变后的计划",即在克尼金霍夫"集结军队的目标了"。[3]

杜贝内克(Dubenec)是一座村庄,处于北方军团在克尼金霍夫上方的新阵地之心脏位置。在约瑟夫施塔特和杜贝内克之间数条泥泞的道路上,贝内德克的马车辎重队堵成一锅粥,他本人也被困在车队中间。[4]由于贝内德克已经下令禁止仍在易北河以东的各部从约瑟夫施塔特的桥梁上渡到河的右岸(担心施泰因梅茨会趁他们渡河时突然现身,突袭这座要塞),奥地利的三个军被迫架设浮桥,绕开前往克尼金霍夫的最佳道路。[5]

"这些可怜的伙计看起来饿坏了，"当利奥波德大公疲惫的第八军从斯卡利采赶来、经过约瑟夫施塔特时，贝内德克的一位幕僚这样评论道，"恐怕我们正像摆弄抽屉一样让他们来回折腾吧。"[6]第六军的一位军官在前往杜贝内克的路上发现，这次的行军和以往一样，"在估算时根本没有考虑时间、空间的因素，也没考虑到战士们的耐力会不断衰减"。虽然辎重车队已经整顿好，开始有条理地前进在向西的路上，但"**这些**路上直到30日都没有食物跟进"。前往克尼金霍夫的交通如此拥堵，以致有些旅用了16个小时才走了11公里。[7]为伊钦战役这场戏所布置的舞台颇为惨淡。12个小时之前，它还是贝内德克战争努力的焦点。而现在，它已经成为不受关注的次要剧目，由两位全然无能的将军，即克拉姆－加拉斯伯爵和萨克森的阿尔贝特王储掌控着该剧目的上演。

182

6月29日，第一军团东进

6月29日一早，腓特烈·卡尔亲王在收到毛奇两封再三要求他东进，防止贝内德克在约瑟夫施塔特的五个军调转方向进攻第二军团的电报后，终于在蒙申格莱茨行动起来，命令普鲁士第3师师长奥古斯特·韦尔德（August Werder）将军向伊钦挺进，重新建立与奥军的接触。[8]这样的动作已经相当迟缓了，而且这还是在毛奇劝服普鲁士国王亲自给国王这位侄子下达了毫不含糊的命令之后才采取的动作。令柏林最高指挥部感到极为失望的腓特烈·卡尔亲王不情愿地服从了。他的行动在一开始时前景是如此光明，现在却因为饥渴和漫长的行军而变得黯淡。腓特烈·卡尔亲王的部队发现，虽然赖兴贝格和近郊提供了取之不竭的食物和饮品，但相比之下伊塞河河谷就是荒漠。

井水被下了毒，农场被清得一干二净。28 日，亲王给柏林方面去电："这里什么吃的都没有。士兵和马匹又累又饿，我们不可能还有什么战斗力。立即用车运送面包和草料来。"易北河军团和第一军团简直饿坏了。奥军的后勤糟糕，普军的更糟糕。由毛奇制订计划、罗恩提供补给的闪电攻势向前推进得太快，补给线已经被拉长、绷紧到了极限。[9]

尽管存在这些难以克服、几乎令军队失去战斗力的补给问题，仍然舒舒服服地待在柏林的毛奇却认为，腓特烈·卡尔亲王的行动懈怠、轻率。28 日，腓特烈·卡尔亲王未经授权便率领 6 万大军向南绕道，结果导致在蒙申格莱茨这座空镇集中了 10 万饥饿的普军士兵，造成灾难性的后勤问题。毛奇据此推断，腓特烈·卡尔亲王更感兴趣的是想揽占领布拉格之功，而不是与第二军团在伊钦会合。[10] 当毛奇这位普军总参谋长终于在 29 日劝服腓特烈·卡尔亲王继续东进时，命令送达各师的时间却太迟，以至于到第二天中午才在烈日炎炎下动身。[11] 赫尔瓦特·冯·毕滕菲尔德的易北河军团调转方向向南朝永本茨劳行军，循着前一天萨克森军的路线行进。这两个军团的士兵都已经走得脚酸腿痛，再加上饥肠辘辘，生病、开小差的人也越来越多。腓特烈·卡尔亲王仍然率领军团跟在伊塞河军团的后边，一边咒骂着毛奇该死，一边向柏林方面请求送来更多的食物饮品。[12] 因此，对关键性的伊钦战役他将施加不了任何决定性的影响。虽然在蒙申格莱茨可以听到伊钦的战斗声，但要等到战役结束腓特烈·卡尔亲王才能走完那条向东通往伊钦和易北河的拥挤道路。

6 月 29 日，伊钦战役

在向伊钦行进到一半时，韦尔德将军麾下有几十名晒伤、口渴的士兵因为中暑晕了过去。进行曲在无精打采地演奏了一两个小节之后渐渐停了下来。[13] 下午 6 点，当韦尔德的第 3 师接近伊钦时，他们听到东北方向传来枪声。路德维希·廷普林（Ludwig Tümpling）的普鲁士第 5 师位于韦尔德的左侧，他们从图尔瑙下行到伊钦公路，已经对伊钦镇西面克拉姆-加拉斯的阵地中央发起了进攻。

　　克拉姆-加拉斯"不惜任何代价守住伊塞河阵线"的任务，已于 27 日被贝内德克将北方军团集结在伊钦的计划取代。伊钦原先是华伦斯坦的弗里德兰公国（Duchy of Friedland）所在地，也是易北河和伊塞河最重要的交汇处。29 日，克拉姆在伊钦镇前安顿下来，确信当晚将获得恩斯特大公第三军的救援，第二天还会有另外三个军的增援。[14] 虽然他不清楚克尼金霍夫现在发生了什么，也不清楚北方军团的行踪，但情况似乎在好转。[15] 伊钦是天然的固若金汤的阵地，只需要让士兵进驻就行了。克拉姆相信，这些士兵都在路上了。[16] 然而，他还是感到深深的不安。在 28 日深夜，普军的散兵骚扰了他的警戒哨。克拉姆清楚，普军随时会从西面发起进攻，但他还毫无头绪，不知道该怎样融入贝内德克更宏大的计划；就像他说的那样，不知道他是否还"应该将自己算作（贝内德克）战略组合链路中的一环"。[17]

　　如果克拉姆能够将萨克森军部署在伊钦，他朝北和朝西的阵线就会更加牢固。但是，萨克森军从蒙申格莱茨撤至伊钦时并没有选择最短的路线，而是向南绕了一个大圈：27 日到永本茨劳，28 日向西到伊奇涅韦斯（Jicineves），最后于 29 日向北朝伊钦撤去。下午萨克森军的第 2 师抵达伊钦的时候已经精疲力竭，而萨克森军的第 1 师仍然待在后边的伊奇涅韦斯，而这

184

对伊塞河军团最重要的一场战役将起不到任何作用。[18] 在蒙申格莱茨时，萨克森军的这次漫长行军就曾被激烈地争论过。克拉姆的参谋人员志愿在撤往伊钦的最短路线上为萨克森军提供掩护，这也是奥军所走的路线。但是，萨克森军好与人争吵的参谋长格奥尔格·法布里斯（Georg Fabrice）将军坚持走南面绕一大圈的路线，这条长长的路线让人耗尽体力，导致萨克森军一半的兵力在伊钦战役这一天失去了战斗力。[19]

29 日，萨克森军前往伊钦的两个旅于凌晨 3 点起床，行进了 7 个小时。当阿尔贝特王储来到伊钦边缘，抵达克拉姆位于布拉达-迪莱克（Brada-Dilec）以南 10 公里的波德拉德（Podhrad）时，他断定当天不会发生战斗。于是，他没有将自己率领的师开进阵线（因为这将要求他们在正午的酷热下再花几个小时行军、机动），而是在距离应该由他占据的战区南面还有一个多小时行军距离的地方扎营，从而无意中在伊塞河军团的伊钦阵线上打开了一个致命的缺口。[20]

缺了萨克森军，克拉姆的第一军和第 1 骑兵师只集结了伊塞河军团 6 万士兵中的 4 万人，但现在他面对的却是普军两个军团可能将从图尔瑙和蒙申格莱茨包围伊钦的局势。再来一次"战略撤退"是绝无可能的，因为就克拉姆所知，在未来几天中，伊钦将成为北方军团至为关键的要冲。三条行军路线从东面在此镇会合，使伊钦成为贝内德克从约瑟夫施塔特重新部署北方军团的中枢，以及这位陆军总司令与普鲁士易北河军团和第一军团进行第一场大战最可能的地点。为了巩固城镇，抵御普军从西面的进攻，克拉姆选择了一块著名的阵地，奥军参谋部的几代制图员都曾对这块阵地吹捧有加，即将阵地部署在伊钦北面和西面的普里维辛（Privysin）的两侧。普里维辛是一处树木茂盛的悬崖，这道悬崖从伊塞河蜿蜒而来的平原上拔地而起。这块阵地的右侧是艾森施塔特尔（Eisenstadtl）。艾森施塔特尔这个地势较高的村子位于从图尔瑙过来的公路的一侧。阵地的左侧是洛霍夫（Lochov），就在蒙申格莱茨过来的路上。克拉姆在这两个地方各部署了一个旅，第三个旅部署在图尔瑙公路的上方、普里维辛的东面，第四个旅部署在蒙申格莱茨的上方、普里维辛的南面，第五个旅作为预备队留在普里维辛后面。

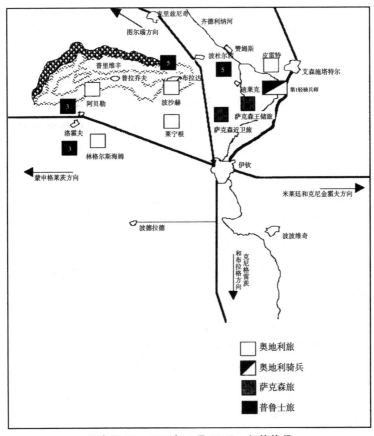

示意图 17　1866 年 6 月 29 日，伊钦战役

克拉姆的副军长利奥波德·贡德勒古视察了奥军的部署，对这片由互为联络之势的侧翼点构成的天然牢固的正面阵线抱有很高的期望。在艾森施塔特尔和布拉达山（Brada Hill）上可以纵向射击图尔瑙公路，驻守在洛霍夫和普拉乔夫山（Prachov Hill）的两个旅则扼住了从蒙申格莱茨到伊钦的公路。[21] 阵地的中央是低洼的村庄迪莱克（Dilec），沼泽遍布的齐德利纳河（Cidlina brook）从村庄的后面流过。这就是萨克森军的战区。整个 29 日的下午，愚蠢的阿尔贝特王储也没有占据这片战区。在这里，贡德勒古部署了他 96 门火炮中的 56 门，以及利奥波德·埃德尔斯海姆的第 1 轻骑兵师。剩下 40 门火炮则分配给了普里维辛和皮雷特位于艾森施塔特尔的阵地。

截至 6 月 29 日，前一天没参加蒙申格莱茨战役的普军第 5 师，已经走完了从图尔瑙前往伊钦的一半路程。休息了 12 个小时后，该师于下午 1 点 30 分继续上路，2 个小时后抵达普里维辛山前。廷普林先前已从腓特烈·卡尔亲王那里获悉，奥地利第三军恐怕还在前往伊钦的路上。所以，尽管面前的奥地利-萨克森联军的兵力占优，他仍然决定在伊塞河军团获得支援之前对它发起攻击。于是，他将旅的炮阵开进阵线，开始用 8 磅炮的火炮轰击奥军阵地。[22] 在波德拉德，震惊的阿尔贝特王储发出警报，耗费了 90 分钟，才令人沮丧地将萨克森军第 2 师赶上路，前往迪莱克阵线中的既定位置。阿尔贝特行军纵队最前边的一个旅是近卫旅。直到下午 6 点，这个旅还在迪莱克以南的 4 公里处，甚至连伊钦也没有赶到，致使普奥双方开始交火时，萨克森军和普军离奥军阵地是同等距离。[23]

对萨克森军失望的克拉姆-加拉斯考虑过拒绝战斗，撤退到易北河，但是他仍然抱有恩斯特大公的第三军将会很快赶来袭击廷普林的侧翼和撤退路线的希望。[24] 在持续了一个小时的轰炸后（整个过程中克拉姆、贡德勒古和利策尔霍芬一直在乞求阿尔贝特王储加紧速度行军至迪莱克），廷普林在下午 5 点发动进攻，让第 9 旅沿着齐德利纳河猛攻赞姆斯（Zames）和迪莱克，第 10 旅占据普里维辛的大部分区域。

普军这两个旅都进入了克拉姆 12 个炮兵连的射程之内，但在战斗中负伤的廷普林依然坚持不懈地向前推进对奥军的攻击。普军仅 1 个连的士兵就用快速射击清空了波杜尔西（Podulsi），将斐迪南德·波沙赫的两个营赶走。布拉达是普里维辛山上紧挨着波杜尔西的一座村子，比波杜尔西地势高。波沙赫在布拉达将溃退的士兵重新整队。为了抵消普鲁士步枪高射速的优势，波沙赫命令战队什么都不用做，只管给步枪装弹，再往前递给枪法精准的狙击兵。凭借着这种方式，奥军于下午 6 点击退了普军攻击布拉达的三个连，给普军造成沉重的伤亡。正当此时，奥古斯特·韦尔德的普鲁士第 3 师从蒙申格莱茨的方向赶来，开始攻击克拉姆的左翼洛霍夫。

廷普林左边由 5 个营兵力组成的纵队攻上普里维辛山的北面。廷普林的第 9 师进攻停滞下来，为了重新夺得主动性，他便让第 10 师向上推进，插入波沙赫在布拉达那个旅的侧翼和后方。然而，在遍布巨石、杂草丛生的山坡上，廷普林与文岑茨·阿贝勒（Vincenz Abele）旅不期而遇。阿贝勒旅以突击纵队冲上前来，抵抗廷普林的侧翼进攻。普军的第 10 旅在与奥军近身相搏后退了回来，穿过树林向西移动，与波沙赫的散兵对射一阵，然后就撤退了。在阿贝勒左边、蒙申格莱茨公路上，约瑟夫·林格尔斯海姆旅正奋力抵抗韦尔德第 3 师的先头营，将他

187

们击退。看样子，即便没有萨克森军，克拉姆的阵线也能守得
住了。[25]

　　然而，这是短暂的。在奥军的右翼，廷普林的第9旅重新
开始进攻。两个燧发枪兵营沿着齐德利纳河深入赞姆斯，在那
里遇到奥军一个战列营。这个营被路德维希·皮雷特将军匆匆
赶到从奥军右翼艾森施塔特尔延伸过来的路上。普军的亲历者
声称，奥军的这些士兵（维罗纳第45团的意大利士兵）实际
上要用上膛的左轮枪瞄准着他们的后背，才能赶鸭子上架似的
被迫去战斗。[26]因此，不出意料，普军一轮瞄准的齐射就将他们
击溃了，让廷普林的三个炮兵连向前推进。通过这种机会主义、
试探性的进攻，普军利用小规模的射击队找到了贡德勒古杂乱
无序拓展的阵地的每一处软肋，穿过奥军重点设防的侧翼要地，
朝中央推进，身后跟着普军的炮兵连。难以置信的是，普军的
两个营深入赞姆斯、奥军阵地的心脏地带附近，而没有被部署
在周围的重兵立即击溃。作为预备队部署在仅仅2公里之外的
莱宁根旅动也没动，皮雷特的几个团则垂头丧气，拒绝向普军
的撞针步枪前冲击。面对纪律严明的普军步兵，马刀骑兵被证
明一无是处。埃德尔斯海姆将军曾在两次战争期间为卡宾枪的
列装游说未果。他派出几个骠骑兵中队向赞姆斯冲锋，结果只
能看着他们被普军快速射击的撞针步枪打退，身后散落着50名
伤亡的战友。"我们的步兵用线列阵形就做到了这一点，"普军
一位军官回忆道，"我们甚至连方阵都不用布置。"[27]唯有奥军
在普里维辛山上和艾森施塔特尔周围的炮兵连对廷普林的推进
提供了有效的抵抗。他们轰炸着赞姆斯，让这座村子陷入火海。
普军在那里休息的几个营往前面逃跑时，朝奥地利-萨克森联
军伊钦防线的咽喉要地迪莱克奔去。[28]

普军在伊钦战役中占领迪莱克，就像是四天后决定了克尼格雷茨战役的赫卢姆奇袭的预演一般。往南面的伊钦望去，普军可以看到一个萨克森旅匆匆向北去占领迪莱克。虽然这座村子地势低洼、位置糟糕，四面都暴露在火炮的俯射之下，但它却位于普里维辛山岳的侧面，并且横跨齐德利纳河。如果普军拿下并守住迪莱克，克拉姆将别无选择，只能收缩整个阵地，放弃伊钦。普军这样轻而易举的胜利太令人震惊了，以至于克拉姆直到人生最后的日子都坚持认为，他在伊钦对付的是普鲁士两个军，而实际上与他交战的只是普军两个独立的师而已。[29]在一定程度上，这可以归因于普鲁士的撞针步枪这个强大的战力倍增器，但奥军也在屡次重蹈 1859 年于意大利战场上犯下的错误。他们一部分步兵密集纵队被行动更迅速的敌军纵队驱逐，另一部分却坐视旁观。

廷普林嗅到了血腥味。他召集一个预备营，派到前方去支援对迪莱克的进攻。晚上 7 点 30 分，普军 15 个步枪连从四面八方涌向迪莱克镇，以最快的速度给他们的后膛枪装弹、射击，将迟来的萨克森士兵又赶回到齐德利纳河对岸。奥军皮雷特的威尼西亚营正从右翼往迪莱克靠近，他们把萨克森王储的旅误认作普军，从侧面对着他们就是一阵齐射。萨克森的军官沿着泥泞的河床跳起来挥舞着白手帕，向对岸的奥军战友示意不要再开枪了。天色越来越暗，在后边追击的普军看到这一幕，高兴地认为萨克森士兵显然是在投降，于是小步慢跑过去受降。萨克森的步兵并不清楚他们身后的军官在做什么，于是在近距离对着普军一阵齐射，蹚过齐德利纳河，跟跟跄跄地穿过沟渠、沼泽和水道，向南朝伊钦逃去，怒不可遏的普军步兵则在他们身后紧追不舍。[30]

位于艾森施塔特尔上方、奥军右翼正对迪莱克的路德维希·皮雷特在没有得到克拉姆或阿尔贝特王储命令的情况下，擅自决定通过掐断深入奥军阵地的廷普林第9旅，帮助倒霉的萨克森士兵摆脱敌人。他让军乐队奏响音乐，将全旅部署成营级纵队，指挥他们下行到齐德利纳河。虽然在兵力上处于弱势，但普军镇定地将步枪准星调到250米，开始射击。三轮瞄准的齐射后，皮雷特的第1纵队就被打散、溃逃了。皮雷特再派出两个纵队、共计三个营的兵力，登上赞姆斯，从后面攻占迪莱克。廷普林意识到皮雷特这一招很危险，便拿出最后一个预备营，派他们从波杜尔西跑步前进到赞姆斯，在那里用快速射击的撞针步枪招呼皮雷特的突击纵队。[31] 刺刀冲锋迎来的是毁灭性的射击。一位大难不死的奥军士兵回忆了这场惊心动魄的战斗："我一想到那么多的子弹擦着不到一掌宽的距离从我身边飞过，我就发抖。实际上，有颗子弹击中了我，把我上衣的袖子打穿。"他所在的连向前太过深入，发现普军一个侧翼行动的纵队就在他们后方。"我差点儿成了俘虏。我所在的连掉过头，大家各自奔命，向后面的艾森施塔特尔逃去。我是跑在最后面士兵中的一个，一步也跑不动了。"奥军一位担架员将他拉起来，拖着他向南逃去。"虽然天黑了，但普军还是穷追不舍。"他如此回忆道。[32]

普军六个连打败了皮雷特旅的四个营，造成他们四分之一人员的伤亡，之后这个旅就解散了。皮雷特的士兵与第一军其189余部队失去了联系后，便逃入茫茫夜色中。他们整个阵线的战友也都逃走了。奥军的部队从普里维辛山倾泻而出，纷纷朝后方逃窜，拼命逃离开疲惫的普军在克拉姆分崩离析的阵地中央四处徘徊的步枪连。莱宁根旅和波沙赫预备部队的七个营本可以在 30 分钟内赶到迪莱克的，但是在整个战役过程中，他们纹丝不动。现在，他们却拔腿就逃。

奥军阵地的咽喉要地迪莱克就这样被普军第 5 师占领。在蒙申格莱茨的驿道上，韦尔德的普军第 6 师已经增援第 5 师，现在正开进奥军左翼南面的玉米地，试图包抄位于洛霍夫的林格尔斯海姆旅，完成廷普林发起的对伊塞河军团的包围。韦尔德的第 42 燧发枪兵团沿着驿道的进攻在洛霍夫被阿贝勒旅阻滞，该旅已经是第二次从普里维辛山上往下打。奥军阵地的整个左翼都被硝烟笼罩。普军许多分队已经用光了弹药，不得不撤回去重新装弹。轻步兵在混乱中撤退后，韦尔德便从纵列中派出一个掷弹兵营。他们沿着公路径直向前，以快速射击的火力将阿贝勒旅和林格尔斯海姆旅打得朝伊钦退去，在此过程中消耗掉了**所有**弹药。普军穿过洛霍夫乘胜追击时，看到阿贝勒旅在普里维辛山上的两个营向山下注视着他们，但没有袭击他们暴露的侧翼的意思。现在，韦尔德与战略上至关重要的伊钦重镇之间，已经没有任何阻挡了。[33]

此刻约是晚上 8 点，正当克拉姆-加拉斯和萨克森王储阿尔贝特虽然占据绝佳的阵地、拥有优势的兵力却输掉了战役时，贝内德克从约瑟夫施塔特下达的新命令送到了："我已经中止了向伊塞河转移。今天大军将占据附件中说明的新阵地。你们继续行进，与大部队会合。除非完成会师，避免一切重大战役。"[34]贡德勒古抓起命令，翻过来掉过去地看。说明北方军团新阵地的附件呢？副本呢？"什么也没有！"他吼叫起来。如果不是恰恰因为这种错误而导致那么多人牺牲在伊钦镇西的原野上，这一幕一定很滑稽好笑。贝内德克的命令是中午 12 点时在约瑟夫施塔特草拟好，由于亨尼克施泰因将军的健忘，在晚了

7 个小时后才由骑兵通讯员送来，而不是由电报传送。[35] 尽管贝内德克命令伊塞河军团与北方军团会合，他却没有指明会合的地点。

作为伊塞河军团的最高指挥官，阿尔贝特王储唐突地下令撤退。这触发了指挥部的又一场争吵。贡德勒古生气的是，萨克森军来晚了，而且只有一小部分兵力在迪莱克。伊钦战役正在酣战之中。克拉姆手头仍然有预备兵力未投入战斗。阿尔贝特王储的第二个旅才刚开始离开伊钦南面的露营地，缓缓加入战斗。约瑟夫·佩利坎（Joseph Pelikan）上校在战前担任奥地利驻柏林武官，他力劝阿尔贝特王储固守阵地。他主张，先打退普军的进攻，**之后**再撤退。佩利坎明智的建议被当作耳边风，阿尔贝特王储和法布里斯将军心意已决。他们说命令就是命令。

贝内德克撤退命令到达的时机很糟糕，但事实上，阿尔贝特王储可能正是将此看作天赐良机，好让他摆脱面前的乱局。奥地利－萨克森联军 33 个步兵营、96 门火炮，却被普军 24 个营、仅仅 36 门火炮从固若金汤的阵地赶走了。[36] 而且，这两个师后边必定还会有普军更多的师攻过来。因此，阿尔贝特王储决定止损；据佩利坎上校回忆，王储"没有以他一向快活的口吻，而是以不容争辩的最坚决的方式，口述了撤退命令"。[37] 克拉姆和阿尔贝特王储的参谋人员都早已不再朝着艾森施塔特尔的方向张望。几个小时之前，恩斯特大公的第三军就**应该**出现在那里。因为从伊塞河艰辛的撤退，每个人现在都是筋疲力尽。尽管克拉姆和阿尔贝特不掌握情况，但他们离北方军团仍然有三个漫长的行军距离。但凡腓特烈·卡尔亲王饥饿的军团赶路再快点，他们就将会包围、消灭伊塞河军团。[38] 克拉姆在蒙申格莱茨公路上的左翼坚持不了多久，因为约瑟夫·林格尔斯海姆旅和其他很多旅一样，其士兵已经被伊塞河军团混乱的撤退搞得筋疲力尽。自从 27 日以来，林格尔斯海姆旅的士兵就没看到过他们的辎重车队，而且许多人还在光着脚战斗。[39] 在整个 1859 年那场灾难性的战争期间，林格尔斯海姆一直待在奥军指挥部。对他而言，眼前所有这一切场景一定让他感到似曾相识吧。

当林格尔斯海姆旅在洛霍夫做最后的抵抗，皮雷特旅从迪莱克跌跌撞撞地撤回时，奥地利－萨克森联军则经由伊钦一窝蜂地撤退。尽管克拉姆和阿尔贝特王储将南面通往克尼格雷茨的公路留给萨克森军，将东面通往克尼金霍夫的公路留给奥军，但他们落实这一安排的努力却被韦尔德破坏了。晚上 10 点 30 分，韦尔德占领伊钦，导致奥地利－萨克森联军指挥部的人员向四面八方逃窜。此后，伊塞河军团的所有人便各自奔命。[40] 由于奥军四个旅被迫要沿着唯一一条道路撤离，撤退便在混乱与恐慌中一团糟。火炮、辎重车队、战地救护车和行军纵队阻塞了克尼金霍夫公路。贡德勒古后来作证说："我们遇到的所有（奥军）部队都消耗尽了弹药。"这场在一开始前景一片大好的战役，已经无可挽回地输掉了。[41]

波沙赫和莱宁根经过伊钦的时候，完全想不通这场战役究竟是怎么输掉的。一分钟之前，他们还在坚守着一个牢固的阵线，下一分钟普军就出现在他们的后方。他们的士兵士气全无，垂头丧气穿过黑暗中的城镇，沉默无言，一副听天由命的样子。在黑暗中，两个匈牙利营迷了路，全员被普军俘虏。皮雷特旅200 名没有长官带领的掉队士兵从齐德利纳河的河洼里爬上来，

191

朝约瑟夫施塔特走去，大概是期待碰上第一次世界大战中帅克①那漫无目的行进的远征军吧。埃德尔斯海姆的骠骑兵飞奔着穿过伊钦，误走上南面那条公路，跟在萨克森军的后面。[42] 但凡腓特烈·卡尔亲王想过给廷普林和韦尔德一些预备骑兵，当天夜里，他们就可以轻而易举地将克拉姆-加拉斯没有防备的第一军彻底消灭。[43] 幸免于普军激烈的追击，经过一夜的时间，第一军大部分兵力在米莱廷重新会合。在那里，恩斯特大公的第三军整整 3 天时间按兵不动、无所作为。一开始，他们还对克拉姆的掉队士兵开火，之后才让他们通行。当第一军的败兵步履蹒跚经过恩斯特的第 46 团时，一位军官注意到，他们"用最可怕的词语描述了普军撞针步枪的威力。士气沮丧的士兵嘴里不断地传出血腥屠杀的故事"。[44]

第一军在霍日采（Horice）渡过比斯特日采（Bystrice）河，停下来做了一顿热饭，然后继续向南朝克尼格雷茨的易北河要塞前进。克拉姆-加拉斯的参谋长评论道，只是因为普军没有紧追不放，第一军才幸免于难，他们"太疲惫、太混乱了，就连一次骑兵的进攻也抵御不了"。第一军只有一个团是完整的。其他七个团，当逃兵的当逃兵，混杂在一起的混杂在一起，已经支离破碎。[45] 这个混杂的队伍一直行进到 30 日的黎明，到达杜布（Dub）高地上面，远远地能够清晰地看到克尼格雷茨了。有些士兵下山穿过萨多瓦村子，来到比斯特日采河边沐浴，给水壶装满水。其他士兵就在高地上立桩搭建露营地。克拉姆-加拉斯伯爵骑马到前边，在克尼格雷茨吃喝恢复体力，贡德勒古和利策尔霍芬则留在萨多瓦，重组克拉姆的乌合之众。

---

① 帅克（Švejk）：捷克作家哈谢克长篇政治讽刺小说《好兵帅克》（The Good Soldier Švejk）中的主人公。——译者注

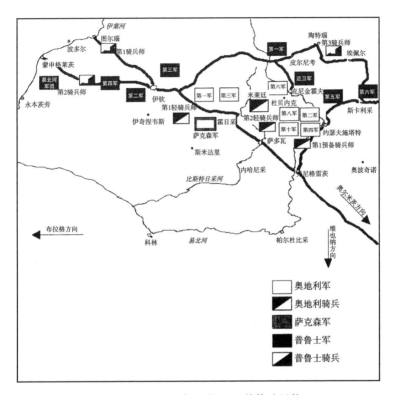

示意图 18　1866 年 6 月 29 日的战略形势

经过四次谋划不周、执行不力的战役，第一军损失了将近 5000 名士兵（一个旅的兵力）和 184 名军官。它到达易北河时已经处于解体状态。[46] 皮雷特旅的一位列兵回忆起在伊钦的经历时写道："那是星期五，不幸的一天。但是，感谢上帝的是，对于我和其他幸存者来说，那也是幸运的一天。"[47] 当天晚些时候，北方军团一位副官骑马登上萨多瓦，找到贡德勒古，交给他一份贝内德克两天前在约瑟夫施塔特口授的情报："第三军将于 6 月 29 日到达伊钦。我以至少四个军对图尔瑙的攻势将于 6 月 30 日从伊钦发起。"[48]

192

6 月 29 日至 7 月 1 日，奥军指挥部、杜贝内克和克尼格雷茨

法国的报纸大多在普奥战争中站在奥地利一边。当听到伊钦战役的消息时，他们都是垂头丧气的。有一家报纸断定奥地利是"一个腐朽的大国；没有什么希望了，一切都结束了"。[49]贝内德克发起战争时的唯一优势是中心位置，即他可以倾北方军团全部兵力攻击普鲁士三个军团中的任意一个，而不会向普军另外两个军团暴露其后方或侧翼。贝内德克浪费了这一优势，这确实透着令人绝望的腐朽。而且，他是心甘情愿浪费的。6月 29 日，克拉姆－加拉斯的伊塞河军团在伊钦正被敌人痛打时，贝内德克针对施泰因梅茨、近卫军和博宁向易北河两岸的进军仅做了象征性的抵御，这意味着普鲁士第二军团终于靠拢到与易北河军团、第一军团仅剩不到一个行军距离。奥军指挥部有人对局势强装不在乎，以名副其实的帅克式的洞察力向维也纳方面解释道，克拉姆从伊钦仓促撤退实际上是**好**事，因为这"完成了北方军团的同轴集结"。[50]

6 月 30 日，贝内德克总司令在克尼金霍夫后面的杜贝内克高原建立了新的指挥部。在奥军总参谋部哈布斯堡测量图中编录的所有阵地里面，杜贝内克高原是无与伦比的最令人生畏的阵地。从北面望去，它看似一片侧翻的松林，倾泻进易北河的右岸。1778 年，腓特烈大帝率军从这条路入侵奥地利时，看了一眼这片障碍，就撤回了普鲁士。[51]蛰伏在杜贝内克，贝内德克终于在 29 日成功收拢了加布伦茨支离破碎的第十军。第十军各旅，包括格里维奇的一些士兵，经过一天一夜，七零八落地穿过克尼金霍夫，渡过易北河，登上了杜贝内克高原。他们在没

有食物的情况下，走了三个行军距离，打了两次仗。[52] 为了掩护这次撤退，贝内德克牺牲了一个团，将费斯特蒂奇第 6 团的主力留在下面的克尼金霍夫，结果被从博克施道夫追击过来的普鲁士第 1 近卫师击溃、俘虏。他牺牲了另一个团，在施魏因沙德尔迁延施泰因梅茨的追击。施魏因沙德尔是特雷比绍夫十字路口附近的一个村子，拉明和贝内德克在那里曾就 28 日的斯卡利采战役进行争论。在这些后卫战斗中，北方军团遭受了 2000 人以上的伤亡，而普军只有 400 人。[53] 到了 29 日傍晚，普鲁士的三个军在易北河畔休息，其中最西边的博宁军已经靠拢到与腓特烈·卡尔亲王第一军团仅剩不到一个行军距离。贝内德克撤退到杜贝内克，将战略上至关重要的陶特瑙-伊钦驿道交到普军手里。现在，毛奇的易北河、第一和第二军团可以从容不迫地会合。他们中间已经没有任何障碍。[54]

贝内德克在杜贝内克变换阵线、中断向西行军获得了什么呢？只有麻烦。这一次，他那约米尼式的从准备就绪的中间阵地寻求与敌人决战的倾向，却造成了事与愿违的后果，因为到了 6 月 29 日，杜贝内克已经成为陷阱。第二军团进军到易北河以及第一军团渡过伊塞河，危及了北方军团的两翼和它向后到约瑟夫施塔特和维也纳的交通。[55] 而杜贝内克高原本身，虽然从外面看尤其令人望而生畏，风景也无比优美，但从里面看却几乎无法防守。"下至易北河那陡峭的、长满树木的斜坡因为太宽而无法防御，"第六军的一位参谋军官指出，"单单是穿过我们和第八军之间的缺口，就需要 15 分钟！"至于隐蔽在松树之间、等着狙击攻过来的普军的奥地利散兵，"我们不可能增援他们。山坡陡峭、泥泞，而且树木太多"。我们需要撤退到更适宜的阵地上，但"没有合适的路，只有被洪水冲蚀的泥路和

194

195

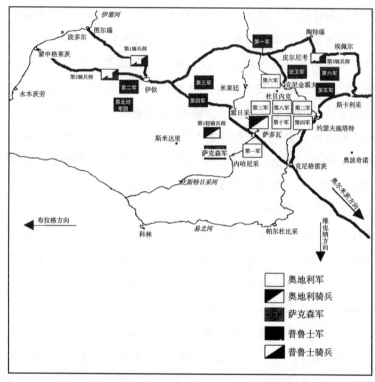

示意图 19　1866 年 6 月 30 日，贝内德克的杜贝内克阵地

山沟"。奥地利五个步兵军、三个骑兵师、数十个炮兵连和成群结队奔逃在快速进军的第二军团前边的农民，在高原上无可救药地乱作一团。辎重车队寸步难行，结果多个部队只能饿肚子。[56] 奥军一位参谋军官写道："士兵们肉体和精神上都是崩溃的。"来自不同军团的士兵混杂在一起，互相谈论着令人气馁的话题，有关普军撞针步枪、奥军的一系列败仗以及失踪的 3 万战友。在过去的一周里，那么多的军官牺牲、负伤，以至于士兵们纪律的弦也断了。由于普军近在咫尺，6 月 29 日的夜晚过得断断续续，疲惫的奥军士兵一次又一次地被假警报惊醒。在整个克尼金霍夫阵地上，友军不时交火，将自己人误认作普军。[57]

6 月 30 日，拉明将军侦察杜贝内克高原，注意到一个显而易见的问题：第二军团占领了约瑟夫施塔特上方的几座易北河渡口，便是在阵地的一翼凿开一个缺口，而腓特烈·卡尔亲王渡过伊塞河则是凿开了另一个缺口。拉明将问题报告给贝内德克在杜贝内克的指挥部。自从斯卡利采战役之后，贝内德克就自我封闭起来。"哪里都看不到统帅的人，"拉明的一位副官回忆道，"他既不想集结士兵，也不想重新获得他们的信任。"他也没有与在高原上聚集在他身边的军长们议事。在战争极为关键的这一天，他终日都在郁郁沉思。[58]至于克里斯马尼奇，北方军团作战指挥部的一位上尉卡尔·斯特兰斯基（Karl Stransky）诧异道："作战总指挥拒绝承认我们进了死胡同。他看起来完全漠不关心。他照常抽雪茄，吃吃喝喝，但除此之外基本上什么都不做。"和贝内德克一样，总参谋长亨尼克施泰因就像"一只被烫伤的猫一样"，悄无声息地行动，缓慢地四处走动，但什么也不做。克里斯马尼奇的副参谋长奥古斯特·诺伊贝尔（August Neuber）"和往常一样滔滔不绝，但没人认真听他讲话"。总之，据斯特兰斯基记录，奥军指挥部"呈现出一片惨淡的景象"。[59]当天夜里，当伊钦战役正酣时，贝内德克收到了加布伦茨关于陶特瑙和博克施道夫战役的报告。他将报告递给亨尼克施泰因和克里斯马尼奇，一言不发，坐下来给奥皇写了一封忧愤消沉的信。[60]

总司令的初稿以现在这句传奇的句子开头："我想对迄今为止的事件做个清算"。信里列举了奥地利政客、外交家和盟友的过失，接着在涉及军事问题时，便不可收拾地陷入了令人绝望的一团乱麻之中，证明贝内德克对战略要素认识肤浅，甚至对身边的事件也几乎认识不透。"现在，普军拥有了内线"，他大

196

胆地断言。不，这不可能，因为普鲁士第二军团在他右边还很远，易北河军团和第一军团在左边很远。他写不下去了，叫来克里斯马尼奇，试着写了第二稿。这一稿将于第二天送到奥皇弗朗茨·约瑟夫手里。这一稿原封不动留下贝内德克的政治借口，但是修正了涉及军事的一小节内容。不，普军**还**没有掌握内线。内线还在北方军团的掌握中，"但它已经不再能发挥出内线的决定性作用了"。怎么会这样呢？普鲁士拥有更多的铁路线路。还有其他原因吗？贝内德克又加上了对奥地利军事情报机构的埋怨。"我们收到间谍活动津贴的时间太迟了。"总司令在信的结尾豪迈地保证道，"一旦军队会师完成，我就发起决战。决战的胜利将全凭上帝和我这老兵的造化。"[61]

这就是维也纳人所称的"托词连篇"（Schmäh）：几乎不相关的种种借口的倾泻，反映了贝内德克因为无法将整个普奥战争的责任推得一干二净，而感到越发的孤立和沮丧。他与参谋人员和最优秀的将军之间出现了对立，看起来对眼前的战争不再抱有希望，而是忙着向后世洗脱自己的罪名。这真是太讽刺了，因为在下面的克尼金霍夫，普鲁士近卫军的军官们正在充满担忧地谈论着，千万别让"霍奇基希（Hochkirch）战役重演"；霍奇基希战役是发生在 1758 年的一场残酷战役，当时奥地利的道恩元帅在夜里率军悄悄从高处的阵地下来，大肆屠杀了在下面宿营的普鲁士军队。[62] 然而，贝内德克不仅没有任何行动，还陷入了致命的消沉之中。第二天，当伊钦的消息传到指挥部时，他仍然处于自我封闭的状态。而且，他再次把自己打造成无辜的受害者形象，责任都是他那无能的下属。他给奥皇的电报中道："伊塞河军团大败迫使我不得不向克尼格雷茨方向撤退。"[63]

贝内德克逃往克尼格雷茨

事实上，贝内德克无论如何都不得不放弃克尼金霍夫上方的阵地。早在 6 月 28 日，贝内德克的一位副官就将杜贝内克形容为"捕鼠的陷阱"，北方军团在这里"将两翼都暴露给了敌人"。[64] 到了 29 日，施泰因梅茨和近卫军所处的位置，已经既可以将贝内德克赶出阵地，也可以将他关在阵地里消灭。克尼金霍夫上方的延伸阵地到处都是缺口，而杜贝内克本身也因为辎重队和难民而堵得水泄不通。贝内德克只是顺手把责任推到克拉姆－加拉斯身上；就像他的前辈道恩元帅一样，加拉斯被称作"'战鼓'加拉斯，只有被敲打①时才会发声"。[65]30 日的晚餐过后，贝内德克撤销了他 29 日下发的命令，决定**再度**变换阵线，这一次是朝向东南。北方军团将把波希米亚全境拱手让给普军，返回摩拉维亚境内的奥尔米茨以恢复元气。这次打击士气的反向行军的第一站将是克尼格雷茨。[66] 行军纵队将在夜幕降临之前集结好，做好行军准备。[67]

北方军团和它绵延 100 公里长的辎重车队，通宵朝着克尼格雷茨的易北河桥梁跌跌撞撞地行进。当奥军指挥部在凌晨 2 点动身时，一位上尉参谋把日记收起来。日记中写道："普鲁士的军团可以随心所欲地会合了。敌人白送给我们的优势，我们却没能把握住。再见了。"[68] 对于奥军有些部队来说，这已经是第三个不眠的夜晚，而且在这下雨天的三流道路上，也只能是走走停停。[69] 卡尔·图恩将军的第二军用了 20 个小时才艰辛

¹⁹⁷

---

① "beaten"是双关，有"被敲打"和"被打败"的意思，言下有讽刺"加拉斯只有被打败时才有消息"的意味。——译者注

地走了 15 公里。[70] 经历了 7 月 1 日一昼夜的时间，奥军的各旅、辎重队、炮兵连才抵达比斯特日采河两岸，即克拉姆-加拉斯第一军在 6 月 30 日占领的群山之间的露营地。贝内德克命令辎重队将必需的补给分配给各军，然后继续下行至克尼格雷茨，在那里渡河，到易北河的左岸，之后继续前往奥尔米茨。[71] 克里斯马尼奇回忆起，在这次影响士气的从杜贝内克的撤退过程中，贝内德克"对他视若无睹"，已经完全不再信赖他这位北方军团的作战总指挥了。

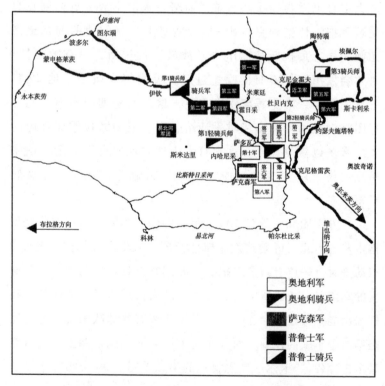

示意图 20　1866 年 7 月 1 日，贝内德克逃往克尼格雷茨

因此，对于贝内德克在克尼格雷茨的颇为奇怪的露营地选择，克里斯马尼奇可能有，也可能没有话语权；这片暴露的阵地不仅选在易北河**错误**的一侧，而且位于克尼格雷茨要塞的**前面**。[72] 从基本的战术原则来看，贝内德克也应该片刻不容耽搁地渡河，将易北河这道水障置于他和追击的普鲁士军团之间。这位陆军总司令一如既往地没有和各军军长商议。确实，他们甚至不知道他们是在退往奥尔米茨的路上。他们只知道命令上写着："朝克尼格雷茨进军。"[73] 实际上，奥地利第 1 预备骑兵师的师长威廉·荷尔斯泰因（Wilhelm Holstein）亲王以为贝内德克得到了弗朗茨·约瑟夫"出于政治原因"而退却的命令。另一位骑兵将军塔克西斯亲王认为，北方军团南下到克尼格雷茨，是为了在新的阵线上重新对伊塞河方向发起攻势。[74] 加布伦茨将军提到，贝内德克"不断调整、取消完成了一半的阵容组合"，令他困惑不已。[75] 拉明曾经目睹了利奥波德大公的第八军在斯卡利采不明智地**背河**而战的惨败状况，主张尽快渡过易北河。他后来证实说，北方军团显然需要"在一道可以防止普军对它合击的天然屏障后面"休养生息两三日。[76]

然而，在沿着前往克尼格雷茨的条条道路上，从头到尾，由辎重队和分散的队伍所造成的骚乱景象，让贝内德克茫然不知所措。于是，身心俱疲的他在易北河的右岸崩溃了，他断定当前渡河绝不可能做到。[77] 当北方军团终于在比斯特日采河畔的克拉姆第一军和萨克森军周围安顿下来时，皮雷特旅的一个步兵看着军团的进展，在笔记中给他弟弟写了这样一段不以为然的话："你总是说你想看一看兵营里的军队。真想让你看看**这**一支军队！看士兵和马车混杂在一起，都乱成了什么样子！"[78]

1866年6月30日—7月2日，伊钦普军指挥部和克尼格雷茨

汉诺威战败，巴伐利亚军队也被赶到美因河以南，毛奇和普鲁士国王感到可以放心地将位于柏林的最高指挥部迁到波希米亚，以便离这场战争的决战场所更近些。在毛奇、罗恩以及6车厢的廷臣、官员和外国武官的陪同下，他们于6月30日乘火车从柏林到赖兴贝格，第二天继续上路，开到伊钦。在那里，毛奇失望地获悉，他的三位军团司令不知何故完全失去了与奥军的任何接触，对于去哪里才能找到贝内德克的北方军团也是毫无头绪。伊钦战役之后，赫尔瓦特和腓特烈·卡尔亲王并没有让骑兵向前推进，去追击克拉姆-加拉斯，而腓特烈·威廉王储甚至没有侦察到贝内德克从杜贝内克高原的午夜撤离。[79] 因此，当普军的骑兵巡逻队在易北河两岸搜寻北方军团的踪迹时，毛奇的指挥部就在焦虑不安中度过了7月1日和2日。

毛奇知道，贝内德克已经朝克尼格雷茨撤退，但除此之外，他就没有任何明确的消息了。毛奇最好的预测是，贝内德克总司令已经率军躲避于易北河**之后**，将右翼布置在约瑟夫施塔特，左翼布置在克尼格雷茨，两翼和后卫在奥帕河与阿德勒河一线休整。简言之，他猜测贝内德克将会利用易北河要塞群，而他利用要塞群的目的，则正如要塞群之所以被建造，并在120年来以天文数字般的支出一直对其进行维护的那样，即借以抵御普鲁士对奥地利的入侵。[80] 出于这一考虑，毛奇命令第二军团**不要渡河到易北河**的右岸与第一军团会合。假如贝内德克守在易北河之后，毛奇想做的是能够从两岸对他夹攻。6月30日至7月2日，当骑兵沿着北方军团的行军路线搜寻时，普军的两大

军团便连续休整了三天。俾斯麦刚刚获悉法国一位特使很快将会抵达普军指挥部，敦促立即停止普奥战争，他便赶紧催促毛奇。毛奇于是计划在易北河的两岸展开武力侦察，找到贝内德克并准备对他施以毁灭性的打击。俾斯麦和毛奇都迫切地想要在法国的武装干涉令他们失去打散德意志邦联，并按照普鲁士的方针对其进行重组的机会之前，找到并打败奥军。[81]

　　尽管在持续了一个星期的艰苦行军和战斗后终于得以休整，普鲁士军营中却并没有洋溢多少欢快的氛围。自从 6 月 30 日以来，雨就下个不停。一位战地记者指出，易北河军团和第一军团"经受着饥饿的煎熬，早已体力不支"。在从伊塞河赶来的路上，他们就因疲劳而损失了成百上千名士兵，而且在疲劳状态下，他们也极易感染痢疾、斑疹伤寒和其他传染病，余下的有生力量可能也会因此而遭到严重削弱。在精神层面，普鲁士夸耀的部队纪律也开始松懈。当士兵们为了食物饮品而洗劫宫殿、农场、商店和啤酒酿造厂时，他们的长官也懒得干预。第一军团可怜的补给在蒙申格莱茨就消耗光了，到现在也没有重新补充，而易北河军团和第二军团的补给情况甚至更糟。[82] 随军的军需官痛惜柏林方面不能从普鲁士在萨克森、卢萨蒂亚和西里西亚的铁路站点，将补给由陆路运输给波希米亚境内的三个军团。7 月 2 日，当普鲁士第二军团的参谋长阿尔布雷希特·冯·布卢门塔尔将军前往伊钦与毛奇和罗恩碰面时，他在日记中写下了对这些饱食终日、"铁青面孔、无所事事的"官僚的憎恶。在布卢门塔尔看来，柏林指挥部转移到伊钦是"令人作呕的景象"。[83] 尽管王室指挥部近了，博宁也拿下陶特瑙－伊钦公路，但普鲁士军团之间的通信依然脆弱。6 月 30 日一整天的时间里，在克尼金霍夫的腓特烈·威廉王储都没有收到关于伊

201 钦战役的任何消息。确实，普鲁士的侦察已经松懈到这种地步：王储实际上还以为易北河军团和第一军团仍在蒙申格莱茨和波多尔，贝内德克的军队还大规模地停留在王储上方的高原上。[84]

7 月 2 日，毛奇将第一军团和第二军团的参谋长沃格茨-里茨将军和布卢门塔尔将军召集到伊钦的王室指挥部，召开参谋会议，策划普军的下一步行动。在仍然不知道贝内德克行迹的情况下，毛奇命令第二军团仍留在易北河左岸的克尼金霍夫，同时易北河军团和第一军团突进至右岸的克尼格雷茨。[85]简言之，普军的这位总参谋长仍然决心包围贝内德克，即便贝内德克龟缩在易北河的后面。假如果真如此，毛奇就在河上搭建几座浮桥，用易北河军团和第一军团向北方军团正面进攻，接着让第二军团迅速地潜行而下，到易北河左岸，插入贝内德克的侧翼和后方。

这次的参谋会议最突出的一点就是普军将领们对毛奇的计划意见不统一。前一天，布卢门塔尔已经让博宁军渡过易北河，推进到河的右岸，以便与第一军团会师。7 月 2 日，毛奇在最后关头的否决，才拦下腓特烈·威廉王储带着施泰因梅茨和近卫军渡河。当第二军团就这样向西奋力推进的时候，腓特烈·卡尔亲王计划率领第一军团向东疾行，拖带着他右翼的易北河军团和他一起行动。这同样违反了毛奇要求易北河军团和第一军团向南进军至克尼格雷茨的命令。相反，6 月 30 日，腓特烈·卡尔亲王将第一军团带到米莱廷和霍日采，他希望 7 月 1 日在这两个地方与腓特烈·威廉王储会合。[86]简言之，第二军团和第一军团是在努力按照传统的约米尼方式会合在一起，以便杜绝贝内德克在他们的内线之间机动，将他们各个击破的可能。

然而，毛奇在这种过度的谨慎中看到的，是对他包围北方军团的大胆计划的挫败。假如普军的军团司令在易北河右岸会合，左岸将独剩贝内德克，那样就没有什么可以阻挡这位陆军总司令逃往维也纳和更好防守的多瑙河阵线了。而且，尽管当前毛奇失去了与北方军团的接触，但他确定奥军就在附近。如果奥军真是在附近，普鲁士的三个军团**早已**彼此接近到可以互相配合的距离。正如毛奇在战后亲口解释的，从 6 月 30 日开始，普军分散成三大集群便拥有了巨大的战术**优势**，因为现在无论贝内德克把阵地选在哪里，它们都可以对其进行包抄，而贝内德克无论袭击普军三个军团中的哪一个，都将会把侧翼或后方暴露给另外两个。[87]考虑到这些因素，毛奇便命令野战军团在 7 月 2 日休整，同时让普鲁士骑兵侦察队继续朝着易北河两岸的克尼格雷茨和约瑟夫施塔特刺探。[88]

202

7 月 1~2 日，北方军团休整

贝内德克将军队集结在萨多瓦和克尼格雷茨之间比斯特日采河畔的新阵地之后，补给问题更加恶化了。毛奇故意将军团分散在 45 公里的阵线上，以方便火药的补给和物资征用，而贝内德克却将整个大军挤在长仅 8 公里的阵线上，从而让一切补足食物、饮品和火药的努力都变得徒劳。[89]7 月 1 日，奥地利这位陆军总司令在无计可施的情况之下，要求立即商议停战协定，让奥皇弗朗茨·约瑟夫震惊不已。贝内德克在给霍夫堡皇宫的电报中写道："奥军的浩劫在所难免。"这封"浩劫电报"对维也纳方面的打击就像晴天霹雳一般；弗朗茨·约瑟夫震惊得连连后退。如果北方军团真的处于灾难边缘，[90]为什么贝内德克不让军团渡过易北河，开进奥地利"北方方形要塞群"的心脏地带？为什么贝内德克不利用身后宽阔的易北河，在约瑟夫施塔特、克尼格雷茨和帕尔杜比采的桥头堡上换河岸驻防，以威胁毛奇的两翼，迫使这位普鲁士的总参谋长派出一支"观察军"，大大削弱他三个军团的实力？[91] 相反，贝内德克在方形要塞群的门口徘徊不入，殊不知普鲁士三个军团一旦获悉他的踪迹，这里正是它们将会集结的地点。总之，贝内德克将自己逼入死角。奥帕河让利奥波德大公从斯卡利采的逃离变得混乱无序，易北河能够让贝内德克从萨多瓦的撤退变得更加不堪。[92]

漫不经心地看一眼地图，这一切便一目了然，然而贝内德克却没有采取行动。7 月 1 日一整天，他满脑子关注的都是琐碎的露营事务，让一位参谋军官忍不住流露出对此的厌恶："难道我们真的要继续待在这里，**背对着**易北河与要塞？显然，指挥部犯起蠢来还真是没有止境，因为看样子我们明天**仍**要待在这里！"[93]7 月 2 日，埃德尔斯海姆将军骑马来到费斯特蒂奇伯爵的露营地，询问他是否认为贝内德克还适合指挥北方军团。

203 埃德尔斯海姆后来作证道："我感到有义务指出，总司令在肉体上和精神上都垮掉了。"费斯特蒂奇虽然与贝内德克关系亲密，也认同了这一点。[94] 贝内德克总司令的参谋人员看起来也和他一样疲惫憔悴，没有士气。这日，奥军的一位军官注意到"指挥部极度混乱的状态，这里的高层完全无计可施"。奥军的辎重队纠缠在一起，造成克尼格雷茨和帕尔杜比采的易北河桥梁交通阻塞，只是让形势更加恶化。之前，贝内德克命令全军走唯一一条行军路线向南，现在则要付出代价了。他的行军纵队如此的组织混乱，以至于克尼格雷茨要塞的卫戍司令威胁道，如果贝内德克还不能让部队恢复纪律，他就要封闭要塞，不让北方军团使用要塞的主桥梁。[95]

　　奥军沿着比斯特日采河宿营的七个军和五个骑兵师对这种混乱的局面感触深切。自从离开杜贝内克高原，没有一个人能吃上一顿像样的饭。在缺少充足的食物、衣服和帐篷的情况下，他们还要遭受 6 月最后一天降临到波希米亚境内的冷锋和持续降雨的折磨。第三军的一位军官回忆，贝内德克在萨多瓦上方的露营点"什么吃的也提供不了，连面包也没有。载重马车全都走了，也没有随军酒食小贩或者卖食物的农民，我们还不得不睡在落满粪便的湿漉漉的地面上"。[96] 第一军的情况也没好到哪里去。它的辎重队没有留下任何东西给易北河右岸的士兵就渡河到了左岸。一位厌战的列兵讥讽道："到处都是士兵和载重马车，可为什么我们还是什么补给都没有？"[97] 林克尔斯海姆将军是参加过 1859 年战争的老兵。他见多识广，看到这种种情形，便预测一场大败在所难免："我的士兵没有钱，没有鞋，没有必要的补给，也没有肉。各个军都混杂在一块。我们也找不到**任何**从指挥部来的人……北方军团面临着一场灾难。"[98]

　　不用说，奥军方面这种种手足无措的迹象，证明了传统上认为贝内德克是**故意**留在易北河右岸以便在打退毛奇的进攻后更易于发起反攻的观点是站不住脚的。[99] 事实上，到了 7 月 1 日，贝内德克已处于精神崩溃的边缘，就像他发给奥皇的颇为歇斯底里的"浩劫电报"所充分表明的那样："请不惜一切代价缔结和约……奥军的浩劫在所难免。"[100] 对于贝内德克而言，克尼格雷茨只是北方军团撤往奥尔米茨的第一个停歇点。[101] 伊钦战役后，弗朗茨·约瑟夫派遣弗里德里希·贝克（Friedrich Beck）前往北方军团指挥部搜集情报。7 月 1~2 日，在拜访贝内德克期间，他向霍夫堡皇宫描述了北方军团的糟糕状态，而且没有提及北方军团任何在比斯特日采河畔作战的计划。[102] 的

204

确，克里斯马尼奇作战指挥部的一位军官指出，7 月 1 日和 2 日"闲散地度过……没有任何将我们在易北河右岸的露营地改造成**真正的**阵地，并凭借它进行作战的讨论"。[103] 北方军团顶层这种可恨的失职行为，没有比 7 月 2 日在贝内德克召集的参谋会议上表现得更明显的。

7 月 2 日，贝内德克的"作战会议"

早在 5 月，贝内德克就对法国驻维也纳武官断然道，他不会允许外国的王公或参谋军官跟随他的指挥部出征，因为正如总司令所言，"每个军队都会犯错，而犯了错就必须尽快地在内部纠正"。[104] 现在，他的机会来了。要纠正的实在是太多了，首先要解决的就是克尼格雷茨战役前的一星期里北方军团对普军 4∶1 的伤亡比例（奥军总计损失 3.1 万人，包括 1000 名军官）。在战前便一直低估普鲁士后膛枪造成的威胁，现在贝内德克不得不正视这一挑战。斐迪南德·波沙赫在伊钦布置的防御火力层和路德维希·加布伦茨在博克施道夫将预备炮兵大规模投入战斗的做法，也许可以解决北方军团的困境。

当然，还存在其他问题。北方军团必须更迅速地传达命令，不要每天都变换阵线和行动目标。奥军各军长必须被告知总司令正在制订的计划，而不能让他们蒙在鼓里。像克拉姆-加拉斯等将军，必须强制他们使用一直堆在辎重里废置不用的**野战**电报机。各种后勤问题也必须理顺。各军长的权威必须重新树立。之前，莽撞的旅长们加速了维索科夫和斯卡利采战役的失败。在斯卡利采，古斯塔夫·弗拉格纳放弃了好好的阵地，让该旅朝着树林冲去，而树林里到处是装备着后膛枪的普鲁士步兵。在陶特瑙，阿尔贝特·克内贝尔没有得到命令就进攻敌人山顶的阵地，毫无必要地让几个团的兵力遭到严重削弱。在伊钦，路德维希·皮雷特更是将**他的**旅糟蹋得支离破碎。1859 年之后，奥皇弗朗茨·约瑟夫至少在理论上已经将陆军师从奥军战斗序列里剔除，以便军事行动能够统一在少数已被证明有真才实干的军长指挥下展开。然而，在实际的运转中，这种新模式的军队和原先一样不可靠。[105]

7月2日下午1点，当贝内德克麾下的将军们到达指挥部参加会议时，他们大多数人期望的是能够对奥地利平庸的战争努力做出全面的检讨，能够就北方军团继续待在暴露的比斯特日采阵地是否明智进行探讨。[106] 然而他们彻底失望了。贡德勒古将军回忆道："（贝内德克）只问了我们在营地是否有充足的饮用水。然后，他在没有对战略或战术问题进行**任何**探讨的情况下，单方面决定我们将继续待在克尼格雷茨前面的阵地。"[107] 第二军军长图恩伯爵回忆的情况也一样："发生战斗的可能性一直没有提出来讨论。（贝内德克）只是提到纪律问题，对于行动问题什么都没有说。"[108] 拉明在报告中说，尽管贝内德克提出了"及时清晰的行军布置"问题，他却拒绝讨论奥军行动的**新**目标（既然向伊塞河的推进已经取消）或者考虑北方军团在比斯特日采河畔遭到攻击的可能性。[109] 所以，在战后，当贝内德克试图将这次没有起作用的会议形容为充分展开的"作战会议"时，加布伦茨和大部分同僚都气愤地提出了异议。"那才不是什么作战会议，"加布伦茨抗议道，"7月2日下午3点，当我们从指挥部返回露营地时，显而易见的是贝内德克总司令仍然没有掌握任何有关敌人的阵地、兵力或动向的信息，而且他也没有在7月3日开战的意图。"库登霍韦将军的观点与其一致。克尼格雷茨战役之后，他在给阿尔布雷希特大公的信中写道："你**真的**觉得正儿八经的作战会议会决定让我们**背对着易北河**与敌人对抗吗？"[110]

下午 3 点，贝内德克宣布休会，并专横地宣布北方军团在比斯特日采河畔的休整将延续"几天"时间。他连可能会发生战斗都没提示，也没有采取任何基本的预防措施，只是指示将领们研究他们露营的普里姆（Prim）－赫卢姆－内德利斯特（Nede list）阵地，留意如何对阵地做好防守。这一疏忽解释了为什么第二天奥军将领在试图理解指挥部派人穿过贴地的浓雾和滂沱的大雨送达的迟来的命令时，会茫然不知所措。[111] 众将军起身离开时，埃德尔斯海姆将军鉴于他的骠骑兵从前一天开始就与普军骑兵侦察队不间断地爆发小规模冲突，便提醒贝内德克，敌人近在咫尺。敌人在当晚，**至迟**第二天早上就可能发起进攻。"什么时候**你**变成先知了？"贝内德克笑道，"你们年轻人总是想法多。"[112] 拉明因为生病没有参会。当会议纪要在下午呈给他时，一位副官回忆，拉明"不敢相信（贝内德克）还以为不会发生战斗"。这位第六军的军长认为北方军团所处的困境已经极为"严峻"。[113]

在奥军各军长返回各自部队的途中，看到军队工兵在赫卢姆、利帕、马斯洛夫德（Masloved）和内德利斯特挖炮兵连阵地；这几处高地位于比斯特日采阵地的中间和右边，耸立于萨多瓦上方。[114] 由于这项工作没有在更脆弱的左翼伴有任何类似活动，再加上道路也没有拓宽，树木也没有砍倒，阵地各处都没有安装任何野战电报机，因此显而易见，7 月 2 日挖的这些少数壕沟并不是为决战而准备的，只是为了在北方军团接下来渡河到易北河左岸的过程中，给后卫部队提供掩护。[115] 尽管在战斗打响前，克里斯马尼奇在克尼格雷茨待了整整两天，却一

图 15 1866 年利奥波德·埃德尔斯海姆将军(1826—1893 年)和奥地利第 1 轻骑兵师参谋人员

次也没有侦察这块阵地。考虑到他所处的困境，这一疏忽令人震惊。更令人震惊的是第六军一位上尉参谋的回忆，他在7月2日被派去陪同贝内德克的炮兵与工兵负责人巡视赫卢姆和利帕。据他报告，"这两位负责人甚至连提都没提"第二天"发生战斗的可能性"。[116]

第九章 克尼格雷茨战役：贝内德克在 "比斯特日采包围圈" 中的防御

如果贝内德克预料到在克尼格雷茨将会爆发一场大战，他绝不会固守在比斯特日采河阵线的萨多瓦。指挥部的一位军官认为这处阵地"糟糕透顶"。右翼的所在地"低于周围平面，而且北面完全被（1500 米高的）高地俯视"。[1]左翼就更脆弱了。左翼所处的位置没有任何天然屏障，而且悬在孤立的普里姆与普罗布卢斯（Problus）高地的上方，毫无掩护。赫尔瓦特·冯·毕滕菲尔德将军只得将易北河军团各师集结起来向克尼格雷茨行军，将这些高地留到他的左边，而奥军一位参谋则忿忿地回忆道，普军"将会吃下（北方军团的）左翼，拿下这场战役"。[2]贝内德克阵地的普里姆一翼和内得利斯特一翼连在一起，在赫卢姆高地形成一个突出部。即便是参谋学院的学员也能告诉贝内德克总司令，由此形成的"半月形前线"是所有可能的部署中最糟糕的一种，因为它将北方军团的预备队和撤退路线压缩在狭窄的倒"V"字区域内；而且，通过将两翼的军队后移、中军向前突出，导致奥军战线的两个半边没办法互相支持。在这种极为浪费的布局中，如果敌人发起侧翼进攻，贝内德克的中军将和两翼一样脆弱。由于两翼脱离了突出的中军（而不是围绕着中军向前耸起），普军无论攻击奥军突出部的哪一面，都能够像攻击侧翼似的轻而易举地攻入赫卢姆这个奥军"阵地的要地"。[3]

总之，普里姆-赫卢姆-内德利斯特是在玛丽亚·特蕾莎统治时期就被列于奥军地图测绘中的过时的 18 世纪阵地，并且是以 18 世纪的火炮射程和军队兵力为考虑因素。和斯卡利采的阵地一样，到了 19 世纪中期，这样的阵地就很难守得住了。在 18 世纪 60 年代，腓特烈大帝和装备滑膛枪的普军步兵想从赫卢姆北面 1.5 公里的马斯洛夫德高原攻击利帕或内德利斯特，那是绝无可能的。然而，到 19 世纪 60 年代时，装备**步枪**后，他们就会发现，目标都在射程之内了。装备了精确射程达几公里的膛线**炮**，那造成的杀伤就更大了。贝内德克的预备队挤在赫卢姆后面的狭窄空间里，无论普军的炮兵打过来什么，他们都得照单全收，甚至包括前线每一枚没有射中目标、打得过远的炮弹。[4]

在克尼格雷茨战役爆发前，贝内德克的阵地还存在其他问题。它没有像样的"指挥山"，因而对战役的指挥和控制都变得困难。尽管赫卢姆和利帕的中央高地俯视着比斯特日采河在萨多瓦的渡口，从这些高地却只能部分地看到北方军团的左翼和右翼。此外，它们北面还有更高的杜布和霍雷诺韦斯（Horenoves）的高地，普军将会毫不犹豫地占领那里。赫卢姆本身虽然是奥军阵地的最高点，但却难以防御。通往赫卢姆村的道路有四条，它们比周围低，而且在泥巴墙、农舍、果树和一人高的玉米田的遮挡下极为隐蔽。要想守住赫卢姆不让敌人奇袭，奥军的坑道工兵必须将它夷为平地，而这样的事没人有时间去做，也没人想做。总的说来，7 月 3 日将取代克里斯马尼奇成为奥军作战总指挥的阿洛伊斯·鲍姆加滕（Alois Baumgarten）将军感到很奇怪，贝内德克竟然选择了一个"从**外部**远比从里面更容易将其包围"的阵地，从而在克尼格雷茨战役还没开打之前，就将巨大的优势拱手让给了普军。[5]

**示意图 21　克尼格雷茨战役：1866 年 7 月 2 日，
贝内德克在比斯特日采河畔的阵地**

7 月 2 日和 3 日，毛奇和克里斯马尼奇的战斗部署

自从 7 月 1 日以来，奥军的轻骑兵不断地与普军侦察队爆发小规模的冲突。2 日一早，萨克森军就在霍日采发现了普鲁士第四军。霍日采位于伊钦到克尼格雷茨的中途。贝内德克参谋会议刚结束几个小时，奥军从西面回来的骑兵侦察队就报告，在离比斯特日采河一个行军距离内，频繁地爆发了小规模冲突，还发现了普军几处大的露营地。普鲁士第一军团宿营在霍日采

和米莱廷附近，易北河军团宿营在伊钦东南的斯米达里
（Smidary）。当天早些时候，在北方军团右翼发现普军的踪迹之
后，贝内德克实际上已经将第三军匆匆派往它位于利帕河畔的
战斗位置。军团指挥部丢下了克尼格雷茨的一切事物，快马加
鞭地赶到赫卢姆，像无头苍蝇似的乱转，紧张地等待战役打响，
直到午饭时间才发现是虚惊一场。[6]

　　7 月 2 日晚上 7 点 30 分，萨克森军的前哨与普鲁士易北河
军团的先遣部队发生了遭遇战，后者当时正在侦察内哈尼采
（Nechanice）的比斯特日采河渡口。这正是贝内德克左翼的确
切部署位置。萨克森王储阿尔贝特将普军对此部署位置的抢掠
兴趣报告给奥军指挥部，并提醒他们北方军团可能会"在凌
晨"遭到"围攻"。半小时后，埃德尔斯海姆将军**再次**提醒
"普军正从西北方向迅速推进"。2 日较晚时，监视伊钦-克尼格
雷茨公路的奥军龙骑兵回来了，他们押着普军第一军团的俘虏，
从俘虏那里证实了腓特烈·卡尔亲王正朝着比斯特日采河连夜
211　行军。[7]直到那时，即夜里 11 点，在任由关键的几天和关键的几
个小时都白白流逝后，克里斯马尼奇将军才终于坐下来做战斗
部署。当午夜奥军指挥部的时钟敲响 12 下时，他命令下属将他
们写的所有文件的日期都往前改到 7 月 2 日。普军的行动**不是
不可预测的**，但克里斯马尼奇在最后关头拿出的是这样的对策，
这实在太有损颜面，而且一旦上了军事法庭，这就是犯罪的
铁证。[8]

　　尽管普军的宿营地组织得比奥军更为有序，但截至 7 月 2
日晚上，毛奇也有他自己的问题。他的侦察员还没确定奥军的
位置，这位普军的总参谋长甚至开始对他到波希米亚以来发布
的命令产生怀疑。尽管他 7 月 3 日的命令是让两个最大的军团

再次朝克尼格雷茨挺进（第二军团在易北河左岸，第一军团在右岸），普军的补给问题和法国即将对普奥战争的干预，还是让他觉得最好是速战速决。然而，如果贝内德克成功地在约瑟夫施塔特、克尼格雷茨和帕尔杜比采已建立防御工事的桥梁**后面挖壕防护**，即便易北河两岸都有普军的军团，届时也难以将贝内德克赶走、击溃。因此，毛奇现在必须考虑改变计划。2日，他考虑过干脆将第二军团推进到易北河右岸，经过克尼格雷茨，前进到帕尔杜比采，这样一旦易北河军团和第一军团开始攻击奥军在克尼格雷茨的要塞工事，第二军团就可以防止贝内德克从帕尔杜比采的桥头堡集结军队攻击易北河军团和第一军团暴露的侧翼，以及它们后方的交通。尽管毛奇对伊钦战役以来局势的变化感到失望，但他还是相当肯定，一旦他把第二军团移动到帕尔杜比采，贝内德克往维也纳的撤退路线受到**下方**普军一个庞大军团的威胁，他就只能放弃易北河阵线和诸要塞了。[9]然而，这一行动又要耗费宝贵的几天时间，让贝内德克得以让北方军团休养生息，同时也给了拿破仑三世时间为奥地利争取温和的条款，因为明摆着现在在拿破仑三世看来，奥地利对法国利益的威胁远不如普鲁士的威胁大。

正当毛奇在艰难的抉择中仔细斟酌时，7月2日晚，一支孤军深入的普鲁士乌兰骑兵侦察队在易北河右岸搜寻时，有了惊人的发现。此前，这支侦察队怀疑附近有大批奥军，所以他们小心翼翼地向前探察，以免遭到奥军优势兵力的伏击。然而，奥军安插在杜布高地的哨兵将他们当成萨克森军。于是，他们就在光天化日之下穿过奥军的哨兵线，仔仔细细地观察了北方军团在比斯特日采河谷集结的大片帐篷和炊火。[10]到了晚上6点30分，普鲁士乌兰骑兵侦察队已经带着这个消息，回到位于霍日采的第一军团指挥部。到了晚上 9 点，腓特烈·卡尔亲王和他的参谋长康斯坦丁·冯·沃格茨-里茨已经发布命令，让易北河军团和第一军团全面进军至比斯特日采河。为了荣耀不顾一切的卡尔亲王故意没有将第二军团的四个步兵军纳入他的计划。他仅让腓特烈·威廉王储派一个军到易北河对岸，密切监视约瑟夫施塔特，防止奥地利在那里的驻军出击第一军团的侧翼。[11]

按照惯例（现在这已成为普军各指挥部的标准操作流程），腓特烈·卡尔亲王无视毛奇，给自己的计划完成了最后的收尾工作，将它直接下达给赫尔瓦特·冯·毕滕菲尔德和腓特烈·威廉王储，直到那时才去惊动国王，向国王汇报说他和赫尔瓦特将于第二天早晨在萨多瓦和内哈尼采强渡比斯特日采河。沃格茨-里茨喊醒毛奇，毛奇吓了一跳。奥军在易北河的**右岸**？"谢天谢地！"毛奇嚷道。谁能想到贝内德克会主动退进这样一个完美的包围圈或"口袋"内呢？[12] 普军的参谋军官在职业生涯早期就学习了永远不要背对河流作战斗部署。确实，贝内德克在克尼格雷茨前面的地面部署太不合情理，以至于毛奇直到第二天上午还在猜测，贝内德克总司令只是留了一支后卫部队在那儿，同时正忙着转移部队的主力，让他们通过身后的桥梁渡河。

既然被扰了睡梦，毛奇便审阅腓特烈·卡尔的计划，注意到了一个重大的缺陷，即这份计划没有将第二军团包括在内。他纠正了这一错误，在午夜时派出两名骑兵参谋带着修正后的命令去找腓特烈·威廉王储：立即渡河到易北河右岸，迎着奥军的右翼进军。[13] 毛奇安排好这一切，一位为他叠被褥的副官将心中的好奇说了出来。普军的计划是不是制订得太过仓促了呢？面对敌人集结的大军，将三个军团联合起来的行动会不会太危险呢？披着睡衣的毛奇耸了耸肩，回应道："在战争中，**没有**

什么是不危险的。"[14]

在奥军的指挥部，情况就没有那么祥和了。当北方军团大多数参谋军官在忙着研究克里斯马尼奇的作战计划时，贝内德克和亨尼克施泰因（克里斯马尼奇后来骂他"愚蠢、懒散、混日子"）正在与维也纳方面交锋。[15]7月2日早些时候，在送别了极不放心的贝克中校后，亨尼克施泰因给奥皇的第一副官弗朗茨·克雷内维尔将军发电报，解释说贝克到访北方军团指挥部正是在"不凑巧的时刻"，但"情况（正在）迅速地改观"。与此同时，弗朗茨·约瑟夫已经开始收到贝内德克在北方战场灾难性指挥的种种细节，拒绝再被愚弄。他愤怒地一把抓过亨尼克施泰因的电报，用红色的蜡笔在上面刷刷地写上"可悲"两个字，直接将亨尼克施泰因召回到维也纳接受质问。[16]

然而，将亨尼克施泰因召回，下命令容易，落实起来就难了。除了是奥军的参谋长，阿尔弗雷德·亨尼克施泰因还是贝内德克的亲信，而这位陆军总司令则直截了当地拒绝与他分开。7月2日，贝内德克在给奥皇的信中写道："一想到像亨尼克施泰因男爵这样勇敢的人扒光了衣服在公众的凝视下被控诉，我的心就在滴血。"贝内德克没有送上亨尼克施泰因的人头，反而向奥皇奉上了克里斯马尼奇。难道不应该是"作战总指挥"才是北方军团大败的**真正**罪魁祸首吗？第二天将会有一场大战，而贝内德克需要亨尼克施泰因在他身边。[17]

在为亨尼克施泰因做出这些不合时宜、匪夷所思的努力之余，贝内德克当夜还给奥皇写了一封更长的信，再次将他的挫败归咎于巴伐利亚军、议会、外交部和他那些不足道的下属。[18]贝内德克在6月29日就从杜贝内克发走了一封这样开脱罪责的信件，这次只不过是老调重弹罢了，只不过亨尼克施泰因还为

213

自己加上了专门的申辩。亨尼克施泰因在给霍夫堡皇宫的克雷内维尔将军的信中写道："我现在的处境非常悲惨，竟然要我在世人面前为不是**我**造成的错误、灾祸担责……**我仅仅是名义上的总参谋长**……真要我上军事法庭吗？请不要在维也纳开庭。我们可以在地方要塞开庭吗？还允许我穿制服出庭吗？我会被革职吗？要是我能枪毙自己就好了。"他把信放在一旁，又拿起来，在空白处添上一句问话："我的退休金呢？"[19]7 月 3 日凌晨 3 点 15 分，亨尼克施泰因写完了这封辩解信。实际上，如果任命的位置是在作战指挥部，亨尼克施泰因本可以发挥更大的作用。而此时，奥军的骑兵参谋正带着克里斯马尼奇仓促拟就的战斗部署奔赴各点。可能是因为贝内德克和亨尼克施泰因可耻地缺席作战指挥会议的缘故，战斗部署直到凌晨 3 点才制定好。[20]在克尼格雷茨战役的前夕，北方军团指挥部级别最高的两位将领竟然忙活的是这事，这在一定程度上也解释了克里斯马尼奇的战斗部署为什么会这么粗略，导致奥军在战场上的所有将领对他们面前这场战役的目的和方向都是一头雾水。

克里斯马尼奇对北方军团作战计划的制订启动得太晚，以至于奥地利-萨克森的哪个军都无法从他们 7 月 1 日确定的原宿营地转移。这也解释了为什么贝内德克会拒绝阿尔贝特王储将萨克森诸师向西南转移至赫拉德克（Hradek）的请求。如果转移到赫拉德克，他们就可以将火炮推到山上，从令人望而生畏的高地阻击赫尔瓦特在内哈尼采渡过比斯特日采河。[21]因为时间太紧急，北方军团的左翼只能由埃德尔斯海姆的轻骑兵师（部署在普里姆的森林中）承担，同时以萨克森军和第八军作为预备队。加布伦茨的第十军部署在朗根霍夫（Langenhof）的山脊上，恩斯特大公的第三军部署在赫卢姆-利帕，他们将是奥军的中军。右翼从赫卢姆经内德利斯特一直延伸至特罗蒂纳（Trotina），将由费斯特蒂奇的第四军、图恩的第二军和塔克西斯亲王的第2轻骑兵师镇守。右翼**本**该从内德利斯特转向马斯洛夫德的高地，但贝内德克却忽视了这一至关重要的战术调整，导致第四军在战役一开始就不得不在敌人火力的笼罩下出击。此外，贝内德克保留拉明的第六军、克拉姆-加拉斯的第一军、三个重骑兵师和十六个炮兵连作为预备队。

　　克里斯马尼奇的部署中有一个显而易见的缺陷，即它缺少最终从比斯特日采阵地**撤退**的行动纲领。尽管右翼的两个军和一个重骑兵师可以溜向侧面，通过浮桥渡过易北河，但北方军团的大部分兵力都不得不穿过比斯特日采突出阵地过于拥挤的内部撤到位于克尼格雷茨的要塞和桥梁。奥军各军长感到奇怪的是，尽管接到命令"不要惊扰要塞"（这是他们后方唯一一固定的渡口），却没有提供给他们任何有关其他桥梁或另外逃跑路线的信息。克里斯马尼奇承诺，"第二天"会给他们详细的撤退部署。当然，克里斯马尼奇所谓"第二天"其实是"当天"晚些时候。为了掩饰他在作战部署上的行动迟缓，克里斯马尼奇将7月3日的部署日期倒填成7月2日。但是这种把戏只不过将大多数军官弄得一头雾水罢了，因为他们直到7月3日清晨4点30分才收到不完整的作战部署，而这时距离普军发起进攻只剩两个小时了。[22] 结果，北方军团面对着普鲁士三个军团的包夹进攻，却没有清晰的撤退路线，身后也没有可以渡河的桥梁。[23] 这是自酿灾祸。北方军团的一位副官在7月3日凌晨校阅克里斯马尼奇的作战部署时，毫不掩饰他的惊讶："一开始我**感到难以置信**。我们可是**背水**与敌人开战，而且仅有一条撤退路线！这份漂亮的作战部署竟然连最终撤退的**方向**都没有明确，更不用说介于中间的地点和桥梁了！**这是认真的吗？**"[24]

克里斯马尼奇的部署还存在一个问题，即没有提供北方军团全局或眼下战役目标的相关信息，显然贝内德克本人对这两方面也是一片茫然。[25]克里斯马尼奇后来证实，7 月 2 日这天，贝内德克总司令给他的指示是仅做奥军左翼局部进攻的准备，而他克里斯马尼奇"（自己）主动拟订了万一出现更大规模战役的部署"。[26]然而，即便克里斯马尼奇拟订的部署方案强调了普鲁士易北河军团和第一军团来自西北方向的进攻，但也只是暗示了战役可能会"经中央延伸到右翼"的**可能性**。由于贝内德克在 7 月 2 日的作战会议上并没有讨论普鲁士三个军团的位置和可能的目标，奥军的军长们就像库登霍韦将军说的那样，对普军 3 日的行动"一无所知"。[27]一些奥军将领以为，普鲁士第二军团已经渡过易北河，并向西进发与第一军团会合。其他将领则认为，普鲁士第二军团仍然停留在易北河左岸的约瑟夫施塔特。奥军有一个团被安插在奥军阵地的心脏地带赫卢姆，据该团一名军官回忆，"我们谁都没有怀疑"7 月 3 日"会**出现**第二个敌军（侧翼包抄的）军团，更不用说他们的**进攻**了"。[28]

克里斯马尼奇本该考虑到一个事实，即他的部署是为那些习惯于"向着炮声前进"的实战将领制订的。由于北方军团是部署在一片突出的阵地上，只要一位兴奋的将领这样做了，整个奥军前线就会垮塌。帮助起草作战部署的一位少校参谋后来证实道："这次的部署粗略、不严密而且不完善。各军之间的联系本该受到重视，并建立起来，且要极力维护好。"[29]相反，奥军每个军的作战部署都是单独且仓促的，没有参考总体的作战计划，甚至也没有与两边的部队保持联系。这也解释了为什么下午会发展出那样混乱的局面，以及普军为什么能轻易地从奥军阵线的缺口中穿插进去。贝内德克 7 月 2 日不把情况知会他的将领，7 月 3 日便招致了灾祸。

普军向比斯特日采河进军

　　普鲁士易北河军团的三个师于 7 月 3 日凌晨 2 点 30 分动身，在滂沱大雨中开始向比斯特日采河进军。在赫尔瓦特将军的左边，普鲁士第一军团的六个师已经连夜走完了从霍日采到杜布的大半路程，在清晨 4 点时已经布置在离比斯特日采河一小时行军距离玉米田里。这两个军团的士兵中，很少有人在一个多星期的时间里吃上一顿像样的饭，而他们的火炮则远远落在身后泥泞的道路上。

　　在更东边的克尼金霍夫，普鲁士第二军团指挥部度过了一个不眠夜，他们被前后矛盾的命令搞得晕头转向。腓特烈·卡尔亲王关于在约瑟夫施塔特进行武装伴动的请求于凌晨 2 点送达。腓特烈·威廉王储和布卢门塔尔刚指示第六军向约瑟夫施塔特前进，清晨 4 点钟，毛奇修改后的命令就来了，要求第二军团全军立即下行到比斯特日采河。毛奇的新指示导致第二军团不得不耗时耗力，再做计划和方向上的调整。因此，当腓特烈·卡尔亲王和赫尔瓦特于清晨 5 点下行到比斯特日采河谷时，腓特烈·威廉王储才在为**他的**各部制订行军计划表，取消约瑟夫施塔特的伴动，指示三个步兵军和一个骑兵师沿易北河右岸下行到克尼格雷茨。如果时间允许的话，当施泰因梅茨的第五军遏制奥地利的约瑟夫施塔特驻军时，第二军团的其他各部将插入贝内德克的右翼。然而，迫在眉睫的克尼格雷茨战役将是一场千钧一发的行动，因为第二军团的九个师离萨多瓦还有 20 公里的距离，需要一天的艰苦行军。由于腓特烈·卡尔亲王的

216

午夜密谋，第二军团直到 7 月 3 日黎明过后很久才收到行军命令。第二军团能及时抵达并大举压向贝内德克的侧翼吗？[30] 毛奇包抄战术的东部钳口能及时咬住北方军团吗？或者说贝内德克能来得及向后渡过易北河、躲开这包夹之势？或者更糟的是，贝内德克会倾尽所有，选择攻向腓特烈·卡尔亲王和赫尔瓦特·冯·毕滕菲尔德吗？

早晨 6 点 30 分，赫尔瓦特的前卫部队踩着泥泞的小道从斯米达里下行到内哈尼采，接着将萨克森军第 1 师的前哨赶退到比斯特日采河左岸的奥军阵地，然后停下来。他感到纳闷，为什么贝内德克将左翼放在普罗布卢斯，而不是赫拉德克。只要奥军之前将这里的左翼延伸，实际**驻防**比斯特日采河阵线，"他将会让我们付出血淋淋的代价"，赫尔瓦特随员中的一位记者这样评论道。[31] 尽管位于内哈尼采的桥梁（贝内德克左翼唯一固定的渡口）对于毛奇包围北方军团的计划绝对至关重要，萨克森军在最后关头烧毁桥梁的努力却被雨水浇灭了。当萨克森军的工兵拆掉木板条，准备点着木质的栈桥时，普鲁士第 28 团的燧发枪兵将他们赶跑了。他们用步枪火力清空了桥梁，完好无损地将桥梁夺下。[32] 克尼格雷茨战役才刚刚开始，普军就夺取了第一座渡口，没有遭到抵抗就登上了贝内德克左翼居高临下的高地。北方军团左翼爆发的这场战斗破坏了贝内德克大多数团的早餐，他们抓着未烹煮的食物，或者干脆两手空空，就加入战阵。[33]

在普军中央（确实，在当天的大部分时间里，普军中央和**左翼**都缺了腓特烈·威廉王储迟到的第二军团），海因里希·霍恩将军第 8 师的轻步兵登上杜布高地的顶部，将那里的奥军屏护部队赶到下面的村庄萨多瓦。恩斯特大公的普罗哈斯卡

示意图 22　克尼格雷茨战役：1866 年 7 月 3 日，普鲁士易北河军团
和第一军团的进攻

（Prohaska）旅以轻兵驻守在那里。到了这时，腓特烈·卡尔亲王便举棋不定了。等待普鲁士第二军团的到来，这也合情合理。该军团仍然在约瑟夫施塔特和克尼金霍夫之间阵线上游的 20 公里处。但是，如果奥地利北方军团真的正在渡河直趋易北河左岸（就像毛奇和普鲁士军团司令认为北方军团势必会做的那样），那么每浪费一分钟都会增加贝内德克彻底逃脱到易北河这道河障**后面**挖壕防守的概率。

　　浓雾笼罩，贝内德克的八个军消失在雾中。当腓特烈·卡尔亲王在这种天气下思考这一进退两难的处境时，威廉国王带着毛奇和俾斯麦于清晨 7 点 45 分莅临杜布高地。俾斯麦一副上战场的行头，穿着预备役军队的上校制服。他也认为贝内德克正处于渡过易北河的行动中，以撤到奥地利"北部方形要塞群"的安全地带，于是他直接骑马到毛奇跟前问："贝内德克的这面白旗，我们在这里能揪住的一角有多长？"毛奇茫然地望着浓雾笼罩下阴暗的比斯特日采河谷，回答道："我们不确定。至少有三个军，也可能是整个奥军。"[34] 尽管第二军团还有几小时行程的距离，毛奇仍然决定，立即采取行动。他将攻击从萨多瓦绕到内哈尼采的比斯特日采阵线，尽可能久地钉死贝内德克北方军团留在易北河右岸的各部，以便第二军团包抄他们。他必须直面贝内德克总司令可能仍将 24 万人的**全部**兵力留在易北河右岸、举全军之力调头攻击共 13.5 万人的易北河军团和第一军团的危险。毛奇推断，即便贝内德克率北方军团全军留在克尼格雷茨前面，一旦易北河军团和第一军团控制了比斯特日采河，他们就能够躲在河障后面，尽可能久地抵挡贝内德克的进攻，以便腓特烈·威廉王储从东北方向包抄贝内德克北方军团侧翼的 11 万人。[35]

　　战役打响，毛奇命令杜布高地上的小股普军炮兵阵线（因为道路松软，普军大部分炮兵连还在从霍日采和斯米达里来的路上）向比斯特日采河对岸的奥军阵地开火。在接下来的几个小时里，炮声越来越响，炮火也越来越强，河谷都在随之震颤。普军只要新布置一门火炮，河对岸的奥军就会有一门火炮放下伪装，发射出精确的、毁灭性的反炮兵火力。当普鲁士国王威廉和俾斯麦出现在杜布高地上的时候，奥军射来的两门炮弹立即把国王夹在中间，国王的枪骑兵护卫便同掀起的湿泥一起被炸飞起来。到了上午8点30分，交火的火炮已经达到300门，预示了自1813年莱比锡战役以来世界上最大的一场战役的到来。

还差一会儿到上午9点，即便是普鲁士第二军团的先遣部队从北面赶来也还需要几小时的时间，普鲁士第一军团已经准备好大举攻占索韦蒂斯（Sovetice）、萨多瓦、多哈利斯（Dohalice）、多哈利卡（Dohalicka）和莫克罗沃斯（Mokrovous）的津渡和桥梁。此前，腓特烈·卡尔亲王的大多数团一直在杜布高地的背坡躲避炮击。这时，一位英国记者观察到，他们进入了战斗，"仿佛魔术师发出了咒语，上万名普鲁士勇士全副武装地从大地深处一下子全蹦了出来"。[36] 霍恩的第8师分成连级纵队沿着伊钦-克尼格雷茨公路扑向萨多瓦；霍恩右边，波美拉尼亚第二军的第3、4师在多哈利斯、多哈利卡和莫克罗沃斯处攻向比斯特日采河；霍恩左边，爱德华·弗兰泽基（Eduard Fransecki）的第7师在索韦蒂斯涉过比斯特日采河，扫清贝纳特克（Benatek）的守军，进入斯维布（Svib）森林；这片俯视贝内德克右翼、巩固腓特烈·卡尔亲王左侧的森林在战术上至关重要。[37] 尽管毛奇将这一系列行动仅仅视为第二军团抵达贝内德克侧翼争取时间的牵制性进攻，但一心渴求荣誉的腓特烈·卡尔亲王却强烈希望，他们才是**决定性的**力量。

贝内德克错过了大部分时间的轰炸和普军对比斯特日采阵线的第一波进攻。早晨这段时间，在克尼格雷茨郊外的一间旅店里，他、亨尼克施泰因和克里斯马尼奇在向克里斯马尼奇的继任者、新的作战总指挥阿洛伊斯·鲍姆加滕拼命地介绍战情。[38] 在和平时期，鲍姆加滕是维也纳新城（Wiener Neustadt）特蕾莎军事学院（Theresan Military Academy）的校长。尽管奥皇弗朗茨·约瑟夫在 7 月 2 日晚 9 点 15 分任命鲍姆加滕取代克里斯马尼奇，但直到 7 月 3 日清晨 5 点，即普军对内哈尼采发起第一波进攻的一小时前，贝内德克才邀请鲍姆加滕到指挥部。[39] 接着，滑稽的一幕出现了：当贝内德克、亨尼克施泰因和克里斯马尼奇（在身边响起炮弹声、战役打响**之后**，克里斯马尼奇就不打算回维也纳了）全都和鲍姆加滕坐在一起，向他描述比斯特日采的形势时，普军的炮弹正纷纷落在赫卢姆 - 利帕没被占领的指挥山上。[40] 早晨 7 点 30 分，当左翼第一波轰炸响起 90 分钟后，贝内德克才终于离开布拉格城市旅店（Gasthof zur Stadt Prag），骑马前往 10 公里外的利帕。

当贝内德克总司令骑马前往前线时，腓特烈·卡尔亲王的几个师已经越过比斯特日采河。在萨多瓦，霍恩的第 15 旅渡过比斯特日采河，轻而易举地将普罗哈斯卡的罗马尼亚边防团击溃。在霍恩右边，奥古斯特·韦尔德的第 3 师（6 月 29 日在伊钦战役中给予敌人决定性打击的波美拉尼亚部队）涉过比斯特日采河，将加布伦茨的温普芬旅 [从朗根霍夫和斯特雷塞蒂茨（Stresetice）高地派遣下来] 赶出多哈利斯、多哈利卡和莫克罗沃斯村庄。当普军士兵浑身湿淋淋地从比斯特日采河爬上来，不停地射击着冲进这几座村庄，温普芬的士兵（大多数是第 13 团的威尼西亚人）脱下背包，丢掉步枪，往身后的高地上逃去。在下游的莫克罗沃斯，韦尔德的第 54 团试图以普军一贯的风格追击、包抄混乱的温普芬旅，但立即被加布伦茨部署在朗根霍夫高地上警惕的炮兵用一阵密集的炮弹和榴霰弹打退。仅此一阵短暂的炮击，普军就阵亡了 60 人，韦尔德则将该旅的火炮移过比斯特日采河，试图提供反炮兵火力，结果全都被加布伦茨炮兵阵线的密集火力挫败。在韦尔德左边，攻击萨多瓦和朗根霍夫之间的霍拉森林（Hola Forest）的普鲁士第 4 师，也试图将火炮架设在比斯特日采河的左岸，但他们的努力也被奥军从高地上发出的炮火粉碎，连同炮兵也被消灭。[41] 普军的一些火炮（过时的 12 磅的滑膛炮）必须运到比斯特日采河对岸，才能将奥军纳入射程范围。这些火炮（占 1866 年普鲁士落后过时的炮兵装备的三分之一）立即被奥地利更现代化的膛线炮打得哑火；在比斯特日采河谷，奥军的膛线炮遍布各处，按标记好的射程向下持续地倾泻着火力。[42]

上午 9 点，贝内德克终于登上赫卢姆，前进到利帕，开始了延误已久的熟悉阵地的动作。恩斯特大公的第三军就驻扎在利帕和赫卢姆，当普军一开始获得对比斯特日采沿线几个村庄的控制、接着向前冲进森林以躲避贝内德克炮兵集中而精确的火力时，贝内德克和恩斯特大公正好目睹了这一切。当第三军 72 门加农炮的炮弹如雨水般倾泻在手脚并用攀爬的普军身上时，贝内德克和恩斯特便驻足欣赏着这番景象。在他们左边的克尼格雷茨公路对面，加布伦茨的 9 个炮兵连也已部署好，正稳定地喷发火力，阻止他们下面的普军三个师仰攻比斯特日采高地，以抵达利帕、赫卢姆或朗根霍夫。尽管毛奇已经于当天较早时实现了夺取比斯特日采阵线的小目标，但腓特烈·卡尔亲王更为宏伟的计划却被挫败了，他计划赶在第二军团到来之前突破贝内德克的中央阵地。然而，正当贝内德克强大的中央阵地击退普鲁士第一军团的第一波进攻时，他的右翼却开始悄然向前移动，打乱了贝内德克原先的部署，而且在无意之中为第二军团插入他的侧翼和后方打开了一条通路。

贝内德克一到利帕，他就注意到右翼这一未授权的进攻行为。普军在比斯特日采河的几个村庄站稳脚跟时，奥军的两个旅在斯维布森林的东南角行动起来。其中一个是恩斯特大公自己的阿皮亚诺（Appiano）旅，他们从西斯托夫（Cistoves）的前沿阵地出击。另外是第四军的一个旅，他们身后还跟随一个旅。这令人大为不解。克里斯马尼奇的部署显示，阿皮亚诺旅在赫卢姆高地上，而第四军则位于赫卢姆和内德利斯特之间的缺口上。[43] 贝内德克纳闷这到底是什么情况。

这之前出现了一个差错。早晨 6 点 30 分，在腓特烈·卡尔亲王第一波的进攻警报之后，恩斯特便派出普罗哈斯卡旅下行到萨多瓦。这一招太失策了，年轻的恩斯特大公的参谋长立即后悔不迭，因为萨多瓦是奥军绝对不能去的地方。萨多瓦位于普军杜布基地的山脚下，根本无法防御。因此，普罗哈斯卡从比斯特日采河撤退就在所难免。为了给他提供掩护，恩斯特大公错上加错，他让卡尔·阿皮亚诺旅从赫卢姆向前下行到西斯托夫。这一系列令人迷惑的操作不免有种令人似曾相识的感觉。贝内德克命令恩斯特挽回他所造成的破坏，将阿皮亚诺旅和普罗哈斯卡旅的 1.2 万人撤回到相对安全的利帕和赫卢姆。[44] 然而，正当贝内德克顾及第三军时，塔西洛·费斯特蒂奇的第四军（部署在奥军的中央–右翼）已经忙于对克里斯马尼奇的作战部署做着更为彻底的变更。

费斯特蒂奇和莫利纳里进攻斯维布森林

费斯特蒂奇伯爵是位单纯的军人。上午 8 点，他命令第四军离开阵线中的位置向西进军时，他是朝着左侧从利帕、朗根霍夫和内哈尼采不断传来的炮声行动。克里斯马尼奇的部署（直到清晨 5 点才送到费斯特蒂奇的战区）表明，战役可能会限定在奥军的左翼。因此，在费斯特蒂奇这位勇往直前的匈牙利骠骑兵出身的将军看来，爱德华·弗兰泽基的普鲁士第 7 师（从贝纳特克穿过 300 米的距离至斯维布森林）似乎就是毛奇联合大军的左翼。在没有得到第二军团将于当天晚些时候提供掩护的情况下，弗兰泽基在不断前进时已经暴露了侧翼，并且在比斯特日采河畔与费斯特蒂奇的前哨刚交上火。作为一位有自尊心的军长，费斯特蒂奇感到不攻打弗兰泽基都对不起自己。

　　上午 7 点 30 分，费斯特蒂奇骑马到马斯洛夫德，以确定普军在斯维布森林向他的布兰登施泰因（Brandenstein）旅进攻的部队有多少兵力，并将预备炮兵连调来。他要用 70 门火炮将从贝纳特克攻上来的普军纵队轰炸一遍，或许做得还要更绝一些。他命令其副手安东·莫利纳里将第四军调头向左，开进斯维布森林，攻击弗兰泽基的侧翼。莫利纳里将军是高级别的参谋军官，他被安排在费斯特蒂奇伯爵的身边，本来就是为了约束伯爵的这种冲动行为，然而他却无法忽视伯爵这一行动的智慧。贝内德克将北方军团的第四军、第二军和塔克西斯的轻骑兵师部署在奥军阵地右边的低洼地区，在这里他们极易受到来自北面尚未占领高地的火力攻击。由于贝内德克没有在利帕和内德利斯特修建充足的壕沟，这些士兵将会无处躲避。在北方军团的右翼，奥军只挖了四处炮兵连阵地和四个营的战壕：第四军的一位上尉参谋想知道，战区里"其他 18 个炮兵连、54 个营和 28 个骑兵中队该怎么安排"。"普军的撞针步枪是无解的。我们获胜的唯一途径是依靠火炮，但我们的火炮炮位（太少）且地势低洼……要将大量的火炮部署在居高临下的阵地上，我们需要马斯洛夫德高原以及森德拉西茨（Sendrasice）和霍雷诺韦斯高地。"[45] 要拿下这几个地点，费斯特蒂奇首先必须将弗兰

222

泽基赶出他位于斯维布森林的侧翼阵地。

尽管贝内德克后来将奥军在克尼格雷茨的失败归咎于费斯特蒂奇和莫利纳里，但罪责完全在于贝内德克。他令人费解地留下奥军阵地的大量要地未去占领，即左翼的赫拉德克，右翼的斯维布森林和马斯洛夫德高原。这些地点并不像贝内德克想象的那样，如同萨多瓦、多哈利斯和多哈利卡等前沿哨所一样，可以随便用散兵把守，然后放弃。在野战炮可以于 5 公里的射程内达到精确毁灭性效果的情况下，将霍雷诺韦斯、马斯洛夫德和森德拉西茨拱手让给普军，无异于自取灭亡。至于斯维布森林，它长 1.5 公里，宽 700 米，恰好在马斯洛夫德高原的一侧，为普军从北面或西面上来的纵队提供了绝佳的掩护。

莫利纳里将军作为一位对地形有着敏锐眼光的高级参谋军官，立刻就意识到了这一点。他发现战场上至关重要的部位并非如贝内德克认为的那样，是赫卢姆和利帕高地，而是从西斯托夫至拉契奇（Racic）的高地，包括斯维布森林东面一带。奥地利第二军的军长卡尔·图恩伯爵欣然同意，他的第二军被楔入内德利斯特和易北河之间的低洼区域。[46]占领了马斯洛夫德和霍雷诺韦斯的前沿阵地，奥军右翼既可以采取守势，阻击腓特烈·威廉王储计划的进攻，又可以采取攻势，向西北插入腓特烈·卡尔亲王的左翼。在威廉王储没赶来之前，卡尔亲王的左翼在战役的大部分时间里是暴露的。这里有在马斯洛夫德高原上部署炮兵连的空间，还有沿着比斯特日采河往下到萨多瓦和杜布延伸了 3 公里的无遮拦射界。莫利纳里一边用望远镜观察，一边估摸着，如果奥军右翼前进至马斯洛夫德高原，在像月亮的两个弯尖一样的霍雷诺韦斯和马斯洛夫德进攻弗兰泽基，贝内德克不完善的阵地将可以切实得到**改善**，而这场战役则极有可能获胜。这样盘算着，费斯特蒂奇在莫利纳里的鼓动下，于上午 8 点 30 分骑马走在炮兵的最前头，前去占领马斯洛夫德村庄，重新布置贝内德克的右翼。[47]

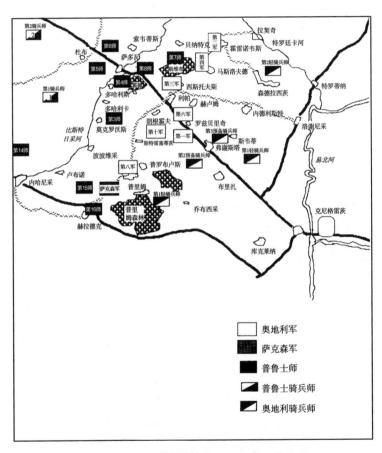

示意图 23　克尼格雷茨战役：1866 年 7 月 3 日，莫利纳里企图包围普鲁士第一军团

弗兰泽基的两个旅在同一时刻攻入斯维布森林的北部区域，驱赶他面前的费斯特蒂奇之布兰登施泰因旅。普军的灵活战术（步兵连可以再细分为排和班）迅速解决了布兰登施泰因（他在遭遇战中被杀死）和他几个难以控制的半营纵队；这几个纵

223 队在更为灵活的普军驱赶下，以密集队形笨拙地穿过树林向后撤去。[48] 和腓特烈·卡尔亲王一样，弗兰泽基以为面前的奥军只是掩护北方军团渡过易北河左岸的后卫部队。因此，他的两个营迅速穿过斯维布森林，因为嫌携带火炮行动缓慢，仓促中便连火炮也抛下了。他们从森林的南边出来，向赫卢姆-利帕进发。他们在西斯托夫遭到突袭。在那里，恩斯特大公的阿皮亚诺全旅都部署在谷底，以掩护普罗哈斯卡旅从萨多瓦撤退。阿

224 皮亚诺旅没有浪费这次在火力上碾压弗兰泽基燧发枪兵的机会，将他们赶回斯维布森林里，而正在此时，受命于费斯特蒂奇和莫利纳里调头向内的第四军之弗莱施哈克尔（Fleischhacker）旅突然从东面出现，加入进攻，搜寻弗兰泽基的侧翼。普军的两个营，包括位于它们队伍中的上校团长弗朗茨·冯·齐赫林斯基（Franz von Zychlinski），在奥军这次虽然意外但确属有效的包抄中被击溃。齐赫林斯基一定为他将火炮丢在后边的决定感到懊悔，而他惊慌失措的剩余兵力，依靠身后两个营的快速射击才被救下。随后赶过来的两个营，是为了突破弗莱施哈克尔的冲锋。他们将步枪对准莫利纳里将军的随员，杀死了第四军的参谋长，莫利纳里本人也连人带马一起摔倒在地，他胯下的战马已被射杀。随后，普军撤回到斯维布森林进行休整。[49]

随着弗兰泽基将第 14 旅的其余兵力调派到斯维布森林增援齐赫林斯基势头减弱的进攻，莫利纳里意识到弗兰泽基的师已经心有余而力不足，于是命令弗莱施哈克尔的第 61 团进入斯维

布森林，继续攻击弗兰泽基的侧翼。第 61 团由匈牙利人组成，他们断然拒绝进攻。只要瞥一眼森林边缘横陈的奥军士兵尸体，似乎已证实了奥军战争部在战前的精准预测；战争部认为，在交火过程中，任意一个奥军突击纵队，都会有一半的士兵被这样或那样的射弹击中，而大多数负伤的士兵都会死于创伤性的损伤和感染。[50]"匈牙利士兵退缩不前，拒绝救援第一波进攻的士兵，"莫利纳里在报告中写道，"他们的长官也没法让他们前进一步。"[51] 在这个关键时刻，为了刺激马扎尔人（匈牙利人）冲进森林，莫利纳里使用了阴险的一招。他命令归属他那个军负责侦察的匈牙利骠骑兵中队冲向斯维布森林，劈开一条路来。只有当第 61 团的匈牙利人看到他们自己的同胞在没有步兵掩护的情况下被敌人射杀时，他们最终才会同意进攻。[52]

上午 9 点 30 分，第四军军长费斯特蒂奇将军从马斯洛夫德观察这一不服从命令的场景时，一块飞溅的炮弹碎片撕裂他的脚。他的勤务兵泪眼涟涟地为他清理残肢时，费斯特蒂奇轻描淡写道："看这个虚伪的家伙，哭得像什么似的。哭什么，从今以后，你就只用擦一只靴子啦。"[53] 在斯维布森林里，弗莱施哈克尔的匈牙利士兵在密集的火力掩护下奋力保持队形的英勇气概一点也不比费斯特蒂奇差，但他们仍然很快被弗兰泽基第 26 团仅两个营的兵力包抄、打退。随着弗兰泽基开始将预备兵力投入森林里，誓死抵住莫利纳里的疯狂进攻，奥军的一位军官发泄了他面对普鲁士射击战术时的沮丧情绪："我们先在森林的东北角发起攻击，之后又在林子里面发起几次攻击。每一次攻击，敌人都不会固守阵地。相反，他们会保持稳定的火力发射，直到我们逼近到 80 步的距离时，他们才会利用地形做掩护后撤。"没有经受过遭遇战和分散队形作战的训练，弗莱施

225

哈克尔旅精疲力竭的幸存者放弃了斯维布森林，退回到西斯托夫高地。[54]

与此同时，莫利纳里从负伤的费斯特蒂奇手里接过第四军的指挥权，利用奥地利三个军的战术分队，谋划一场出其不意的行动，但这也绝非易事。他令第三、四军从西斯托夫和马斯洛夫德进攻斯维布森林的正面和侧翼的同时，图恩的第二军则试图在贝纳特克切断弗兰泽基的撤退路线，并包抄合拢腓特烈·卡尔亲王悬着的左翼。一旦拿下，斯维布森林就会成为一块极好的据点，让北方军团可以举全军之力夹击普鲁士第一军团的正面和侧翼。[55]当莫利纳里的波赫（Pöckh）旅渗透进森林的南面时，莫利纳里便派出第二军的扎弗兰（Saffran）旅和维滕贝格（Württemberg）旅，进攻森林的东部和东北部的边缘。莫利纳里和图恩都没有发觉，普鲁士第二军团正从约瑟夫施塔特靠近他们**自己的**侧翼。在前一天的参谋会议上，贝内德克甚至都没有**提出**这种可能供大家讨论。因此，他们只是按照一贯训练的战术行动而已，即利用地形和优势兵力包抄面前的敌人。[56]

上午 10 点，卡尔·波赫旅仓促地突入斯维布森林，仅遇到弗兰泽基遭受炮火轰炸的步兵的虚弱反抗。波赫立即在没有安排散兵的情况下，以紧密的半营纵队向西北进攻。由于士兵在森林里无法保持队形，随着他们往林子里突入得越来越深，波赫的营与营之间渐渐失去一切联系，士兵每前进一步都会遭到普军灵活的步兵班的袭扰。据奥军的一位军官观察，这些步兵班借着掩护物忽躲忽出，"随着我们的间隔扩大，不断快速地射击我们的侧翼"。他用英雄式的轻描淡写口吻补充道，这"往往会打压我们的士气"。然而，波赫作为莫利纳里包抄普鲁士第一军团的先锋，仍然一刻不停歇地朝萨多瓦推进。[57]

到了此时，即上午 10 点 30 分，弗兰泽基蜷缩在斯维布森林的 10 个营已经忍受了奥军从利帕、赫卢姆和马斯洛夫德的 50 门火炮长达 1 个小时的轰炸。尽管没什么准度（在茂密的树林掩护下，奥军的炮弹击中弗兰泽基士兵的概率和击中波赫士兵的概率不相上下），但奥军的炮火再加上奥军三个旅的扫荡，弗兰泽基已经难以守住这片森林。在撤退到比斯特日采河的路线遭到奥地利第二军突入森林东北部两个旅威胁的情况下，弗兰泽基和参谋人员（他们身下的战马被炮弹击中之后，所有人都只能徒步行动）朝着位于贝纳特克的据点撤去。[58] 图恩伯爵的士兵之前冲进森林里的时候，队形太密集了，连枪都没法开。现在，他们短暂地休息一下，检查普军成堆的阵亡或负伤人员。普军还有两个营的兵力留在森林的东北角。图恩伯爵声称，这是弗兰泽基在比斯特日采河左岸的最后一块据点，他决定立即攻占这里，迫使弗兰泽基退回杜布高地。[59]

与此同时，波赫在斯维布森林的西部边缘遭到霍恩将军普鲁士第 8 师两个营的伏击。这两个营是从萨多瓦派来加强弗兰泽基遭受重创的侧翼。他们从起伏的山坳冲出，对着波赫受惊的侧翼和后方快速射击。波赫的一个团避开了这里的埋伏，另一个团则完全被击溃。波赫本人连同第 51 团的大部分军官和数百名士兵一起都被消灭了，还有成百上千人装死、投降或者趁乱逃跑了。奥军的第 51 团是一个特兰西瓦尼亚团，由罗马尼亚人、马扎尔人、德意志人和吉卜赛人混编组成。奥军在这场屠杀中幸存下来的一位军官，描述了这群如同一盘散沙的多民族士兵在吃力地对付他们中间的普军步兵时可悲又可笑的场面。他们步子摇摆，追着普军步兵，用子弹打空了的前膛枪向他们

226

刺去，却没有用。普军步兵跳到一边，重新装弹，不停地开枪射击："我们的纵队失去了战术凝聚力；这场战斗从一开始就一边倒，敌人就像猎杀鸟兽一样猎杀我们。"[60] 溃散的第 51 团有一个整营的士兵，他们在逃跑时恰好经过普军霍恩将军麾下大吃一惊的燧发枪兵，原来他们阴差阳错，跑到森林的普军一边。普军的一个骠骑兵中队看到这群浑身脏兮兮的奥军，便从贝纳特克骑马小跑过来，将这 700 人全部围捕起来。[61]

然而，尽管波赫犯下了代价高昂的错误，莫利纳里却控制了斯维布森林，而弗兰泽基在承受了奥军 13 次的突击进攻后，已经是日暮途穷。上午 11 点时，普军一名通信兵骑马冲出斯维布森林，渡过比斯特日采河，向毛奇和国王报告了局势。威廉国王的战略眼光平庸，他立即建议将仅有的几个预备师全部投入争夺马斯洛夫德的战役。毛奇作为国王的助手，立即打断他道："我严肃地建议陛下，一个步兵的支援也**不要**调派给弗兰泽基将军。"他提醒国王包围圈已经布好，然后又继续道："唯一能给（弗兰泽基）带来帮助的是王储的进攻，因此在王储开始进攻之前，我们必须警惕奥军的攻势。"莫利纳里进攻斯维布森林预示了奥军可能会发起反攻。为了抵御奥军的反攻，毛奇决意将第 5、6 师留作预备队；尽管腓特烈·卡尔亲王敦促国王倾尽所有兵力，但国王还是明智地将战役的指挥权留给毛奇。[62]

透过比斯特日采河谷的硝烟和尘雾，毛奇察觉到威廉国王所忽略的一些东西。奥地利北方军团在克尼格雷茨前面集结的兵力远远超出毛奇之前的预期，从部署的位置来看，该军团有条件对相较弱势的普鲁士易北河军团和第一军团实施歼灭性的攻击。尽管贝内德克和往常一样因为受疑虑和谨小慎微的困扰而没能明察这一事实，但他更为大胆、更富想象力的部下发现了端倪。上午 11 点，莫利纳里建议进攻弗兰泽基在贝纳特克的根据地。他想绕过腓特烈·卡尔亲王的侧翼，与奥军部署在利帕、朗根霍夫、斯特雷塞蒂茨的四个军、三个预备骑兵师一起对萨多瓦及其他滨河村庄发起进攻，从而向上推进到杜布高地。"我伫立在那里，面前是普鲁士军队的最左翼，"莫利纳里后来写道，他已经将他自己的几个旅和第二军投入到行动中，"坚决的进攻将会折断敌人的左翼，送我们通向胜利的道路。"[63] 第三军喜欢莫利纳里的冒险，于是恩斯特大公请求贝内德克允许第三军加入莫利纳里的进攻。在战后，针对贝内德克的调查法庭判定这一刻为关键性的时刻。莫利纳里"未得到授权的进攻"使战局有了"好转"，但没有贝内德克预备力量的支持，"好转"就不可能转化成彻底的扭转。在接下来的 3 个小时里，这场战役的胜负就取决于贝内德克总司令是否愿意**调遣兵力**了。如果他选择保持守势，莫利纳里争取的优势将会白白浪费。[64]

贝内德克拒绝反攻

上午 11 点，恩斯特大公的参谋长阿道夫·卡蒂（Adolf Catty）上校提醒贝内德克道，莫利纳里的几个旅现在正处于最前方，位于第三军的右边，"就像排成斜行战斗序列的梯队"。当然，这是最有利于进攻敌人侧翼的队形。卡蒂纳闷，为什么贝内德克拒绝将进攻进行到底。"普军被打怕了，我们完全可以把他们打退到比斯特日采河的对岸。奥军又不是没有足够的**预备**队（在前线）替换我们。"尽管弗兰泽基的师已经在早晨的连锁打击下只剩 3 个整营（在这一系列进攻中，普军19 个营的兵力需要抵抗费斯特蒂奇和图恩持续投到森林里的奥军 50 个营的兵力），贝内德克仍然不愿意出击。[65] 与此同时，莫利纳里已经向右侧的塔克西斯亲王请求派出若干轻骑兵中队。他计划对摇摇欲坠的普鲁士第 7 师施以最后的打击，因此将需要骑兵追获弗兰泽基幸存下来的士兵。当 11 点贝内德克愤怒地下令撤销这些准备工作时，莫利纳里丢下马斯洛夫德的一切，骑马登上利帕高地，向总司令解释这次的行动。尽管贝内德克还要再过一个小时才会收到第二军团进军的报告，但他228 仍然拒绝将他庞大的、休息充分的预备兵力投入他下方的战斗中去。[66]

莫利纳里认为，上午 11 点到正午 12 点的那一个小时，是克尼格雷茨战役最关键的阶段。他、图恩伯爵和塔克西斯亲王本可以在贝内德克用四个军、三个骑兵师的兵力突破萨多瓦的时候，倾尽所有攻击弗兰泽基，渡河登上杜布高地，并像第四军一位参谋军官说的那样，从侧翼"卷起普军的阵地"。[67] 在奥军 250 门火炮的轰击下，普鲁士第一军团正处于崩溃之中；在腓特烈·卡尔亲王中央阵线的形势如此明显地越来越弱的同时，赫尔瓦特拒绝让易北河军团加紧进攻贝内德克的左翼，则意味着毛奇的侧翼包抄进攻本身正处于被奥军从马斯洛夫德侧翼包抄的过程中。[68] 随着莫利纳里插入第一军团和第二军团之间的缺口，他从东面包围毛奇则变为可能。他唯一需要的就是贝内德克在中央坚决推进。

后来，莫利纳里因为在克尼格雷茨过于激进而被批评，但显然当时他已经站在胜利的边缘。到了正午 12 点，普军在比斯特日采河的左岸仅设法架起 40 门火炮，只能为第 3、4 师士气低落的残部提供微不足道的炮火掩护。在奥军的炮弹从比斯特日采高地呼啸着朝他们落下时，他们只能趴在河谷的谷底，祈

祷得到解脱。在斯维布森林，弗兰泽基的第 7 师在正面和侧翼
都遭到奥军炮火的连续猛轰，他们能做的也是一样。到了中午
12 点，在损失了 84 名军官、2100 名士兵和 24 门火炮中的大部
分的情况下，弗兰泽基本人也只能焦虑地凝望着东北方向，搜
寻第二军团的踪迹。他感到莫利纳里套在他脖子上的绞索勒得
越来越紧，便引用威灵顿公爵在滑铁卢说的那句绝望的台词：
"我希望夜晚和布吕歇尔之间，能有一个赶快降临。"[69]

　　即便正午 12 点当莫利纳里得到贝内德克（迟来的）关于
普鲁士第二军团逼近的通知时，莫利纳里主张进攻的决心仍然
同样迫切，因为只有奥军的**进攻**，才能楔入普鲁士第一军团和
第二军团之间，阻止它们合兵一处。确实，在战役结束后，毛
奇正是因为这个原因而称赞了莫利纳里在斯维布森林的主动性。
由于先前在伊钦战役结束后的几天里，贝内德克已经决定不渡
过易北河后撤，那就只有"往前逃跑"才能跳出"比斯特日采
包围圈"了。[70] 总之，莫利纳里迫切希望贝内德克利用北方军团
的优势兵力，而不是被动地等待普鲁士第二军团的到来，因为
那将会使胜利的天平向有利于毛奇的方向倾斜，让奥军胜利无
望。"我骑马登上赫卢姆高地，当面向（贝内德克）解释这一
切。"莫利纳里后来作证时这样说道。[71]

　　然而，贝内德克沉浸在他自己强大的连续炮轰能力中不可
自拔。他是个谨慎的军人。他看到，北方军团用火炮镇守着阵
地，并不用付出高昂的代价。那为什么还要和普军的撞针步枪
硬碰硬呢？总司令最辉煌的时刻是 7 年前在索尔费里诺，当时
他的做法恰好和现在一样：屹立在高地的顶上，击退敌人的进
攻。但凡贝内德克从长远考虑他的阵地（左翼和右翼都极易受
到攻击），他都会意识到上午的情况不可能延续到晚上。[72] 然而，

229

眼下，普军的四个师被牵制在比斯特日采河河畔，绝不可能登上贝内德克的阵地。能击退普军，他就满足了。因此，他命令莫利纳里和图恩中断对弗兰泽基的进攻，变回朝南进攻，回到他们位于内德利斯特阵线中原先的阵地。[73]

防守奥军中央阵线的加布伦茨将军感到非常震惊。他也主张立即发起攻势，并且在上午 11 点时提醒贝内德克，普军在比斯特日采河沿河的几个团遭受了"惨重的损失"。加布伦茨派一名通信兵到利帕高地询问，总司令究竟打算**什么时候**释放他的预备兵力？炮兵的对决毕竟不是最终的目的。在奥军炮火的追击下，越来越多的普军士兵渡过比斯特日采河，跟跄着退回杜布高地。但是与此同时，奥军的火炮打得太快了，到了上午 10 点左右，加布伦茨的几个炮兵连已经耗尽了弹药和士兵。在比斯特日采河的左岸，威廉国王亲自参与集结恐慌的普鲁士战列步兵。在尝试将一些患上弹震症落荒而逃的士兵赶回霍拉森林而没有成功之后，国王骑着马沮丧地回到随员中间。正午的时候，国王唉声叹气地说："毛奇啊，毛奇，我们**就要输掉**这场战役了。"[74] 加布伦茨也预感到了这一点，他请求贝内德克给他补充更多的炮弹，再从预备炮兵中给他抽调四个炮兵连。贝内德克认为加布伦茨对弹药太过恣意挥霍了（然而在战役开始前却没想到将北方军团的军火库从易北河左岸收回来），但也勉强同意了他的请求。[75]

贝内德克的左翼陷入困境

奥军的左翼还在坚守着，尽管这可不是托了左翼糟糕的阵地之福。事实上，在**上午**，萨克森军、埃德尔斯海姆和第八军几乎不可能输掉，因为他们集结了 38 个步兵营和 30 个骑兵中队，对阵赫尔瓦特易北河军团前锋的六个步兵营和十个骠骑兵中队。由于恶劣的天气和糟糕的路况将赫尔瓦特的主力和内哈尼采分开，易北河军团的这个旅（同样的轻装步兵和骑兵组合，曾赢得许纳瓦塞尔战役，也曾在蒙申格莱茨战役中一马当先）在克尼格雷茨的战斗中也承担了大部分的战斗任务，在下午3点之前一直妨碍毛奇绕过奥军的左翼，而那时战役的结局已经在奥军中央阵地决出胜负。

跟在赫尔瓦特第31旅之后加入战斗的三个支援师中，第一个师直到上午11点才抵达战场，而赫尔瓦特作为一名没有活力也没有想象力的将军，在他左边第一军团几个师陷入如此明显危险的情况下，却不敢派遣该师渡过比斯特日采河。考虑到贝内德克炮火凶猛、朗根霍夫和马斯洛夫德之间的战斗激烈，赫尔瓦特错误地估计了贝内德克正处在从赫卢姆-利帕发起反攻的过程中。如果真的反攻了，赫尔瓦特并不打算在腓特烈·卡尔亲王重新渡过比斯特日采河右岸的情况下，将自己困在比斯特日采河的左岸。[76]

尽管毫无疑问，作为曾参加过拿破仑战争的老兵、现已70岁的赫尔瓦特，无论在内哈尼采还是在这场战争的其他地方，他都不是指挥毛奇右翼包抄纵队的正确人选，但普军的射击战术还是形成了他们自己的强大攻势。当萨克森近卫旅在正午时分将易北河军团第16师逼退到比斯特日采河时，菲利普·冯·坎施泰因（Philipp von Canstein）将军的普鲁士第15师几个先头营最终抵达河边，将付出了重大伤亡几乎已杀到赫拉德克的萨克森部队逼退至普里姆。[77]奥军直到上午10点才到达左翼的坑道工兵仅工作了1个小时，随后就放弃了他们的野战工事；他们在被普军的炮火赶退到赫卢姆之前，只挖了两三道浅浅的战壕。[78] 现在，面对来自赫拉德克和内哈尼采夹攻的威胁，萨克森王储阿尔贝特只好放弃反攻，退回到普罗布卢斯高地上。他损失沉重却一无所获。自从 7 月 1 日起，他就一直劝说贝内德克砍倒普里姆森林的树木，在内哈尼采修筑防御工事，将萨克森军一翼延伸到赫拉德克，却徒劳无功。埃德尔斯海姆眼睁睁看着萨克森军撤退，注意到他们的纵队一路被普军从赫拉德克发射下来的炮火打得七零八落。[79]

事实证明，在萨克森军后面整队的奥地利第八军根本没有提供任何帮助。利奥波德大公在斯卡利采大败之后，约瑟夫·韦伯（Joseph Weber）便被仓促提拔为第八军军长，他对贝内德克没有做好战役准备而感到懊恼。他后来写道："我们是在倾盆大雨中在不熟悉地形的情况下进行部署。"萨克森军请求支援，韦伯反复就如何回应萨克森军的请求向贝内德克求助，请他给予指示，却没有得到回应。这不是第八军要不要发挥主动性的问题，因为萨克森军正在进行的机动安排（将他们的左翼延伸到赫拉德克）恰恰是贝内德克当天早上明确禁止的。

被斯卡利采一战削弱到只剩 18 个营的第八军，甚至不确定它的作用是什么。是前线的一环，还是贝内德克总预备队的一部分？[80] 韦伯纳闷，为什么在前一天的参谋会议上，没有"讨论**任何作战问题**"？为什么贝内德克对战役的实施"没有制订明确的计划"？[81]

这个问题合情合理，然而眼下在贝内德克左翼酝酿的麻烦还只是潜在的。在下午 1 点 30 分之前，易北河军团第 14、15师的大部分兵力还没有交火；第 16 师的第 30 旅离得也很远，他们还陷在从西面过来的湿漉漉的道路上。在普罗布卢斯挖了部分战壕作为防护的萨克森军和奥军第八军，就守在普鲁士易北河军团和第一军团**之间**，这也是为什么早上赫尔瓦特不愿意大举渡过比斯特日采河的原因所在。[82]

普军在比斯特日采河的困境

在中央阵线，毛奇和腓特烈·卡尔亲王之前命令渡过比斯特日采河对岸的四个师，现在仍被牵制在河的左岸，在莫克罗沃斯、多哈利卡、多哈利斯、萨多瓦、霍拉森林和斯维布森林承受着猛烈的炮击。普军一次次试图穿过中间地带、攻上贝内德克在内德利斯特、利帕和朗根霍夫的炮兵连阵地的冲锋，都在如雨点般落下的弹片中土崩瓦解。普军的反炮兵火力几乎是没有用的，因为毛奇送往萨多瓦和多哈利斯的大多数火炮都在上午被摧毁或者撤回了。在杜布高地，腓特烈·卡尔亲王部署了 100 门火炮（不到贝内德克部署在利帕-朗根霍夫火炮总口径的一半），其中很多门火炮都耗尽了弹药，他们的预备弹药车还在从伊钦赶来的路上。[83]腓特烈·卡尔亲王企图在第二军团到来**之前**，发动他仅有的两个预备师，即廷普林的第 5 师和阿尔布雷希特·冯·曼施泰因（Albrecht von Manstein）的第 6 师进攻贝内德克所处的阵地。这一莽撞的行动在最后关头被毛奇发觉并推迟了，但这时腓特烈·卡尔亲王已经让他们一直挺进到多哈利斯和萨多瓦，在那里他们又闲晃了几个小时，毫无必要地暴露在炮火之下。[84]曼施泰因著名的失言就发生在这时。当时，曼施泰因接到毛奇的命令，看到让他们中止腓特烈·卡尔亲王下令发起的进攻，便回应道："这实在太英明了。不过，毛奇将军是哪位？"[85]不用说，普军总参谋长并不欣赏这一次对奥军中央阵线发起的鲁莽、脱节的进攻，到了现在，他更盼望第二军团的到来。战争结束后，毛奇觉得有必要给腓特烈·卡

232

尔亲王提个醒（在普鲁士总参谋部的官方历史中），即"正面的进攻只有与侧翼的进攻同时发起才能成功"。[86]

加布伦茨却非常享受毛奇的困境。他下方的普军几个师不遗余力地想接近他的炮兵阵线。他们曾派出散兵、骑兵冲锋，甚至突击纵队，但每次都被奥军炮兵瞄着染色的柱子和剥了皮的树木所标记的射程范围发射的火炮打退。确实，普军唯一一次回击奥军的机会颇为出人意料地出现在下午早些时候。当时，奥军方面，恩斯特大公有一位拼命想赢得勋章的团长，下令从利帕对多哈利斯和霍拉森林发起突击进攻。他这一招出乎所有人的意料，包括他麾下的营长。而且，来不及召回，他们就已经冲出去了，恩斯特大公第 49 团的一半兵力和他的大部分轻步兵或死或伤，铺满了两军对峙阵地之间的无人地带。[87]

在消化了这次徒劳无益的悲剧之后，加布伦茨的炮兵从川流不息进出朗根霍夫炮兵阵地的弹药车上获得补给后，重新开始轰炸。加布伦茨早就动用了该军的军火储备，并开始向作为预备队部署在他后面的拉明讨要炮弹。正午的时候，加布伦茨对不断敦促贝内德克行动失去了信心，便派他的参谋长去邀请拉明加入，与第六军一起往下攻到比斯特日采河。一场由将军们发起的"投石党运动"已在酝酿之中，而拉明也想要加入。他的几个旅刚刚配着红酒和白兰地吃了一顿热乎的午饭，登上朗根霍夫。用好兵帅克的军需官万尼克（Vanek）中士的话说，他们"已经准备好与**任何**敌人战斗"。[88] 在考虑了加布伦茨的提议之后，尽管拉明其实也和他的士兵一样，已经摩拳擦掌，但拉明还是回复说，就像第一军和北方军团的胸甲团一样，没有得到贝内德克的命令，他不能采取如此激进的行动。[89]

在杜布高地，毛奇和普鲁士国王焦虑地朝比斯特日采河

对岸望去。到了现在，上午的雾已经散去。透过浓密的硝烟，　233
他们能辨别出拉明正在向前线行军。在整个战争过程中，这
是毛奇的运气处于最低谷的时候。在腓特烈·卡尔亲王的催
促下，毛奇显然过早地发起了这场决定性的包围战，第二军
团当时还未逼近到可以向敌人出击的距离。现在，贝内德克
可以向下推进到普鲁士军团之间的缺口，将他们逐个击破。
毛奇贯穿整个行动的担忧，即贝内德克可以利用他的"内部
战线"割裂已会合的普鲁士军团之间的联系，已经具体成型。
接近正午时，随着第一军团越来越多的各部放弃他们在比斯
特日采河畔被炮弹轰得稀烂的阵地，而贝内德克的 70 个预备
骑兵中队已做好了追击他们的准备，毛奇大概也考虑到身后
一马平川适于骑兵作战的原野，便提醒国王说："在这里，我
们没有后路可**退**。现在，我们是为普鲁士的**生存**而战。"[90]

　　在赫卢姆-利帕的奥军指挥部，即使一贯心灰意懒的贝
内德克也察觉到他自己的优势，并最终对反攻进行权衡。在
早晨从克尼格雷茨上来的路上，贝内德克曾亲自下令让拉明
的第六军前往前线。多亏上午 10 点捉到的普军俘虏，贝内
德克得知了与他对抗的敌军的确切兵力，即不到他兵力的一
半。[91] 在 11 点时，贝内德克拥有两个酒足饭饱的预备军，部
署在他脚下的克尼格雷茨-伊钦公路上。奥军的 19 个营部署
在斯维布森林，而普军的弗兰泽基已经被逼退到贝纳特克，
在那里被奥军另外 34 个营包围，准备对弗兰泽基猛扑。从
赫卢姆-利帕的指挥部，贝内德克可以摸清这大体的状况。[92]
普军的中央阵地已经被击溃，而根据最新的报告，萨克森军
仍然遏制着易北河军团，暂时保卫着贝内德克唯一的撤退
路线。

贝内德克权衡反攻

矛盾的是，对于奥军来说，**撤退**和立即**进攻**都有着同样充分的理由，因为上午 11 点 45 分，贝内德克终于得知，普鲁士第二军团的几个师已经于上午 9 点渡河到达易北河右岸，正从克尼金霍夫和约瑟夫施塔特逼近过来。第二军团的速度和行军方向意味着，腓特烈·威廉王储将会在下午 2 点后的某个时候大举入侵贝内德克的右翼。[93] 鉴于普鲁士这支来势汹汹的侧翼大军离得已经很近了，现在贝内德克必须在以下两件事中做出选择：要么向后退过易北河，"撤回"他受到威胁的侧翼；要么**向前逃跑**，渡过比斯特日采河，使侧翼脱离危险。从部队士气

234 和后勤的角度考虑，第二条路显然更好，因为这不会打击北方军团兴奋的预备兵力的士气，而且也不用依赖唯一一条拥挤的道路。战争结束后，当被要求解释为什么一旦确定了普鲁士第二军团的进军，北方军团指挥部却没有一个人准备撤退部署时，克里斯马尼奇回答道："因为在战役期间，我们本能够投入预备兵力发动**攻势**，这样就没必要（撤退）了。"[94]

考虑到贝内德克和克里斯马尼奇的懦弱，这可能是律师帮克里斯马尼奇逃避责任而设计的托词罢了，但事实仍是，刚刚传令给各位将军，命令他们保存弹药以备第二天战斗的贝内德克，等不到发起攻势了。[95] 在普军一支庞大的侧翼包抄纵队盯着他的右翼和后方的情况下，现在贝内德克只能往前或向后逃跑。他惊慌、仓促地撤至奥尔米茨时，早已将在这场战役中重新发起进攻所需的后备弹药运到易北河的对岸。而且，他的左翼即将被敌人迂回，右翼即便得到拉明和第一军的支援，可能也抵挡不住普鲁士四个步兵军的进攻。普鲁士的弗兰泽基仍然死死

地钉在斯维布森林的东北角，正如奥军一位军官所指出的，这就使得腓特烈·威廉王储能够"让大批的突击纵队在掩护下前去进攻马斯洛夫德、西斯托夫、利帕和赫卢姆"。[96]

上午10点30分，贝内德克派参谋军官阿道夫·萨肯（Adolf Sacken）前去寻找莫利纳里和图恩，命令他们回到阵线中原先位于内德利斯特和特罗蒂纳的阵地。贝内德克想让他的右翼"在易北河河畔休整"。11点，萨肯在马斯洛夫德找到莫利纳里，向他传达了命令。45分钟后，他在贝纳特克附近找到图恩，此时恰逢普鲁士第二军团的前锋（第1近卫师的几个营和第六军的一个团）正在向战场东北的高地窥探，而贝内德克（令人难以置信的是，他从没想过在利帕的指挥部安装野战电报机）也刚好收到迟来的关于第二军团进军的报告。[97]莫利纳里认为，贝内德克的命令荒谬无稽。毕竟，普鲁士第二军团又不会游过易北河，它需要莫利纳里刚刚攻占的那片土地作为立足点以渗透奥军的阵地。正如另外一位军官所说，斯维布森林和马斯洛夫德作为利帕-赫卢姆至关重要的"外垒"，就像为保护古老城堡抵御远程火炮攻击而扩建的现代护墙。[98]从得来不易的马斯洛夫德高原回到内德利斯特和特罗蒂纳，这不仅仅是又要回到上午不利的战术布局，而且会毫无必要地让奥军在斯维布森林里和森林附近的数个营在反向行进至内德利斯特时，暴露在敌人追击的火力之下，这是最有损士气的。贝内德克的"命令毁了一切"，第四军的一名军官后来作证说，"这真是莫名其妙"。莫利纳里考虑违抗命令。为什么贝内德克不派出一两个骑兵师去阻滞第二军团的到来？一旦奥军右翼撤回，奥军的阵地将如以往一样脆弱，而"发起决定性攻势的机会也将丧失"。[99]

235

　　当然，贝内德克这样应对，与其说是回应莫利纳里的"不服从命令"（如果一位军长采取主动也能被说成是这样），不如说是回应他自己在比斯特日采河有缺陷的部署造成的可预见的后果。他那有缺陷的部署，导致北方军团只要进攻普军，就会在阵地的突出角打开一个缺口。后来的批评者指控莫利纳里在奥军阵线打开的"缺口"（贝内德克本人后来也很方便地利用这个"缺口"作为战败的借口），事实上是贝内德克自己在选择阵地时不加区别造成的必然后果。没有哪个奥军将领能够在北方军团的前线不打开缺口的情况下进攻。然而，这不是保持守势的理由，因为无论这个缺口在奥军阵线哪里出现，普鲁士第一军团都缺乏利用这个缺口的预备兵力。比贝内德克更英明的将军，将会相信自己军队的机动能力，相信它在莫利纳里提议的进攻之任何阶段，都有能力抵抗住像腓特烈·卡尔亲王那种规模的军团的进攻。

　　尽管贝内德克不是什么战略家，但他的战争经历使他对后勤还是略知一二的。他观察波希米亚的地图发现，普鲁士第二军团不会是骤然一起到来的，应该是分成小股兵力一点点赶来。从约瑟夫施塔特和克尼金霍夫下行到克尼格雷茨的道路，一次最多只能通行两个军。第二军团的其他部队需要等待道路畅通起来，在这种情况下，他们要到7月4日才能到达克尼格雷茨；或者需要越野行军，在这种情况下，他们将会更晚到达，而且精疲力竭，丧失追击能力。事实上，这正是7月3日腓特烈·威廉王储面临的窘境。在将米莱廷和约瑟夫施塔特之间的大路安排给第一、六军的几个师通行之后，他只能派遣近卫军（紧随其后的还有施泰因梅茨）沿着这两大行军纵队之间的乡间小路前进。近卫军和博宁的第一军将他们的辎重车队和炮兵连留在后面，在从米莱廷到克尼金霍夫的公路上拥堵成一团。腓特烈·威廉王储麾下对追击战败的敌军必不可少的骑兵师，绝望地陷在这里的交通堵塞中，将会彻底错过克尼格雷茨的战役。[100]因此，上午 11 点 45 分，当一名通信兵从克尼格雷茨给贝内德克带来腓特烈·威廉王储进军的惊恐消息时，局势还远没到那么可怕的地步。第二军团的大部分兵力**至少还**需要 3 个小时的行程，而第一军团已经遭受重创。在奥军左翼早已退却，普军大规模援兵已在路上，后方只有一条无准备的撤退路线的情况下，贝内德克果断反击的时机迫在眉睫。

在利帕的山峰上，北方军团的指挥部都在等待这位传奇总 236司令的示意。"**撤退**部署？"贝内德克的副官克里茨上校在战争结束后解释道，"直到下午 2 点之前，我们取胜的前景都很光明……我听到的全是关于**进攻**的谈论。"[101]亨尼克施泰因的副官爱德华·霍夫迈斯特（Eduard Hoffmeister）上尉在上午 11 点 45 分无意中听到了贝内德克和新的作战总指挥阿洛伊斯·鲍姆加滕之间的谈话。此前，一名参谋军官刚从克尼格雷茨的电报站快马奔到指挥部，带来第二军团正在逼近的消息。鲍姆加滕此前刚命令拉明离开加布伦茨中央阵地后面的预备阵地，转移到右翼的阵线就位，这时他松了一口气，对贝内德克说："看来我命令（第六军）补充到第二（军）后面是明智的。"[102]大概是吧，但这是防御思维，而且在中央阵地发起进攻的前景仍然绝佳。正如伊利亚·沃伊诺维茨（Ilja Woinowitz），也即那位将普鲁士王储进军的消息报告给贝内德克的上尉参谋回忆的："正午 12 点时，总司令**确切地**掌握了普军的兵力分配。"他拥有两倍于腓特烈·卡尔亲王的兵力和 3 个小时的时间来行动。[103]这位"索尔费里诺的雄狮"会亮出獠牙吗？

正当贝内德克和鲍姆加滕商议时，奥地利第六军的一位军官骑马前来，向总司令报告，尽管拉明按照鲍姆加滕的命令已向东调转，但他的几个旅仍在加布伦茨后面的阵地上。如果贝内德克让他们冲下高地，攻击普鲁士在比斯特日采河畔疲惫不堪的几个师，这是最后的机会。与此同时，雾消散了，可以清楚地看到普军在杜布的根据地。贝内德克转脸对北方军团炮兵预备队的名义指挥、哈布斯堡亲王威廉（Wilhelm）大公说："殿下，我该调派（拉明）军进攻吗?"[104] 这就问得很奇怪了。年轻的公爵能懂什么？他是战争部的官员，是贝内德克随员中最没有经验的人。拉明的传令官正站在旁边等待指示，他也感到很奇怪，贝内德克竟然没有为提议的进攻明确**方向**。显然，贝内德克也不知道该将预备兵力投入**哪里**，是攻上敌人的中间还是绕过毛奇的一翼。威廉大公这位穿着马裤的年轻人考虑了一会儿，回答说"不"，贝内德克**不该**冒险进攻。鲍姆加滕忙不迭地迎合大公，进攻太过冒险了。克里斯马尼奇和亨尼克施泰因一言未发。"现在是12点，"霍夫迈斯特上尉注意到，"利帕和我们下方的所有村子都是一片火海。"

恰在这时，贝内德克的副参谋长奥古斯特·诺伊贝尔上校从马斯洛夫德骑马慢跑登上利帕，带来好消息。莫利纳里的进攻已经扫清了斯维布森林。几分钟后，莫利纳里本人也到了，他恳求贝内德克撤销让右翼撤退的命令，打过比斯特日采河，攻入毛奇第一军团的右翼。在附近闲荡的霍夫迈斯特上尉竖起耳朵："在我听来，好像（莫利纳里）在请求支援。"事实上，莫利纳里在敦促贝内德克凑拢几个重骑兵团，登上霍雷诺韦斯的高地，阻滞普鲁士第二军团的前进，同时将拉明军部署在他们身后的马斯洛夫德。这样，以40个骑兵中队、35个步兵营和 112 门火炮守牢奥军的右翼，贝内德克就可以让第二、三、四军和余下的几个预备旅朝杜布高地进攻，在腓特烈·威廉王储大军抵达战场前，击败腓特烈·卡尔亲王。莫利纳里坚持认为，这一切很快就能完成。贝内德克需要做的只是**行动**。"不行。"贝内德克厉声道。他不会仓促行事。莫利纳里和图恩必须听从命令，撤到内德利斯特；拉明按兵不动，仍然作为预备队待在朗根霍夫高地之后。[105]

第十章　克尼格雷茨战役：毛奇的包围圈

　　7月3日正午，毛奇焦虑地在东边的天际线搜寻第二军团的踪迹。腓特烈·威廉王储军团的大举到来将为毛奇委顿的前线增加11万士兵，不仅足以支撑普军的中央阵线，**而且**可以迂回贝内德克在特罗廷卡（Trotinka）的右翼。就贝内德克来说，整个上午，他手握24万奥地利-萨克森大军，对抗毛奇易北河军团和第一军团13.5万的疲惫之师，却完全**无视**这一优势。正午的时候，在普军指挥部，毛奇也许对贝内德克做出了拿破仑曾对威灵顿公爵做出的评价："这位将军打仗花样新：屁股干坐，无所作为。"鉴于贝内德克的无能和他拒绝在普鲁士第二军团到来之前攻击易北河军团和第一军团，中午刚过，局势和激昂的下属就发生了出乎贝内德克意料的状况，这一状况的灾难性程度丝毫不亚于利奥波德大公在斯卡利采的经历。

　　上午的时候，奥地利第四军军长安东·莫利纳里将军已经集结了一支由53个营、28个骑兵中队和160门火炮组成的准独立部队。现在，他迫不及待地想要摆脱管束，实现包抄普鲁士易北河军团和第一军团的大胆计划。[1]至少莫利纳里在斯维布森林的一位旅长，即符腾堡的威廉公爵坚决拒绝从他位于森林北部边缘的前沿阵地撤兵。曾经在索尔费里诺，威廉公爵就因为在相似情形下拒绝服从命令而赢得玛丽亚·特蕾莎十字勋章，现在他在比斯特日采河畔看到了一条甚至比那时更便利的通往荣誉的道路。[2]在奥军中央阵地，加布伦茨自作主张，正试图组

图 16　威廉·拉明将军（1815-1876 年），奥地利第四军
司令、贝内德克在军内的主要竞争对手

织一场大规模进攻，不断消耗着贝内德克的火炮储备。[3] 到了现
在，恩斯特大公明确呼吁向比斯特日采河进军；他也开始就借出
几个预备旅的问题私下与拉明进行协商。[4] 当天上午，利奥波德·

239 贡德勒古已经取代克拉姆-加拉斯就任第一军军长。上午 9 点，他将各团朝北部署成向杜布高地进发的行军纵队。上午 10 点 30 分，他已主动靠近到第十军的后面。正午时，贡德勒古持续的战鼓声已经从克尼格雷茨公路往上传到利帕高地上贝内德克的指挥部。[5]

240 拉明也在制造麻烦。和杜布高地上的普军将领曼施泰因不知道毛奇一样，拉明甚至也不认识北方军团的新任作战总指挥。当阿道夫·萨肯上校第二次送来指挥部的命令，指示拉明将该军重新部署到右翼时，拉明不耐烦地质问道："**鲍姆加滕**将军是哪位？"奥军各军长中，没有一个人知道克里斯马尼奇已被免职。拉明刚刚才收到加布伦茨的邀请，让他一起从朗根霍夫发起攻势。现在，他命令萨肯回到利帕，向贝内德克报告，他开始重新朝内德利斯特方向变换阵地，但是希望总司令可以重新考虑这个命令，转而派他的预备队进攻萨多瓦和杜布高地。[6]"拉明的想法，"第六军一名参谋军官记录道，"是赶在普鲁士王储率军抵达**之前**，打败第一军团。（拉明）明白，面对即将形成的包围，最佳的防御就是从**中央**突破。"[7]

克尼格雷茨战役到了高潮时刻。第二军团正在逼近，但由于在最后关头才进军的紧迫状况，而且其从一翼到另一翼分散在 40 公里的宽度上，它距离预定的位置仍然还有很远的路程。腓特烈·威廉王储的"侧翼包抄军队"从先头部队到后卫乱成一团，一直向后延伸到克尼金霍夫和约瑟夫施塔特附近的宿营地。在持续的雨水浇灌下，第二军团行经的大部分道路都变成深深的沟渠，迫使步兵营不得不排成单列，迎着比斯特日采河畔的战斗声浪跋涉。从早晨到下午，普鲁士近卫军的大部（第二军团最先头的部队）仍然陷在杜贝内克高原；他们拖着火炮和弹药，还要穿过成片倒伏的玉米地和遍布着大块土疙瘩的耕地，让人沮丧至极。[8]

讽刺的是，在比斯特日采河畔，毛奇考虑到他即兴计划的包围战似乎陷入了僵局，现在不得不考虑将作为预备队的唯一一个军投入战场，把弗兰泽基、霍恩和韦尔德从莫利纳里进攻马斯洛夫德而形成的危险"口袋"里解救出来。在毛奇的左侧，与先头部队第1近卫师一起进军的腓特烈·威廉王储在11点刚过时第一次瞥见了战场。他和参谋人员骑马走在前面，看见马斯洛夫德高原（尽管遮住了他向下观察比斯特日采河的视线）因莫利纳里部署在高地上的奥军炮火的轰炸而陷入成片的火海。莫利纳里在霍雷诺韦斯和马斯洛夫德的火炮正向西开火，炮弹落在下面的比斯特日采河畔，打入腓特烈·卡尔亲王的侧翼。腓特烈·威廉王储此前也以为贝内德克将驻守在克尼格雷茨的后面，而不是在克尼格雷茨的前面。现在，他明白了，这不是什么防守行动，贝内德克几乎从毛奇的左翼开始包围了易北河军团和第一军团。威廉王储为了让分散的四个军加速在贝内德克暴露的侧翼会合，便命令各师师长不要"迎着炮声"进军，因为那样将会把他们带到奥军阵地的前面，而应朝着轮廓清晰地映衬在霍雷诺韦斯天际线的那片树林行进，这样将会指引着普鲁士第二军团插入贝内德克的右翼。[9]

241

拉明要求奥军进攻

与此同时，在利帕和朗根霍夫后面的战场上，贝内德克的预备队（5万步兵和1万骑兵）挤在前线编队的后面，因为喝了烈酒而情绪高涨，和着《拉德茨基进行曲》的拍子摇晃着身体。比斯特日采高地上的所有人几乎都在等待着贝内德克向下攻击萨多瓦的命令。总司令保留的 120 门火炮被系在拖车上，准备向腓特烈·卡尔亲王整个衰弱阵线上的步兵开炮。贝内德克究竟还在等什么呢？[10]

中午 12 点和下午 1 点之间，在贝内德克和拉明之间往返奔波的萨肯上校，带着拉明令奥军立即反攻的请求，骑马回到利帕。"我很激动，"萨肯回忆道，"而且我确信，强势的冲击将会让我们占上风。"预备队的大批步兵塞满了赫卢姆和利帕的斜坡，萨肯骑马从他们中间穿过，来到一座乳品场，即贝内德克的指挥部所在地。萨肯上气不接下气地报告了拉明的提议。现在，只剩下鲍姆加滕还反对拉明的计划。这位谨慎的校长一再**坚持**，直到夜晚或第二天早晨之前，奥军都不应该冒险进攻。鉴于普鲁士第二军团即将完成包围，这个建议简直荒唐，因而也遭到贝内德克的无视。萨肯注意到，贝内德克现在明显已被拉明的建议打动。"从赫卢姆的高地望去，"萨肯回忆道，"敌人似乎正在从萨多瓦撤退。"当鲍姆加滕命令萨肯回到拉明那里，**坚持**让第六军执行向右翼行军的命令时，贝内德克撤销了鲍姆加滕的命令。拉明应该继续待在克尼格雷茨公路的预备阵地上。之后，贝内德克派骑兵参谋下行到贡德勒古的第一军，"通知他们奥军全军已集中起来，战役进展顺利"。他命令贡德勒古将第一军组织成行军纵队，前进到第十军后面的山谷中。显然，总司令正在做反攻的准备。[11]

自从加布伦茨和莫利纳里第一次提出反攻的建议以来，至关重要的两个小时已经过去了。尽管奥军的指挥部仍然抱有希望，但战役的风向已经明显发生了变化。在杜布高地，普军有更多的炮兵连从伊钦赶来，第二军团正无情地逼近。下午 1 点，五个普鲁士近卫连未遇到抵抗便拿下了霍雷诺韦斯，路易斯·

穆蒂乌斯第六军的几个先遣营从森德拉西茨向下推进到特罗蒂纳，有溜到贝内德克后方的危险。多亏了普鲁士近卫军炮兵在上午的紧张行军，到了正午，第二军团的 48 门火炮已经部署好，将赫卢姆纳入射程之内。他们没有耽搁，立刻对着贝内德克的大批预备队猛烈轰击。[12] 在赫卢姆后面的盆地里，库登霍韦不断地重新整顿他的重骑兵中队，他们正遭到普军炮火的大肆轰击。到了中午，为了让士兵委顿的精神昂扬起来，他让各团的乐团都卖力地奏起音乐。[13] 第二军团第一波的轰击让贝内德克吓呆了。他先是命令莫利纳里放松对腓特烈·卡尔亲王左翼的进逼，然后命令拉明在中央阵线向前推进；这表明，总司令对于**如何**赢得面前的战役毫无头绪。在指挥部，所有的目光都聚焦在他身上。他为此感到心烦意乱，便在 12 点 45 分离开利帕，骑马回到赫卢姆，以便更全面地观察战场并做出决定。[14] 他一定清楚，决定的主动权将很快从他的手中溜走，因为正当第二军团开始在他的右翼介入战斗时，他那疲惫的**左翼**也正在崩溃，为赫尔瓦特·冯·毕滕菲尔德移动缓慢的易北河军团让开一条通路，让该军团得以最终切断他唯一的撤退路线。

易北河军团迂回贝内德克左翼

下午 1 点，萨克森军现在面对普军在赫拉德克和内哈尼采的两个整师，重新开始了上午中断的进攻。他们的目标还是突入易北河军团会合的各师之间，在此过程中将奥地利-萨克森联军的左翼延伸到赫拉德克更易于防守的阵地。因此，萨克森王储率两个旅从普罗布卢斯下来，开始朝东南向赫拉德克移动。然而，与此同时，坎施泰因将军已经率领他的普鲁士第30 旅向赫拉德克进军，迂回插入毫无防备的萨克森军侧翼。

当易北河军团部署在赫拉德克和卢布诺（Lubno）的炮兵连猛轰萨克森军时，坎施泰因旅开始从两翼往中间碾压萨克森军。[15] 位于普里姆的奥地利第八军军长韦伯将军，急忙将舒尔茨旅推到前边去帮助萨克森军摆脱敌人，结果却让舒尔茨旅，而不是萨克森军承受了坎施泰因将军从赫拉德克进攻的主要压力。普军单独一个燧发枪兵营渗透进普里姆森林，吓退了舒尔茨旅的整个第 74 团，这个团是在伊钦招募的捷克人团。当普军的两个营插入舒尔茨第 8 团的侧翼时，舒尔茨本人也被杀死，该团的 830 名士兵被俘虏。[16] 舒尔茨旅吓破了胆的余部（5 天前曾在斯卡利采英勇抵抗、拒绝放弃阵地的同一支部队）向后退到萨克森第 1 师中间，破坏了萨克森王储阿尔伯特对赫拉德克的进攻。尽管在这场悲惨的事件中，萨克森部队表现出良好的纪律性，但他们又遭到普军从卢布诺赶来的第二个旅的毁灭性火力的攻击。就这样，普军的几个步枪连从萨克森部队的两翼同时往里碾压，开始扫射舒尔茨旅在恐慌中分不清东西南北、四散在普里姆森林的掉队者。

从普里姆看到这场失利的交锋，韦伯将军心里越发绝望，便派出弗拉格纳旅（除了已在斯卡利采阵亡的弗拉格纳），前去救援舒尔茨和萨克森军。和在斯卡利采一样，弗拉格纳旅以半营密集队形向下面冲锋，结果再次被普军的速射打得分崩离析、溃不成军。奥地利第八军在不到 30 分钟内无情的失败，在萨克森军和加布伦茨军之间打开了一个巨大的缺口。坎施泰因将军仅用 7 个营就扭转了毛奇上午的战略困境。现在，易北河军团和第一军团可以在比斯特日采河的左岸会合，割裂贝内德克左翼和中央的联系。韦伯将军记述了这次"形势的不利变化"，再次批评指挥部缺少"明确的计划"，并请求贝内德克派出北方军团的预备队作支援。[17]部署在第八军右侧的加布伦茨提醒贝内德克，如果指挥部不派预备队堵住这个缺口，他就只能离开阵线中的位置，向西南进攻以撑住北方军团委顿的左翼。奥军在普罗布卢斯和普里姆的形势已经如此严峻，而普鲁士第二军团又正在从东北围拢过来，北方军团即将陷入被**两翼**包抄的危险境地。[18]

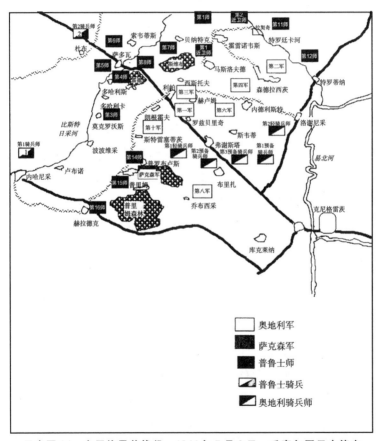

示意图 24　克尼格雷茨战役：1866 年 7 月 3 日，毛奇包围贝内德克

　　下午 1 点 30 分，得知普罗布卢斯和朗根霍夫之间出现的"大缺口"，鲍姆加滕派骑兵参谋到埃德尔斯海姆将军那里，命令他调派轻骑兵旅堵住缺口，"支持（贝内德克）计划在中央阵线发起的攻势"。[19] 看样子，贝内德克终究要尝试"向前逃跑"的策略了。但是，还有时间吗？总司令在踌躇中已经浪费了几个小时。11 点 45 分从霍雷诺韦斯高地向莫利纳里侧翼开炮的普鲁士近卫军炮兵连，一直在为路易斯·穆蒂乌斯的普鲁士第六军和第 1 近卫师从克尼金霍夫和约瑟夫施塔特的到来做准备。正午时，当第二军团的先头部队在战场以北 2 公里处停下脚步，等待支援的部队时，贝内德克仍然有时间进攻第一军团。甚至在下午 1 点，当他收到从约瑟夫施塔特（在 12 点 10 分）发来的第二封报告第二军团"正向比斯特日采河缓缓前进"的电报时，都还有时间。[20] 此后，时间每流逝一分钟，进攻第一军团的风险就会大上一分。而且，当下午 1

244　点 15 分，贝内德克命令莫利纳里和图恩将军将他们的部队和火炮从马斯洛夫德撤走，（这一出乎意料的暂缓进攻命令的最大受益人）弗兰泽基钻回斯维布森林后，进攻就更不可能了。现在，弗兰泽基可以不受奥军炮火侵扰地向赫卢姆推进（而此前他的部下已经被奥军炮火摧残了一整天），因为莫利纳里各部鱼贯退回到斯维布森林以南的原阵地时，挡住了奥军部署在利帕和内德利斯特高地上的炮兵连。[21] 同样对贝内德克暂缓进攻命令充满感激的普鲁士炮手骑乘到队伍前面，缩短了他们与内德利斯特、利帕和赫卢姆的射程。现在，毛奇对胜

245　利更有信心了。他命令第一军团预备队的各师出动，打开一直为战役最后一刻而节省使用的预备弹药箱，开始尽情地往奥军阵地倾泻炮弹。[22]

第二军团迂回贝内德克右翼

在贝内德克右翼，奥地利第二军的四个旅整个上午一直在为攻打弗兰泽基第 7 师做准备。普鲁士第二军团突然在他们侧翼现身，把他们吓了一跳。没有人提醒过图恩伯爵的部下，普军还有**第三个军团**逼近。这一时运的反转导致的后果可想而知，其对士气的打击是彻底的。12 点 30 分，普鲁士仅一个燧发枪兵营就将图恩伯爵的两个营清除出霍雷诺韦斯。这两个营的奥军由波兰人和米夏埃尔·汤姆（Michael Thom）第 40 团的乌克兰人组成，他们被身边的局势搞蒙了。一个小时前，他们还是莫利纳里攻击杜布高地的先锋尖刀。现在他们发现自己被困在阵地突出的一角而无法脱逃。他们轻易地就向普军的一个小分队投降了，这再次证明了拿破仑的名言："士气之于武力，犹如以三敌一。"[23] 汤姆的狙击兵大部分都是在克尼格雷茨当地就地招募的捷克人，他们只是做了象征性的抵抗，便向五个普鲁士近卫步兵连屈服了。他们撤到内德利斯特，留下 300 人，即将近一半的兵力做了普军的俘虏。[24] 毛奇从杜布高地的有利地形观察到第 1 近卫师已经在霍雷诺韦斯渗透到奥军的侧翼，便转身对国王说："大功告成了。维也纳要臣服于陛下了。"[25]

当普鲁士近卫军占领霍雷诺韦斯时，在他们的左侧，路易斯·穆蒂乌斯的普鲁士第六军迅猛地向前推进到拉契奇和特罗蒂纳。在这里，在冰冷、齐胸深的特罗廷卡河（护卫贝内德克右翼的天然屏障）两岸，穆蒂乌斯以为会遇到奥军的顽强抵抗。结果，普军第 50 团的 3 个营蹚过特罗廷卡河，轻而易举地占领了拉契奇，在此过程中俘获了 250 名丧失斗志的匈牙利士兵。[26] 更令人警醒的是古斯塔夫·恩里克斯（Gustav Henriquez）的由奥地利-德意志士兵组成的所谓精英旅在特罗蒂纳村庄的崩溃。这个村庄的作用是稳固贝内德克右翼。恩里克斯旅甚至都没有部署其炮兵连，在短暂的混战后，就向普军交出了由约瑟夫施塔特公路组成的战壕。[27]普军仅用三个轻步兵连就将恩里克斯第 27 团赶出了这个重要的枢纽，夺取了特罗廷卡河阵线。晚些时候，普军发现了躲在特罗蒂纳村舍里的数百名施蒂利亚（Styrian）

246 士兵。正如塔西佗（Tacitus）所说，单是侧翼进攻的形势便足以"让他们**闻风丧胆**"。随着普鲁士近卫军和第六军在马斯洛夫德高原牢牢地站稳脚跟，贝内德克在赫卢姆不得不开始放松他整个上午一直都在加紧推进的反攻。当普军部署在霍雷诺韦斯、马斯洛夫德和森德拉西茨的 60 门火炮将炮弹打在总司令的预备队编队中间时，他被迫开始将他们向后转移，使得在奥军各团蔓延的恐慌和失望情绪更加强烈。

　　普军的炮兵连和步枪连已经近在眼前，埃默里希·塔克西斯亲王第 2 轻骑兵师（北方军团在易北河畔阵地的担当）的骑兵中队只能调头和第二军并排撤退。[28]贝内德克后来批评塔克西斯没有提醒他普鲁士第二军团在快速推进，但塔克西斯心里一定不解，他为何要让全师退出右翼的战斗，仅仅为了贝内德克只要在利帕的指挥部安装野战电报机就可以在上午 9 点获悉的事情。[29]上午所有的流血牺牲都白白浪费；贝内德克随随便便就放弃了莫利纳里在争夺马斯洛夫德和斯维布森林的战斗中，用 8000 名奥军士兵的伤亡换来的优势。横扫霍雷诺韦斯的普鲁士近卫军和穆蒂乌斯沿着特罗廷卡河会集的几个营简直不敢相信他们的好运。

　　然而，这些还只是普军兵力相对薄弱的分遣队。他们本该受到图恩伯爵四个完整旅的阻滞。眼下，鲍姆加滕和贝内德克发现，更迫切的威胁是在奥军左翼。在那里，易北河军团（打头的是菲利普·冯·坎施泰因攻击掳掠的第 15 师）正忙着袭击完整地留在普罗布卢斯附近的三个奥地利-萨克森旅。近卫军占领马斯洛夫德，穆蒂乌斯军渡过特罗廷卡河时，坎施泰因的第 30 旅也从奥地利第三军在左翼所剩的兵力手中夺取了上普里姆（Ober-Prim），迫使韦伯将军的萨克森援军向后和**向内**撤到普罗布卢斯；在那里，下午 2 点，他们最终被赶到坎施泰因左侧的普鲁士第 14 师打败。[30] 赫尔瓦特麾下还有很多部队在比斯特日采河的右岸，要是他能够加快速度，毛奇就能够将两翼同时向前推进，在贝内德克**后边**将这两翼合在一起，将北方军团的全部兵力困在克尼格雷茨前面的低地。正当赫尔瓦特的第 14 师痛击贝内德克左翼时（正以激烈的逐屋巷战将萨克森军赶出普罗布卢斯），现在在情报上已经难以对加速推进的侧翼进攻保持跟进的毛奇通知易北河军团司令，第二军团正在合拢包抄贝内德克的右翼，"切断贝内德克向约瑟夫施塔特的撤退路线"，对北方军团形成**两翼**包抄的威胁。[31] 随着奥地利"北部方形要塞群"的防御潜力就这样惨遭破败，激动人心的"第二次坎尼战役"前景在望，毛奇便在下午 1 点 45 分粗暴地撤销腓特烈·卡尔亲王第二次企图将两个预备师投入战役的命令。毛奇提醒亲王，普军的计划是把贝内德克困在"比斯特日采包围圈"里将其歼灭，而不是过早地把他赶回去，让他脱离险境。[32]

　　从奥军的角度来说，他们迫切地需要对策。尽管毛奇现在胜券在握，贝内德克的处境也绝不是没有希望。正如拿破仑总是挂在嘴边，也正如拉明和莫利纳里就毛奇企图对奥军的包围而常挂在嘴边的："凡侧翼包抄我的，他**本人**的侧翼也被我包抄。"奥地利 19 世纪伟大的理论家卡尔大公曾谆谆教诲包括贝

247

内德克在内整整一代人的奥地利候补军官："针对侧翼包抄纵队，没有比**及时进攻**更好的防御措施了，因为你进攻得越迅速、越深入，敌人就越难找到你的侧翼。这样，他反而会扑空。"[33]

毛奇的中央阵地依然薄弱。尽管弗兰泽基正得到第二军团的支援，但腓特烈·卡尔亲王两个预备师的大部分兵力都需要用来补充普鲁士第 3、4、8 师的损失。[34] 贝内德克的反攻本可能像一把凿子一样，将普军像两只钳手一样的军团分隔开，轻而易举地击退腓特烈·卡尔亲王，重重地砸向赫尔瓦特，可是现在呢？尽管这样一击的最佳时机已经错过，但机会还在招手。而且，贝内德克确实别无选择。他已经取消了拉明向内德利斯特的移动，让莫利纳里几个小时前造成的"缺口"仍然没能堵上。在身后没有组织好撤退路线和足够桥梁的情况下，他**不得不**向前进。右翼的图恩伯爵第二军已自然地放弃，左翼的萨克森军和第八军也被杀得七零八落。单是普鲁士近卫军就已在马斯洛夫德高原部署了八个炮兵连，而且就像莫利纳里预见的那样，正在不断地发射炮弹，朝着赫卢姆-利帕落下，在奥军士兵中间播撒恐慌。

"打在背后的子弹不会比打在你胸前的子弹更痛。"卡尔大公曾这样安慰不愿意穿过敌人纵队之间的缺口**向前**逃跑的奥地利将领。犹豫不决是最糟糕的进程。"士兵容易被侧翼进攻吓到，"卡尔大公警告说，"指挥官必须迅速行动，避免这种情况发生。"[35] 图恩的参谋长及其几个旅与其说是向第二军团实施的侧翼进攻屈服，倒不如说是对第二军团侧翼进攻的预期屈服。这位参谋长在战役结束后指出，"针对普鲁士两个军团的其中之一发起强大的攻势"才是贝内德克唯一获救的希望。在赫卢姆附近的糟糕阵地持续展开"防御战斗"导致了"不可避免的惨败"。[36]

　　然而，贝内德克还是犹豫了。自从与拉明交换了关于向下进攻比斯特日采河的意见之后，他又浪费了一个小时的时间。下午2点，加布伦茨请求从军团预备队中调来更多的炮兵连时，贝内德克拒绝了。他通知加布伦茨，他需要将这些火炮留给后面"更为决定性的时刻"。[37]然而，到了现在，即使拉明也开始对进攻有了顾虑。迟至此时，向前进入比斯特日采河谷可能会造成北方军团被汇成一股的普鲁士军团歼灭。在北方军团土崩瓦解的右翼，莫利纳里和图恩从下午1点开始就一直请求支援。下午2点，拉明忠告北方军团指挥部，总司令必须做点**什么**，以防"整个赫卢姆-利帕阵地"被第二军团"包抄碾压"。就在拉明和贝内德克联络时，奥军右翼的掉队士兵已经从特罗蒂纳和西斯托夫穿过预备队跌跌撞撞地向后逃跑。终于，拉明不再对指挥部的指示抱有希望了，他命令奥地利第六军变换进攻方向，转移到位于内德利斯特的阵线中。[38]

　　此时，利帕高地上贝内德克身边的一位军官回忆："总司令决定彻底放弃进攻。"他将恢复原先的计划，紧紧依靠比斯特日采河的高地进行防御。[39]然而，这既不像看起来那样容易，也不像看起来那样明智。正如莫利纳里所预测的，贝内德克在利帕-内德利斯特阵线一端的数个团和它们后面的预备队，已经饱受普军炮弹的摧残，而且马斯洛夫德高原上的炮兵连的数量还在不断增多。[40]在弗兰泽基和普鲁士第1近卫师控制了斯维布森林和马斯洛夫德居高临下的高地之情况下，贝内德克的数个团必须或者撤退，或者进攻。如果他们还留在赫卢姆附近的阵地上，结局就是坐以待毙，等着被炸得粉碎。鉴于这一事实，图恩将军的参谋长不能理解，为什么贝内德克在白天的时候要阻止莫利纳里大有成功希望的向杜布高地的进攻，将马斯洛夫德拱手让给普军。"马斯洛夫德是一块无敌的阵地。在那里，普鲁士王储可以集结他的军团，充分发挥出其不意和协同配合的优势，举全军团之力砸向我们的侧翼。"作为对比，赫卢姆-内德利斯特则是一处"死亡陷阱"。[41]塔克西斯亲王的一个轻骑兵旅（坚持在原阵地，仍待在内德利斯特后面的低地上）一度试图帮助图恩在特罗蒂纳挣扎的恩里克斯旅摆脱普军，但被普军步兵的火力打退。贝内德克"竟将我们部署在**溪谷**"，一位愤怒的骠骑兵愤愤不平地说。[42]截至此时，普军的炮兵已经将奥军阵地的要地赫卢姆纳入射程范围。下午 2 点 15 分，当第一个普鲁士近卫步兵连开始以散兵队形从马斯洛夫德向赫卢姆进攻时，赫卢姆便陷入了火海。

下午 2 点 30 分，被赫卢姆和利帕的火海包围、陷入沉思的贝内德克，被利帕北面恩斯特大公阵地传来的冲锋信号拉回到现实。现在，恩斯特密集的第三军正吸引着马斯洛夫德上面 30 门膛线炮的火力，普鲁士近卫军的两个旅则穿过斯维布森林逼近它的正面。由于奥军没有训练过战壕防御，恩斯特大公认为最好用刺刀**进攻**冲过来的普军。正迅速失去对战役控制的贝内德克，命令停止反攻。战役结束后，贝内德克灌输的一种说法，即 1.2 万名普鲁士近卫军士兵借着"赫卢姆的迷雾"的掩护无声无息地进入他的阵地心脏地带而未被察觉的说法，既荒谬而且毫无可能。截至下午 2 点，阳光已经淡淡地照射在比斯特日采河谷，晨雾也已散去。下午 1 点时，和恩斯特大公的第 46 团一起部署在赫卢姆的一位军官转身对他的团长指出，普鲁士第 1 近卫师正从霍雷诺韦斯下行到斯维布森林。斯拉维茨基（Slaveczky）上校是个近视眼，而且没带望远镜。他不屑地说：

"你还是一如既往的悲观。"斯拉维茨基坚持认为，逼近过来的穿着普军蓝制服的纵队一定是萨克森的部队，这揭示出斯拉维茨基对北方军团自身部署的不可原谅的无知，也让他很快将会因此付出生命的代价。尽管有更多的奥军军官报告了普鲁士近卫军的逼近，斯拉维茨基仍然不相信这些报告。第三军的另外一位军官在承认斯拉维茨基是个饭桶的同时，也认为更为重要的是，尽管斯拉维茨基从上午 8 点 30 分开始就站到指挥山上，但"（军团指挥部）没有任何人抽空告诉他，他应该**做**什么。每次下属找他索要指令，他的答复都只是耸耸肩"。[43]

雪上加霜的是，正午时分将斯拉维茨基团和阿皮亚诺旅其他兵力从西斯托夫解围出来并回到赫卢姆的卡尔·阿皮亚诺将军，现在发现赫卢姆高地难以防守。普军的炮弹不断呼啸着从马斯洛夫德飞来，落在他的队伍中间。普军的炮火轰炸是为了掩护第 1 近卫师向赫卢姆进军。为了从这种炮火轰炸下悄悄撤出，大约在下午 1 点过后，阿皮亚诺将除了一个营之外的各营全部重新部署到赫卢姆的背坡上。由于北方军团的所有人几乎都还在期待贝内德克进攻腓特烈·卡尔亲王和赫尔瓦特，阿皮亚诺便朝西布置进攻方向，**背**对赫卢姆。指挥部没有任何人通知他普鲁士第二军团正在逼近。[44]

普军攻占赫卢姆

最终，北方军团丢失赫卢姆可能并非与普军行动的秘密性或火力的强大有关，而是与贝内德克的战役部署有关。普鲁士第二军团攻击了贝内德克半月形前线的东北面。在这种阵形下，遭受攻击的位置能够轻易被敌人从两翼迂回，因为攻击方可以举全军之力压迫贝内德克的一半阵线，而不用费心防止阵线另一半的反击。这还只是贝内德克蹩脚的比斯特日采部署的众多缺陷之一。如果普军占领了特罗蒂纳和内德利斯特，他们就能顺势攻占赫卢姆，而事实恰恰如此。

第二军团的第 1 近卫旅以连、排为单位梯次排开，轻而易举地穿过斯维布森林和西斯托夫。近卫旅的若干部队清扫了奥军在利帕、内德利斯特的战壕和炮兵连阵地，几乎没有遇到奥地利第三军和第四军的亚历山大·贝内德克（Alexander Benedek）旅和约瑟夫大公旅的抵抗；其他一些部队则沿着低洼的道路向上仰攻，从马斯洛夫德和西斯托夫推进到赫卢姆村庄。[45] 奥地利第四军的几个团直接无视他们身后普鲁士近卫军那薄弱的阵线，只顾后撤，因为到了现在，开局时各方面都预兆着胜利前景的战役显然已经输掉了，而下午 1 点贝内德克变换阵线方向的命令已经打乱了奥军右翼的战术连贯性。因此，普鲁士近卫军实际上并非像贝内德克后来作为借口所提出的那样，是经由费斯特蒂奇、图恩和莫利纳里在上午时打开的"缺口"前进的。相反，普军部队必须先经过马斯洛夫德高原上的奥地利第二军，然后经过第四军撤退中的分队，再穿过奥地利第三军在利帕占领的战壕。实际上，奥军的右翼－中央阵线完全崩溃了，交出 8000 名未负伤的俘虏和 55 门火炮。[46] 在所有他那哈姆雷特式的沉思中，贝内德克从没考虑过一个迟来的普鲁士军团将会对他的士兵造成毁灭性的**精神上的**冲击，而这些士兵中的大多数人从早晨开始就严阵以待等着奥军发起进攻。[47] 突然在正面、侧翼和后方遭到全方位的攻击，图恩、莫利纳里和塔克西斯根本控制不住手下的人，他们只想跑到易北河上己方的桥梁，躲避从东北方向降临的猛烈且出乎意料的打击。[48]

在赫卢姆，阿皮亚诺派出的一个由匈牙利人组成的营正守卫着这个已经闷燃但没有明火的村庄。下午 3 点前不久，他们就被普鲁士第 1 近卫团的几个连打得溃不成军。奥地利第 46 团的 400 名匈牙利士兵放下步枪，温顺地交出贝内德克阵地的这一中心堡垒。[49] 给他们营提供支援、部署在高地西南面的其他几个营调转方向面对赫卢姆，朝着纵射的火力前进。他们中间，600 人阵亡或负伤，其余的人全部投降。谁能责怪他们呢？在他们看来，鲍姆加滕后来写道，普鲁士近卫军"仿佛从天而降一般出现在赫卢姆".[50] 村庄如此迅速地被攻占，以至于在赫卢姆下面的溪谷中躲避普军炮火的阿皮亚诺旅的大部分人，甚至还来不及从身边的战斗嘈杂声中分辨出来他们上面交火的声音。当一位路过的骠骑兵告诉阿皮亚诺，普鲁士的几个步兵连已经攻占赫卢姆，奥军这位旅长目瞪口呆。"不可想象！"他厉声说，接着就看到普军的散兵在他右边大步跑着穿过高高的草丛。他们在朝赫卢姆山脚下的罗兹贝里奇（Rozberic）前进。罗兹贝里奇这座村庄横跨在贝内德克唯一的撤退路线萨多瓦-克尼格雷茨公路上，奥军的预备队就驻扎在村子周围。

阿皮亚诺命令狙击兵调转方向，拦截下行冲往罗兹贝里奇的普军。接着，他命令跟在他身边的战列步兵突袭赫卢姆。这些步兵，即第 62 团的马扎尔和罗马尼亚士兵，在西斯托夫经受了上午的行动后，现在只剩下四个完整的连了。当这群丧失了斗志的残兵靠近赫卢姆时，普鲁士的枪骑兵挺着长矛出现在峰顶。对于阿皮亚诺的匈牙利士兵来说，这可真是忍无可忍了。阿皮亚诺旅长在报告中说，他的士兵"扔掉背包和弹药盒就跑，我的命令他们不听，他们长官的命令也不听，就从我左边的队伍中间猛冲直闯过去"。没有了战列步兵，阿皮亚诺策马下行到罗兹贝里奇，去看看他的轻步兵面对之前发现的普军侧翼包抄纵队的进展如何。"只剩下一个连还在坚守原地。将（该旅）集结起来已不再可能。"此刻，阿皮亚诺本人也被一队逃跑的奥地利胸甲骑兵席卷，从马上摔了下来。他那溃散的部队彻底瓦解，向南往易北河逃去。[51]

第三军基希贝格旅所剩的兵力（5 个小时前，该旅在对霍拉森林的自杀式进攻中损失了好几个营）调转方向背对比斯特日采河，从利帕攻入赫卢姆。战斗是残酷的：尤利乌斯·基希贝格（Julius Kirchsberg）的德意志狙击兵与普鲁士近卫军的士兵扭在一起肉搏，用刺刀刺，用步枪近距离直射。他们往克尼格雷茨的撤退路线突然被挡住了。比起赫卢姆本身，他们中的很多人更多的是为了免遭普军俘虏而拼杀。[52]基希贝格旅在利帕高地上的一个炮兵连急奔回来，在离村子教堂 150 米的地方卸下火炮牵引车，朝普军倾泻着霰弹。近卫军的火枪手开枪还击，几分钟时间就杀死了炮兵连连长、53 名士兵和 68 匹战马。这就是奥古斯特·格罗本（August Groben）上尉传奇的"阵亡的炮兵连"，赫卢姆顶峰上矗立的一座令人瞩目的纪念碑，永远地纪念他们。[53]第三军战败的普罗哈斯卡旅的残余兵力，即征募的 400 名罗马尼亚边民士兵，望了一眼从东面逼近的普鲁士大军，便朝西南逃走了。[54]

贝内德克和指挥部大部分参谋人员一直站在利帕高地的西南面观察萨克森军在普罗布卢斯的溃败时，近卫军部队已经从东北打过来。因为将埃德尔斯海姆的师从普里姆转移到朗根霍夫，贝内德克缩短了左翼，打开了一条能够让赫尔瓦特的易北河军团插入奥军侧翼和后方的通路。现在，他才后知后觉地从第一军派出路德维希·皮雷特旅，前去堵死那条通路，减轻第八军和萨克森军的压力。[55]就在这次行动过程中，在下午 2 点 45

分，贝内德克的副参谋长奥古斯特·诺伊贝尔骑马赶来，向总司令报告在他的**身后**、在北方军团的右翼以及在赫卢姆爆发了激烈的战斗。贝内德克身边的一名上尉参谋回忆道，这位北方军团总司令目瞪口呆。

　　诺伊贝尔上校赶到时脸色煞白。当时，总司令正在审阅萨克森军送来的消息。他读完消息，上校报告道："敌人在赫卢姆。赫卢姆正在燃烧，子弹从四面八方向我射来。"总司令奇怪地盯着他看了一会儿，然后转脸对鲍姆加滕将军说："你，鲍姆加滕，骑马去那里看看怎么回事。"然而，几乎是一刹那间他就改变了主意，自己骑马奔向赫卢姆。指挥部的参谋人员紧随其后。[56]

　　到此时，普鲁士第 2 近卫旅的大部已与第 1 近卫旅在赫卢姆会合。他们在顶峰迅速部署好，等北方军团指挥部一行（他们正从拥挤的奥军掉队者中间开辟出一条道路来）逼近到 200 米的距离，然后开始速射。恩斯特大公的参谋长阿道夫·卡蒂上校仍然不敢相信朝他们开火的是普军。"别还击，"他对贝内德克的龙骑兵护卫队喊道，"他们**一定**是阿皮亚诺旅。"尽管当天大部分时间贝内德克和卡蒂都在一起，总司令却从没想过向负责防守赫卢姆和利帕的卡蒂告知普鲁士第二军团的逼近。[57] 贝内德克的一位副官阿洛伊斯·艾什泰哈齐（Alois Esterházy）伯爵被普鲁士近卫军士兵从马上射落。指挥部人员恐慌地转身拐进第 78 团由克罗地亚人组成的一个营的队伍中，该营的士兵正在他们长官的驱赶下朝着赫卢姆进击。亨尼克施泰因身边的一位军官讽刺地回忆道："**我们的**恐慌给**他们**提供

253

了逃散的充分借口。"贝内德克和参谋人员让自己恢复镇定后，便抽出军刀，骑马来到克罗地亚士兵中间，驱赶着他们朝赫卢姆前进。一位亲历者坦白道："他们中的大多数人不久就会投降。"[58]

现在，利帕高地上到处都是第三军几个闲散的营的士兵。他们已经被敌人从侧翼迅速包抄，羁留在那里思考下一步的动作。贝内德克发现阿皮亚诺几百名溃败的匈牙利士兵在附近闲荡，便命令他们夺回赫卢姆。他们拒绝执行。"他们放弃了前线，"一位军官记录道，"而且还带动其他人与他们一起。"第52 团的马扎尔人倒是表现得更为高尚。当看到贝内德克这位匈牙利同胞走过来，他们没等长官说一句话，就变换进攻方向，面向赫卢姆，装上刺刀，开始往赫卢姆高地攀登。贝内德克不顾周围的炮火，骑马来到他们中间，吐出一口雪茄烟，轻声地喊道："前进！前进！"[59]集结了第52 团之后，贝内德克骑马离开，去寻找加布伦茨和拉明，而几分钟之后，集结的第52 团全团就牺牲的牺牲、被俘的被俘。

贝内德克前线崩溃

当贝内德克和参谋人员从赫卢姆的西面下去时，克尼格雷茨公路上紧张的奥军部队误把总司令一行当作普军，在仅 100米多一点的射程向他们开枪了。奥军的战列步兵也就这一次射准了。亨尼克施泰因男爵和其他 6 名军官倒在地上，胯下的坐骑被射杀。格林纳伯爵的儿子中弹身亡，威廉大公在这次误伤中被击中头部。后来，出于尴尬，贝内德克和奥地利的历史学家便捏造事实，将这两人的一死一伤归咎于在赫卢姆的普鲁士近卫军。当副官和护卫下马将格林纳和负伤的威廉大公拖到一边掩护起来时，指挥部的其他人赶紧飞驰下斜坡，命令下面的奥军部队停火。贝内德克借机甩开了大部分参谋人员，和鲍姆加滕、克里茨一起骑马上行到朗根霍夫，将亨尼克施泰因、克里斯马尼奇和诺伊贝尔留在身后正减弱下来的交火中。[60]

现在，奥军深切地感受到缺少撤退部署的痛苦，因为截至此时，赫尔瓦特的易北河军团已经占领了普里姆和普罗布卢斯，逼近到贝内德克在克尼格雷茨主要桥梁和撤退路线的进攻距离之内。当第一军的皮雷特旅（被贝内德克派去增援动摇的萨克森军）试图夺回普罗布卢斯时，他们在村庄的边上就被普军的步枪和榴弹打退。[61] 赫尔瓦特越来越多的营追击过来，蜂拥着穿过普里姆和普罗布卢斯时，萨克森军、埃德尔斯海姆的数个骑兵中队和韦伯的第八军便退到克尼格雷茨。[62] 在他们的左边，普鲁士的步枪连迅速离开霍拉森林和萨多瓦，开始向朗根霍夫和利帕移动。加布伦茨惊恐地观望着。从他所在中央高地的有利位置，他实际上可以观察到毛奇包围圈的进展。普军的纵队正从北方军团的两翼穿过，在北方军团唯一的逃跑路线上汇集。到了下午 3 点，加布伦茨自己的前沿阵地也几乎完全被包围。赫尔瓦特已经在普罗布卢斯架好火炮，近卫军正从赫卢姆向加布伦茨杀来，腓特烈·卡尔亲王的几个预备师正从萨多瓦向上挺进。加布伦茨身后前往克尼格雷茨的公路上堵满了预备队，他们因为贝内德克阵线的突然崩溃而惊呆了；普鲁士近卫军仅三个连的燧发枪兵占领罗兹贝里奇时，他们甚至都没有反抗。[63]

加布伦茨命令将火炮调头面向赫卢姆，结果却发现奥军步兵仍然在高地上拥挤地乱作一团，从而妨碍了他的火力。当加布伦茨权衡选择时，贝内德克从下面的公路骑马慢跑上来，命令第十军集体后退一步，再向右一步，面对赫卢姆高地上的普鲁士近卫师。然而，贝内德克投入越多的部队对付毛奇的第二军团，他用来阻止其他两个军团的兵力就越少。阿道夫·温普芬伯爵与他的旅驻扎在第十军的左翼。他骑马到加布伦茨这边，通知他赫尔瓦特的快速进军正将温普芬旅和蒙德尔旅的正面和侧翼暴露在敌人火力之下。"我们不能留在这里！"他警告加布伦茨。而加布伦茨刚将火炮调头面向赫卢姆，现在又把火炮调回头面向普罗布卢斯。在沿着从朗根霍夫到斯特雷塞蒂茨的整个阵线上，他的士兵都在交叉火力下倒地，这是贝内德克在普里姆－赫卢姆－内德利斯特凸角上部署又一个可以预见的后果。[64]

这种新月形前线只要有一翼崩溃，就会牵累另一翼的撤退，因为所有撤往后方的路线都集中到一点：克尼格雷茨。在这样的形势下，贝内德克就无法在不对后方造成破坏的情况下，按照对抗包围的常用防御策略撤回陷入危险的两翼。当萨克森军列队行进，在从普罗布卢斯撤退的路上经过皮雷特旅时，皮雷特旅的几个团将撤退中的盟军误认作进攻中的普军，朝他们开火射击。"我们分不清撤退的萨克森军和追击的普军，所以我们都是一样地开枪。"奥军的一位列兵牵强地解释道。[65]因为北方军团全军陷入易北河与比斯特日采河之间的狭窄包围圈里无法动弹，类似这样的恐慌事件在通往后方的混乱阵线上随处可见。在斯韦蒂（Sveti），在收缩的包围圈里面，贝内德克第 3 预备骑兵师的师长库登霍韦将军骑在战马上转了几圈，先往一边又往另一边看了看，道："赫卢姆已经被第 1 近卫师占领，萨克森军丢掉了普罗布卢斯。现在是下午 3 点，战局已经逆转。"[66]

至少可以这么说，没有赫卢姆，普军只能从两翼包围北方军

255

团，威胁北方军团的撤退路线；有了赫卢姆，**再加上两翼包抄**，普军就可以将火炮、步兵连、预备骑兵涌入奥军阵地的中央，从里向外将奥军阵地包抄起来。突然之间，奥军全军，而不仅仅是后卫部队，全都陷入危险之中。对于一整天都抱着合理胜利希望的贝内德克而言，克尼格雷茨战役已经成为一场空前巨大的灾难。下午3点，在赫卢姆附近，他来到一个队伍散乱的营面前，厉声发令："准备战斗！现在已经无路可逃了。"[67]

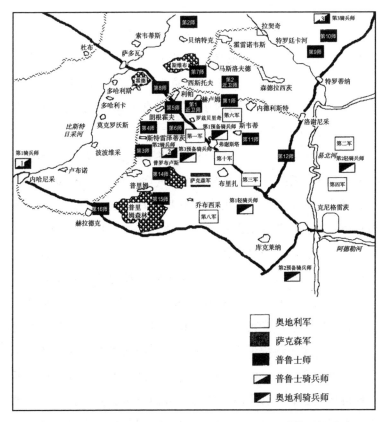

示意图25　克尼格雷茨战役：1866年7月3日，北方军团溃败

确实，似乎也没什么可逃的路了。随着普军从两翼逼近，并出现在他的阵地中央，贝内德克发现自己被迫带着六个步兵军、四个骑兵师和数十个炮兵连在唯一一条道路上撤退。尽管身边有**三位**总参谋长，即亨尼克施泰因、克里斯马尼奇和鲍姆加滕，总司令却没有抽出时间采取哪怕最基本的预防措施。没有用木桩标出通路，引导撤退的部队退往后方，以免各个部队混杂在一起。没有参谋军官走在军队的后面，提供关于道路、岔道、桥梁和津渡的信息。加布伦茨注意到，即使当贝内德克的参谋部命令下午搭建 4 座桥梁时，他们也忘了给桥梁标上路标，或者在赫卢姆的恐慌降临之前，令这4 座桥梁得到前线各军军长的注意。由于在易北河高高的两岸上看不到浮桥，奥军的很多部队没有看到它们就从这些渡口旁边跑了过去。[68]

在战争结束之后，克里斯马尼奇将军表示，这场灾难的根本原因并不仅是老派的奥地利懒散作风（Old Austrian Schlamperei）那么简单。7 月 3 日，在贝内德克身边待了大半天之后，他列举总司令冷漠的悲观主义作为奥军溃败的主要原因。克里斯马尼奇回忆道，即使当贝内德克在正午 12 点获悉普鲁士王储已经逼近时，他也没有做出反应。"我敦促（贝内德克）加强左翼的前线，然后与预备队一起骑马来到右翼，"克里斯马尼奇作证说，"总司令看着我，点了点头，但是一副冷漠、听天由命的样子，那样子预示了不祥……这个人毫无指挥庞大军团的能力。"[69]关于这一点，没有比随后"克尼格雷茨的恐慌"期间所表现得更明显的了。当时，数万溃散的奥军突然疯狂地涌入易北河要塞的防御工事，这样一场毫无组织的逃窜无可挽回地动摇了北方军团的士气和组织。

奥军撤往克尼格雷茨

北方军团的几个团遭到来自自己阵地中央的射击和从东西两面过来的纵射，在下午3点钟恐慌了，开始向南朝距离10公里的易北河奔去。[70] 赫卢姆距离克尼格雷茨的驿道不超过600米，即便是普军最差的枪手，这个距离也在射程之内。谁还射不中呢？赫卢姆和易北河之间的道路上和村庄里到处是奥军的预备队，已经人满为患。较远一些的目标很容易被普军从赫卢姆和马斯洛夫德打来的炮弹引燃和毁灭。贝内德克甚至没有想过安排哪怕一处"还击点"，让军队可以围绕这个还击点集结起来，为赫卢姆的阵地提供支持。[71] 在四面八方的压力下，奥军士兵甩掉身上的装备，向南朝着更令人安心的克尼格雷茨奔去。稍后，拾荒者将在赫卢姆附近一堆堆丢弃的装备中搜寻到成千上万只双肩背包和单肩帆布包、水壶、斗篷、步兵的筒状军帽、备用的鞋子、弹药、刺刀，甚至步枪。大敌当前丢掉这最后一样东西可是死罪，后来贝内德克和阿尔布雷希特大公威胁要以此罪枪毙北方军团十分之一的人。[72]

贝内德克在仓促地与加布伦茨商议之后，从朗根霍夫下行到克尼格雷茨公路。在公路上，他骑马来到逃跑的队伍中间，试图遏止这场溃逃，但没什么用。他和马一起，被这群乌合之众裹挟着走了距离克尼格雷茨要塞一半的路。总司令用五六种语言呼喊出鼓舞士气的话，一遍又一遍地喊："集结！"副官们和参谋人员在旁边骑马慢行，咆哮道："遵照总司令的命令，所有人必须停下来！"但这只是徒劳罢了。甚至连恩斯特大公，这位被委以防守赫卢姆之任的哈布斯堡亲王，也被随员簇拥着快马穿过队伍去了后方。弹药车满载的奥军炮手们，也没有效仿格罗本"阵亡的炮兵连"那激奋人心的榜样，而是收拾好装备，放弃了前线，将步兵战友们暴露在普军火力全开的凶猛追击之下。[73]

258　　贝内德克和鲍姆加滕终于停下来，决定为北方军团制订一份早就该完成的撤退部署。然而却是徒劳：到了现在，普军的炮弹正从赫卢姆和朗根霍夫源源不断地落下，在他们身边炸开。奥军的一个炮兵连调头沉重地走开。"天呐，"鲍姆加滕对一位副官厉声说，"骑马过去，叫他们停下来！"奥军的指挥部转移到更为安静的地方，结果却被逃离前线的更多部队淹没。贝内德克没有给出指示，就把克里斯马尼奇和诺伊贝尔留在赫卢姆高地上，结果也让自己组织撤军的努力大打折扣。现在，他和剩余的指挥部人员承认战败，开始骑着马在战场上漫无目的地到处游荡。[74]

　　在利帕（贝内德克原先的阵线中央，现已被位于赫卢姆的普鲁士第 1 近卫师从侧翼包抄并切断），参谋长亨尼克施泰因想换掉他身下那匹被吓坏的英国母马：骑着它不仅没有帮助，反而证明是个障碍。他试图劝服第三军一个空闲的炮兵连对阿皮亚诺旅的幸存者开火，这时恩斯特的参谋长在阵地上发现了他，并仁慈地予以干预。[75]亨尼克施泰因溜到下面的克尼格雷茨公路，加入了前往易北河的溃逃。到了 3 点 30 分，近卫军在赫卢姆的两个旅已经将奥军彻底赶出村庄，架好一组火炮，开始朝下方一切活动的目标开炮。子弹、炮弹碎片和榴霰弹片一起猛烈地射向逃跑的奥军身后，借以传播着惊慌与恐惧。

　　下午 3 点，当普军占领赫卢姆时，贝内德克曾派出一名参谋军官去寻找贡德勒古将军，命令他在赫卢姆周围"集结"第一军。与此同时，鲍姆加滕去寻找拉明，命令他率第六军夺回赫卢姆。不幸的是，贝内德克忘记了协调这两路进攻。他的"集结"第一军和鲍姆加滕率第六军的进攻是分头设计和执行的，这就解释了为什么在赫卢姆高地，普军 15 个疲惫的营能够击退拉明和贡德勒古在两个不同阶段派出的 35 个新加入战斗的营。[76] 注意到在两次突击中贝内德克都缺席了，全程陪伴在拉明身边的克里斯马尼奇便责备这位总司令，怪罪他"竟在如此紧要的关头丢掉了缰绳"。[77]

当普鲁士第 1 近卫师巩固对赫卢姆的控制、迫切请求博宁第一军的先头部队（下午 3 点此先头部队正在马斯洛夫德高原上集合）给予弹药和支援时，贝内德克在克尼格雷茨公路上的两个预备军依然部署成长长的行军纵队，**背对**着赫卢姆：拉明军面朝内德利斯特，贡德勒古军面朝萨多瓦。[78] 因此，拉明的第六军不得不在一天之内**第三次**变换阵线方向，编组成突击纵队，在此过程中耗费了大量时间。贡德勒古的第一军在左翼一直向后延伸到普罗布卢斯，他们避免了变换阵线，但要向右调转，准备以**行军**纵队突击赫卢姆。他的进攻无疑是一场屠杀。[79] 与此同时，加布伦茨刚一调转面向赫卢姆，后方就遭到普鲁士第一军团的攻击——加布伦茨的火炮一旦被赫卢姆的战斗分散火力，第一军团就从隐蔽中出动，开始从比斯特日采的几个村庄往上攀登。正挣扎着将自己的旅从前线解救出来的弗里德里希·蒙德尔上校回忆道："我们有 4 万人挤在朗根霍夫和赫卢姆之间的凹地，普军的火力便倾泻在我们身上。"[80]

奥军参谋人员试图协调贝内德克保留的两个预备军对赫卢姆发起殿后攻击，但失去了与总司令的联络。截至 3 点 15 分，总司令的行为已经和拉马尔莫拉在库斯托扎的表现差不多。他不仅没有占据一个中心的、固定的地点来指挥撤退，反而是骑着马上气不接下气地在战场上到处飞奔。因而，关键的措施一再推迟，或者被完全忽略。[81] 例如，在普军对罗兹贝里奇的奇袭中，拉明损失了大量的火炮。当他派遣一名参谋军官请求从军团的火炮储备中进行补充、短暂地推迟对赫卢姆的进攻时，这名军官骑马到朗根霍夫，因为据信在利帕被普军占领后贝内德克已经将指挥部转移到那里，结果他却扑了个空："没人知道总司令去了哪里。我在战场上骑着马来回找他。"[82] 事实上，贝内德克已经将指挥部转移到赫卢姆下面的公路上一间空荡荡的店铺里。当一名参谋军官押着俘获的一名近卫军士兵（该士兵掌握普军在赫卢姆的精确兵力）回到那里的时候，他发现贝内德克把这处指挥所也放弃了，然而却没留下任何指示。[83]

拉明企图夺回赫卢姆

与此同时，拉明将军不仅在拥有的火炮方面比想要的少，而且也没有时间和空间用来部署侧翼进攻赫卢姆的两只钳手。此外，他也缺乏像贝内德克那样对战役全局的纵览，更没有关于北方军团变动的情报，所以他在试图决定两翼的部署位置上浪费了更多宝贵的时间。他身边四个军的疯狂逃窜不仅暴露了他的两翼，而且正如他审慎、保守陈述的那样，"显然影响了（他的）部队，让他们变得对自己非常缺乏自信"。后来，据拉明描述，他对赫卢姆的进攻与其说是想拼死占领该阵地，不如说是"为了阻滞普军追击的"自杀式进攻。第六军也许能够做到这一点，却要付出惨重的伤亡，并牺牲战术的统一。贝内德克没有确保拉明和贡德勒古一起登上赫卢姆，从正面和一侧拿下孤立、疲惫的普鲁士第 1 近卫师，反而让七个旅单独行动，造成的后果也很明显：当总司令沿着克尼格雷茨公路向南颠簸就像软木塞在涨潮的海面上起伏，对着他那溃不成军的各团大声咆哮时，他最后的两个完整的军也遭到完败，其中第一军几乎被全歼。[84]

拉明的罗森茨魏格旅第一个冲上去，却被在罗兹贝里奇村内设置路障防御的近卫军仅仅三个燧发枪连挡住。他们的火力如此密集、迅速，乃至贡德勒古将军的参谋长（他放弃了第一军的集结而加入拉明的进攻）被至少 3 颗子弹击中：1 颗擦破上衣，1 颗在军刀上打出凹痕，还有 1 颗擦伤了他的后背。[85] 罗森茨魏格的散兵被打退后，他的德意志大师团打到罗兹贝里奇，用刺刀将普军士兵赶出村子。承受了 50% 的伤亡，弹药也快耗尽了，近卫军的几个燧发枪连——年轻的保罗·冯·兴登堡（Paul von Hindenburg）也在他们中间，那时他还是个中尉——便让出了罗兹贝里奇的土屋，沿着一条通往赫卢姆的低洼小路往高地上撤退。[86] 这条乡间小路隐藏在土墙和草丛中，后来被称作“死亡之路”，这条小路也是当天刚进入下午时阿皮亚诺旅躲避第二军团炮轰的地方。罗森茨魏格的铜管乐队正引导着该旅从罗兹贝里奇攻上赫卢姆，他们的乐声引起赫卢姆上方四个普鲁士步兵连的注意。这四个连跑下来，是为了支援沿着“死亡之路”跌跌撞撞往上方撤退的 200 名普鲁士燧发枪兵。普军在这条山中隘路的路口会合，登上了隘路两侧的斜坡，猛烈地朝着罗森茨魏格的德意志士兵和乌克兰士兵开火。来自腓特烈·卡尔亲王预备队的普鲁士骠骑兵骑马进入隘路，从他们背后砍杀过来。部署在赫卢姆和罗兹贝里奇之间的草地上、距离仅 100 米远的两个普鲁士近卫军炮兵连发射了大量的霰弹将他们的侧翼击穿。[87] 奥军本来部署了由匈牙利士兵组成的两个营，协助罗森茨魏格的进攻。眼看着罗森茨魏格的进攻

261

即将崩溃，一名副官被派去召集这两个营前往支援，却发现他们已经悄悄溜走了："没有人知道他们去了哪里。"

格奥尔格·瓦尔德施泰滕旅填上了缺口，很快就遭到重创。他的第 79 团（6 月曾短暂哗变的威尼西亚士兵）编组成突击纵队，结果却遭到己方的胸甲骑兵踩踏；这些胸甲骑兵骑马冲上去，被普军的火力吓得又退回来。为了让罗森茨魏格垂败的进攻部队摆脱敌人的火力，已经找到失踪的两个匈牙利士兵营的拉明一马当先，带领他们冲上"死亡之路"。他们也被打退了，拉明侥幸逃过一死。在不到 60 分钟的时间里，第六军损失了 125 名军官、6000 名士兵，比在维索科夫 5 个小时的战斗中的损失还要多。拉明丧失了斗志的步兵直接投降了；拉明麾下约纳克旅的狙击兵（在普军毫不松懈的交叉火力下甚至无法为他们的卡宾枪上膛）也被发现正在向普军一个轻装的骠骑兵中队投降。

罗森茨魏格倒霉的狙击兵从罗兹贝里奇村庄的一侧被赶出，闯进贡德勒古第一军的进攻路线。在拉明离开后，第一军已经向赫卢姆冲击了整整 50 分钟。罗森茨魏格这些可怜的士兵之前在罗兹贝里奇的街道上已经被敌人踩蹋过，现在又卷进贡德勒古的纵队，被裹挟着加入第二次冲锋；这次突击是以俄式的密集营级纵队冲锋。[88] 拉明还会花时间部署炮兵连，突击纵队之间也会留下间隔，而贡德勒古则将整个军以密集的行军队形发动进攻，大部分炮兵连跟随在步兵纵队后边，根本发挥不了任何作用。到了下午 4 点，当贡德勒古最终开始进攻时，普军的 15 个营和炮兵连不仅部署在赫卢姆的顶部和西南部，而且也部署在谷底的罗兹贝里奇和弗谢斯塔（Vsestar），其中弗谢斯塔距离贡德勒古密集、惊慌的纵队还不到 50 米。就在奥军跟跄着转向右侧时，他们不断被近卫军的燧发枪兵和爆炸的榴霰弹筒消灭。他们自己的炮兵连试图给予火力掩护，但是步兵还没有冲锋，他们就被普军的骠骑兵碾压得失声。[89]贝内德克又在哪里呢？老拉德茨基绝不会允许贸然发起这样破绽百出的进攻。可以说，贡德勒古这位臭名昭著的、无能的战术家，正在导演第二次英克曼（Inkerman）战役。对于这种进攻队形，普军的每发子弹不仅能击中，而且可能一次击中两名奥军士兵。贝内德克心爱的骑兵即将被屠杀，然而他们吹捧的"军父"（Truppenvater）却无处可寻。当士兵最需要他的时候，他在哪里呢？

　　下午 4 点，贡德勒古正集中第一军准备进攻赫卢姆时，奥军一名军官看到贝内德克正朝斯特雷塞蒂茨平原西面奔去。总司令是在追赶库登霍韦的胸甲骑兵团，该团此前不仅拒绝执行击退朗根霍夫山顶部署的普鲁士第一军团的部队的命令，反而开始向克尼格雷茨撤退。贝内德克从普罗布卢斯方向返回，疾驰到该团中间停下，指着北面和西面说："先生们，看在上帝的分上！敌人在那边，前线也在那边！"胸甲骑兵团停住了。当团长指挥他们调转方向时，从比斯特日采高地飞来一枚炮弹，在团长的战马旁边炸开，弹片刺进团长的胸膛和面庞。他向后跌到地上，靴子还挂在马镫上。贝内德克和士兵们惊恐地看着时，马却开始漫步走动，拖着血淋漓的尸体，在草地上留下一道道血痕："拦住马！拦下它！"贝内德克没有具体叫谁。这时，普军的炮兵连已经将这些容易击中的目标纳入射程范围，一波榴霰弹在胸甲骑兵中间炸开，炸得人仰马翻。他们快马加鞭向南逃走，只剩贝内德克孤零零地留在平原上。

　　总司令是个最看重纪律的人，他对此无法容忍。尽管他本可以将贡德勒古从对赫卢姆的徒劳进攻中解脱出来，从而让自己干点更有用的事情，但他追赶库登霍韦吓坏的胸甲骑兵去了。他第二次骑马到他们中间，命令他们停下来，调转方向。伊利亚·沃伊诺维茨是贝内德克身边的一名上尉参谋，他回忆道："根本没人听他的。这个场面真叫人心酸。（贝内德克）停下来，望向天空，攥紧两只拳头，开始落泪。大颗的泪珠从他的双颊不住地滚落。他声嘶力竭地说：'而现在，我竟然在步入老年时蒙受这样的耻辱，一支骑兵部队竟然不听从我的命令！'"沃伊诺维茨大为触动。"这些话的意义，"他指出，"更多的不是在话本身，而是在他说话时的语气。我找不到词语来形容那种腔调。"[90]

北方军团崩溃了。奥军 1300 名军官在一天的时间里阵亡，全军在追击的枪林弹雨中、在权力的真空下正向南转移。贝内德克一度孤零零地待在斯特雷塞蒂茨的平原上，身边只有沃伊诺维茨、鲍姆加滕、克里茨、一名叫欧根·米勒（Eugen Müller）的低级副官和一些护卫。附近没有其他奥军士兵。在他们右边，贡德勒古仍然没有得到指挥部的指示，正在向赫卢姆冲锋。在他们左边，皮雷特旅已经在普罗布卢斯被炸成灰烬。贝内德克，作为战场上唯一可以停止这些毫无意义的进攻，撤回这些部队并将它们变成适当的后卫部队的人，却置之不理。沃伊诺维茨注意到，贝内德克看起来"精神上和肉体上都崩溃了"，他的眼里还噙着泪水。此时，一发流弹击中米勒中尉，杀死了他。米勒中尉在维罗纳的时候，就为贝内德克效命多年。他就像总司令的儿子一样。贝内德克低头凝视着米勒没有生命的躯体，然后木然地瞥向龙骑兵卫队说："他是我最挚爱的人。把他抬起来。"[91]贝内德克转身背对赫卢姆和普罗布卢斯，加入了向后方逃跑的队伍，给克尼格雷茨要塞和要塞前面乌压压的逃亡者留足了宽阔的安全距离。当天晚上，他在下游渡过易北河之后，便命令将下午搭建的四座浮桥拆除。他这样做为时太早了。他将成千上万的士兵，包括他的大部分预备骑兵、萨克森军的14个营和第一、六军的大部分兵力，留在易北河的左岸。[92]当北方军团所剩的人员都在为活命而战斗时，贝内德克将易北河抛在身后，去寻找电报站，向奥皇弗朗茨·约瑟夫电告战败。他给霍夫堡皇宫发电报道："两天前我提醒您的那场灾祸今天降临了。"大雾隐藏了普军前进的行踪。无用的下属在他的战线上打开了一处"缺口"。亨尼克施泰因男爵作战英勇。北方军团将继续撤往奥尔米茨。[93]

"克尼格雷茨的恐慌"

下午5点30分，两个半小时之前与贝内德克分开的一名参谋军官卡尔·斯特兰斯基上尉，终于赶到克尼格雷茨的城墙面前。尽管在此期间，拉明已经将北方军团的预备炮兵连和从前线解救出来的士兵集结起来，组成阵线，但斯特兰斯基发现，贝内德克这些溃散的各团完全没有信心。"士兵们尖叫着，向空中开枪，"他回忆道，"找不到总司令的踪迹。他早已离开战场，渡过了河……我们可以看到密集的普军（穆蒂乌斯的第六军）在我们身后逼近，炮弹落得到处都是。全乱套了。即便是最高指挥部也不知道浮桥建在哪里！"[94]

奥军建在赫卢姆与克尼格雷茨之间平地上的野战医院，遭到8000名惊慌失措的奥军胸甲骑兵的践踏。他们一边叫着"大家逃命吧"，一边从医院中踩踏过去。病室和困在里面的数百名伤员消失了，幸存者从废墟里爬出来，加入了向易北河逃亡的队伍。正如拉明所说，在易北河，"意识到战役已经输掉，

图 17　1866 年 7 月 3 日，奥军在克尼格雷茨溃败

又没有加筑防御工事的桥头堡可以将士兵引领到安全地带，士气便彻底瓦解了"。[95]克尼格雷茨本身已经人满为患并被封锁起来，以应对围城。奥军的战列部队在到达高出洪水的、通往要塞的狭窄堤道时，心想他们终于到家了，便推倒了堤道顶端的栅栏，沿着堤道蜂拥而入，砰砰地敲打要塞的城门。由于奥军中间夹杂着萨克森士兵，要塞里的驻军开火了。萨克森盟军又一次被误认作普军。堤道上的奥军和萨克森军也予以回击。拉明过来后，要求打开要塞大门，让火炮和伤员通过。要塞的卫戍司令拒绝了。他在准备应对围城。"整个军的人在疯狂逃窜中降临要塞，"他在给维也纳的电报中说道，"防御能力已破坏。请回复。"[96]

克尼格雷茨是一座已经退役的 18 世纪的要塞，建筑内的给养只够维持一个旅，没有能容留一支战败大军的设施。这就解释了为什么到下午 5 点时，城里小小的驻军会短暂地出击己方的野战军，以修复被贝内德克失控的乌合之众推倒的栅栏。有人认出，要塞卫戍司令本人也用军刀的刀背敲打奥军士兵，让他们离开。尽管卫戍司令尽了最大的努力，还是有越来越多不要命的士兵挤过外围工事，踏上克尼格雷茨的堤道。最终挤得要塞城墙上的士兵都窒息了，而沿着堤道两侧的士兵则掉进齐颈深的护城河里。在要塞工事的四周，到处是跪下来请求放他们进去的部队。其他一些人游过护城河到达陡峭的内坡上，企图爬过黏滑的墙壁。[97]很少人会游泳，大部分人吓得已经意识不到他们可以站在这个位置的河水里。易北河在克尼格雷茨的两侧都有分叉，迫使士兵要渡两条而不是一条河：先是易北河，然后是阿德勒河。

接下来便出现了贝内德克调查法庭所谓的"全面的恐慌"。

奥军部队沿着河岸搜寻最容易过的渡口，这样各自行动的搜寻破坏了军队所剩兵力的战术统一。加布伦茨的第十军和萨克森军毫无组织地自行结成团伙，从三个不同的地点渡过河。第八军与第一、三军纠缠在一起，无法分开。最后的局面是，大家各顾各的。"水很深，所以我跟在一些威尼西亚人后边跳了进去，"奥军第 18 团的一名德意志士兵回忆道，"意大利人一向抱团，所以我抓住其中一个人的上衣后摆不松手。他和他的伙伴们**只好**把我拉上岸。"数百名没那么幸运的奥军士兵被淹死了。还有成千上万人则因极度疲乏，两次浸在冷水中，又户外露宿一夜发热而死。[98]

贡德勒古进攻赫卢姆

当奥军部队千辛万苦地渡过易北河围住克尼格雷茨工事时，贡德勒古将军则吹响了进攻赫卢姆的冲锋号，他派出三个旅朝山上仰攻。到了现在，奥军两翼已被迂回包抄，普鲁士第 5、6师正从朗根霍夫往下俯射，赫卢姆本身又得到普鲁士第 1 师的增援，贡德勒古的进攻毫无获胜的希望。[99]在战术上，这次进攻也没有意义。贡德勒古**身后**有普军几个师正位于朗根霍夫和普罗布卢斯山上，在赫卢姆他又陷入敌人的交叉火力中。而且，由于贝内德克此前已经派出第一军的皮雷特旅和阿贝勒旅去替换左翼的萨克森军，贡德勒古已经失去了攻占赫卢姆所需的兵力。[100]

这个任务原本就是徒劳的。即便贡德勒古攻占了高地，奥军也没有预备队给他提供增援。因此，一个挨着一个从赫卢姆的南面和西面攻上去的奥军三个旅，在普军蓝色制服的汪洋大海中，就像一块孤独的灰色污斑。贡德勒古真像有魔法护身似

的，他绝不允许部下干扰他的决心，而且身先士卒，毅然亲率
一个斯洛文尼亚狙击兵营，穿过敌人纵射的火力，几乎冲上了
赫卢姆的顶峰。单单这个营一下子就牺牲了500人，之后贡德
勒古才中止进攻，退了回来。[101] 惊恐的奥军士兵簇拥在他周围，
承受着来自四面八方的普军的火力攻击。尽管普鲁士第1近卫
师和博宁的第1师弹药不足（在赫卢姆，整个下午弹药都是稀
缺物品，因为毛奇的补给纵队还有很远的路程才能赶到赫卢
姆），他们却高效地利用了手里拥有的资源。为了击退贡德勒
古的突击纵队，他们部署成齐射火线，很好地利用了掩护，朝
奥军突击纵队的侧翼开火，抵消了奥军像"压路机"一样的冲
击效果。[102] 有些奥军军官还愚蠢得骑在战马上，这些人最先被
击落。林格尔斯海姆的第73团爬到距离近卫军齐射火线不到
10米的地方，普军的大量霰弹直接倾泻到他们的正面和侧翼，
飞溅的尸体遍布斜坡。几分钟之内，这个团就损失了1100人。[103]

　　莱宁根伯爵是又一位固执的突击战术的信徒。在进攻之前，
他愚蠢地命令麾下数个营将彼此的间隔缩小到2米。他的第一
个突击纵队由第38团的威尼西亚士兵组成，他们还没冲出100
米，就已经因为负伤和疯狂地逃跑而损失了一半的兵力。当普
军两个骠骑兵中队骑马追上来，开始用军刀朝他们砍杀时，这
些意大利人迅速土崩瓦解，逃进罗兹贝里奇村里，躲进普鲁士
近卫军刚刚从中撤出、还冒着硝烟的废墟里。莱宁根的第二波
突击纵队由第33团的匈牙利士兵和罗马尼亚士兵组成，他们几
乎被全歼。团长、17名军官、所有军士以及612名士兵全都倒
在赫卢姆西面的斜坡上。幸存下来的人则遭到威廉·荷尔斯泰
因亲王因进攻朗根霍夫失败而飞奔撤回来的几个重骑兵中队的
践踏。[104]

267

斐迪南德·波沙赫的"钢铁旅"穿过拉明成堆的伤亡士兵，踏上"死亡之路"往上仰攻。他的狙击兵营沿着山沟左侧的边沿跑着，以提供一定程度的侧翼保护，但被近卫军部署在赫卢姆斜坡上的散兵减慢了速度。当普军的燧发枪兵往后撤回山上，边走边装弹射击时，隐蔽在高高的草丛中和起伏不平地面上的其他普军战斗排，用瞄准的交叉火力突然对波沙赫的轻装步兵发起攻击。波沙赫战死，他麾下除 5 名军官以外的其他军官也全部战死。狙击兵营也随之瓦解了。和当天大多数奥军的狙击兵分队一样，这支部队也像战列步兵一样作战、牺牲，他们是以不到五分之一的兵力部署成分散队形作战的。[105]

此时，"死亡之路"上只剩下波沙赫的斯洛文尼亚第 34 团。或者说，此外还有其他零散的部队。在整个赫卢姆的战斗过程中，贡德勒古的突击纵队也会遭受奥军掉队士兵的冲击，因为毛奇派出的第一军团已于下午 3 点 30 分渡过比斯特日采河，再加上侧翼又盘踞着普鲁士近卫军和穆蒂乌斯的第六军，奥军的前线部队也就放弃了前沿阵地，朝着克尼格雷茨方向逃回。[106] 其中很多部队从利帕和内德利斯特正好穿过普军在赫卢姆高地上的火线，掉队落到"死亡之路"上。在这条路上，那些没有被普军从后面射杀的掉队者，一头撞进波沙赫的突击纵队。"这条路上挤满了从（奥军阵地）右翼逃跑的士兵，"奥军一位军官记载道，"骑兵、步兵、炮兵、辎重队，如此等等；我们没法把他们清出去，也恢复不了哪怕一丝秩序。我们的突击纵队被拆散了。敌人将火力直接射进这道拥挤的深谷中，每一发子弹都不浪费。最后，我们撤退了，留下成千上万的阵亡者。"[107]

这对于波沙赫由第 30 团的波兰人和乌克兰人组成的第三波

突击，也是最后一波进攻不是个好兆头。他们排成三个营级纵队前进到罗兹贝里奇村子的边缘，踏上"死亡之路"，试探性地前进了几步，便乱了队形，接着就逃跑了。"尽管长官们都尽力了，"一位团的代言人后来写道，"但士兵们根本拦不住，更不用说让他们调头了。"奥军一位军官试图部署一个炮兵连，阻止普军追击。然而，他刚摆放好的炮车就被荷尔斯泰因亲王**其他**因进攻朗根霍夫失败而退回、仓促逃往易北河的狼狈的重骑兵旅撞翻了。[108]

到了下午 5 点，一切就都结束了。贡德勒古谈到消灭了第一军一半兵力的普军火力时诚惶诚恐："这样的损失在军事史上是史无前例的。从没有哪个军在这么短的时间里损失那么多人。"这一半是贡德勒古的失误，一半是贝内德克的责任。正如第一军军长后来控诉的，贝内德克"对我两次让他给予指示的请求都一直没有回应"。[109]普军一些骑兵中队忙于沿着通往克尼格雷茨的道路上俘虏贡德勒古掉队的士兵。同时，普军最先头的炮兵连和步兵团则从比斯特日采高地的背坡在奥军背后开火追击。而在普罗布卢斯，当皮雷特旅企图穿过密集的炮火从普鲁士第 14 师手中重新夺回这座高处的村庄时，他们被普军轰炸得四分五裂。在冲锋中，皮雷特大部分的连长和营长都牺牲了，该旅也溃散了。[110]幸存下来的人公开谴责贝内德克缺席了战斗（指挥）。他不是因为加布伦茨留下格里维奇在鲁德斯多夫自生自灭而谴责加布伦茨？那么贝内德克精心留存不舍得用的预备骑兵又怎么样了？总司令本该派出这 1 万名骑兵抵挡普军的追击。

贝内德克的批评者一直没有在战场上找到他，也没有找到他的大部分重骑兵中队，因为恰在此时，这位奥军的总司令正

268

在鲍姆加滕、克里茨和整个第 2 预备骑兵师的陪同下，搜寻着
易北河的渡口。下午 5 点，总司令做了最后的努力，口授一份
撤退命令，接着就被库登霍韦的几个重骑兵中队席卷而退。这
些重骑兵中队曾在下午 4 点时，短暂地迎着普军进攻的潮流冲
上去，但接着就和贡德勒古的步兵一样，在普军一阵精准的子
弹和炮弹的打击下退却了。[111]

斯特雷塞蒂茨骑兵战役

　　奥军重骑兵在克尼格雷茨的无用，为 1865 年利奥波德·埃
德尔斯海姆将军在奥地利战争部掀起的关于骑兵的争辩划下了
诗意的句点。埃德尔斯海姆作为骠骑兵戎马一生。他曾指出，
在膛线火枪和野战炮的时代，集中的骑兵队形易受攻击，进而
建议将奥军骑兵分散编组成轻骑兵突击队，并重新装备后膛卡
宾枪。他的建议轻易地被更资深的骑兵将领，如卡尔·库登霍
韦伯爵和弗里茨·利希滕施泰因亲王挫败，这些人看重如"城
墙"一样集中的骑兵进行坚定不移的突击进攻所达到的冲击效
果。[112] 像库登霍韦这样喜欢猛冲的突击者在克尼格雷茨将春风
得意。但是，士气对库登霍韦这样守旧的浪漫骑士来说是一回
事，但对他指挥的更为理性的农夫出身的骑兵而言就是另外一
回事了。这些骑兵从根本上就拒绝用马刀和长枪进攻装备火炮
和步枪的普军。在战争结束后，著名的"斯特雷塞蒂茨骑兵战
役"莫名其妙地得到奥地利和普鲁士双方鼓吹者的推崇，但事
实上，这场战役再次证明了大规模的骑兵中队在近代（战争
中）毫无用武之地。

　　斯特雷塞蒂茨（战役）也证明了毛奇在克尼格雷茨前包围
奥军的战略计划缺乏战术协调。毛奇和腓特烈·卡尔亲王都以

为，贝内德克在 7 月 3 日这一天正在渡过易北河撤退，因此在普鲁士三大军团最后面的编队还没来得及赶到距离上足以攻击奥军在内德利斯特、赫卢姆和普里姆的阵地之前，就在比斯特日采河畔过早地发动了包围战。对普军而言，不幸的是，他们的骑兵（大部分骑兵本应部署在步兵军之前）却落在后面，因而不仅来得晚，而且只有很少一部分兵力赶到，导致在斯特雷塞蒂茨的骑兵战斗成为一件微不足道的事情。

为了让贝内德克的军团溃败得更加彻底，普鲁士国王威廉命令在萨多瓦跟随他的两个预备骑兵旅，于下午 3 点 30 分渡过比斯特日采河，将北方军团的残余兵力彻底扫清。普军这一追击敌人的微弱努力，立即就因为骑兵旅在萨多瓦和索韦蒂斯的比斯特日采渡口陷入交通拥堵而搁浅了。在那里，渡口两边的普军弹药车、急救车、炮兵连和步兵纵队都在试图过河到对面。普军一个轻骑兵旅（腓特烈·卡尔亲王在该旅的前列，威廉国王在后）最终从萨多瓦的交通堵塞中摆脱出来，登上利帕高地。当腓特烈·卡尔亲王的预备骑兵加入斯特雷塞蒂茨的战斗，威廉国王在利帕和普罗布卢斯之间拥挤的队伍中几乎迷路时，第一军团总司令与腓特烈·威廉王储短暂地会了一面，这时王储已经在赫卢姆的废墟中建立了指挥部。[113] 从赫卢姆，这两位军团总司令可以真正地观察到他们对贝内德克的包围。到了下午 4 点，普鲁士骑兵、步兵和炮兵正从内德利斯特、赫卢姆和普罗布卢斯绕着北方军团围成一个包围圈，而腓特烈·卡尔亲王的一些骠骑兵则得意地加入了在赫卢姆的战斗，在莱宁根的威尼西亚团刚登上高地时向其发起进攻，并将其击溃。

4 点刚过不久，奥军三个重骑兵师中的两个从他们位于斯韦蒂后面的预备阵地冲向前方，正是为了应对卡尔亲王的骠骑兵这一对奥军阵地中央的威胁，同时也是为了帮助贡德勒古的皮雷特旅在普罗布卢斯摆脱敌人。于是，库登霍韦的第 3 预备骑兵师调头向西，朝普罗布卢斯冲去，而荷尔斯泰因亲王的几个重骑兵旅则冲向普军追击最猛烈的地方，即朗根霍夫和赫卢

270 姆。荷尔斯泰因的六个重骑兵中队突袭了正在攻击莱宁根几个团的两个普军轻骑兵中队，迫使他们仓皇逃窜。[114]

　　然而，这却不是预备骑兵该起的作用，他们该起的作用是攻击敌人**撤退的**步兵和炮兵，而不是相反。接下来的屠杀则更加一无是处。部署在赫卢姆和朗根霍夫的普军炮兵发现，荷尔斯泰因的胸甲骑兵进入了射程，便开始朝他们发射榴霰弹。没有忙于消灭奥地利第一军的普鲁士步兵，则调转枪口，对准了罗兹贝里奇村内的奥军重骑兵，开始成群地消灭这些重骑兵和战马。[115] 该重骑兵旅溃散了，朝后往克尼格雷茨奔逃而去，在惊慌中踩踏了北方军团的野战医院。荷尔斯泰因的另一个重骑兵旅朝朗根霍夫疾奔，但被普鲁士第 4 师藏在谷仓中的一个营的快速射击打得偏离了路线，四散逃窜。[116]

　　库登霍韦伯爵就更不走运了。他冲向普罗布卢斯的一个重骑兵旅在村子的外缘就被普鲁士步兵的火力消灭。幸存下来的骑兵向克尼格雷茨逃奔回去，对自己部队造成的破坏反而比对敌人造成的还要严重得多。库登霍韦带着他的另一个旅调头，骑马冲向毛奇部署在朗根霍夫和斯特雷塞蒂茨之间平地上的 50 门火炮阵线。普军步兵几个营打出的弹片、霰弹筒和步枪子弹杀死了 400 名胸甲骑兵，将该旅也打散了。[117] 库登霍韦幸存下来的骑兵毫无组织地结成群，朝后面的易北河逃去，其中一伙停下来，在斯特雷塞蒂茨平原上那次难忘的事件中，将贝内德克逼得心慌意乱。短短几十分钟，普军的火力就击溃了贝内德

克全部的预备骑兵，他们狼狈撤退，横冲直撞，席卷了文岑茨·阿贝勒旅，而阿贝勒旅则是挡在赫尔瓦特易北河军团和奥军在克尼格雷茨的主桥梁之间的唯一一支完整的奥军部队。在30 分钟的猛冲猛打中，库登霍韦损失了麾下四分之一的兵力：超过 700 名骑兵和 900 匹战马。尽管拉明在克尼格雷茨前面的平地上建立了难以逾越的炮兵阵线，但库登霍韦的骑兵对阿贝勒旅无意中的践踏则意味着奥军再也没有步兵可以阻挡普军获得全面胜利了。毛奇左翼和右翼的几个先头营已经将彼此的距离缩短到 2 公里之内。[118] 由于奥军再也没有预备队可以减慢穆蒂乌斯从斯韦蒂或者赫尔瓦特从普罗布卢斯的追击，普军在易北河两岸实现对北方军团的两翼包抄和歼灭已经唾手可得。[119]

毛奇追击不力

　　战争结束后，毛奇和普鲁士的军事机关为他们没能赢得克尼格雷茨的最终胜利而遗憾。了不起的斯特雷塞蒂茨骑兵战役从未真正落实。确实，毛奇的预备骑兵本该领头追击贝内德克，但在克尼格雷茨却几乎未显身手。普军的 350 个骑兵中队里面，只有 39 个中队真正投入了斯特雷塞蒂茨战役，而在奥军预备骑兵溃败之后，也没有一个中队做出任何努力，追击北方军团惊慌逃窜的步兵。难怪施里芬憎恶这次战役，将其视为一场没有真正落下帷幕的 "没有明天的战役" (Schlacht ohne Morgen)。在下午 5 点时，在那个仲夏时节，普军还有 4 个小时的白天时间可用，而且在他们面前，北方军团已经全军崩溃了。贝内德克八个步兵军、五个骑兵师和预备炮兵连所剩的兵力，和他们的辎重车队一起堵在唯一的一条道路上，即从克尼格雷茨往东南去往奥尔米茨的干道上。而且，即便图恩、莫利纳里和塔克西斯已经从自己的桥梁渡过易北河逃走了，但一旦他们渡河，他们还是要再汇入这条路线，所以贝内德克渡河的过程极其缓慢，而且全凭奥军炮兵英勇的抵抗（他们为了掩护北方军团的撤退，牺牲了 100 多门火炮和配套的炮手）才得以完成渡河。然而，贝内德克那不大可能甚至几乎奇迹般逃脱的主要原因，还不在于拉明部署的炮火阵线的猛烈，而是在于毛奇未能组织及时且强有力的追击。[120]

7 月 3 日下午，毛奇面对的不仅是被一道河障困住的乌合之众，他还有一座桥头堡。4 点时，穆蒂乌斯已经成功地从图恩灰头土脸的后卫部队手中夺取了奥地利第二军在洛谢尼采的桥梁，这给予毛奇在易北河两岸同时追击北方军团的机会。然而，因为自己的进军纵队内部的混乱，毛奇被迫让机会溜走。1867 年，毛奇将为这次未能"通过三个军团的合攻困住奥军"而懊悔；这一失败不仅使贝内德克逃出生天，可以他日再战，而且改变了这次战争的战略平衡。在"比斯特日采包围圈"中，毛奇是能够包围和消灭贝内德克的。一旦渡过易北河，贝内德克就做好了防止毛奇这一战术重演的准备，有效地阻断了普军的追击。[121] 在克尼格雷茨战役结束后，奥方就会有时间重建北方军团，法国皇帝拿破仑三世也有了迫使柏林方面接受停战的时间。

毛奇在克尼格雷茨完成对奥军的彻底包围所需的新的步兵、骑兵和炮兵预备队没有及时赶到影响了战役的结局。在普军右翼，赫尔瓦特的第一批骑兵部队直到下午 5 点才渡过比斯特日采河，到达河的右岸。他的第 32 旅是用于补充第 16 师兵力的，但该旅直到夜幕降临才抵达内哈尼采河桥边。易北河军团唯一的预备队，即柏林的近卫预备役师的 1 万人，赶到时就更晚了。[122] 在普军中央，组织追击的工作做得也没好到哪里去。上午的时候，毛奇的参谋人员在没有通知腓特烈·卡尔亲王的情况下，将这位第一军团总司令的两个预备骑兵师的其中一个调派给易北河军团。下午，当卡尔亲王想部署第1骑兵师的时候，才知道该师已从他麾下调走，而且还没有发挥什么作用，因为赫尔瓦特只是成功地将该师淹没在他的辎重车队和后方梯队中。[123]腓特烈·卡尔亲王的几个步兵师（当天已经遭受了5000人的伤亡）在匆忙占领比斯特日采高地的过程中，和第二军团撞在一起，这进一步阻延了普军的追击。此外，第一军团的大部分兵力为了不妨碍部署在萨多瓦的普军炮兵连（这里的炮兵连是为了将奥军在朗根霍夫最后的火炮打哑，同时朝贝内德克撤退的队伍中轰炸）的火力，必须绕路经由斯特雷塞蒂茨和普罗布卢斯，而不是直线登上朗根霍夫，这样的局面也阻延了追击。[124]

在普军左翼，穆蒂乌斯得以冲过奥军在内德利斯特的战壕，将他的第11、12师一直推进到布里扎（Briza），即克尼格雷茨的一处郊区。[125]但是，由于他的侧翼有奥军的两座浮桥，面前有拉明集中的炮兵连，他需要谨慎推进，这又削弱了这次追击的势头。他的预备队，即施泰因梅茨的第五军，是第二军团从约瑟夫施塔特开拔的最后一支部队，直到晚上8点才大批赶到赫卢姆。克尼格雷茨战役之后，奥军的参谋军官审问普军俘虏，惊讶地发现施泰因梅茨在行军过程中几次拐错弯的几个师，竟然步行了将近40公里才抵达比斯特日采河。第五军的很多部队抵达时都丧失了战斗力。[126]第二军团的骑兵师本该从左翼奔袭而下，加入斯特雷塞蒂茨的骑兵混战，然而他们直到这场混战已决出胜负时才抵达战场。在近卫军和第二军团预备炮兵之后排成梯队以便行军的这个骑兵师，与第二军团其他滞后的队伍

（施泰因梅茨军、博宁军和第 2 近卫师）一起向比斯特日采河进发。博宁的第一军本该将全部兵力投入克尼格雷茨战役，然而他只成功部署了 1 个旅和第 1 师的一半兵力；不过他们恰好在贡德勒古突然发动最后一波进攻之前，抢先一步赶到赫卢姆。由于博宁从米莱廷到霍雷诺韦斯的路上畅通无阻，所以毛奇合理地将他的迟到归结为其无能。博宁直到上午 9 点 30 分之前甚至都没有拔营，而那时第二军团的其他部队早就上路了。[127]

273   普军大规模的预备队究竟能在克尼格雷茨战役的"终局"发挥多大效用尚且存疑，因为正是普军先头部队成功地推进到易北河，最终阻挡了预备队的行动。在匆匆渡过比斯特日采河的过程中，毛奇失去了与国王和三位军团总司令的一切联系。在战争结束后，毛奇解释道，将在上午时还从一翼到另一翼延伸了 30 公里的普军战线迅速压缩成赫卢姆与克尼格雷茨之间 4 公里宽的包围圈，导致了严重的指挥与控制问题。普军全部三个军团的各个编队都拥挤在这个狭小的空间里，而将他们分开所需的时间和空间则阻止了毛奇的追击。晚上 7 点 30 分，毛奇和骑马来到乔布西采战场前线的国王认为，将普军的两只钳手在北方军团仍滞留在克尼格雷茨斜堤上的残部身后合拢的最终企图，将导致易北河军团的几个师与第一军团和第二军团早已乱作一团的部队进一步混杂在一起。因此，普军的进击纵队停下来，这让率领后卫部队一直阻挡普军两只钳手合拢的拉明，得以连夜将北方军团的其余兵力转移到易北河的右岸。[128]

克尼格雷茨战役常被认为是战略包围的杰作。的确，如果毛奇晚一天发起（合围行动），这有可能成真。不幸的是，腓特烈·卡尔亲王确信贝内德克正试图渡过易北河，逃跑到奥地利"北方方形要塞群"的安全地带，因而过早地开始采取行动。当第二军团仍然离得很远，还没有准备好向比斯特日采河进军时，他就开始行动了，导致贝内德克重新获得了一天内线作战的优势。一直到当天刚过正午时，贝内德克都拥有举全部兵力攻击毛奇一半兵力的选择。的确，当后来在维也纳向陆军元帅赫斯详细汇报这场战役时，赫斯最先问的问题就是："为什么贝内德克不趁普鲁士王储赶到战场**之前**，让他的右翼进攻？"针对贝内德克总司令的调查法庭也问了同样的问题，因为比贝内德克更有能力的将领（如加布伦茨、拉明或莫利纳里）将会让毛奇为他的行动选择的糟糕时机付出沉重的代价。[129]传统的观点直至今天都认为，贝内德克在克尼格雷茨的战败，是因为不服从命令的将领、"赫卢姆的迷雾"和普军的悄然进军，然而这是对事实不真实的重构。实际上，让北方军团落到溃逃、惊慌失措和最终大败下场的，不是腓特烈·威廉王储的侧翼包抄进攻，而是贝内德克面对困局时不能当机立断。

第十一章 余波：1866—1914 年的和平与欧洲

274　　克尼格雷茨战役结束后，贝内德克的北方军团便土崩瓦解了。战役之后的两天时间里，数万名奥军的掉队者在易北河左岸徘徊，寻找所属的部队。[1] 在这场战役中，奥地利-萨克森军队伤亡惨重：2.4 万人死伤，2 万人被俘。对比之下，普军的损失算是轻微的，共计损失 9000 人。[2] 毛奇一次强有力的大突进，仅用了贝内德克五分之一的损失便将他从固若金汤的阵地驱逐出去。这样惊人的成就，彻底摧毁了奥地利的士气。7 月 5 日，奥皇弗朗茨·约瑟夫的外交大臣亚历山大·门斯多夫将军拜访了贝内德克，然后忠告维也纳方面，现在，遭受了 7 万士兵、2000 名军官伤亡和 200 门火炮损失的北方军团，实际上已经是一群失去了领导、丧失了战斗力的乌合之众。[3] 贝内德克的一名下属急忙表示赞同。"我们就是在毫无目的地兜圈子，"库登霍韦将军在 7 月 9 日给妻子的信中写道，"我手下的士兵累死的累死，生病的生病。我们的巨轮正在沉没，而我们的舵手已经失去清醒的头脑。"[4] 对于奥地利来说，意大利在克尼格雷茨战役之后第二次入侵威尼西亚，自己所有的德意志邦联的盟友又都令人恼火地投降于毛奇小小的西部军团，在这一连串的打击之下，是到了求和的时候。[5]

　　7 月 10 日，奥皇正式将贝内德克降职，归阿尔布雷希特大

275　公领导。当贝内德克率领战败且饱受创伤的北方军团残部撤到

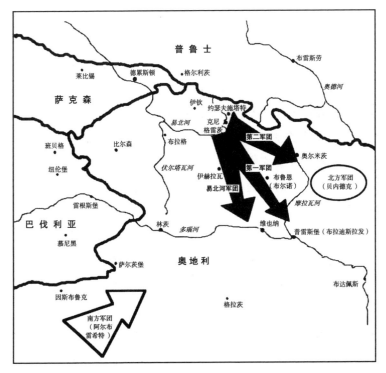

示意图 26　1866 年 7 月，贝内德克撤往奥尔米茨，毛奇进逼维也纳

奥地利在奥尔米茨的坚固营垒时，铁了心要为普鲁士国王和俾斯麦赢得一份最优和平协议的毛奇组织了一场激烈的追击战。[6]7月 5 日，他与第二军团在帕尔杜比采渡过易北河，并派遣该军团追击贝内德克，命令将北方军团赶到奥尔米茨的要塞工事里，并将其困在那里。毛奇意识到，贝内德克逃往奥尔米茨而不是维也纳是犯了严重的战略失误，因为这将使得普军能够在没有阻挡的情况下占领波希米亚全境和下奥地利（Lower Austria），即哈布斯堡王朝最富有、工业化程度最高的省份。[7]为了谋取这份大礼，毛奇便让易北河军团和第一军团继续推进，经过克尼格雷　276

茨，停下来占领布拉格，掠夺其财富之后，再启程向南逼近维
也纳。[8]

现在，法国和俄国已经后知后觉地关切欧洲权力平衡的变
化，毛奇想赶在法国或俄国有时间介入这场冲突之前，占领维
也纳，主导对奥地利人的和平，所以他命令部队放弃辎重车队，
以征用的物资作为部队的军需补给，从而加快部队的推进速
度。[9]据英国一位外交官所述，到了 7 月中旬，普鲁士三大军团
和他们贪得无厌的"征粮突击队"已经成功地将多瑙河以北的
奥地利搜刮得沦为"一片广阔的荒漠"。[10]面对这种对最富裕皇
室领地的系统性掠夺，奥皇弗朗茨·约瑟夫试图收买法国，让
法国对这场战争进行武装干预，于是在 7 月 5 日正式将威尼西
亚割让给法国皇帝拿破仑三世。[11]可惜，他这样做换来的好处只
是法国的"调停"。弗朗茨·约瑟夫只好于 7 月 22 日决定屈服。
到了 7 月末，每天都要因为霍乱（一种肠道感染疾病，很容易
传遍普军卫生状况糟糕的营地）而损失 200 名士兵的普军迫不
及待地接受了奥地利的投降。[12]

普奥停战协定

结束了普奥战争的《尼科尔斯堡停战协定》（Nikolsburg
Armistice）由俾斯麦起草，并由他在奥地利外交大臣门斯多夫
的乡间庄园里交给奥方。这座庄园坐落在尼科尔斯堡，位于维
也纳以北 90 公里。俾斯麦没有对奥地利提出领土要求，从而缓
和了法国、俄国和英国对普鲁士扩张的担忧。[13]根据 7 月 26 日
签订的停战协定（停战协定将于 8 月在布拉克确定为正式和
约）的条款，奥地利承担巨额现金赔款，弗朗茨·约瑟夫保证
奥地利脱离德意志邦联，并不得参加普鲁士意图取代该邦联可

能设立的任何政治机构；作为交换，普鲁士同意不兼并奥地利境内的任何领土。[14] 因此，尽管俾斯麦不得不交还普鲁士占领的波希米亚、摩拉维亚和下西里西亚（后来他打趣说："我有两件最难的事，一是将威廉国王请进波希米亚，二是再将他请出去。"），但普鲁士的霍亨索伦王朝为自己的忍让获得了足够丰厚的补偿。[15]8 月初，奥地利向普鲁士位于奥珀伦（Oppeln）的国家银行交付了 3000 万弗罗林银币（合 4.05 亿美元），帮助俾斯麦平衡了普鲁士因为与奥地利的战争以及他本人同普鲁士国会的冲突而深陷赤字的财政预算。[16] 俾斯麦还取得了奥地利、法国以及其他欧洲强国的同意，让普鲁士完全兼并了石勒苏益格 - 荷尔斯泰因、汉诺威、黑森 - 卡塞尔、拿骚和法兰克福这些将普鲁士王国东西相连的邦国或自由市。至于在 1866 年**没有被普鲁士占领**的北部 - 中部德意志的主权国家，包括萨克森、黑森 - 达姆施塔特、汉堡、吕贝克和不来梅自由市，以及分散的图林根和梅克伦堡公国，俾斯麦则通过在旧的邦联废墟上建立起来的由普鲁士控制下的"北德意志邦联"，实现了对它们的**间接控制**。[17]

尽管从严格意义上来说，这些内容只是对 1815 年《德意志邦联条例》（German Confederate Treaty）的"改革"，但巴黎、圣彼得堡、伦敦或维也纳方面没有人对这个新的"北德意志邦联"的**真正**性质有任何怀疑，因为普鲁士对该邦联的军事和外交事务拥有绝对的掌控。虽然拿破仑三世仍然痴心妄想，以为容忍普鲁士的扩张便是帮助法国在欧洲建立新的附庸国，但他的一位更务实的顾问吕西安·缪拉则提醒他道，俾斯麦**绝不会**做法国的"附庸"，俾斯麦的北德意志邦联**实际上**无异于"一个普鲁士巨人"（une Prusse colossale），总有一天它会将目光转向法国。[18] 虽然拿破仑三世在尼科尔斯堡的确英明决断，坚持让萨克森、巴伐利亚、符腾堡、黑森－达姆施塔特和巴登继续保持独立，从而将俾斯麦兼并的领土和人口限制在1300平方英里和700万工业人口之内，他却无法让这些德意志的幸存国家躲过俾斯麦要求的巨额现金赔款。巴伐利亚的赔款几乎和奥地利的一样高：总计2300万弗罗林（合3.03亿美元）。[19]萨克森的赔偿甚至更为繁重，致使1866年之后的多年里德累斯顿都一直在向普鲁士纳贡。[20]

278 　　对于旧的邦联议会（7月中旬被普军赶出法兰克福），所有这一切所传递的信息是明确无误的。议会因为成员退出和兼并减少至不到原来的三分之一，所以于7月28日在奥格斯堡（Augsburg）"三个摩尔人酒店"（Three Moors Hotel）的餐厅里不事声张地投票解散了。[21]在战争结束后，除了萨克森之外，德意志邦联的残余成员将重组为"南德意志邦联"。尽管这个南方的邦联名义上受到法国的保护，俾斯麦在尼科尔斯堡坚持保留与它建立"民族联系"的权利。法国最终做出了这一致命的让步，这就为俾斯麦在1867年和1868年将共同防御条约强加给南德意志各邦国，并在1870年俾斯麦达到辉煌的对法战争中将它们与普鲁士实际捆绑在一起埋下了铺垫。[22]

意大利停战协定

　　7月26日签订普奥停战协定之后，欧洲的注意力开始转向意大利。曾在4月议定了普意联盟、6月放弃了库斯托扎高地的朱塞佩·戈沃内将军出现在尼科尔斯堡，坚持让俾斯麦不要单独与奥地利人缔结和约。戈沃内还请求普鲁士支持意大利在兼并威尼西亚之外再兼并南蒂罗尔。他在这两方面都失望了。俾斯麦不仅拒绝支持意大利向北扩张到阿尔卑斯山分水岭（意大利的"天然边界"），他还猝然让普鲁士从战争中脱身，令意大利失去了 8 月时制衡奥地利武装力量和法国政治施压所需的筹码。[23]

意大利人感觉遭到了背叛，但俾斯麦觉得抛弃他们问心无愧，因为在库斯托扎战役之后，维托里奥·埃马努埃莱二世并没有重整旗鼓，继续在威尼西亚的战争，而是任由珍贵的两个星期的时间浪费掉，此后才尝试发起第二次攻势。这一拖延让阿尔布雷希特大公得以在克尼格雷茨战役之后，将 6 万部队从威尼西亚转移到维也纳，以防守多瑙河阵线。[24] 而且，当意军终于开始行动的时候，恰尔迪尼得到加强的 14 个师组成的波河军团，在没有遇到敌人的情况下，可以说是缓慢地爬过威尼西亚；而且花了两个星期的时间才渡过阿迪杰河，抵达维琴察，而这本该是只需几天时间即可完成的事情。[25] 尽管恰尔迪尼的目标是一直推进到维也纳，与毛奇联手包围奥地利的首都，但他的军团很快就因补给问题而行进艰难，到了乌迪内（Udine）再也前进不了一步。[26] 与此同时，在哈布斯堡治下的特伦蒂诺，加里波第志愿军被训练有素的蒂罗尔皇帝猎兵（Kaiserjäger）轻而易举地击退。[27] 总之，奥军仅用 3 万士兵就牵制了意大利 20 万大军一个多月的时间，破坏了普鲁士-意大利在多瑙河畔军事合作的一切计划。雪上加霜的是，7 月 20 日，意大利的铁甲舰队在亚得里亚海的入海口被仅有其一半规模的一支奥地利分舰队彻底击败。在这一次的利萨（Lissa）海战之后，意大利在奥地利达尔马提亚（Dalmatian）海岸开辟第二战场的计划（俾斯麦和毛奇在 6 月时给予这项计划以极度重视）不得不悄无声息地搁置了。[28]

7 月 26 日，即俾斯麦和门斯多夫签订《尼科尔斯堡停战协

279

定》的当天，恰尔迪尼占领了乌迪内。然而，就在同一天，在北方腾出手的阿尔布雷希特陆军元帅和约翰将军，开始从多瑙河阵线将四个军的兵力向南转移到伊松佐（Isonzo），他们通过南部（Südbahn）铁路整个行程只用了 3 天。在 7 月最后一个星期才抵达维也纳的隶属贝内德克的北方军团，又送来五个军交由阿尔布雷希特指挥。贝内德克被普鲁士第二军团赶进奥尔米茨以东的塔特拉山脉（Tatra Mountains）之后，率军艰难地向南行进到多瑙河，于 7 月 22 日在普雷斯堡（Pressburg）——布拉迪斯拉发（Bratislava）——开始渡河到右岸。[29] 阿尔布雷希特让贝内德克总司令的部队短暂休整之后，就将他们匆匆送上开往因斯布鲁克和特伦托的军用运输列车，火车、马车和步行耗时 1 周。与此同时，奥地利海军上将威廉·特格特霍夫（Wilhelm Tegetthoff）（利萨海战的获胜者）对战舰做了必要的维修，准备将奥地利的克罗地亚驻军从的里雅斯特和普拉（Pula）运载到威尼斯。在那么多兵力都冲着恰尔迪尼而来的情况下，7 月 30 日，他欣然接受了南方军团后卫部队指挥官约瑟夫·马洛西奇将军提出的三日休战约定。[30]

　　8 月 2 日，恰尔迪尼同意将停火约定延期至 8 月 10 日。他犹豫是否要签署停战协定，因为他终于腾出空派遣一个正规军沿着布伦塔河（Brenta River）的河谷而上，与加里波第的志愿军协力占领特伦托。他让尼诺·比克肖将军的师待命支援该行动，而且仍然相信自己有很大的机会可以渡过伊松佐河，为意大利夺取奥地利的戈里齐亚（Gorizia）。[31] 就奥地利人而言，他们甚至拒绝考虑恰尔迪尼的两项提议，即在现已控制的（uti possidetis）领地基础上或在公投基础上进行讲和。弗朗茨·约瑟夫坚持要回特伦托和乌迪内，并准备为之而战。[32] 维托里奥·

埃马努埃莱二世已经以压倒性的兵力包围了特伦托，但还没有成功将其攻占。他同意撤出特伦蒂诺，让这片半嵌进德意志的意大利角落回到战前的边界，但同时提醒弗朗茨·约瑟夫他永远别想在乌迪内重新建立奥地利的统治，因为那里对哈布斯堡官僚的憎恨已经深入人心。奥皇承认了这一点，允许意大利人将他们与奥地利的边境向东推进至伊松佐河，但前提是维托里奥·埃马努埃莱二世答应承担威尼西亚欠奥地利的那份国家债务，用现金换取方形要塞群，并且将名画家丁托列托（Tintoretto）和韦罗内塞（Veronese）的八幅无价的画作交给哈布斯堡家族。[33] 8 月 12 日，在这个基础上，双方在乌迪内和戈里齐亚之间弗留利的一座小镇科尔蒙斯（Cormons）签署了四个星期的停战协定。[34] 奥地利和意大利的谈判代表在多洛米蒂山脉（Dolomites）标出分界线，以覆盖 18 世纪威尼西亚共和国的界碑。奥地利战争部经过艰难的斗争赢得了对科尔蒂纳丹佩佐（Cortina d'Ampezzo）的权利（科尔蒂纳丹佩佐是厌倦了维也纳的官僚们最爱的度假胜地），并指示弗朗茨·约瑟夫在科尔蒙斯的谈判代表卡尔·默林将军，坚决拿到新边界沿线所有有争议高地的顶峰。在这一点上，默林总体上是成功的，这在第一次世界大战时给予奥地利武器以巨大的优势。[35]

随着正式的意奥和约在维也纳签署，《科尔蒙斯停战协定》（The Cormons Armistice）于 10 月 3 日正式生效。[36] 奥地利被迫接受法国将威尼西亚移交给意大利，承认"意大利王国"的合法存在，并停止按照梅特涅那不合时宜的方式坚称"意大利"不是民族国家而是一个"地理名称"的做法。朱塞佩·加里波第将军四年前在阿斯普罗蒙特山（Aspromonte）第二次脚部中枪负伤后已几乎不能走路，他对意大利"第四次联盟战争"这一部分的结果感到厌恶。他大肆抨击国王维托里奥·埃马努埃莱二世的萨伏依王朝（House of Savoy）"奴颜婢膝的态度"，失望地怒斥"意大利民族"的持续"堕落"，这种堕落让"醉鬼德意志人"得以收回特伦托和上阿迪杰（Upper Adige）。这位将军在最后时刻的宣言中绝望地恳求："意大利人继续奋起战斗！"但是，这位伟大的爱国者已经过气了，没有人理会他。"加里波第？"意大利国王在战争结束后的一场采访中耸肩道，"恐怕他已经老了吧。"[37]

战争的政治影响

"我们已经沦落为土耳其之列了。"奥军一位将军在 1866 年 12 月准备将威尼斯移交给意大利人时嘲讽道。无论顺境逆境一直都是奥地利最忠实盟友的教皇赞同这一说法。教皇庇护九世声称，克尼格雷茨战役让奥地利帝国沦落到"二流东方大国"的地位。[38] 这个"东方"形象因为哈布斯堡奥地利迅速地"巴尔干化"而更加突出。巴尔干化的到来也是战争造成的后果。受弗朗茨·约瑟夫军队战败的鼓励，匈牙利的民族党（代表奥地利人数上第二大民族的利益）要求布达佩斯实行地方自治，所谓的东部奥地利的臣民（罗马尼亚人、克罗地亚人和斯洛伐克人）实现匈牙利人的统治，并得偿所愿。根据宪法批准的《奥匈协议》（Ausgleich）或《1867 年折中方案》（Compromise of 1867），奥地利被更名为"奥匈"（Austria-Hungary），便反映了这一令人沮丧的变化，开启了多民族的奥地利分崩离析的过程。[39]

其次，奥地利因为这场战争而元气大伤。在内部，哈布斯堡奥地利分成两部分。在外部，它将威尼西亚省输给意大利，将对德意志诸邦的控制权输给普鲁士。[40] 就普鲁士而言，它的扩张程度令人震惊。普鲁士曾经被讥讽为平庸、弱小的"沙地和瘦骨嶙峋的松树"王国，然而在 1866 年，它兼并了德意志邦联的一半国家，成为一个大国，不仅比奥地利富有得多，而且在人口、国民收入、武装力量以及对工业化至关重要的资本和能源储备方面都与法国不相上下。尽管奥地利的外交部曾在普奥战争之前向奥皇弗朗茨·约瑟夫保证，"欧洲各强国**绝不会**同意在法国和俄国之间出现一个强大的北德意志国"，实际上非德意志的欧洲强国在阻止俾斯麦方面几乎毫无作为。[41] 在尼科尔斯堡，奥地利的国务大臣理夏德·贝尔克雷迪（Richard Belcredi）记录了他对法国和俄国的决定感到的"困惑不解"：这两个国家对俾斯麦从停战协定中获得的"物质利益"没有提出任何异议，而正是这些物质利益使得普鲁士"在许多领域追上法国，在其他领域赶超了法国"。贝尔克雷迪警告道，扩张后的普鲁士"从今以后将会无情地挤压（法国和俄国的）生存空间"。[42]

总之，欧洲强国在普奥冲突中斡旋、限制俾斯麦获得好处的企图，因为毛奇军事行动的迅速而破产。战争结束后，法国政治家对"萨多瓦的奇袭"，也就是对普鲁士获胜的令人不安的、先发制人的迅猛速度感到深深的懊恼。法国还没能在莱茵河畔部署一支像样的野战军，毛奇的军队就打败了奥军，推进到多瑙河。[43] 尽管 1866 年俄国和英国都对普鲁士的"非法"扩张表达了担忧，认为普鲁士的行为违反了 1815 年在维也纳会议上签订的欧洲条约，但他们也被俾斯麦兼并的速度打了个措手不及，于是便温顺地接受了现实。俾斯麦身上值得称道的是，他早早就为此计划好了。1861 年，他帮助沙皇镇压了一次波兰起义，从而拉拢了俄国。[44] 至于英国人，俾斯麦赌他们更感兴趣的是建立海外帝国，而不是将自己卷入欧洲的冲突。在普奥战争开打前，俾斯麦就评论道，英国的政治家"对日本和蒙古的了解比对普鲁士多多了！"的确，盎格鲁-俄国对中亚和南亚控制权的争夺，在 1866 年发展成对土耳其斯坦的全面战争，俄国 20 万军队、英国印度军队的大部分兵力都忙于这场战争，从而确保了这两个强国谁都不会在克尼格雷茨战役结束后的关键几个月里给普鲁士制造麻烦。[45]

因此，柏林对德意志的征服除了要归功于俾斯麦的大胆，还要归功于对普鲁士竞争对手的外交孤立和它们的无暇他顾。然而，普鲁士大战略在 1866 年的彻底胜出，使得普鲁士-德意志国家和军队之间的**政治**联系变得更为紧密。[46]1866 年之后，克尼格雷茨的战例暗示着，只要普鲁士-德意志的进攻足够快、足够狠，它就能打败**一切**对手，扩大影响、大肆兼并。[47]这种思想起源于克劳塞维茨和毛奇，将构成 1870 年、1914 年和 1939 年普鲁士-德意志军事战略的基础。在 1866—1870 年之间，普鲁士军队在规模上几乎扩充了 2 倍，通过迅速将普鲁士的征兵制推广到北德意志邦联，普鲁士的战时兵力增加到 80 万人。毛奇和罗恩就是用这种方式打造了在 1870 年打败法国的强大战争机器。[48]到了 1914 年，德国军队已经扩张到 300 万现役兵力。当其他欧洲强国倾向于从"防御"的角度看待战争时，1866 年之后的德国开始欣赏战争的**进攻**潜力。[49]

1866 年的军事遗产

毛奇 1866 年的胜利展示了普鲁士军事职业化以及"德国战略方法"（German method of strategy）的优越性；所谓"德国战

略方法"，到了 1914 年已成为惯常的说法。[50] 就职业化而言，普鲁士-德意志在 1866 年、1870 年以及此后的 1914 年都是无可匹敌的。它那训练有素、自主自治、政治影响深远的总参谋部（19 世纪 60 年代初期由毛奇改革并直接向普鲁士君主负责）实现的军事效率的水准，对于被朝臣、部长阁僚和议会妨碍的其他欧洲军队只能是梦寐以求的。普鲁士-德意志的总参谋部在欧洲之所以独一无二，是因为它将军事规划、动员、部署和作战集中到一个唯一的机构而不受政治和行政干预。在普鲁士的制度下，由宪法设定、政治上负责的战争大臣仅仅是柏林"伟大的总参谋部"那些惯于掩藏自己的"半神"（毛奇的说法）的补充。这和法国总参谋部的窘境形成尖锐的对比。法国总参谋部仅仅是战争部的一个部门，而且在战略、战术和军纪事务上往往受制于左倾的国民议会（National Assembly）的政治压力。[51]

　　普鲁士总参谋部可以在不受政治干预和只受最小化官僚主义搅局的情况下，推行铁纪和决定性的战争方案，但其他欧洲强国就没那么幸运了。从 1870—1914 年，法国军队的司令部在政治风暴中失去了它的专业重心。从 1870—1895 年，法国参谋部的保守派军官持续密谋反对法兰西第三共和国。确实，直到德雷福斯事件（Dreyfus Affair）之前，可以说法国参谋部对战争规划的兴趣一点也不比对君主和神职人员的阴谋的兴趣少。只有到了 1895 年，当反对共和的德雷福斯事件让制造该事件的参谋军官自食其果时，法国激进派主导的议会才最终开始掌控总参谋部。然而，他们做到这一点，仅仅是依靠清洗一些非常优秀的军官，提拔一些非常无能的军官，依靠愚蠢地坚持恢复冲击战术，即"全面的进攻"（attaque à outrance），因为利用这种战术，在轻率地冲向敌军战壕和机枪哨位时会让和士兵一样多的军官送命，从而让法国军队表面上做到"民主化"。[52] 法国 1914 年的这种政治因素驱动的冲击战术（与德国防御性的、火力集中的战术恰恰相反）再次表明了德国参谋制度的优越性。德国参谋制度被自由派的对手们恰如其分地描述成冰冷的职业化技术官僚统治，不受外行干涉的"国中之国"。

和法国一样，欧洲其他强国都羡慕毛奇总参谋部的高效，但出于种种原因，都没能效法毛奇的总参谋部。尽管奥地利是普鲁士军事职业化的第一个受害者，他们在 1866 年之后按照普鲁士的路线改革自身的努力却收效甚微。弗朗茨·库恩将军曾在 1866 年打退加里波第对南蒂罗尔的进攻。克尼格雷茨战役之后，他作为奥地利的新任战争大臣，为了增加自己的权力，实际上在 1869 年废除了总参谋长的职位。[53] 尽管弗朗茨·约瑟夫 285 在 1874 年恢复了奥地利参谋部，为了巩固参谋部的地位，还将他的心腹弗里德里希·贝克将军提拔为奥匈帝国总参谋长，但因为政治原因，奥地利的军事职业化永远也达不到德国的标准。1867 年，奥地利帝国分为两个独立的国家，即奥地利和匈牙利，二者各有一套独立的议会和政府，各自拥有独立的军队，分别是以维也纳为总部的"帝国和皇家共同军"（imperial and royal common army）和地方防卫军（Landwehr），以及以布达佩斯为总部的匈牙利地方防卫军（honvéd 或 home guard）。源自这一政治上权宜之计的烧钱的官僚机构和内讧，让任何理性、严谨的普鲁士式的战略规划都变得行不通。[54] 由于匈牙利的军事当局在原则上拒绝将他们的部队与奥地利的编在一起，也不愿意用德语（哈布斯堡军队的行政语言）同维也纳通信，奥匈帝国的军事合作无论在平时还是战时都是松散的、脱节的，且容易发生事故。

比起奥地利，意大利在 1866 年采用普鲁士式参谋制度的努力还要失败。"人事不改革，机构的改革就是徒劳的。"意大利一位军事改革家在 1872 年写道。确实，意大利军队一直到 1915 年介入第一次世界大战的整个历史，就是王室努力将愠怒的农民阶层融合进意大利国民军的历史。[55] 恩里科·恰尔迪尼将军是少数几位经历过 1866 年战争而名声未受玷损的意大利将军之一。在库斯托扎战役之后，他领导了意大利总参谋部的改革，但这次改革只是对普鲁士-德意志模式的肤浅的模仿。事实上，维托里奥·埃马努埃莱二世在 1873 年仅仅是给了意大利 130 名现役将军一个集体的番号——"总参谋部"。尽管恰尔迪尼是他们名义上的首领，他却没有推行改革的权力，因为改革是国王、战争大臣和议会的职责。尽管有 1866 年的经历，意大利直到 1882 年才设立真正的总参谋部。而且，即便迟至那时，意大利的全体参谋还是要服从战争部的领导，并且通过国会的常设委员会实际上隶属于众所周知变化无常的意大利下议院（Chamber of Deputies），下议院保留审议一切军事计划和支出的权利。[56]

总之，普鲁士的对手中，没有一个在 1866 年之后成功采用了普鲁士的军事架构。尽管惊叹于毛奇的高效，但法国、奥地利和意大利都没能再现这一奇迹。在俄国，1866 年之后和 1870 年采用普鲁士-德意志参谋制度的努力，遭到沙皇亚历山大二世拥有无上权力的战争大臣德米特里·米柳廷（Dmitri Miliutin）的阻挠，因为他和奥匈帝国的弗朗茨·库恩一样，都将独立的总参谋部视为对自己权威的威胁。[57] 对欧洲大陆的做法一贯持怀疑态度的英国直到 1904 年才组建总参谋部，当时英布战争

286 （Anglo-Boer War）的连连失利使它除此解决办法别无其他选择。[58] 因此，到了 1914 年，所有的欧洲军队都意识到了对普鲁士式职业化的需要，但没有一个军队有效地将其复制。本质上，普鲁士-德意志的总参谋部是德国的一个**政治**现象：这是一个不受议会和行政部门控制的、真正独立的、自由支出的军事当局。考虑到德国总参谋部的巨大权力和它与普鲁士-德意志君主的历史联系，1917 年的柏林总参谋部居然推翻了德国的文职领导人而代之以军事独裁，其实也就没什么好奇怪的了。行事隐秘、"预算坚挺"、德皇宠信，在这样的纵容下，普鲁士-德意志总参谋部将会像大肆吹捧的"德国战略方法"（这一由普鲁士-德意志总参谋部设计的战略方法在克尼格雷茨战役后的数年间被推广到战列团的层面）一样，不折不扣地加强普鲁士-德意志的战争行为。

总体上，1866 年崭露头角的"德国战略方法"抛弃了防守阵地和纵深、联动的队形。相反，毛奇将他的大军像网一样撒开，扑向紧密集中的奥军。普军这种方法存在一个显而易见的风险，即纵深配备的奥军可以在任意一点撕开普军广泛撒下的薄网，从后面将这张网卷起来。但是，这一风险却一直没有实现。奥军各部被正面的战斗吸引，先是在斯卡利采，接着在伊钦，最后是在克尼格雷茨，从头到尾一直放任敌人从两翼将他们包围起来。普奥战争的经验似乎是这样的，装备精良、灵活机动的普军部队（正如法国一位仰慕者所评论的，可以"在战争的各个阶段都迅速、大胆地行动"）能够以最小的风险分散到非常广的前线，以促成克尼格雷茨式的包围。[59]

毛奇新理论的第二次考验是在 1870 年的普法战争。在这场战争中，又是两种截然不同的战争方式的对峙。法军和奥军一样，均是约米尼的信徒。他们信奉大规模的集中兵力，信奉军队有组织的、防御性的战备部署。敌军的编队将被引诱穿过法军的前哨阵线，在早已侦察好的、重兵部署的法军"集中区域"遭到袭击。这种警惕、严谨的战争方式与普鲁士的相对不那么严谨的战争方式形成对立，后者在 1866 年经受了考验并获得成功。[60]在波希米亚，普军为了对奥军夺取重要的战术胜利，经常性地无视战略考虑。因此，施泰因梅茨从维索科夫高原的战略安全地带一头扎入斯卡利采的混乱局势中，抱着过高的期望，想在这场混战中设法给敌人施以重创。老施泰因梅茨赌赢了，他在斯卡利采战役之后追击北方军团至克尼金霍夫的行为，更加凸显了普军这种（如后来施里芬所称的）"不要挠痒痒，要狠踢"的倾向。同样，路德维希·廷普林的普鲁士第 5 师在没有等待支援，甚至没有与韦尔德第 3 师建立联系的情况下，就一往直前，在伊钦与整个奥地利-萨克森伊塞河军团交上火。廷普林赌他强悍的普鲁士步兵将能够奇袭并杀奥军一个措手不及，面对敌人的优势兵力能够扛住艰苦的战斗，最终夺取胜利。这次赌的出奇制胜的效果不亚于施泰因梅茨那次，廷普林大败贝内德克的伊塞河军团，并为普鲁士第一军团拿下伊钦的战略交叉要道。最后是赫卢姆：在那里，贝内德克位于克尼格雷茨阵线的中央，单单一个普鲁士近卫**师**就敢渗透奥军阵地的正中央地带，对抗奥军整整四个军的兵力。第 1 近卫师将这四个军全部打败，然后在毛奇侧翼纵队从外面包围贝内德克阵地的当口，从里面将贝内德克的阵地撕裂。尽管在克尼格雷茨战役中是普军对战奥军，但同时也是新的普鲁士战略原则对抗旧的法国战略原则。下一场战争还将上演同样的戏码，并将毛奇的"包围战理论"永远地捧上神坛。

287

当然，1870 年普鲁士战胜法国并不存在什么神奇的魔法。不称职的下属和 1866 年的表现一样，他们频繁地干预、误读甚或完全搞砸了毛奇的计划。尽管毛奇发布了新的战术条令，严禁腓特烈·卡尔亲王在萨多瓦发起的那种正面进攻，但普鲁士军团司令和军长们往往无视这些条令。[61]1870 年 8 月在斯皮切伦（Spicheren）和圣普里瓦（St. Privat），那时已指挥整个普鲁士军队的施泰因梅茨，本可以轻易地从侧翼包抄法军的阵地，结果却在对法军阵地残酷的正面进攻中白白牺牲了 1 万多人。在沃尔特（Wörth），腓特烈·威廉王储第三军团的数个分队重蹈覆辙，在面对法军后膛枪炮的火力发起的仅一次正面进攻所遭受的伤亡，比克尼格雷茨战役中普鲁士三个军团的损失还要惨重。[62] 因此，毛奇在 1870 年 8 月包围并歼灭法国两个军团的计划被推迟到 9 月。然而，计划奏效了。在格拉沃洛特（Gravelotte）和圣普里瓦战役这两次以施泰因梅茨和腓特烈·卡尔亲王不可原谅的愚蠢错误为特征的行动之后，毛奇成功地在梅斯包围了弗朗索瓦·巴赞（François Bazaine）元帅的莱茵河军团，并缴了该军团的械。两周后，毛奇彼此之间间隔很大的军团，绕过拿破仑三世派去救援巴赞的帕特里斯·麦克马洪（Patrice MacMahon）元帅的沙隆（Châlons）军团的两翼，在色当（Sedan）俘虏了法军一流部队的 10.4 万人。[63]

就这样，普法战争以两次戏剧性包围战的胜利而结束，1866 年第一次接受考验的毛奇战略的效力，似乎在这两次包围战的胜利中得到了验证。和奥军在克尼格雷茨一样，法军试图依靠集中了重兵的防守阵地打退普军，但只是成功地做到了将自己困在普军广泛撒开的军团之间。即便是在 1870 年战争中普军战术运用糟糕的情况下，例如在斯皮切伦和马斯拉图尔

（Mars-la-Tour），他们仍然战胜了对方，促使毛奇后来提出这样的观点，即在战争中"天分要让位于进攻精神"。[64]普鲁士在 1870 年"进攻精神"的回报比 1866 年还要丰厚。法国给普鲁士的赔款比奥地利 1866 年支付的赔款额高 60 倍。此外，法国也温顺地接受普鲁士吸并北德意志邦联和南德意志邦联，形成以柏林为中心的统一的"德意志帝国"（German Empire）。由此普鲁士-德意志开启了对"歼灭战略"（Niederwerfungsstrategie 或 overthrow strategy）的迷恋。这种迷恋变得越来越强烈，尽管 1891 年毛奇濒临死亡时他本人越来越悲观——当时，他警告所有愿意倾听他的人说，制约德国的将不再是易受攻击的、政治上孤立的欧洲强国，就像 1866 年和 1870 年的情况那样，而是两个或三个相互支持的强国，即俄国、法国和英国。[65]

对于在克尼格雷茨和色当的传说熏陶下成长起来的年轻一代的德国战略家而言，毛奇的这种政治顾虑似乎并不重要。年迈谨慎的德皇威廉一世于 1888 年逝世，继任者是他狂妄自负的孙子，他刚成为德皇威廉二世，就抛弃了毛奇，让毛奇手下做事轻率的副总参谋长阿尔弗雷德·冯·瓦尔德泽（Alfred von Waldersee）取而代之。[66]瓦尔德泽相信，建立在奥地利和法国分裂领土上的德国统一，在俄国分裂之前将永远无法真正获得稳固。[67]因此，整个 1880 年代，他都在恳请毛奇和德国政府领导层批准对俄军实行广泛的先发制人的包围，而当时俄国军队的大部分兵力都驻扎在俄属波兰。1891 年，威廉二世启用了一位更具侵略性的"口袋战术"的信徒取代瓦尔德泽，这就是陆军元帅阿尔弗雷德·冯·施里芬。[68]在 1891—1905 年间，施里芬制订了德国总参谋部臭名昭著的"施里芬计划"（Schlieffen Plan），这是一份野心勃勃的计划，它先包围法国全军，再以同样伎俩来对付动员速度较慢的俄军。施里芬于 1913 年逝世，他临终时对围在身边的军官叮嘱道，要先入侵法国，"保持右翼兵力强势"。这个曾经作为年轻的中尉参谋在克尼格雷茨初尝战争滋味的男人，对包围战的无往不胜是如此的深信不疑，乃至忽略了它的所有局限，其中最显而易见的就是后勤。[69]

在 1866 年，德国用马车运输的补给一旦进入敌国领土，便跟不上毛奇野战军的速度，在 1870 年也同样如此。普鲁士军需勤务跟不上，进而会导致危险的、具有潜在灾难性后果的食物、饮品、秣料和弹药的短缺。完全是由于奥地利和法国迅速的政治崩盘，普鲁士军队才幸免于干渴和饥饿，克尼格雷茨和色当战役才成为决定性的战役。[70]有了如此深刻的教训，普鲁士总参谋部自 1866 年之后便时刻惦记着为大规模军团提供后勤补给的问题。1890 年，瓦尔德泽谈到毛奇时说，"不查阅德国的铁路手册"，毛奇从不做重要决定。[71]

1866 年和 1870 年毛奇经历的后勤问题，在 1914 年只会变得更加恶化。那时，德国军队已经扩张了 9 倍，再加上弹匣步枪、机枪和速射炮的应用，对食物和弹药补给的无尽需求拖累了德国军队的行进速度。动员规划（1866 年的另一项遗产）再怎么不遗余力，都不能协调运送数百万士兵和他们在战场存活所需的大量食物、秣料、饮品和弹药的困难。[72]1914 年，正是因为德国经过比利时入侵法国时满载的队伍行进缓慢，才使法国得以向后躲开施里芬计划的两支慢慢收紧的钳口。1914 年，在东线，同样的戏码再度上演。俄军一股兵力蠢得冒进到德国的东普鲁士铁路线终点站坦能堡（Tannenberg）。在德军成功包围了这股兵力之后，俄军谨慎地撤到德军铁路网可及的范围之外，一直牵制着德军和他们的奥匈帝国盟军，直到 1917 年俄国崩溃

289

为止，而且俄国的崩溃也不是因为德军实施的包围战，而是因为内部爆发了革命。[73]

第一次世界大战基本上是非机动的、正面僵持的，克尼格雷茨的传奇和德国决定性的侧翼包围战术的梦想能够经历一战而继续薪火相传，要归功于海因茨·古德里安（Heinz Guderian）将军和 1920 年代出生的"德国坦克学派"（German tank school）。在 1939 年和 1945 年之间，德国的装甲纵队为 20 世纪的战场恢复了机动能力，最终使机械化部队冲在他们运输补给马车的前面成为可能，甚至让他们可以在常年艰苦的俄国战场上，得以在人迹未至的荒原驰骋。因此，在第二次世界大战中，毛奇的歼灭战略再度兴起。在一系列由古德里安的装甲师为先锋的执行到位的"口袋战术"中，法国于 1940 年沦陷，英国差一点儿，俄国则在 1941 年被逼到崩溃的边缘。然而，就像在一战一样，德国在二战的战术胜利最终被战略上的失误抵消。1866 年在尼科尔斯堡和 1871 年在巴黎，俾斯麦和毛奇明智地巩固了他们的战术成果，达成有限的战争目标。但是，他们的后来者施里芬、鲁登道夫、德皇威廉二世和希特勒，飘飘然于德国军事实力的传奇，而追逐无穷的世界霸权，最终被野心压垮，导致德国在 1918 年崩溃，在 1945 年再蹈覆辙。[74]

290

1866 年之后的战术变化

普鲁士的战略和战术总是密不可分的。1866 年和奥地利缔结和约之后，普鲁士开始对存在不足的战术方面进行改善。如果说克尼格雷茨战役差点儿变得有利于奥军，在很大程度上是因为在 1866 年普军的老式火炮大大地劣于奥军的火炮。因此，在 1866 年至 1870 年间，毛奇为普鲁士炮兵重新装备了钢制后膛装填式的克虏伯（Krupp）膛线炮。在毛奇灵巧的运用下，普军这种重量更轻、机动性更强、射速更快的野战炮成为"口袋战术"不可或缺的新的组成部分。1870 年在梅斯和色当，法军从毛奇紧缩的"口袋"中逃出的企图，更多的不是被撞针步枪，而是被普军的新型火炮无情的、远程的轰击所阻挠；这样的轰击粉碎了包围圈内敌军的抵抗能力，让德军的步兵得以轻而易举地将敌军包围、击溃。[75]

因此，在 1866 年和 1870 年的两次战争之后，炮兵便承担了更为重要的战术作用，也占用了更多的预算拨款。在 1866 年，普鲁士一个步兵军仅配置 72 门火炮，到了 1905 年则装备了 144 门更重型、威力更强的火炮。1905 年，在奉天（沈阳）会战中，日本南部旅（Nambu Brigade）震惊地发现，俄国**炮兵**造成了他们 90% 的伤亡，这样毁灭性的火力大爆发成为第一次世界大战的预兆。[76] 于是，当炮兵在 1866 年之后崛起时，骑兵衰落了。尽管骑兵还将于 1870 年在色当做最后一搏（当时，拿破仑三世命令重骑兵中队在普军收紧的包围圈中戳开一个突破口，结果却眼睁睁地看着他们被普军的火力打得七零八落），1866 年的战争已经展示了骑兵对膛线枪炮毫无招架之力。在库斯托扎、伊钦和克尼格雷茨，"冲击骑兵"一次又一次被证明在面对现代步兵和火炮时毫无用处。因此，在 1866 年和 1870 年之后，大多数欧洲骑兵团都会重新装备卡宾枪，且仅限于承担"轻松的职责"，主要是放哨和侦察。[77]

步兵也在 1866 年之后经历了深刻的转型。普鲁士在维索科夫、斯卡利采、伊钦和克尼格雷茨的胜利太引人注目，乃至到了 1870 年，所有欧洲强国（包括贫困、经济状况恶化的意大利）都给军队重新装备了后膛枪。这种新式步枪往往会模糊掉以往轻装步兵和战列步兵的区别。在波希米亚，普鲁士曾调派战列步兵紧跟在散兵后面，以使他们的火力达到最大化，并迅速、有力地命中要害。在 1870 年，他们改进了这种强力打击、火力集中的战术，采用更为猛烈的连续炮轰来为步兵进攻做准备。法国一位战术家指出，1866 年和 1870 年普鲁士两次胜利的影响是"将战斗转移到散兵线，而此前散兵线只是做战斗准备用的"。起先，普军延伸前线以包围奥军，此后又用同样的方法包围法军，在这一过程中，他们便彻底抛弃了拿破仑式的突击纵队战法。普军延伸、加强散兵线直至其承担主要战斗任务的倾向，被欧洲其他大多数军队效仿。1881 年，即便是发明了"子弹是笨蛋、刺刀是好汉"名言的俄国军队，也开始将战列步兵部署成散兵队形，这一改革也被奥匈帝国和意大利军队所模仿。[78] 到了 1914 年，除了法国之外（这是个令人不解的悲剧的例外），所有欧洲军队都将会以 1866 年开创的普鲁士方式作战。[79]

　　然而，尽管所有的欧洲强国都在 1866 年之后意识到对人员分散、火力密集型部队队形的需要，但并非所有的强国都能同等程度地应用这些战术创新。奥匈帝国的步兵就**始终没有**掌握 1866 年普军采用的小分队战术，其中的原因，陆军元帅阿尔布雷希特在 1869 年做出了推论：奥地利军队最缺乏的不是先进的步枪或者正确的战术，而是唯独"各个层面的**责任感**，这也是目前为止战争中最重要的元素"。克尼格雷茨战役结束后，阿尔布雷希特担任奥地利军队统帅直至 1895 年逝世，其间他下令实行的阅兵越来越少，下令安排的实战训练越来越多，并下令革除贝内德克在维罗纳任职那几年开始在军队兴起的僵化的形式主义（Formalismus）。阿尔布雷希特坚持认为，奥军军官必须学会以普军的方式规划和执行合理的行动，奥军士兵必须学会坚守阵地不退让，改变令人生气的乐于当逃兵（desertionslustig）的现状。[80] 然而，这一切都是言易行难。"战斗之于战争"，克劳塞维茨曾说，"如同现金付款之于做生意"，而以无纪律著名的奥匈人永远成不了多好的战士。在 1877 年奥匈帝国的秋季演习上，法国的武官对参演部队"没有军人样子的举止"感到震惊，他们中的大多数士兵都必须被粗壮的军士推操着才能保持步调一致。[81] 在 1912—1913 年的哈布斯堡军事演习中，英国武官托马斯·卡宁厄姆（Thomas Cuninghame）少校对两次演习都给出了同样的评价。他还感到震惊的是，奥军的演习缺乏"火力交锋"和自发性，奥匈帝国军队仍然倾向将士兵聚集成密集、易管理的队形，这种队形与 1866 年的进攻纵队几乎没有什么区别。"如果奥军步兵打算在真正的战争中按照在这些演习中的习惯做法行动，"卡宁厄姆在 1913 年断言，"他们将输得很惨，很惨。"[82] 果不其然。1914 年，在哈布斯堡皇室的下一场战火淬炼中，奥匈帝国军队在塞尔维亚和俄国的打击下土崩瓦解，纯粹依靠德意志帝国源源不断地注入援军才在一战持续期间起死回生。[83]

1869 年意大利新发布的战术手册表明，在意大利，不负责任和爱当逃兵（Desertionslust）的问题一点也不比奥匈帝国少。只有长期服役的意大利狙击兵或轻步兵被认为足够可靠，可以将他们部署成分散队形。在经历了库斯托扎战役之后（在这场战役中，意军整师整师地出现惊慌失措、土崩瓦解的现象），意大利的战列步兵直到世纪之交，都是以营级纵队的队形集中。至于射击战术，这其中涉及的数学运算已经超出了普通农夫（contadino）的知识范围。"只有极少数部署在阵线中的士兵被允许在 600 米以外的射程射击，"意军的战术手册规定，"300 米以外的射程，士兵可以每分钟射击不超过 1 轮。只有当敌人逼近到 150 米以内时，士兵才可以随意射击。"[84] 这是 18 世纪滑膛枪手的有效射程；在意大利就像在奥地利一样，部队训练不足、难以驾驭，根本无法相信他们能够充分发挥最新的军事技术的优势。

火力控制是普奥战争留下的悬而未决的问题之一。在这场战争中，奥军仓促地上刺刀向普军冲锋，从未利用前哨战或在齐发的对射中迫使普军打光枪弹。作为对比，巴伐利亚分遣部队已经在数次场合证明了，面对坚决、掩护得当的防御，即便射击战术也会破灭。[85] 确实，在朗根萨尔察战役之后，普鲁士西部军团在德意志诸邦的战争中唯一引人注目的一方面，是德意志第七军巴伐利亚分遣部队遭受的伤亡和德意志第八军各邦国混合分遣部队遭受的伤亡之间的差异。第八军各旅全都实行了奥地利式的冲击战术，平均每伤亡 1 名普军士兵，他们就要伤亡 8 人。就巴伐利亚分遣部队而言，他们明智地放弃了突击纵队，而是采用分散队形，因此尽管他们和奥军一样装备的都是前膛枪，却在最后几次战斗中实现了与普军一比一的伤亡率。[86]

1866 年的战争中，普鲁士和巴伐利亚大致相同的战损引出了一个重要的问题：如果在未来的战争中，双方**都**决心从战术防御的角度充分利用快速射击，那会出现什么样的情况？军队将怎样进攻？[87] 在基辛根（Kissingen）战役（1866 年 7 月巴伐利亚部队与普军最后一次交锋）结束后，巴伐利亚的总参谋长路德维希·冯·德坦恩（Ludwig von der Tann）将军曾提出，面对后膛枪和野战炮而发起攻势，实际上已经不再行得通了。战壕的时代已经到来，美国内战似乎也证实了这一点。然而，毛奇抵制这种防守上的偏见，因为它将阻碍普鲁士大胆的行动策略。1866 年之后的多年间，他始终坚持认为，像克尼格雷茨那样的战役能够作为战术成功的典范。德国军队将用较弱的正面攻击吸引敌人的火力，然后从敌人防御火力最薄弱的侧翼发起主攻。[88]

随着 19 世纪的发展，新一代步枪、机枪和火炮的出现即便对毛奇相对谨慎的战术也会产生怀疑，人们提出了各种各样的策略，以恢复战场的机动性，避免如一位法国军官所称的"未来的大屠场"的出现。[89] 早在 1866 年，奥军一位军官就建议为骑兵（士兵和马）穿上钢铁外套，这个主意被法国军事理论家阿尔当·迪皮克（Ardant du Picq）采纳（在他于 1870 年因普军的一块弹片而造成致命伤之前）。[90] 至于步兵，奥地利的一位改革家在 1866 年建议回归类似于 18 世纪掷弹兵体系的策略：大批的燧发枪兵向敌人的战壕里迅速射击，以掩护穿着全副盔甲、保持密集队形的"突击卫队"的前进。奥地利战争部的一位官员力主在早期引入坦克或"陆地铁甲舰"（Land-Monitors），即安装有火炮、用铁甲裹着的马车。"战争变得越恐怖、越具有毁灭性，我们就越不必害怕它。"这位官员这样辩说。1866 年之后，欧洲大国认为，每一项新的技术发明都有可能推翻这种微妙的恐怖均势。当德国人在 1887 年采用了小口径连发步枪时，奥地利人就担心他们的这个盟国将会利用这一发明与俄国和法国开战。当德国的发明家在 1890 年代发明了防弹胸甲时，欧洲各国军队屏住了呼吸，直到在试验中证明这种胸甲太过笨重而无法装备普通步兵时才松了一口气。[91]

然而，尽管对于"未来战争"抱有世纪末的焦虑，欧洲各国军队到头来还是对现代火器带来的战术困难以及他们在布尔战争、日俄战争和巴尔干战争中造成的残酷后果未予足够重视。[92] 于是，便有了第一次世界大战这样的"钢铁浴"：1300 万人丧生，或死于使用弹带的水冷式机枪，或死于工业国慷慨地往里面装填榴霰弹、高爆弹和毒气弹的后膛装填式无后坐力的火炮。对于大多数欧洲强国而言，第一次世界大战看起来确实像是"终结所有战争的战争"。毛奇的"歼灭战略"似乎最终被协约国（Entente）的"消耗战略"（strategy of attrition）碾作尘泥。[93] 但是，对于德国人而言，即便是第一次世界大战也为他们留下了一线希望。他们在 1917—1918 年的最后攻势中以新式的"突击战术"为特征，该战术预示了第二次世界大战的闪电战（Blitzkrieg）行动。德军的暴风突击队（storm troopers）装备着木柄手榴弹、轻机枪和火焰喷射器，他们在集中的毒气弹和炮弹火网的掩护下，以分散的小组渗透进协约国的战壕。即便兵力很少，这些装备精良的德军突击队也能够吓坏、击溃兵力更庞大的法军、英军和美军编队，冲破他们阵地的中央，奔袭迂回他们的两翼。德军这些突击战术（与普鲁士在伊钦和赫卢姆的战术有一些共同点）将会给普鲁士-德意志军队，为希特勒的二战提供现成的教条，让德国的歼灭战略发出可怕的垂死挣扎。[94]

*　　*　　*

最终，人们不禁会想，假如奥地利赢得了 1866 年的战争"可能会"怎样，因为奥皇弗朗茨·约瑟夫的战争目的有案可稽。在意大利，他意图削弱和分裂意大利王国，在法国（奥地利在意大利的竞争对手）容忍的范围内尽可能地将意大利诸邦

国的数量恢复到 1815 年时的状态。在意大利取得战争的胜利
后，弗朗茨·约瑟夫将会在南方谋求复辟波旁王朝的两西西里
295　王国，在罗马和中部意大利复辟教皇，在托斯卡纳（Tuscany）、
摩德纳和帕尔马等北部公国恢复哈布斯堡诸王公的统治。[95] 尽管
奥地利的政治家的确在 1866 年 6 月同意将威尼西亚割让给法
国，但在他们看来，这是为了让法国保持中立而付出的代价；
有了法国的中立，用奥地利驻教皇治下罗马的武官的话说，就
可能让维也纳"夷平腐朽的意大利王国"。[96]

　　奥地利在意大利的这些毁灭性的目的（维托里奥·埃马努
埃莱二世在库斯托扎的溃败之后，这些目的似乎也就可以理解
了），因为哈布斯堡军队在克尼格雷茨的战败而最终破灭了。
经过克尼格雷茨一役，普鲁士不仅保住了自己，也保住了意大
利的继续存在。在战争开打前，奥皇将普鲁士描述为"要最大
程度削弱的敌人"，如果奥地利获胜了，他指示要兼并普鲁士
的地盘，让它不能翻身。[97] 如果奥地利赢了 1866 年的战争，弗
朗茨·约瑟夫打算占领上西里西亚这一布雷斯劳附近、煤炭资
源丰富的省份；该省份原属于奥地利，1740 年被普鲁士人占
领。这一兼并将大大增加奥地利优质的煤炭储备，而且正如奥
地利战争大臣在 1866 年 5 月所指出的，将会"严重损害普鲁士
的核心利益"。[98] 为了回报奥地利在德意志邦联的盟友，弗朗
茨·约瑟夫计划将卢萨蒂亚还给萨克森，并在汉诺威、黑森－
达姆施塔特、巴伐利亚和符腾堡诸邦国之间瓜分普鲁士的莱茵
河诸省份。在维也纳看来，这样对德意志版图的彻底重绘将达
成两个目的：这将大大削弱普鲁士，并且强化德意志境内地方
排他主义的倾向，从而放缓民族主义（哈布斯堡奥地利视之为
祸根）在欧洲的扩散。[99]

如果奥地利赢得战争，普鲁士人别期望奥地利会仁慈。除非法国或俄国干预，不然普鲁士的疆域可能会退回到1807年签订《蒂尔西特和约》时的状态。如果奥地利在1849年奥地利-皮埃蒙特战争（Austro-Piedmontese War）后对都灵的粗暴处置对1866年哈布斯堡王室的政策给予些许启示的话，那么弗朗茨·约瑟夫势必会在奥军获胜之后大肆掠夺普鲁士的财富以弥补他的战争成本。[100] 在1866年动员之前，奥皇的财务大臣就提醒他，只有柏林和佛罗伦萨的巨额战后赔款才能"延缓奥地利的破产"。[101] 维也纳将通过削弱性的赔款支付安排，对诸如西里西亚、卢萨蒂亚和鲁尔等工业省份的兼并，以及让工业不发达的奥地利帝国强行加入普鲁士-德意志关税同盟，来遏制普鲁士的经济增长。[102] 它的北德意志竞争对手遭到这样的限制和削弱，庞然的、颤颤悠悠的奥地利才有可能继续维持它对多邦国的德意志邦联的相对无害的领导。

正是由得过且过的奥地利领导，而不是由严谨缜密的普鲁士领导的德意志，促使英国一位历史学家在1902年提出，假如贝内德克在克尼格雷茨获胜，"普鲁士、德意志、欧洲的历史，现在我们可以说甚至小亚细亚，乃至亚洲的历史，都将被改写。将不会有斯皮切伦、沃尔特和格拉沃洛特战役，不会有德意志的统一、巴格达的铁路、德意志化的非洲，也不会有近东或者东方"。[103] 这位历史学家显然一心关注的是20世纪初德国对英国殖民利益的威胁，但他也许言过其实了。尽管如此，奥地利在克尼格雷茨大获全胜的话，至少会**延长**普奥战争，从而给法国或俄国时间干涉这场冲突，以巩固欧洲脆弱的权力平衡。[104]1866年普鲁士如此迅速地征服了德意志地区，震惊之下，无论法国还是俄国都没有认真地对此提出异议。注意到这一蹊跷、重大的事实，奥地利国务大臣在 1866 年准确无误地预测到，俾斯麦"将不会放过机会，向世界，尤其是法国展示他的新地位带来的巨大权势"。[105]

注 释

引 言

1. Gordon A. Craig, *The Battle of Königgrätz* (Philadelphia: Lippincott, 1964). Martin Van Creveld, *Command in War* (Cambridge, Mass.: Harvard University Press, 1985).

2. Gunther E. Rothenberg, "Moltke, Schlieffen and the Doctrine of Strategic Envelopment," in Peter Paret, ed., *Makers of Modern Strategy* (1943; Princeton: Princeton University Press, 1986). Arden Bucholz, *Moltke, Schlieffen and Prussian War Planning* (New York: Berg, 1991). Larry H. Addington, *The Blitzkrieg Era and the German General Staff, 1865-1941* (New Brunswick: Rutgers University Press, 1971). Martin Kitchen, *A Military History of Germany* (Bloomington: Indiana University Press, 1975).

3. Alfonso La Marmora, *Un po più di luce sugli eventi politici e militari dell'anno 1866* (Florence: Barbèra, 1873). Luigi Chiara, *Ancora un po più di luce sugli eventi politici e militari dell'anno 1866* (Florence: Barbèra, 1902). Pio Calza, *Nuova luce sugli eventi militari del 1866* (Bologna: Zanichelli, 1924).

4. Alberto Pollio, *Custoza 1866* (Città di Castello: Unione Arte Graphiche, 1914).

5. Eduard Battels, *Der Krieg im Jahre 1866* (Leipzig: Otto Wigand, 1867), p. 11.

6. Heinrich Friedjung, *The Struggle for Supremacy in Germany, 1859-66*, trans. A. J.P. Taylor (1897; London: Macmillan, 1935). Original, unabridged German editions: *Der Kampf um die Voherrschaft in Deutschland*, 2 vols. (Stuttgart, Berlin: Cotta, 1897-1912).

7. 弗里德永对 1866 年奥地利战败的社会政治学解释的流行，促使维也纳的诙谐、机智的卡尔·克劳斯（Karl Krauss）忍不住讥诮道："没有弗里德永就没有 1866，没有 1866 就没有弗里德永。在许多圈子里，弗里德永决定了克尼格雷茨。" *Die Fackel*, 6, February 5, 1913, pp. 4-5. Michael Derndarsky, "Das Klischée von 'Ces Messieurs de Vienne,'" *Historische Zeitschrift* 235 (1982), pp. 288-90. Toilow (F. Karl Folliot-Crenneville), *Die österreichische Nordarmee und*

ihr Führer im Jahre 1866 (Vienna and Leipzig: Wm. Braumüller, 1906), pp. 150-3. Sigismund Schlichting, *Moltke und Benedek* (Berlin: Mittler, 1900), p. iii.

8. Alfred Krauss, *Moltke, Benedek und Napoleon* (Vienna: Seidel, 1901), pp. 2-5. Oskar Regele, *Feldzeugmeister Benedek und der Weg nach Königgrätz* (Vienna, Munich: Verlag Herold, 1960), pp. 10-11.

9. Oskar Regele, *Feldzeugmeister Benedek.* Oskar Regele, "Staatspolitische Geschichtsschreibung: Erläutert an Königgrätz 1866," *Mitteilungen des östetrreichischen Staatsarchivs (MÖSA)* 3 (1950), p. 305.

10. J. C. Allmayer-Beck, "Der Feldzug der österreichischen Nordarmee nach Königgrätz," in Wolfgang Groote an Ursula Gersdorff, eds., *Entscheidung 1866* (Stuttgart: Deutsche Verlags Anstalt, 1966).

11. Craig, *The Battle of Königgrätz.* Adam Wandruzka, *Schicksalsjahr 1866* (Vienna: Verlag Styna, 1966). Emil Franzel, *1866 Il Mondo Casca*, 2 vols. (Vienna: Verlag Herold, 1968).

第一章　1866 年的前沿战略与技术

1. Martin Van Creveld, *Technology and War* (New York: Free Press, 1989), pp. 87-95, 113.

2. Hew Strachan, *European Armies and the Conduct of War* (London: Allen and Unwin, 1983), pp. 8-22, 32-3, 55, 111.

3. Van Creveld, *Technology*, pp. 94-6. Strachan, *European Armies*, pp. 51-2.

4. Carl von Clausewitz, *On War*, trans. J. J. Graham, ed. Anatol Rapaport (1832; New York: Penguin, 1985), 1/iv, "Of Danger in War," pp. 158-60.

5. Strachan, *European Armies*, pp. 39-40.

6. Larry H. Addington, *The Patterns of War since the Eighteenth Century* (Bloomington: Indiana University Press, 1984), pp. 21-7.

7. Hajo Holborn, "The Prusso-German School: Moltke and the Rise of the General Staff," in Peter Paret, ed., *Makers of Modern Strategy* (1943; Princeton: Princeton University Press, 1986), p. 282. Strachan, *European Armies*, pp. 56-8.

8. Gunther E. Rothenberg, *The Art of Warfare in the Age of Napoleon* (Bloomington: Indiana University Press, 1978), pp. 98-102, 114-18.

9. Strachan, *European Armies*, pp. 40-4. Cyril Falls, *The Art of War* (London: Oxford University Press, 1961), pp. 30-4.

10. Vincennes, Archive de l'Armée de Terre (AAT), 7N848, Gaston Bodart, "Die Stärkeverhältnisse in den bedeutesten Schlachten." Craig, *The Battle of Königgrätz*, p. x.

11. Strachan, *European Armies*, p. 53.

12. Wolfgang von Groote, "Moltkes Planungen für den Feldzug in Böhmen und ihre Grundlagen," in Wolfgang von Groote and Ursula von Gersdorff, eds.,

Entscheidung 1866 (Stuttgart: Deutsche Verlags-Anstalt, 1966), p. 90.

13. Helmuth von Moltke, *Moltke on the Art of Wa*r, ed. Daniel J. Hughes (Novato: Presidio, 1993), pp. 22-35. Strachan, *European Armies*, pp. 34-5.

14. Strachan, *European Armies*, pp. 92-6.

15. Clausewitz, *On War*, 4/v, "The Significance of Combat," pp. 316-18.

16. Michael Howard, *War in European History* (Oxford: Oxford University Press, 1976), pp. 94-7.

17. Strachan, *European Armies*, pp. 69-70.

18. 1849 年，在巴登，普鲁士的一支反革命军队也没办法对付巴登的革命军队，因为每次普鲁士反革命军队试图与巴登的革命军队交战时，他们就利用铁路紧急后撤到普军打不到的地方。Dennis E. Showalter, *Railroads and Rifles* (Hamden: Archon, 1975), pp. 36-7.

19. Vincennes, AAT, MR 845, Paris, January 1862, Maj. Auguste Châtelain, "Etudes historiques et militaires sur la guerre d'Italie en 1859."

20. Strachan, *European Armies*, pp. 72-3.

21. Vincennes, AAT, MR 845, Anon., "Précis historique de la campagne d'Italie en 1859." Wolf Schneider von Arno, "Der österreichisch-ungarische Generalstab," (Kriegsarchiv Manuscript), vol. 7, pp. 18, 54-5. Michael Howard, *The Franco-Prussian War* (1961; London: Granada, 1979), p. 23.

22. Helmuth von Moltke, "Der italienische Feldzug des Jahres 1859," *Moltkes kriegsgeschichtlichen Arbeiten*, ed. grosser Generalstab, 3 vols. (Berlin: Mittler, 1904), vol. 3/2, pp. 114-15. Eduard Bartels, *Der Krieg im Jahre 1859* (Bamberg: Buchner Verlag, 1894), pp. 6-8. k.k. Generalstab, *Der Krieg in Italien 1859*, 3 vols. (Vienna: Druckerei des Generalstabs, 1872), vol. 1, pp. 411 and 438.

23. Vincennes, AAT, MR 845, Paris, January 1862, Maj. Auguste Châtelain, "Etudes historiques et militaires sur la guerre d'Italie en 1859." Col. Charles Ardant du Picq, *Battle Studies*, trans. J Greely (1880; New York: Macmillan, 1921), pp. 268-70.

24. D. N., "Über die Truppensprachen unserer Armee," *Österreichische Militärische Zeitschrift (ÖMZ)* 2 (1862), pp. 365-7.

25. Showalter, *Railroads and Rifles*, pp. 44-8.

26. Vincennes, AAT, MR 845, Paris, January 1862, Maj. Châtelain, "Bataille de Magenta."

27. Howard, *Franco-Prussian War*, pp. 17-18.

28. Strachan, *European Armies*, pp. 98-9.

29. Showalter, *Railroads and Rifles*, p. 48.

30. Otto Pflanze, *Bismark and the Development of Germany*, 3 vols. (1963; Princeton: Princeton University Press, 1990), vol. 1, p. 136. Lothar Gall, *Bismark*, trans. J. A. Underwood, 2 vols. (Frankfurt 1980; London: Allen and Unwin, 1986), vol. 1, pp. 98-9.

31. Gall, *Bismark*, vol. 1, pp. 73-7. Showalter, *Railroads and Rifles*, pp. 37-8.

32. *Moltke on the Art of War*, ed. Daniel J. Hughes, pp. 102-7.

33. A. J. P. Taylor, *The Course of German History* (New York: Capricorn, 1946), pp. 27-30.

34. Groote, "Moltkes Planungen," in *Entscheidung 1866*, pp. 78-81.

35. Hajo Holborn, "The Prusso-German School," in *Makers of Modern Strategy*, pp. 286-7. William Carr, *The Origins of the Wars of German Unification* (London: Longman, 1991), pp. 49-53. Gerhard Ritter, *The Sword and the Scepter*, trans. Heinz Norden, 4 vols. (Munich 1954-68), vol. 1, *The Prussian Tradition, 1740-1890*, pp. 121f.

36. Showalter, *Railroads and Rifles*, pp. 38-46. *Moltke on the Art of War*, ed. Daniel J. Hughes, pp. 107-21. Van Creveld, *Technology*, pp. 153-9.

37. Vincennes, AAT, MR 60/1470, Copenhagen, May 7, 1864, Lt-Col. Février to Marshal Randon. Bucholz, *Moltke, Schlieflen*, pp. 43-4.

38. Rothenberg, "Moltke, Schlieffen, and the Doctrine of Strategic Envelopment," pp. 299-300.

39. Edward Bruce Hamley, *The Operations of War* (Edinburgh and London: Wm. Blackwood, 1866), pp. 364, 395.

40. Hajo Holborn, "The Prusso-German School," in *Makers of Modern Strategy*, p. 287.

41. "阵线过多会分散兵力，导致分散的各部被敌人以优势兵力击垮。" Strachan, *European Armies*, pp. 44-6, 60-4. Howard, *War in European History*, p. 83.

42. Hajo Holborn, "The Prusso-German School," in *Makers of Modern Strategy*, p. 287. Strachan, *European Armies*, pp. 43-4, 64, 99.

43. John Shy, "Jomini," in *Makers of Modern Strategy*, pp. 174-6.

44. Strachan, *European Armies*, pp. 73, 99.

45. Strachan, *European Armies*, pp. 46, 99.

46. *Moltke on the Art of War*, ed. Daniel J. Hughes, pp. 156-7. Strachan, *European Armies*, pp. 98-9.

47. Wilhelm Ritter von Gründorf von Zebegény, *Mémoiren eines österreichischen Generalstäblers, 1832-66*, 2 vols. (Stuttgart: Verlag Robert Lutz, 1913), vol. 2, p. 198.

48. Groote, "Moltkes Planungen," in *Entscheidung 1866*, pp. 78-83. Showalter, *Railroads and Rifles*, pp. 52-6.

49. Strachan, *European Armies*, p. 99.

50. Vienna, Kriegsarchiv (KA), Militärkanzlei Seiner Majestät (MKSM) 1866, Karton 342, 69-8, Vienna, May 1866, k.k. Generalstab, "Kriegsstärke des VII. und VIII. Bundes-Armee Korps und des sächsischen Contingents."

51. Craig, *Königgrätz*, pp. 27-9.

52. London, Public Record Office (PRO), Foreign Office (FO) 120/907, Vienna,

December 8, 1913, Maj. Cuninghame to Bunsen.

53. Grosser Generalstab, *Der Feldzug von 1866 in Deutschland* (Berlin: Ernst Mittler, 1867), p. 99.

54. "Über die Misserfolge bei der österreichischen Nordarmee," *ÖMZ* 2 (1866), pp. 353-4. Craig, *Königgrätz*, pp. 20-1.

55. Strachan, *European Armies*, p. 112.

56. Jay Luvaas, *The Military Legacy of the Civil War.* (Chicago: University of Chicago Press, 1959), pp 42, 173.

57. Strachan, *European Armies*, pp. 27-32.

58. Vincennes, AAT, MR 47/1634, Strasbourg, November 30, 1855.

59. Howard, *Franco-Prussian War*, p. 18.

60. Gründorf, vol. 2, p. 198.

61. KA, Nachlässe, B/572: I (Nosinic), Vienna, March 1866, GM Schönfeld, "Charakteristik preussischer Armee."

62. Geoffrey Wawro, "An 'Army of Pigs' : The Technical, Social, and Political Bases of Austrian Shock Tactics, 1859-66," *The Journal of Military History* 59 (July 1995), pp. 407-34.

63. "Die Schiessübungen der k. preussischen lnfanterie," *ÖMZ* 3 (1865), p. 20.

64. Vincennes, AAT, MR 3/1537, Paris, June 1866, Capt. de Mille, "Notice sur l'Arme Prussienne."

65. 针对 1863 年普鲁士军演的王室训令估测，"随着针发枪的应用，装备针发枪的 300 名士兵，战力相当于装备前膛枪的 900 名士兵"。Moltke, "De l'influence des armes perfectionées sur le combat," *Militär-Wochenblatt*, July 8, 1865. "Die Waffenwirkung in der preussischen Gefechten im Feldzuge 1864," *ÖMZ* (1865), pp. 126-7.

66. Eduard Heller, "Benedek und Benedek-Legenden," *Militärwissenschaftliches Mitteilungen* (Vienna, 1937), pp. 2-3.

67. Hans Delbrück and Emil Daniels, *Geschichte der Kriegskunst im Rahmen der politischen Geschichte*, 7 vols. (Berlin: Georg Stilke, 1907-36), vol. 5, p. 421. Klaus Koch, *Franz Graf Crenneville* (Vienna: Österreichischer Bundesverlag, 1984), p.182. Wolf Schneider von Arno, "Der österreichischer-ungarische Generalstab." Vienna Kriegsarchiv Manuscript, n.d., vol. 7, p. 12. Ludwig Ritter van Benedek, *Benedeks nachgelassene Papiere*, ed. Heinrich Friedjung (Leipzig: Grübel und Sommerlatte, 1901), pp. 373-4.

68. Antonio Schmidt-Brentano, *Die Armee in Österreich* (Boppard: Harald Boldt, 1975), pp. 318-19, 382. Koch, *Crenneville*, p. 163. Eduard Bartels, *Kritische Beiträge zur Geschichte des Krieges im Jahre 1866* (Zurich: Caspar Schmidt, 1901), p. 247. Antoine Mollinary, *Quarante-six ans dans l'armée austro-hongroise, 1833-1879*, 2 vols. (Paris: Fournier, 1913), vol. 1, pp. 96-7. Alfred von Schlieffen, "Benedeks Armee-Führung nach den neuesten Forschungen,"

Vierteljahrshefte für Truppenführung und Heereskunde 8 (1911), p. 180.

69. Bartels, *Kritische Beiträge*, p. 24. Arno, vol. 7, pp. 81-5.

70. Delbrück, vol. 5, p. 241.

71. Koch, *Crenneville*, p. 188. Bernhard Ritter von Meyer, *Erlebnisse*, 2 vols. (Vienna: Carl Satori, 1875), vol. 2, pp. 63-5, 95.

72. Koch, *Crenneville*, pp. 161-4, 178-80. Mollinary, vol. 1, p. 104.

73. Eugen Frauenholz, "FML Alfred Freiherr von Henikstein im Jahre 1866," *Münchener Historische Abhandlungen* 2/3 (1933), pp. 34-5.

74. Strachan, *European Armies*, pp. 66, 93-4.

75. Delbrück, vol. 4, pp. 488-93, 504. Hamley, p. 56.

76. Erzherzog Karl, "Verteidigungssystem des Kriegsschauplatzes," *Militärische Werke*, 3 vols. (Vienna: k.k. Hof-und-Staatsdruckerei, 1862), vol. 1, p. 89. Günter Brüning, "Militär-Strategie Österreichs in der Zeit Kaiser Franz II. (I.)," (phil. Diss. Münster, 1982), pp. 60-2, 267-72.

77. 引自 Joszef Zachar, "Die Frage des Verteidigungs-Krieges im Gebirgsland," in *Clausewitz, Jomini, Erzherzog Carl*, ed. Manfried Rauchensteiner (Vienna: Österreichischer Bundesverlag, 1988), p. 131。

78. Erzherzog Karl, "Verteidigungssystem," *Militärische Werke*, vol. 1, p. 9 ("ein Defensionssystem").

79. Aresin, *Das Festungsviereck von Oberitalien* (Vienna: k.k. Hof-und Staatsdruckerei, 1860), pp. 7-8.

80. Hans Kramer, *Österreich und das Risorgimento* (Vienna: Bergland Verlag, 1963), p. 54. Heinrich Benedikt, *Kaiseradler über dem Appenin* (Vienna: Verlag Herold, 1964), p. 128.

81. Howard, *Franco-Prussian War*, pp. 2-3.

82. *Stenographische Protokolle über die Verhandlungen des Abgeordnetenhauses (SPA)* (Vienna: k.k. HausHof-und Staatsdruckerei, 1865), 3. Session, 54. Sitzung, p. 1460.

83. KA, Nachlässe, B/2:127 (Beck), "Antrag im Herrenhause des FM Frhr. von Hess über die höchsten und wichtigsten militärischen Interessen der Monarchie, 1863." *SPA*, 3. Session, 192. Sitzung, November 26, 1862, p. 4767. Edmund von Glaise-Horstenau, *Franz Josephs Weggefährte* (Zurich and Vienna: Amalthea, 1930), p. 80.

84. KA, Nachlässe, B/572:1 (Nosinic), Vienna, March 26, 1866, Col. Vlasits, "Über die preussische Armee." 弗拉西茨在总结毛奇的战略时，最后这样说道："尽管普鲁士的作战计划胃口不小，但一旦它摘下了果实，却不知道怎么样安全地把果实带回家。"

85. Delbrück, vol. 5, p. 404.

86. KA, AFA 1866, Karton 2275, 13-165, 1936, "Vor 70 Jahren: Waffe, Taktik und Strategie."

87. Geoffrey Wawro, "An 'Army of Pigs': The Technical, Social, and Political Bases of Austrian Shock Tactics, 1859-66, " *The Journal of Military History* 59 (July 1995):407-34. István Deák, *Beyond Nationalism* (New York: Oxford University Press, 1990), pp. 98-100. D. N., "Über die Truppensprachen unserer Armee," *ÖMZ* 2 (1862), pp. 365-7. V. R. Streffleur, "Österreich am Schlusse des Jahres 1866," *ÖMZ* 1 (1867), pp. 2-7.

88. *SPA* (1865), pp. 1442-3, 1469-81. *Stenographsiche Protokolle über die Verhandlungen des Herrenhauses* (Vienna: k.k. Haus-Hof-und Staatsdruckerei, 1862), p. 911.

89. Geoffrey Wawro, "Inside the Whale: The Tangled Finances of the Austrian Army, 1848-1866," *War in History* 3 (February 1996):42-65.

90. "Vorschläge zur taktischen Vervollkommung der Infanterie," *ÖMZ* 1 (1860), pp. 31-2. KA, Nachlässe, B/214:2 (Krismanic), 494, Verona, February 6, 1860, FML Degengeld, "Truppen Instruktion Nr. 5." Walter Wagner, *Von Austerlitz bis Königgrätz* (Osnäbruck: Biblio Verlag, 1978), pp. 148f.

91. Vincennes, AAT, MR 54-55/1634, 1869, "Composition des armées permanentes en Prusse, Autriche, etc."

92. Vincennes, AAT, MR 53/1478, Augustenborg, April 13, 1864, Lt-Col. Février to Marshal Randon.

93. "Die Schiessübungen der k. preussischen lnfanterie," *ÖMZ* 3 (1865), pp. 19-20.

94. KA, Nachlässe, B/572: 1 (Nosinic), Vienna, March 26, 1866, Col. Vlasits, "Über die preussische Armee."

95. "Die Waffenwirkung in der preussischen Gefechten im Feldzuge 1864," *ÖMZ* (1865), pp. 126-7.

96. Vincennes, AAT, MR 61/1536, Moltke, "De l'Influence des armes perfectionées sur le combat," *Militär Wochenblatt*, July 8, 1865.

97. KA, Nachlässe, B/572: 1 (Nosinic), Vienna, March 1866, GM Schönfeld, "Charakterisrik preussischer Armee."

98. KA, MKSM-SR 1866, 24/5, Vienna, May 19, 1866, FZM Benedek, Corps-Befehl Nr. 8, "Gefechtsweise der Preussen und Normen für das eigene Verhalten." Toilow, *Die österreichische Nordarmee*, p. 28.

99. Vincennes, AAT, MR 68/1606, Vienna, April 25, 1866, Col. Merlin to Marshal Randon.

第二章 普奥战争的根源

1. James J. Sheehan, *German History, 1770-1866* (Oxford: Clarendon, 1989). Thomas Nipperdey, *Deutsche Geschichte 1800-1866* (Munich: C.H. Beck, 1983).

2. W. E. Mosse, *The European Powers and the German Question*, 1848-71 (Cambridge University Press, 1958), pp. 4-6.

3. Sheehan, *German History, 1770-1866*, p. 866.

4. Carr, *Origins*, pp. 104-10. Helmut Böhme, *Deutschlands Weg zur Grossmacht* (Cologne: Kiepenheuer and Witsch, 1966).

5. Pflanze, *Bismarck*, vol. 1, pp. 183-4.

6. Gall, *Bismarck*, vol. 1, p. 217.

7. Gall, *Bismarck*, vol. l, pp. 98-9.

8. Gall, *Bismarck*, vol. 1, pp. 98-9, 129.

9. Carr, *Origins*, p. 70.

10. 丹内维尔克防线的遗址。Carr, *Origins*, p. 83.

11. Carr, *Origins*, pp. 39-42.

12. Carr, *Origins*, pp. 40-1.

13. Carr, *Origins*, pp. 82-3. J. C. Clardy, "Austrian Foreign Policy during the Schleswig-Holstein Crisis of 1864," *Diplomacy and Statecraft 2* (July 1991).

14. Lawrence Steefel, *The Schleswig-Holstein Question* (Cambridge, Mass.: Harvard University Press, 1932). Pflanze, *Bismarck*, vol. 1, pp. 253-8.

15. Fritz Stern, *Gold and Iron* (1977; New York: Vintage, 1979), pp. 65-9.

16. Carr, *Origins*, pp. 124-6.

17. Dietrich Beyrau, "Russische Interessenzone und europäisches Gleichgewicht, 1860-70." Wilfried Radewahn, "Europäische Fragen und Konfliktzonen im Kalkül der französischen Aussenpolitik vor dem Krieg von 1870," both in, Kolb, ed., *Europa vor dem Krieg von 1870*, pp. 33-9, 72-5. Mosse, *European Powers*, pp. 110-23. Carr, *Origins*, pp. 125-6. Robert van Roosbroeck, "Die politisch-diplomatische Vorgeschichte," in Groote, Gersdorff, eds. *Entscheidung 1866*, pp. 31-4.

18. Alfonso La Marmora, *Un po più di luce sugli eventi politici e militari dell'anno 1866*, pp. 1-5. 1866 年 4 月 8 日，这一"秘密"同盟在柏林和佛罗伦萨订立，但立即被奥地利人发现。Vienna, Haus-Hof-und Staatsarchiv (HHSA), IB, Karton 364, BM 1866, 35, Berlin, April-May 1866, Agenten-Rapports. Gall, *Bismarck*, vol. 1, pp. 283-4.

19. Stern, *Gold and Iron*, pp. 24, 75. Gall, *Bismarck*, vol. 1, p. 278.

20. Geoffrey Wawro, "Austria versus the Risorgimento: A New Look at Austria's Italian Strategy m the 1860s," *European History Quarterly* 26 (January 1996):7-29.

21. Frank J. Coppa, *The Origins of the Wars of Italian Independence* (London and New York: Longman, 1992), pp. 124-6.

22. Carr, *Origins*, pp. 132-3.

23. 引自 Emil Franzel, vol. 2, p. 415: "In Italien allein war das österreichischen Soldaten-Geist noch frei."

24. Eduard von Kählig, *Vor und nach Custozza: Alte Tagebücher aus dem Feldzüge 1866* (Graz: Verlag Leykam, 1892), pp. 6-10.

25. "O Walschland, du hast uns/Wol gmacht viel Verdruss/Do hama aufknakt/Du wellische Nuss." *Alexander Baumann, Ehrenbuschn für d'österreicher Armee in Italien* (1853; Dortmund: Harenberg, 1980), p. 87.

26. Vienna, KA, Nachlässe, B/1003: 1 (Hirsch), pp. 34f.

27. Heinrich Srbik, "Erinnerungen des Generals Freiherrn von John, 1866 und 1870," *Aus Östereichs Vergangenheit* (Salzburg: Otto Müller Verlag, 1949), p. 45. 1850 年 11 月，当弗朗茨·约瑟夫命令陆军元帅约瑟夫·拉德茨基针对普鲁士组织奥地利的动员时，这位老元帅给他的情妇写信道："我的命运是去波希米亚指挥这支伟大的军队，或者回到意大利——我全心全意希望后者。" Schmidt-Brentano, p. 178.

28. Toilow, *Die österreichische Nordarmee*, p. 33.

29. Hans Kramer, *Österreich und das Risorgimento* (Vienna: Bergland Verlag, 1963), pp. 9, 140-3. Benedikt, *Kaiseradler*, p. 111. Oskar Regele, *Feldmarschall Radetzky* (Vienna, Munich: Verlag Herold, 1957), pp. 320-2.

30. Lucy Riall, *The Italian Risorgimento* (London and New York: Routledge, 1994) pp. 11-28. Kramer, pp. 14-17, 56.

31. Luigi Barzini, "Italy and Its Aristocracy," *Memoirs of Mistresses* (New York: Macmillan/Collier, 1986), p. 16.

32. Stendhal, *The Charterhouse of Parma*, trans. M. R. B. Shaw (1839; London: Penguin, 1983), pp. 195, 197.

33. Alvise Zorzi, *Venezia Austriaca*, 1798-1866 (Rome, Bari: Laterza, 1985), pp. 66-73, 106-113.

34. Friedrich Engel-Janosi, "Der Monarch und seine Ratgeber," *Probleme der franzisko-josephinische Zeit, 1848-1916*, eds. Friedrich Engel-Janosi and Helmut Rumpler, 2 vols. (Vienna: Verlag für Geschichte und Politik 1967), vol. 1, p. 10. Zorzi, pp. 44-5. Kramer, pp. 102, 123. Benedikt, *Kaiseradler*, pp. 122, 140. Regele, *Radetzky*, p. 245.

35. William A. Jenks, *Francis Joseph and the Italians, 1849-1859* (Charlottesville: University Press of Virginia, 1978), pp. 3-4. Kramer, pp. 19, 24-5, 128, 150-1. Benedikt, *Kaiseradler*, pp. 114-117,125,443,447. Regele, *Radetzky*, p. 261. 在 19 世纪 50 年代，单是在教皇国设置警察，每月便花费奥地利 3 万弗罗林（约合 1996 年的 40.5 万美元）。Schmidt-Brentano, p. 208.

36. Kramer, p. 130. Regele, *Radetzky*, pp. 234, 303.

37. Michael McDonald, "Napoleon III and His Ideas of Italian Confederation, 1856-60" (Ph.D. diss., University of Pennsylvania, 1968), p. 30.

38. Richard Blake Elrod, "The Venetian Question in Austrian Foreign Relations, 1860-66" (Ph.D. diss., University of Illinois, 1967), pp. 17-38.

39. HHSA, PA XI, Karton 207, Vienna, October 25, 1865, Mensdorff to Hübner, "Instructions." PRO, FO 45/85, no. 41, Florence, February 10, 1866, Elliot to Clarendon.

40. HHSA, PA XI, Karron 208, Rome, April 3, 1866, Hübner to Mensdorff. Geoffrey Wawro, "Austria versus the Risorgimento: A New Look at Austria's Italian Strategy in the 1860s," *European History Quarterly* 26 (January 1996):7-29.

41. Denis Mack Smith, *Vittorio Emanuele, Cavour and the Risorgimento* (London: Oxford University Press, 1971), pp. 92-189.

42. John Gooch, *Army, State and Society in Italy, 1870-1915* (London: Macmillan, 1989), pp. 13-14. HHSA, IB, Karton 364, BM 1866, 33, Vienna, April 24, 1866, Belcredi to Mensdorff, Franck. KA, MKSM 1866, Karton 338, 33-1/8, no. 5, Rome, March 22, 1866, Maj. Frantzl to FML Crenneville.

第三章　作战计划与动员

1. Grosser Generalstab, *Der Feldzug 1866*, pp. 1-3. Gall, *Bismarck*, vol. 1, p. 265.

2. KA, MKSM-SR 1866, 22/5, Vienna, August 1865, k.k. Evidenz-Bureau, "Berechnung der gegenseitigen Stärke-und-Machtverhältnisse zw. Österreich und Preussen, so wie die Zeit welche beide Armeen brauchen, um operarionsfähig zu werden."

3. HHSA, IB, Karton 364, BM 1866, 33, Venice, April 29, 1866, Direzione di Polizia to Belcredi. Schmidt-Brentano, p. 153.

4. KA, MKSM-SR 1866, 22/3, Vienna, March 1866, "Vermerkung für die Mobilisierung der Armee 1866."

5. 奥地利的这次动员容易激起普奥的争端, 所以它给出的借口是需要镇压波希米亚爆发的大屠杀。Geoffrey Wawro, "The Habsburg *Flucht nach vorne* in 1866: Domestic-Political Origins of the Austro-Prussian War," *International History Review* 17 (May 1995), pp. 238-40.

6. Carr, *Origins*, p. 127.

7. Grosser Generalsrab, *Feldzug 1866*, pp. 5-17, 28.

8. Chester Wells Clark, *Franz Joseph and Bismarck* (Cambridge, Mass.: Harvard University Press, 1934).

9. KA, MKSM 1866, Karton 338, 33-1/8, no. 5, Rome, March-May, 1866, Maj. Frantzl to FML Crenneville.

10. Clark, *Franz Joseph and Bismarck*, pp. 410-41. F. R. Bridge, *The Habsburg Monarchy among the Great Powers, 1815-1918* (New York: Berg, 1990), pp. 74-85.

11. Grosser Generalstab, *Feldzug 1866*, pp. 18-26.

12. Grosser Generalstab, *Feldzug 1866*, pp. 5-17.

13. KA, Nachlässe, B/1109: 1 (Sacken), "Notizen über den Feldzug 1866," p. 4.

14. Clark, *Franz Joseph and Bismarck*, pp. 333-89.

15. Helmuth von Moltke, *Strategy: The Wars for German Unification*, trans. British War Office (1907; Westport: Greenwood Press, 1971), p. 39.

16. Oscar von Lettow-Vorbeck, *Geschite des Krieges von 1866 in Deutschland*, 3 vols. (Berlin: Mittler, 1896-1902), vol. 2, p. 46.

17. Albrecht von Blumenthal, *Journals of Field Marshal Count von Blumenthal for 1866 and 1870-71*, trans. A. D. Gillespie-Addison (London: Edward Arnold, 1903), pp. 17-30.

18. Grosser Generalstab, *Feldzug 1866*, pp. 94-9.

19. Grosser Generalstab, *Feldzug 1866*, pp.31-2, 44. 易北河军团与第一军团之间的缺口为 150 公里，第一、第二军团之间的缺口为 190 公里。

20. Dennis E. Showalter, "The Retaming of Bellona: Prussia and the Institutionalization of the Napoleonic Legacy, 1815-76," *Military Affairs* 44 (1980), p. 61. Craig, *Königgrätz*, pp. 45-6.

21. Hajo Holborn, "The Prusso-German School," *Makers of Modern Strategy*, p. 300.

22. Groote, "Moltkes Planungen," *Entscheidung 1866*, pp. 97-8.

23. HHSA, IB, Karton 364, BM 1866, 35, Vienna, May 31, 1866, Belcredi to Mensdorff, Franck.

24. KA, Nachlässe, B/572: 2 (Nosinic), Wr. Neustadt, January 2, 1869, GM Krismanic to Nosinic.

25. 诺伊贝尔的计划已经遗失，但计划的概略要点可以在二次文献中找到。Manfried Rauchensteiner, "Zum operativen Denken in Österreich, 1815-1914," *ÖMZ* 5 (1974), p. 382. Johann Christoph Allmayer-Beck, "Der Feldzug der österreichischen Nord-Armee nach Königgrätz," *Entscheidung 1866*, pp. 112-14, 124-32.

26. 18 世纪建造这两座要塞时，它们远远超出了火炮射程。KA, AFA 1866, Karton 2274, 13-74, Olmütz, December 1872, Maj. Ripp, "Skizze des Feldzuge 1866."

27. KA, AFA 1866, Karton 2261, Vienna, April 1866, GM Krismanic, "Operationsplan für die k. k. Nordarmee in einem Kriege gegen Preussen, 1866," Abschnitt XIII.

28. Edward Dicey, *The Battlefields of 1866* (London: Tinsley Brothers, 1866), p. 12.

29. 奥地利驻柏林的武官也赞成这一观点。KA, KM 1866, CK, 47-4/9, Berlin, February 9, 1866, Col. Pelikan to FML Franck.

30. KA, MKSM-SR 1866, 24/3, Vienna, May 2 and Leipzig June 1-5, 1866, "Nachtrag aus dem Kundschaftsberichten."

31. Blumenthal, p. 21. Grosser Generalstab, *Feldzug 1866*, pp. 40-2.

32. Dennis E. Showalter, "Soldiers into Postmasters: The Electric Telegraph as an Instrument of Command in the Prussian Army," *Military Affairs* 2 (1973), p. 50. HHSA, IB, Karton 374, BM 1866, 2898, Prague, July 21, 1866, Polizeidirektor to Belcredi, vid. Esterházy.

33. KA, Nachlässe, B/572: 1 (Nosinic), Vienna, April 1866, GM Krismanic, "Sammelstellung der Preussen." Vienna, May 2, 1866, GM Krismanic, "Überfall Sachsens."

34. KA, AFA 1866, Karton 2261, Vienna, April 1866, GM Krismanic, "Operarionsplan," Abschnitte V and IX. KM 1866, CK, Karton 252, 51-6/49, Vienna, May 29, 1866, FML Franck to FZM Benedek. Vincennes, AAT, MR 83/1606, Vienna, June 21, 1866, Col. Merlin to Randon.
35. KA, AFA 1866, Karton 2261, Vienna, April 1866, GM Krismanic, "Operarionsplan," Abschnitte VIII and XIII.
36. 5 月时，法国驻维也纳的武官写道：" 当你考虑到奥地利很多团的征募兵站都在遥远的西里西亚、东匈牙利和特兰西瓦尼亚（Transylvania），而相应的铁路却在伦贝格（Lemberg）、奥拉迪亚（Grosswardein）和阿拉德（Arad），由于军队需要行军三周才能到达最近的火车站，看到奥地利在做战争准备时放弃攻势就不怎么会感到惊讶了。" Vincennes, AAT, MR 72/1606, Vienna, May 6, 1866, Col. Merlin to Randon.
37. KA, Nachlässe, B/572: 2 (Nosinic), Wr. Neustadt, July 12, 1866, GM Krismanic to Untersuchungs-Commission. AFA 1866, Karton 2261, Vienna, April 1866, GM Krismanic, "Operationsplan," Abschnitt II, "Freiwillige Verzichtleistung auf die Offensive von Seite Österreichs."
38. KA, AFA 1866, Karton 2270, 8-12aa, Budapest, August 12, 1866, GM Kriz.
39. KA, AFA 1866, Karton 2261, GM Krismanic, "Operationsplan," Abschnitt IV, "Werth von Krakau." HHSA, IB, Karton 364, BM 1866, 35, Vienna, April 16, 1866, Belcredi to Mensdorff, Franck. Karton 366, BM 1866, 228, Cracow, February 17, 1866, Polizeirat to Belcredi.
40. KA, Nachlässe, B/946 (Coudenhove), pp. 9-22. Wilibald Müller, *Geschichte der königlitchen Hauptstadt Olmütz* (Vienna: Eduard Hölzel, 1882), pp. 309-11.
41. Müller, *Geschichte Olmütz*, p. 313. Mollinary, vol. 1, pp. 109-13.
42. KA, MKSM 1866, Karton 343, 69-6, Vienna, June 8, 1866, FML Crenneville to Baron Werner. June 12, 1866, Lt-Col. Beck to FML Crenneville.
43. KA, AFA 1866, Karton 2265, 6-515, Prague, June 15, 1866, GdC Clam to FZM Benedek Olmütz, June 16, 1866, FZM Benedek to GdC Clam. Karton 2280, 13-103, Lemberg, December 19, 1866, Col. Litzelhofen.
44. KA, MKSM 1866, Karton 343, Olmütz, June 8, 1866, FML Henikstein to FML Crenneville.
45. KA, Nachlässe, B/572:1 (Nosinic), Vienna, April 1866, GM Krismanic.
46. KA, Nachlässe, B/946 (Coudenhove), "Tagebuch," pp. 8-22.
47. 同上 : ...wusste auch von der Rede Benedeks in Olmütz kein Wort."
48. 同上 : "Wir spitzen alle die Ohren gegen Olmütz, ob denn nicht bald der Alarmschuss von dort zu hören ist。
49. 同上。
50. Müller, *Geschichte Olmütz*, p. 313.
51. KA, AFA 1866, Karton 2262, 5-160, Vienna, May 22, 1866, Lt.-Col. Tegetthoff.
52. HHSA, IB, Karton 364, BM 1866, 35, Vienna, May 22, 1866, Bekredi to

Mensdorff, Franck.

53. KA, KM 1866, CK, Karton 50, 13-4, Frankfurt, May 25, 1866, GM Pakeni to FML Franck. AFA 1866, Karton 2262, 5-245, Frankfurt, May 27, 1866, GM Pakeni to GdC Mensdorff.

54. KA, MKSM-SR 1866, 24/3, Josephstadt, May 20 and June 2, 1866. AFA 1866, Karton 2273, 13-50, Olmütz, May 28, June 4, 6, 8, 10, 13, 1866, "Mitteilungen des sächsischen Generalstabes."

55. KA, B/572:2 (Nosinic), Wr. Neustadt, January 2, 1869, GM Krismanic to Capt. Nosinic.

56. KA, MKSM 1866, Karton 342, 69-4/18, Olmütz, June 17, 1866, FZM Benedek to FML Crenneville.

57. KA, MKSM 1866, Karton 342, 69-4/18, Olmütz, June 17, 1866, FZM Benedek to FML Crenneville.

58. Heller, "Benedek und Benedek-Legenden," p. 26. Bartels, *Der Krieg im Jahre 1866*, p. 6. Bartels, *Kritische Beiträge*, p. 70.

59. Franzel, vol. 2, pp. 461-2. Wandruszka, 1866, p. 223.

60. KA, Nachlässe, B/1109: 2 (Sacken), "Personal-Status des Armee-Hauptquartiers 1866." Josef Benold, "Österreichische Feldtelegraphie 1866 (Vienna Kriegsarchiv Manuscript, 1990), pp. 5- 7.

61. 他们分别是加布里尔·罗迪奇将军、约瑟夫·马洛西奇将军、恩斯特·哈通将军和路德维希·普尔茨上校。奥地利驻南蒂罗尔旅的指挥权交到弗兰兹·库恩手里。KA, AFA 1866, Karton 2342, 4-38a, Vienna, April 20, 1866, FML Crenneville to FZM Benedek.

62. KA, AFA 1866, Karton 343, 71/62, Vienna, May 17, 1866, FZM Benedek to Franz Joseph. MKSM 1866, Karton 343, 71/62, Vienna, May 17, 1866, FZM Benedek to Franz Joseph, "Geheim: Bestimmung Nachfolger Nordarmee."

63. k.k. Generalstab, *Österreichs Kämpfe*, vol. 2, pp. 1-8.

64. Gooch, *Army, State and Society in Italy*, pp. 7-15. Vincennes, AAT, MR 20/1387, Vienna, May 1866, Col. Merlin, "Aperçu général sur les conditions actuelles des armées italiennes et autrichiennes."

65. Capt. W. J. Wyatt, *A Political and Military Review of the Austro-Italian War of 1866* (London Edward Stanford, 1867), pp. 9-12.

66. KA, AFA 1866, Karton 2342, 4- 80f., Verona, April 8, 1866, GM John to FM Albrecht. HHSA, IB, Karton 365, BM 1866, 134, Venice, May 16, 1866, Direzione di Polizia to Belcredi.

67. HHSA, IB, Karton 365, BM 1866, 134, Venice, May 16, 1866, Direzione di Polizia to Belcredi. KA, AFA 1866, Karton 2343, 5-ad 88c, Venice, May 17, 1866, Direzione di Polizia to FM Albrecht.

68. KA, AFA 1866, Karton 2343, 5-174, Verona, May 1866, FM Albrecht, "Bemerkungen über den Kriegsschauplatz."

69. 贝尔克雷迪（Belcredi）认为，5 月时一名高级别的意大利海军上将被任命到加里波第的参谋部，预示了将有海军在威尼斯、的里雅斯特和里耶卡（Rijeka）登陆。HHSA, IB, Karton 364, BM 1866, 33, Vienna, May 16, 1866, Belcredi to Mensdorff, Franck.

70. KA, MKSM 1866, Karton 342, 69-5/2, Verona, June 3, 1866, FM Albrecht to Franz Joseph.

71. KA, AFA 1866, Karton 2343, 5-83, Verona, May 16, 1866, FM Albrecht to all corps commandants. 5-174, Verona, May 1866, FM Albrecht, "Bemerkungen."

72. KA, AFA 1866, Karton 2354, 6-40, Verona, June 11, 1866, FM Albrecht to FML Maroicic. Kriegskarten, H IVc, 249, "Skizze Nr. 1: Allgemeine Situation bis zum 22. Juni 1866."

73. KA, AFA 1866, Karton 2344, 6-7, Verona, June 3, 1866, FM Albrecht to Franz Joseph, "Alleruntertänigster Bericht."

74. KA, AFA 1866, Karton 2343, 5-83, Verona, May 16, 1866, FM Albrecht to Corps Commandants, Brigadiers.

75. KA, AFA 1866, Karton 2344, 6-16, Verona, June 4, 1866, FM Albrecht to GM Moering.

76. J. V. Lemoyne, *Campagne de 1866 en Italie* (Paris: Berger-Levrault, 1875), p. 69.

77. KA, AFA 1866, Karton 2343, 5-8l b, Padua, May 8, 1866, FML Maroicic.

78. KA, MKSM 1866, Karton 342, 69-8, Vienna, May 1866, k.k. Generalstab, "Kriegs-Stärke des VII. und VIII. Bundes-Armee Corps und des sächsischen Contingents."

79. Vincennes, AAT, MR 83/1606, Vienna, June 21, 1866, Col. Merlin to Marshal Randon. KA, KM 1866, CK, Karton 251, 50-8/12, Frankfurt, May 29, 1866, GM Pakeni to FML Franck.

80. Vincennes, AAT, MR 32/1537, Paris, 1866, "Coup d'oeil rétrospectif sur la guerre d'Autriche en 1866."

81. KA, MKSM-SR 1866, 22/5, Vienna, August 1865, Evidenz-Bureau des Generalstabs.

82. PRO, FO 9 /174, no. 124, Munich, June 12, 1866, Howard to Clarendon.

83. KA, MKSM-SR 1866, 24/3, Leipzig, June 7, 1866, "Kundschaftsberichte."

84. KA, MKSM 1866, Karton 342, 69-8, Vienna, June 8, 17, 1866, FML Crenneville to GM Pakeni.

85. KA, MKSM 1866, Karton 342, 69-8, Tügenheim, June 9, 1866, FML Prinz Alexander to FML Crenneville.

86. KA, MKSM 1866, Karton 342, 69-8, Frankfurt, June 9, 1866, Col. Schönfeld to FML Crenneville.

87. KA, AFA 1866, Karton 2274, 13-74, Olmütz, December 1872, Maj. Ripp, "Skizze des Feldzuges."

88. Munich, Bayerisches Kriegsarchiv (BKA), Handschriften-Sammlung (HS) 801,

"Beantwortungen der von GL-Lt. von Willisen an GI-Lt. von der Tann in Bezug auf den Feldzug 1866 gestellten Fragen."

89. KA, MKSM-SR 1866, 22/3, Vienna, March 20, 1866, FML Henikstein, "k. sächsische Armee." 24/3, Vienna, March-June, "Kundschaftsberichte aus Dresden."

90. KA, MKSM 1866, Karton 342, 69-8, Tügenheim, May 31, 1866, Col. Schönfeld to FML Crenneville.

91. Vincennes, AAT, MR 20/1536, Berlin, March 10, 1866, Maj. Clermont-Tonnerre to Marshal Randon.

92. Grosser Generalstab, Feldzug 1866, pp. 49-68.

93. Theodor Fontane, Der deutsche Krieg von 1866, 2 vols. (Berlin: Oberhofbuchdruckerei, 1870-1), vol. 2, pp. 6-9. Lettow-Vorbeck, vol. 1, pp. 185, 201.

94. [Theodor Fontane], Von der Elbe bis zur Tauber: Der Feldzug der preussischen Main-Armee im Sommer 1866 (Leipzig: Belhagen und Klasing, 1867), p. 49.

95. H. M. Hozier, The Seven Weeks' War (Philadelphia: Lippincott, 1867), vol. l, pp. 163-4. Fontane, Main-Armee, p. 39.

96. Grosser Generalstab, Feldzug 1866, pp. 50-5.

97. Hozier, vol. 1, p. 157. Grosser Generalstab, Feldzug 1866, pp. 90-2.

98. KA, MKSM 1866, Karton 342, 69-8, Darmstadt, June 21, 1866, FML Prinz Alexander to FML Crenneville.

99. KA, MKSM 1866, Karton 343, 69-9, Vienna, June 21, 1866, FML Crenneville to FZM Benedek. Karton 342, 69-8, Vienna, June 20, 1866, FML Crenneville to Col. Schönfeld. Darmstadt, June 21, 1866, FML Prinz Alexander to FML Crenneville.

100. KA, MKSM 1866, Karton 342, 69-8, Darmstadt, June 21, 1866, Col. Schönfeld to Lt-Col Beck.

101. Fontane, Main-Armee, p. 24.

102. Letrow-Vorbeck, vol. 1, pp. 187-8, 201, 207-8.

103. PRO, FO 68/144, no. 29, Leipzig, June 28, 1866, Crowe to Clarendon.

104. Fontane, Matn-Armee, p. 51.

105. k.k. Generalstab, Österretchs Kämpfe, vol. 1, pp. 173-84. Lerrow-Vorbeck, vol. 1, pp. 185-8, 197-254.

106. Fontane, Der deutsche Krieg, vol. 2, pp. 10-11.

107. Grosser Generalstab, Feldzug 1866, pp. 62-8.

108. KA, MKSM 1866, Karton 342, 69-8, Darmstadt, June 25, 1866, FML Alexander to FML Crenneville. Karton 342, 69-8, Schweinfurt, June 27, 1866, FML Huyn to FML Crenneville. Munich, BKA, Generalstab, 513, Munich, 1894, Hpt. Höhn, "Geschichte des k. Generalstabes," pp. 157-60. Lettow-Vorbeck, vol. 3, p. 25.

109. Lettow-Vorbeck, vol. 1, pp. 282-5, 301-2.

110. Alexander Malet, The Overthrow of the Germanic Confederation by Prussia in 1866 (London: Longman's, Green, 1870), p. 237.

111. Lettow-Vorbeck, vol. 1, pp. 305-19, vol. 3, p. 82.

112. k.k. Generalstab, *Österretchs Kämpfe*, vol. 1, pp. 193-209. Grosser Generalstab, *Feldzug 1866*, pp. 68f.

113. Lettow-Vorbeck, vol. 1, pp. 322, 335-6, 347. Fontane, *Main-Armee*, p. 95.

第四章　意大利宣战

1. Ferdinand Gregorovius, *The Roman Journals of Ferdinand Gregorovius, 1852-74*, ed. Friedrich Althaus, trans. Mrs. G. W. Hamilton (London: George Bell, 1907), p. 252.

2. Pio Calza, *Nuova luce sugli eventi militari del 1866* (Bologna: Nicola Zanichelli, 1924), pp. 10-11, 16-17. KA, AFA 1866, Karton 2343, 5-ad88i, Venice, May 26 and June 12, 1866, Direzione di Polizia to FM Albrecht.

3. HHSA, IB, Karton 364, BM 1866, 33, Vienna, June 14, 1866, Belcredi to Franck.

4. Coppa, *Origins of the Italian Wars of Independence*, pp. 124-5.

5. HHSA, IB, Karton 364, BM 1866, 35, Vienna, May 22, 1866, Belcredi to Mensdorff. KA, AFA 1866, Karton 2272, 13-13, nos. 190, 198, 211, Paris, July 13, 14, 28, 1866, Belcredi to FM Albrecht.

6. KA, MKSM-SR, 1866, 22/3, Vienna, June 15, 1866, k.k. Evidenz Bureau, "Ordre de Bataille der gesammten sardo-italienischen Land-Truppen."

7. KA, AFA 1866, Karton 2343, 5-ad 88i, Venice, May 26, 1866. Direzione di Polizia to Armee Commando Verona, vid. Albrecht, John.

8. 夏天是一年之中连意大利农民都会这样忠告的时节：“要想寿命长，莫见朝阳与夕阳。”Norman Douglas, *Old Calabria* (London: Martin Secker, 1915), p. 283.

9. KA, MKSM-SR 1866, 22/3, Verona, February 28, 1866, k.k. Generalstab, Lt. Pettossi to GM John, "Übersicht der sardo-italienischen Streitkräfte." MKSM 1866, Karton 342, 69-5/3, Verona, June 11, 1866, FM Albrecht to Franz Joseph.

10. 在艾米利亚（Emilia）和伦巴第，南方的团在意大利部署过程中被派往了后方，以便减少逃兵数量。KA, AFA 1866, Karton 2344, 6-18, Peschiera, June 5, 1866, k.k. Festungs-Commando Peschiera to Armee-Commando Verona.

11. KA, MKSM 1866, Karton 338, 33-1/9-14, Rome, April 2, June 8, 1866, Maj. Frantzl to FML Crenneville. Karton 342, 69-5/3, Verona, June 11, 1866, FM Albrecht to Franz Joseph.

12. KA, MKSM 1866, Karton 338, 33-1/9, Rome, April 3, 1866, Maj. Frantzl to FML Crenneville. Gooch, *Army, State and Society in Italy*, pp. 13-14.

13. Venice, Archivio di Stato, I. R. Presidenza Luogotenenza, Busta 597, Venice, June 15, 1866, Toggenburg to FML Franck.

14. 他到访的这三个军分别是由恰尔迪尼、德拉罗卡和库基亚里指挥的。Vincennes, AAT, MR 18/1387, Milan, May 12, 1866, Col. Schmitz to Marshal

Randon.

15. KA, AFA 1866, Karton 2343, 5-ad 88d, Venice, May 19, 1866, Direzione di Polizia to Armee Commando Verona.

16. KA, AFA 1866, Karton 2343, 5-ad 88j, Venice, May 27, 1866, Direzione di Polizia to ArmeeCommando Verona.

17. Milan, Museo Risorgimento, Archivio Guastalla, Busta 69, Anno 1866, June, "Carteggio della Divisione Volontari Italiani," "Domande al Ministero della Guerra." Vincenzo Gallinari, "I primi quindici anni, *L'Esercito italiano dall'Unit alla Grande Guerra, 1861-1918* (Rome: Ufficio Storico, 1980), p. 67.

18. KA, AFA 1866, Karton 2343, 5-ad 881, Venice, June 1, 1866, Direzione di Polizia to ArmeeCommando Verona.

19. HHSA, IB, Karton 364, BM 1866, 33, Trento, June 7, 1866, Commissariato di Polizia to Belcredi.

20. HHSA, IB, Karton 364, BM 1866, 33, Vienna, June 14, 1866, Belcredi to FML Franck. KA, MKSM 1866, Karton 338, 33-1/14, Rome, June 8, 1866, Maj. Frantzl to FML Crenneville.

21. Vincennes, AAT, MR 17/1387, Bologna, May 9, 1866, Col. Schmitz to Randon.

22. 例如，曾在 1860 年任加里波第参谋长的朱塞佩·西尔托里：西尔托里在库斯扎的部署非常糟糕，没有交战便将圣卢西亚的高地拱手让给了卡尔·默林的旅。Vincennes, AAT, MR 20/1387, Florence, April 1866, Col. Schmitz to Randon, "Aperçu général sur les conditions actuelles des armées italiennes et autrichiennes." 关于 1860 年之后加里波第军大规模流入意军的情况，参见 *Gooch, Army, State and Society in Italy*, pp. 9-12。

23. Girolamo Ulloa, *L'Esercito italiano e la Battaglia di Custoza* (Florence: Tipografia Gaston, 1866), pp. 15-16. KA, AFA 1866, Karton 2347, 13-16, Verona, January 20, 1866, k.k. Generalstab, "Evidenz Rapport."

24. Geoffrey Wawro, "Austria versus the Risorgimento: A New Look at Austria's Italian Strategy in the 1860s," *European History Quarterly* 26 (January 1996):7-29.

25. Vincennes, AAT, MR 17/1387, Bologna, May 9, 1866, Col. Schmitz to Randon. 1866 年时意大利军中没有设陆军元帅，陆军上将（*Generale d'Armata*）是仅次于陆军元帅的军衔。

26. Luigi Chiala, *Ancora*, pp. 257, 259.

27. 6 月 11 日，伯恩哈迪在博洛尼亚遇到恰尔迪尼将军："恰尔迪尼深知战争迫在眉睫，在指挥部接待了我，但是穿着便服，而不是制服……在一支军队中，连这种事情都允许发生，很难想象还有什么纪律可言。"第二天，伯恩哈迪参观了恰尔迪尼的火炮放置场，陪同他的是一位上尉。"仿佛是这支军团中的习俗似的"，他也"穿着便服：一套轻薄织物的夹克、亚麻裤子，戴着妖娆的领带"。Chiala, *Ancora*, pp. 258-60.

28. 总参谋长阿戈斯蒂诺·里奇（Agostino Ricci）将军不会参与这场即将爆发

的战争。Alberro Pollio, *Custoza 1866* (Città di Castello: Arti Grafiche, 1914), p. 23.

29. Gallinari, p. 52. Lemoyne, pp. 37-8.

30. John Whittam, *The Politics of the Italian Army, 1861-1918* (London: Croom Helm, 1977), p. 51.

31. Corpo di Stato Maggiore, *La Campagna del 1866 in Italia*, 2 vols. (Rome: Carlo Voghera, 1875), vol. 1, p. 130. Pollio, *Custoza 1866*, pp. 23-4.

32. Lemoyne, pp. 80-1

33. Corpo di Stato Maggiore, *La Campagna*, vol. 1, p. 121.

34. 波莱西内是波河与阿迪杰河之间 20 公里宽的狭长地带。据意大利参谋人员描述："这片区域将会让进攻行动沦为不断地越过一道又一道水障的行为，需要部队携带巨量的架桥材料。"至于阿迪杰河？"敌军只要在正面和左侧（在莱尼亚戈）部署，渡河将会极其困难。"Corpo di Stato Maggiore, *La Campagna*, vol. 1, pp. 122-3.

35. Lemoyne, p. 88.

36. 阿方索·拉莫尔马拉是拉莫尔马拉四兄弟中最小的，这四兄弟都是意大利复兴运动中的皮埃蒙特将军。*Enciclopedia Italiana* (Rome: Giovanni Tecanni, 1933), vol. 20.

37. Whittam, pp. 34-5.

38. 或者干脆利用他们在曼托瓦和莱尼亚戈的水闸将波河左岸淹没。Pollio, *Custoza 1866*, p. 60. Wandruszka, *1866*, p. 244.

39. Corpo di Stato Maggiore, *La Campagna*, vol. 1, p. 124.

40. Lemoyne, pp. 87-8.

41. Moltke, *Strategy*, pp. 39-40. "向帕多瓦进军会切断敌人的动脉。这将迫使敌人因为缺乏食物而出动。"

42. Corpo di Stato Maggiore, *La Campagna*, vol. 1, pp. 130-4.

43. Corpo di Stato Maggiote, *La Campagna*, vol. 1, p. 151.

44. Corpo di Stato Maggiote, La *Campagna*, vol. 1, pp. 62-3. Chiala, *Ancora*, pp. 262-4. Lemoyne, p. 103. Whittam, p. 96. Gallinari, *L'Esercito*, p. 64.

45. KA, AFA 1866, Karton 2344, 6-206, Venice, June 25, 1866, Direzione di Polizia to FM Albrecht. Pollio, *Custoza 1866*, pp. 56-7. Corpo di Stato Maggiore, *La Campagna*, vol. 1, pp. 155-6.

46. Calza, pp. 16-17.

47. 该历史学家卡罗·科西（Carlo Còrsi）的话引自 Gallinari, *L'Esercito*, pp. 65-6。

48. 两人 6 月 17 日的会面没有记录，只有这封恰尔迪尼写给拉马尔莫拉、日期标记为 6 月 20 日的信件："最挚爱的朋友：我写信是想告诉您，您觉得我的计划令人信服，对它感到满意，我真是无比的高兴。然而，期望太高的话，那也是很傻的。确实，由于性格使然，我倾向于夸大这项行动的困难，夸大运气和不可预料的偶然条件的作用（*fortuiti ed imprevedibili*）。我情报部门的调查结果是令人不快的。他们……在（维琴察东南方向 25 公里处的）洛尼戈（Lonigo）发现了奥军。他们似乎已经发现了我们的计划，将会大举阻挠我渡河。我希望在我渡河那天之前，您能成功地将奥军引向您那边。" Chiala, *Ancora*, p. 313.

49. Lemoyne, p. 92. Pollio, *Custoza 1866*, pp. 52-3.

50. 引自尼诺·比克肖其中一封日期标注为 6 月 17 日的信件。Chiala, *Ancora*, p. 314.

51. Pollio, *Custoza 1866*, pp. 52, 55.

52. Corpo di Stato Maggiore, *La Campagna*, vol. 1, p. 149.

53. Bartels, *Der Krieg im Jahre 1866*, p. 59.

54. Calza, p. 9.

55. PRO, FO 7/708, no. 370, Vienna, June 26, 1866, Bloomfield to Clarendon.

56. KA, MKSM 1866, Karton 342, 69-5/2, Vienna, June 9, 1866, Franz Joseph to FM Albrecht.

57. KA, Kriegskarten, H IVc 249, "Allgemeine Situation bis zum 22. Juni 1866."

58. k.k. Generalstab, *Österreichs Kämpfe*, vol. 2, pp. 18-19.

59. k.k. Generalstab, *Österreichs Kämpfe*, vol. 2, pp. 46-9.

60. KA, AFA 1866, Karton 2357, 13-3, Vienna, February 1, 1867, Capt. Wagner.

61. Srbik, *Aus Österreichs Vergangenheit*, pp. 99-100.

62. KA, AFA 1866, Karton 2345, 6-217, Villafranca, July 4, 1866, FML Hartung.

63. KA, MKSM 1866, Karton 343, 69/9, "Operations-Journal Süd-Armee und Dalmatien nebst Flotte." AFA 1866, Karton 2344, 6-204 1/41, Sommacampagna, June 23, 1866, Col. Rüber to Armee-Commando.

64. KA, AFA 1866, Karton 2345, 6-215, Vienna, July 17 1866, FML Rodic.

65. KA, AFA 1866, Karton 2359, 6-40, Villafranca, July 4, 1866, FML Hartung.

66. HHSA, PA XL, Karton 124, Venice, December 22, 1866, GM Moering.

67. KA, AFA 1866, Karton 2353, 13-9, Vienna, December 19, 1866, Maj. Wempfling.

68. KA, AFA 1866, Karton 2344, 6-175i, Verona, June 20, 1866, "Disposition zur Conzentrirung der Armee bei Verona für den 23. Juni 1866."

69. KA, AFA 1866, Karton 2344, 6-204 1/4, 1/7, Rovigo, June 23, 1866, Col. Szapary to FM Albrecht. Srbik, *Aus Österreichs Vergangenheit*, p. 100.

70. Corpo di Stato Maggiore, *La Campagna*, vol. 1, p. 159. Calza, pp. 9-11.

71. Lemoyne, pp. 182-3.

72. Corpo di Stato Maggiore, *La Campagna*, vol. 1, p. 155.

73. Vincennes, AAT, MR 55/1387, Florence, July 1866, "Observations critiques sur les operations de l'armée italienneà la Bataille de Custoza."

74. Bartels, *Kritische Beiträge*, p. 75.

75. 1809 年 5 月 21~22 日，在阿斯佩恩，卡尔大公打败了拿破仑。在这场战役中，拿破仑没能将全部兵力运过多瑙河与奥地利军队战斗。

76. KA, MKSM-SR 1866, 22/3, Vienna, June 1866, "Festungsbesatzungen in Italien."

Pollio, *Custoza 1866*, pp. 63-73. Corpo di Stato Maggiore, *La Campagna*, vol. 1, pp. 155-6.

第五章　库斯托扎战役

1.　KA, AFA 1866, Karton 2345, 6-217, Villafranca, July 4, 1866, FML Hartung.

2.　"你们是从哪边过来的？"默林问这支骠骑兵部队，"'你们是哪个旅的？'还是没人回答⋯⋯我诅咒我们愚蠢的体制，这个体制强迫每名军官学习下属的语言，却不强迫下属学习德语（即他们上司的语言）。"Wandruszka, 1866, pp. 246-9. 至于皮雷特旅，莫林也描述了这些士兵要求立即给他们发放葡萄酒配给（*Wein-Requisition*）而造成的"混乱不堪的场面"。KA, AFA 1866, Karton 2351, 6-102f, San Giorgio in Salice, June 27, 1866, GM Moering to FML Rodic.

3.　KA, AFA 1866, Karton 2349, 13-51, Görz, September 16, 1866, Capt. Weissmann.

4.　Lemoyne, pp. 182-3. 清晨 6 点左右，在拉马尔莫拉听到当天第一阵战斗响声从奥利奥西附近传来时，他并没感到担忧。由于他不知道奥军正从瓦莱焦下来，他以为那响声只不过是佩斯基耶拉城内奥地利驻军的扰乱射击。

5.　Lemoyne, p. 331.

6.　阿尔布雷希特只有总兵力的七分之一部署在右翼。Bartels, *Kritische Beiträge*, pp. 103- 4.

7.　Bartels, *Kritische Beiträge*, p. 83.

8.　Lemoyne, pp. 186 -7.

9.　KA, AFA 1866, Karton 2344, 6-204 1/20, Verona, June 23, 1866, GM John.

10.　Corpo di Stato Maggiore, *La Campagna*, vol. 1, p. 196.

11.　k.k. Generalstab, *Österreichs Kämpfe*, vol. 2, p. 123.

12.　KA, AFA 1866, Karton 2348, 13-44e, Verona, June 1866, Südarmee-Commando. Karton 2345, 6-223, Sona, June 24, 1866 (7:10 A.M.), GM John to Col. Putz.

13.　Lemoyne, pp. 172, 231.

14.　KA, AFA 1866, Karton 2344, 6-204, 1/36, Villach, August 1, 1866, Lt-Col. Krisztiangi.

15.　KA, AFA 1866, Karton 2345, 6-218, Sommacampagna, June 30, 1866, Col. Pulz.

16.　弗朗茨·约翰和阿尔布雷希特只能看见从索马坎帕尼亚朝着维拉弗兰卡扬起了滚滚尘烟。KA, AFA 1866, Karton 2349, 13-54, Vienna, December 20, 1866, Lt-Col. Kröz. And Karton 2348, 13-44e, Verona, June 1866, Südarmee-Commando.

17.　KA, AFA 1866, Karton 2344, 6-204 1/36, Villach, August 1, 1866, Lt-Col. Krisztiangi.

18.　KA, AFA 1866, Karton 2362, 6-80c, Verona, June 26, 1866, Col. Rodakowski to Col. Pulz. 在这场战斗中，包括伤亡和失踪，普尔茨共计损失 400 人，比意军的伤亡人数多了不止 4 倍。Lemoyne, p. 179.

19. 普尔茨的一位参谋军官作证说："我认为，我们大胆的攻击并没有打击到敌人的士气。确实，一直到（24日）晚上，我看到了充分的例子，证明了恰恰相反的情况……不管怎么说，仅仅为了打击敌人的士气，我们就遭受这么惨重的损失，都是不应该的。那是非常不利于骑兵的地形，又是树木，又是沟渠，根本没法接近敌人的步兵方阵。" KA, AFA 1866, Karton 2349, 13-ad 50, Budapest, January 23, 1867, Capt. Kovács.

20. Corpo di Stato Maggiore, *La Campagna*, vol. 1, p. 202. Lemoyne, pp. 328-9.

21. 等到隆戈尼弄明白德拉罗卡不是在撤退时，已经是上午11点左右，天气太热，没办法再行军15公里到维拉弗兰卡。Corpo di Stato Maggiore, *La Campagna*, vol. 1, p. 202. Lemoyne, pp. 328-9.

22. Lemoyne, pp. 174-5.

23. KA, APA 1866, Karton 2348, 13-44e, Verona, June 1866, Südarmee-Commando.

24. KA, APA 1866, Karton 2353, 13-11, Lemberg, December 14, 1866, Capt. Schulenburg.

25. KA, APA 1866, Karton 2353, 13-13, Vienna, December 19, 1866, Capt. Lommer.

26. KA, APA 1866, Karton 2353, 13-9, Vienna, December 19, 1866, Maj. Wempfling.

27. Calza, p. 19. Lemoyne, pp. 261-3, 276-81, 323.

28. KA, APA 1866, Karton 2353, 13-10, Vienna, December 19, 1866, Capt. Fiedler.

29. Lemoyne, pp. 300-5.

30. KA, AFA 1866, Karton 2349, 13-54, Vienna, December 20, 1866, Lt-Col. Kröz.

31. KA, AFA 1866, Karton 2345, 6-217, Villafranca, July 4, 1866, FML Hartung.

32. KA, AFA 1866, Karton 2359, 6-47b, Villafranca, June 27, 1866, Capt. Kaihoe. 在这些粗暴执行的进攻中，哈通损失了77名军官、2184名士兵。

33. Lemoyne, pp. 195-9.

34. KA, AFA 1866, Karton 2349, 13-51, Ragusa, January 3, 1867, Capt. Weissman.

35. HHSA, PA XL, Karton 124, Venice, December 22, 1866, GM Moering.

36. Bartels, *Kritische Beiträge*, p. 89.

37. Lemoyne, pp. 200-1.

38. Lemoyne, pp. 227-8.

39. Lemoyne, pp. 201-2.

40. Lemoyne, p. 206.

41. KA, AFA 1866, Karton 2345, 6-357, Sommacampagna, June 29, 1866, FM Albrecht to FML Franck.

42. KA, AFA 1866, Karton 2357, 13-3a, Maribor, December 15, 1866, Capt. Görger.

43. KA, AFA 1866, Karton 2345, 6-227, Salionze, June 24, 1866, GM Rupprecht to FM Albrecht. Karton 2349, 13-53, Brünn, December 16, 1866, Capt. Döpfnet. Lemoyne, pp. 225-6.

44. Lemoyne, p. 326.

45. Lemoyne, pp. 324-5.

46. "我感到悲伤绝望，"恰尔迪尼在电报中回复道，"拉马尔莫拉将军答应过我，他不会做出超出佯动范围以外的军事行动。" Pollio, *Custoza 1866*, p. 54.

47. Lemoyne, pp. 256-7, 327, 331, 335-6. Bartels, *Kritische Beiträge*, p. 89.

48. KA, AFA 1866, Karton 2357, 13-3a, Maribor, December 15, 1866, Capt. Görger.

49. KA, AFA 1866, Karton 2349, 13-ad 50, Budapest, January 23, 1867, Capt. Kovács.

50. KA, AFA 1866, Karton 2351, 6-102b, San Ambrogio, July 10, 1866, FML Rodic.

51. KA, AFA 1866, Karton 2353, 13-11, Lemberg, December 14, 1866, Capt. Schulenberg. Karton 2345, 6-215f, San Giorgio, June 27, 1866, GM Moering to FML Rodic.

52. Lemoyne, pp. 290-1, 311-12, 324.

53. KA, AFA 1866, Karron 2345, 6-218, Sommacampagna, June 30, 1866, Col. Pulz.

54. KA, AFA 1866, Karton 2351, 6-102f., San Giorgio, June 27, 1866, GM Moering.

55. KA, AFA 1866, Karton 2345, 6-217, Villafranca, July 4, 1866, FML Hartung.

56. 在进攻库斯托扎 - 丽城的奥地利前线各团中，每个团都蒙受了 300 人至 600 人 的 伤 亡。KA, MKSM 1866, Karton 343, 69/9, Zerbara, June 24, 1866, FM Albrecht to Franz Joseph.

57. KA, AFA 1866, Karton 2345, 6-216, n.d., FML Maroicic. Karton 2357, 13-3, Vienna, February 1, 1867, Capt. Wagner.

58. Regele, *Radetzky*, p. 433.

59. Heinrich Hess, *Schriften aus dem militärwissenschaftlichen Nachlass*, ed. *Manfried Rauchensteiner* (Osnäbruck: Biblio Verlag, 1975), p. 30.

60. Vincennes, AAT, MR 27/1537, Paris, September 1866, "La Guerre de 1866."

61. KA, AFA 1866, Karton 2345, 6-216, n.d., FML Maroicic. Karton 2345, 6-258, Salionze, June 25, 1866, Col. Franz.

62. KA, AFA 1866, Karton 2357, 13-3, Vienna, February 1, 1867, Capt. Wagner.

63. KA, AFA 1866, Karton 2354, 6- 160, Sona, June 27, 1866, Col. Töply.

64. KA, AFA 1866, Karton 2353, 13-9, Vienna, December 19, 1866, Maj. Wempfling.

65. KA, AFA 1866, Karton 2353, 13-12, Vienna, December 20, 1866, Capt. Schneider.

66. KA, AFA 1866, Karton 2349, 13-ad 50, Budapest, January 23, 1867, Capt. Kovács. Wandruszka, 1866, pp. 254-5.

67. 阿尔布雷希特本人在向弗朗茨·约瑟夫说明为什么他决定不追击拉马尔莫拉或阻断恰尔迪尼时，也是这样解释的："我们的损失惨重。在战役后，我没有一个营是完整的，整个军团——眼下保卫威尼西亚的唯一力量——都疲 惫 不 堪。" KA, MKSM 1866, Karton 343, 69/9, Verona, June 26, 1866, FM Albrecht to Franz Joseph.

68. KA, AFA 1866, Karton 2349, 13-ad 50, Budapest, January 23, 1867, Capt. Kovács. k.k. Generalstab, *Österreichs Kämpfe*, vol. 2, p. 122-3.

69. KA, MKSM 1866, Karton 343, 69/9, Zerbara, June 24, 1866, FM Albrecht to Franz Joseph. AFA 1866, Karton 2345, 6-218, Sommacampagna, June 30, 1866, Col. Pulz. Karton 2345, 6-217, Villafranca, July 4, 1866, FML Hartung: "我们 [24

日] 俘获了一千名俘虏，第二天随着掉队士兵主动向我们投诚，这个数字又增加了一倍。"

70. KA, AFA 1866, Karton 2345, 6-296, Verona, June 26, 1866, FML Jacobs.

71. KA, AFA 1866, Karton 2357, 13-3, Vienna, February 1, 1867, Capt. Wagner.

72. KA, MKSM 1866, Karton 343, 69/9, Verona, June 26, 1866, FM Albrecht to Franz Joseph.

73. Wandruszka, 1866, pp. 249-50.

74. KA, AFA 1866, Karton 2346, 7-30, Pozzolengo, July 2, 1866, FML Maroicic. HHSA, PA XL, Karton 124, Verona, June 27, July 5, 1866, FM Albrecht to GdC Mensdorff. Vincennes, AAT, MR 27/1537, Paris, September 1866, "La Guerre de 1866 en Allemagne et en Italie."

75. PA XL, Karton 124, Vienna, June 1866, "Instruktionen für dem Erzherzogen Albrecht zugetheilten politischen Kommissar Graf Wimpffen."

76. KA, AFA 1866, Karton 2272, 13-13, nos. 163, 166, Vienna, June 28 and 29, 1866, Belcredi to FM Albrecht.

77. KA, AFA 1866, Karton 2348, 13-44f., Verona, July 1866, Südarmee-Commando. MKSM 1866, Karton 343, 69/9, Colà, July 5, 1866, FM Albrecht to Franz Joseph.

78. Enrico Guastalla, *Carte*, ed. B. L. Guastalla (Rome: Alfieri, 1921), p. 52.

79. KA, AFA 1866, Karton 2348, 13-44e, Verona, June-July, 1866, Südarmee-Commando, "Begebenheiten."

80. HHSA, PA XI, Karton 208, Vienna, June 22 and 24, 1866, Mensdorff to Hübner. Rome, June 30, 1866, Hübner to Mensdorff. 6 月 30 日，奥地利驻罗马公使约瑟夫·许布纳（Joseph Hübner）在给门斯多夫的信中写道，波旁家族的王位觊觎者弗朗切斯科二世（Francesco II）暂住在罗马，奥地利负责他的开支；他将招募意大利军队的逃兵在南方发起起义，现正在雇佣阿尔巴尼亚的雇佣兵来领导起义。而且，他也不必费力寻找。南部意大利就生活着 10 万阿尔巴尼亚人。他们之中最有名的一分子，就是弗朗西斯科·克里斯皮（Francesco Crispi）。Douglas, *Old Calabria*, pp. 176-7, 192.

81. 我们是否可以从分配给奥地利南方军团的野战电报线的长度上，推断出这一宏伟的战争目标？ 1866 年，奥地利军队拥有 205 公里的电报线。战争部将其中 106 公里（52%）的电报线给了南方军团，而只将 76 公里的电报线（37%）给了北方军团。（剩余的给了部署在德意志的联邦第八军）。既然威尼西亚境内的电报线网络比波希米亚 - 摩拉维亚的要布置得更好，这种分配也许反映了奥地利攻击都灵或佛罗伦萨的作战计划。Benold, Österreichische Feldtelegraphie 1866, p. 13.

82. 1914 年 8 月，奥地利将军弗朗茨·康拉德（Franz Conrad）权衡进攻目标选择时说："我不希望库斯托扎战役的教训重演。" Franzel, vol. 2, p. 488.

83. Vincennes, AAT, MR 55/1387, Florence, July 1866, Col. Schmitz, "Observations Critiques."

84. "他本可以在 25 日追击到戈伊托或瓦莱焦，在 26 日进攻奥利奥河的下游

（拉马尔莫拉躲避在那里）"，或者在曼托瓦渡河，拦截向西进军支援明乔河军团的恰尔迪尼。Bartels, *Kritische Beiträge*, pp. 109-11.

85. KA, AFA 1866, 6-220k, Verona, June 25, 1866, FM Albrecht.

86. KA, AFA 1866, Karton 2346, 7-ad 103, Vienna, July 8, 1866, FM Albrecht to Franz Joseph.

87. Regele, *Radetzky*, p. 433.

88. 1809 年阿斯佩恩战役之后，卡尔大公拒绝渡过多瑙河，追击拿破仑，因为按他所说，奥地利"军队是王朝安全的保证，不能在战争中冒险"。随后，他在瓦格拉姆大败。在库斯托扎战役之后，阿尔布雷希特也表达了类似看法，称南方军团是现在"保卫威尼西亚的唯一武装"、哈布斯堡王冠上的宝石。他拒绝在方形要塞群以外地区的行动中拿这支军队冒险。KA, MKSM 1866, Karton 343, 69/9, Verona, June 26, 1866, FM Albrecht to Franz Joseph.

89. KA, AFA 1866, Karton 2353, 13-12, Vienna, December 20, 1866, Capt. Schneider.

90. KA, AFA 1866, Karton 2348, 13-44f., Verona, July 1866, Südarmee-Commando.

91. Alfred Krauss, *Moltke, Benedek and Napoleon* (Vienna: Seidel, 1901), p.4.

92. Serbik, *Aus Österreichs Vergangenheit*, pp. 99-100.

93. Wandruszka, 1866, p. 251.

94. KA, AFA 1866, Karton 2353, 13-9, Vienna, December 19, 1866, Maj. Wempfling.

95. 阿尔布雷希特宣告库斯托扎战役中军官的伤亡"非常严重"：68 死，215 伤，占总伤亡人数的 7%。KA, AFA 1866, Karton 2345, 6-272c, Zerbara, June 25, 1866, FM Albrecht to Franz Joseph.

96. Anton Wagner, "Der Feldzug gegen Italian," *Österreichische Militärische Zeitschrift Sonderheft* 1 (1966), p. 35. Regele, *Radetzky*, p. 295.

97. Vincennes, AAT, MR 33/1387, Cremona, June 25, 1866, Col. Schmitz to Randon.

98. Luigi Chiala, *Cenni storici sui preliminari della Guerrra del 1866 e sulla Battaglia di Custoza*, 2 vols (Florence: Carlo Voghera, 1870-2), vol. 1, p. viii.

99. KA, AFA 1866, Karton 2348, 13-44f., Verona, July 4, 1866, Südarmee-Commando.

100. Milan, Museo Risorgimento, Archivio Garibaldino, Plico 20, Giuseppe Garibaldi, "Battaglia di Custoza."

101. Vincennes, AAT, MR 40/1387, Cometto, July 3, 1866, Col. Schmitz to Randon.

102. 截至 1868 年，还有 670 名意军因在库斯托扎负伤而于医院死亡。Vincennes, AAT, MR 24/1388, Paris, September 1, 1868, État-Major, "Guerre de 1866 en Italie."

103. KA, AFA 1866, Karton 2354, 6-182, Custoza, June 25, 1866, Col. Welsersheimb.

第六章　波多尔、维索科夫和陶特瑙战役

1. Wilibald Müller, *Geschichte Olmütz*, pp. 309-11.

2. KA, AFA 1866, Karton 2287, 13-59, Vienna, December 21, 1866, Capt. Komers.

3. Moltke, *Strategy*, p. 43.

4. Arthur L. Wagner, *The Campaign of Königgrätz* (1889; Westport: Greenwood, 1972), pp. 25-6. Grosser Generalstab, *Feldzug 1866*, p. 93. Blumenthal, p. 30.

5. KA, MKSM 1866, Karton 342, 69-4/12, Vienna, June 16, 1866, Franz Joseph to FZM Benedek.

6. KA, AFA 1866, Karton 2261, Vienna, April 1866, "Operations-Plan." Karton 2265, 6-691, Olmütz, June 20, 1866, FZM Benedek to corps commandants.

7. KA, AFA 1866, Karton 2265, 6-573a, 6-691 and 691b, Olmütz, June 17 and June 20, 1866, FZM Benedek to GdC Clam-Gallas.

8. 为什么贝内德克的侦察工作没有更富侵略性？奥地利驻慕尼黑公使古斯塔夫·布洛梅（Gustav Blome）指出："（6月9日）奥地利已经在荷尔斯泰因遭到攻击……在普鲁士边境的奥军指挥官应该什么时候还击，只是一个战略问题。" PRO, FO 9/174, no. 128, Munich, June 12, 1866, Howard to Clarendon.

9. KA, AFA 1866, Karton 2265, 6-605, Olmütz, June 18, 1866, Col. Tegetthoff.

10. KA, AFA 1866, Karton 2274, 13-74, Olmütz, December 1872, Maj. Ripp.

11. Grosser Generalstab, *Feldzug 1866*, pp. 94-6.

12. Blumenthal, pp. 30-1.

13. KA, MKSM 1866, Karton 342, 69-4/18, Olmütz, June 18, 1866, FZM Benedek.

14. KA, AFA 1866, Karton 2282, 13-6, June 27, 1866, "Operations-Journal der Brigade Thom." Karton 2293, 13-49, Vienna, August 1866, FML Leopold. Karton 2266, 6-970, Josephstadt, June 27, 1866, FZM Benedek.

15. KA, AFA 1866, Karton 2266, 6-ad 923, Nedelist, July 2, 1866, FML Leopold.

16. KA, AFA 1866, Karton 2291, 13-76, Hermannstadt, January 29, 1867, Col. Fröhlich. Karton 2270, 8-121, Pressburg, August 17, 1866, FML Ramming to FM Albrecht.

17. KA, AFA 1866, Karton 2266, 6-807, Böhmisch-Trübau, June 23, 1866, Col. Tegetthoff. Karton 2270, 12-r, Szenktgotárd, August 10, 1866, FML Thurn und Taxis to FM Albrecht.

18. FML K. von Went., "Erinnerungen eines österreichischen Kriegsmannes 1866," *ÖMZ 3* (1899), pp. 263-4. Dr. Michaelis, "Die Conservation des Mannes" and "Der Soldat auf dem Marsche," *ÖMZ 2* (1862), pp. 54-9, 113-15.

19. KA, AFA 1866, Karton 2291, 13-78, Prague, December 1866, Capt. Butterweck.

20. Martin Van Creveld, *Supplying War* (Cambridge University Press, 1977), pp. 81-2. Idem., *Command in War*, p. 105. 毛奇形容现代军队"太庞大而难以补给或行军"，除非将军队分成几个集团。

21. KA, AFA 1866, Karton 2265, 6-665, Prague, June 19, 1866, GdC Clam to FZM Benedek. Karton 2265, 6-673, Prague, June 19, 1866, Polizeidirektor to FZM Benedek.

22. KA, AFA 1866, Karton 2265, Trautenau, June 21, 1866, Capt. Windisch-Graetz ro Col. Appel.

23. KA, Nachlässe, B/946 (Coudenhove), Müglitz, June 23, 1866.

24. KA, AFA 1866, Karton 2265, 6-751, Böhmisch-Trübau, June 22, 1866, GM Krismanic.

25. Grosser Generalstab, *Feldzug 1866*, pp. 95-7.

26. KA, AFA 1866, Karton 2277, 6-ad 383, Josephstadt, June 26, 1866 (3:00 A.M.), FZM Benedek to Crown Prince of Saxony.

27. KA, AFA 1866, Karton 2270, 8-12q, Vienna, August 14, 1866, FML Edelsheim.

28. KA, AFA 1866, Karton 2265, 6-734b, Böhmisch-Trübau, FZM Benedek. Karton 2280, 13- 103, Lemberg, December 19, 1866, Col. Litzelhofen.

29. KA, AFA 1866, Karton 2277, 6-392, June 26-7, 1866, GdC Clam-Gallas.

30. Grosser Generalstab, *Feldzug 1866*, pp. 104-8.

31. Hans Wachenhusen, *Tagebuch vom österreichischen Kriegsschauplatz* (Berlin: Lemke, 1806), pp 46-7.

32. k.k. Generalstab, *Österreichs Kämpfe*, vol. 3, Beilage 3. Fontane, *Der deutsche Krieg*, vol. 1, pp.125-30.

33. KA, AFA 1866, Karton 2277, 6-395, Jicin, June 29, 1866, GdC Clam to FZM Benedek. Karton 2266, Münchengrätz, June 27, 1866, GdC Clam to FZM Benedek.

34. Grosser Generalstab, *Feldzug 1866*, p. 103.

35. KA, MKSM-SR 1866, 22/5, Berlin, August 18, 1865, Col. Pelikan to Lt-Col. Beck. Van Creveld, *Command in War*, pp. 123-5. Craig, *Königgrätz*, pp. 50-1.

36. 赖兴贝格城堡是克拉姆 - 加拉斯的一处庄园。让克拉姆 - 加拉斯恼怒的是，腓特烈·卡尔亲王安排了 170 人、235 匹马住宿在这里。A. Jahnel, *Chronik der prussischen Invasion des nördlichen Böhmens im Jahre 1866* (Reichenberg: Selbstverlag, 1867), p. 34.

37. Wachenhusen, pp. 28, 38, 43.

38. Jahnel, pp. 23-5.

39. Moltke, *Strategy*, pp. 48-50.

40. KA, AFA 1866, Karton 2270, 8-12q, Vienna, August 14, 1866, FML Edelsheim.

41. KA, AFA 1866, Karton 2280, 13-117, Schloss Friedland, October 1866, GdC Clam-Gallas.

42. George Glünicke, *The Campaign in Bohemia 1866* (London: Swan Sonnenschein, 1907), p. 80.

43. Hozier, *The Seven Week's War*, vol. 1, p. 222.

44. Fontane, *Der deutsche Krieg*, vol. 1, pp. 156-62.

45. k.k. Generalstab, *Österreichs Kämpfe*, vol. 3, Beilage 3, p. 12.

46. KA, AFA 1866, Karton 2280, 13-103, Lemberg, December 19, 1866, Col. Litzelhofen.

47. Bartels, *Der Krieg im Jahre 1866*, pp. 18-19.

48. Wachenhusen, pp. 45, 49. Delbrück, vol. 5, pp. 461-3.

49. KA, AFA 1866, Karton 2266, 6-977c and 980, Münchengrätz, June 27, 1866,

Prince Albert to FZM Benedek.

50. Grosser Generalstab, *Feldzug 1866*, pp. 109-16.
51. KA, AFA 1866, Karton 2272, 13-13, 158, Paris, June 24, 1866, Belcredi to FZM Benedek.
52. KA, AFA 1866, Karton 2291, 13-77, Lemberg, December 15, 1866, Maj. Schmedes.
53. KA, AFA 1866, Karton 2285, 13-7c, Brünn, December 16, 1866, Capt. Riedl (III Corps): "从布吕恩到米莱廷行军期间（6月19~27日），我常常发现即便是最新的地图上标示的宽阔车道，实际上也不过是狭窄的土路。"
54. KA, AFA 1866, Karton 2266, 6-943, Miletin, June 26, 1866, FML Ernst to FZM Benedek.
55. KA, AFA 1866, Karton 2266, 6-807, Böhmisch-Trübau, June 23, 1866, Col. Tegetthoff.
56. Fontane, *Der deutsche Krieg*, vol. 1, pp. 257-8.
57. KA, AFA 1866, Karton 2265, 6-523p, Prossnitz, June 15, 1866, Vertrauensmann to Nord-Armee Kommando. PRO, FO 68/144, no. 26, Leipzig, June 5, 1866, Crowe to Clarendon.
58. KA, Nachlässe, B/572: 1 (Nosinic), Verona, March 20, 1866, GM Schönfeld, "Zur Charakteristik der k. preussischen Armee."
59. Blumenthal, p. 37. Hozier, vol. 1, p. 277.
60. KA, AFA 1866, Karton 2266, 6-806, Böhmisch-Trübau, June 23, 1866, Col. Tegetthoff. 6-907, Trautenau, June 25, 1866, Botenjäger Schmidt to FZM Benedek.
61. KA, AFA 1866, Karton 2270, 8-12aa, Budapest, August 12, 1866, GM Kriz.
62. KA, AFA 1866, Karton 2266, 6-836, Böhmisch-Trübau, June 23, 1866, FML Henikstein.
63. KA, Nachlässe, B/572:2 (Nosinic), Timisoara, December 27, 1866, Capt. Woinowitz.
64. 当加布伦茨向陶特瑙行军时，普鲁士第一军在他前边，普鲁士近卫军在他侧翼。他气恼地提醒贝内德克说："在左翼，我与（主力）完全孤立了。"KA, AFA 1866, Karton 2266, 6-946, Jaromir, June 26, 1866, FML Gablenz to FZM Benedek.
65. KA, AFA 1866, Karton 2270, 8-12p, Floridsdorf, August 16, 1866, FML Gablenz.
66. KA, AFA 1866, Karton 2296, 13-9, Vienna, December 18, 1866, Col. Grivicic.
67. 战后在调查庭上，贝内德克坚称他从没下达过这份命令，尽管这份命令本身被作为证据保存下来，而且笔迹就属于贝内德克。KA, AFA 1866, Karton 2294, 6-105a, Floridsdorf, July 14, 1866, FML Gablenz.
68. KA, AFA 1866, Karton 2294, 6-ad 108, Hohenmauth, July 4, 1866, Col. Mondel.
69. KA, AFA 1866, Karton 2266, 6-950, Josephstadt, June 26, 1866, FZM Benedek to FML Ramming. 命令是于26日晚8点在约瑟夫施塔特写好的，并标记着"特

急，第一时间送到"（"sehr dringend und zuerst expediren"）。但是，尽管约瑟夫施塔特离奥波奇诺只有 15 公里，这份命令却直到 27 日凌晨 1 点 30 分才被骑兵通讯员送到。"这明显证明，"一位英国军官略带讽刺地断定，"奥地利参谋部办事不是非常有效率。"Glünicke, p. 90. Benold, "Österreichische Feldtelegraphie," p. 34.

70. KA, AFA 1866, Karton 2291, 13-79, Prague, December 1866, Capt. Stanger.

71. KA, AFA 1866, Karton 2291, 13-78, Prague, December 1866, Capt. Butterweck.

72. 他们是在波代诺内征募的第 79 团的威尼西亚人。摩拉维亚的总督调查了这一事件并汇报："20 日，79 团的士兵将弹药盒扔进塔诺维茨（Thanowitz）的水坑里，宣称他们不会与普鲁士人作战。"KA, AFA 1866, Karton 2266, 6-820a, Brünn, Landes-General-Commando to FZM Benedek.

73. Hozier, vol. 1, p. 278-9.

74. KA, AFA 1866, Karton 2291, 13-79, Prague, December 1866, Capt. Stanger.

75. Grosser Generalstab, *Feldzug 1866*, pp. 130-2. Craig, *Königgrätz*, pp. 59-60.

76. KA, AFA 1866, Karton 2291, 13-103, Sopron, December 16, 1866, Capt. Handel-Mazzetti.

77. Fontane, *Der deutsche Krieg*, vol. 1, pp. 298-301.

78. KA, AFA 1866, Karton 2278, 13-78, Prague, December 1866, Capt. Butterweck.

79. KA, AFA 1866, Karton 2266, 6-975uu, Cracow, February 5, 1867, Col. Peinlich.

80. KA, AFA 1866, Karton 2278, 13-78, Prague, December 1866, Capt. Butterweck.

81. "我必须解释一下这场可怕的灾难是怎么引起的，"约纳克的一位排长两天后躺在病床上写道，"我只说了'……准备顶住敌人的散兵' [einige Abteilungen der kette aufzunehmen]。"KA, AFA 1866, Karton 2288, 6-228a, Nachod, June 29, 1866, Lieutenant Weber.

82. KA, AFA 1866, Karton 2288, 6-221, July 20, 1866, FML Ramming. Karton 2291, 13-79, Prague, December 1866, Capt. Stanger.

83. Grosser Generalstab, *Feldzug 1866*, p. 134.

84. KA, AFA 1866, Karton 2266, 6-975kk, Nagy-Källo, December 19, 1867, Col. Coburg.

85. 当天晚上他们也没吃上东西。第六军的晚饭直到 28 日早上 7 点才从约瑟夫施塔特送来。KA, AFA 1866, Karton 2291, 13-103, Sopron, December 16, 1866, Capt. Handel-Mazzetti.

86. Grosser Generalstab, *Feldzug 1866*, pp. 138-40.

87. KA, AFA 1866, Karton 2291, 13-79, Prague, December 1866, Capt. Stanger.

88. Craig, *Königgrätz*, p. 61.

89. Grosser Generalstab, *Feldzug 1866*, pp. 139-44. Glünicke, p. 93. Fontane, *Der deutsche Krieg*, vol. 1, pp. 305-15.

90. KA, AFA 1866, Karton 2266, 6-975, Skalice, June 27, 1866 (5:45 P.M.), FML Rammrng to FZM Benedek. Karton 2288, 6-228, Vienna, n.d., "Anteil des Infanterie-Regiments Hoch-und-Deutschmeister Nr. 4 am Treffen von Wisokow."

91. 利奥波德的第八军在27日行军了11个小时后，还要在28日的凌晨3点动身，从多兰（Dolan）向北行军，前去救援拉明。KA, AFA 1866, Karton 2288, 6-167, Zaslavek, June 27, 1866 (9:00 P.M.), FML Leopold to FML Ramming.

92. KA, AFA 1866, Karton 2288, 6-221, July 20, 1866, FML Ramming.

93. KA, AFA 1866, Karton 2288, 6-174, Josephstadt, June 28, 1866, FZM Benedek.

94. KA, Nachlässe, B/572: 2 (Nosinic), Wr. Neustadt, January 2, 1869, GM Krismanic.

95. Delbrück, vol. 5, p. 492. Grosser Generalstab, *Feldzug 1866*, p. 138.

96. KA, AFA 1866, Karton 2266, 6-975nn, Cracow, February 5, 1867, Col. Peinlich.

97. 引自 Johann Allmayer-Beck, "Der Feldzug der österreichischen Nordarmee nach Königgrätz," in Groote and Gersdorff, eds. *Entscheidung 1866*, p. 111.

98. Lettow-Vorbeck, vol. 2, pp. 313-15. Fontane, *Der deutche Krieg*, vol. 1, pp. 364-85.

99. KA, AFA 1866, Karton 2296, 13-11, Vienna, December 20, 1866, Lt-Col. Bastendorff. Karton 2294, 6-ad 108, Hohenmauth, July 4, 1866, Col. Mondel.

100. Grosser Generalstab, *Feldzug 1866*, p. 123.

101. 加布伦茨的一个炮兵连后来发现，该连在27日发射了至少2360颗炮弹，这再次证明野战炮在现代战争中的作用不断提升。KA, AFA 1866, Karton 2266, 6-975, n.d., k.k. Artillerie-Regt. Nr. 3. Karton 2294, 6-105a, Floridsdorf, July 14, 1866, FML Gablenz to FM Albrecht.

102. KA, AFA 1866, Karton 2296, 13-9, Vienna, December 18, 1866, Col. Grivicic: "这次进攻让我确信，突击战术面对防守的普军绝对没有任何效果。相反，我们应该强调交火模式，试着绕到他们的侧翼。"

103. Grosser Generalstab, *Feldzug 1866*, pp. 124-5.

104. Moltke, *Strategy*, p. 45. Fontane, *Der deutsche Krieg*, vol. 1, p. 385.

105. Craig, *Königgrätz*, pp. 62-4.

106. Lettow-Vorbeck, vol. 2, pp. 314-16. (莱托是博宁第一军的参谋军官。)

107. KA, AFA 1866, Karton 2294, 6-119, n.d., GM Knebel.

108. KA, AFA 1866, Karton 2296, 13-10, Vienna, December 19, 1866, Capt. Schulz.

109. "在我看来，" 格里维奇写道，"这样行动不仅可以守住我们的战区，而且可以与正在斯卡利采发起的几场战斗保持战略上的协同。" KA, AFA 1866, Karton 2296, 13-9, Vienna, December 18, 1866, Col. Grivicic.

110. Grosser Generalstab, *Feldzug 1866*, pp. 126-7.

111. "Trautenau," *Die Freiheit* (Teplice), June 28, 1936. In KA, AFA 1866, Karton 2275.

112. Edward Wondrák, "Die Wahrheit vom Trauerspiel 1866: Das Leid und Elend in sogenannten deutschen Krieg" (Private manuscript, Olomouc, 1990), p. 20.

113. KA, AFA 1866, Karton 2266, 6-1033a, Neu-Rognitz, June 28, 1866, FML Gablenz to FZM Benedek.

114. "肉可以延缓饥饿，消除疲劳，恢复健康，储备体力。在战时士兵的每日口粮中必须保持肉的配给。" "Über Feldverpflegung: Das Fleisch," *ÖMZ* 3 (1860), p. 319.

115. Van Creveld, *Command in War*, pp. 124-6.

116. Moltke, *Strategy*, p. 51. Craig, *Königgrätz*, pp. 54-5.

117. KA, Nachlässe, B/572: 2 (Nosinic), Wr. Neustadt, July 12, 1866, GM Knsmanic.

118. KA, AFA 1866, Karton 2266, 6-982, Josephstadt, June 27, 1866, FZM Benedek to corps commandants. MKSM, Karton 343, 69/9, Josephstadt, June 27, 1866, FZM Benedek to FML Crenneville.

119. KA, AFA 1866, Karton 2293, 13-49, Vienna, August 1866, Maj. Rheinländer. Nachlässe, B/572: 2 (Nosinic), Wr. Neustadt, January 2, 1869, GM Krismanic.

120. Benedeks, *Benedeks nachgelassene Papiere*, p. 368.

121. KA, AFA 1866, Karton 2266, 6-982, Josephstadt, June 27, 1866, FZM Benedek to corps commandants.

122. KA, Nachlässe, B/572: 2 (Nosinic), Wr. Neustadt, January 2, 1869, GM Krismanic.

123. "Die Österreicher im schleswig-holsteinischen Krieg," *ÖMZ* 3 (1864), p. 342.

124. KA, AFA 1866, Karton 2280, 13-103, Lemberg, December 19, 1866, Col. Litzelhofen.

125. KA, MKSM 1866, Karton 343, 69/9, Josephstadt, June 27, 1866, FZM Benedek.

126. KA, AFA 1866, Karton 2270, 8-12aa, Budapest, August 12, 1866, GM Kriz.

127. KA, AFA 1866, Karton 2275, 13-166, Josephstadt, June 27, 1866, Capt. Stransky, "Tagebuch."

第七章　蒙申格莱茨、博克施道夫和斯卡利采战役

1. Vincennes, AAT, MR 89/1606, Vienna, July 3, 1866, Col. Merlin to Marshal Randon. Jahnel, pp. 25-8.

2. Moltke, *Strategy*, p. 51.

3. Grosser Generalstab, *Feldzug 1866*, pp. 152-4.

4. Van Creveld, *Command in War*, pp. 124-6.

5. Wachenhusen, p. 57.

6. Craig, *Königgrätz*, p. 55. Glünicke, p. 96.

7. Grosser Generalstab, *Feldzug 1866*, pp. t54-7.

8. Hozier, pp. 233-7. Craig, *Königgrätz*, pp. 71-2.

9. Fontane, *Der deusche Krieg*, vol. 1, p. 180-3. Wachenhusen, pp. 66-70.

10. KA, AFA 1866, Karton 2274, 13-74, Olmütz, December 1872, Maj. Ripp, "Skizze." 在蒙申格莱茨被俘的 732 名未负伤的奥军俘虏中，487 名是意大利人。蒙申格莱茨一役，普军共损失 8 名军官、333 名士兵，奥军损失 20 名军官、1634 名士兵。

11. Grosser Generalstab, *Feldzug 1866*, pp. 158-9, 195.

12. Lettow-Vorbeck, vol. 2, p. 278. Van Creveld, *Command in War*, pp. 129-30.

13. Glünicke, p. 103. Fontane, *Der deutsche Krieg*, vol. 1, pp. 390-400.

14. KA, AFA 1866, Karton 2270, 8-12p, Floridsdorf, August 16, 1866, FML Gablenz.

15. KA, AFA 1866, Karton 2296, 13-10, Vienna, December 19, 1866, Capt. Schulz.

16. KA, AFA 1866, Karton 2294, 6-107a, Floridsdorf, July 14, 1866, FML Gablenz.

17. Fontane, *Der deutsche Krieg*, vol. 1, pp. 396-400. Grosser Generalstab, *Feldzug 1866*, pp. 162-7.

18. 但从总计看，普军保持了他们 1 比 5 的伤亡比例。博克施道夫一役，奥军阵亡、负伤、失踪人数为 3179，普军为 713。Bartels, *Kritische Beiträge*, p. 205.

19. Grosser Generalstab, *Feldzug 1866*, pp. 167-72, 221.

20. Bernhard Meyer, *Erlebnisse*, 2 vols. (Vienna and Budapest: Verlag Carl Satori, 1875), vol. 2, p. 68.

21. KA, AFA 1866, Karton 2294, 6-109, Brüsau, July 7, 1866, Col. Mondel.

22. KA, AFA 1866, Karton 2294, 6-107a, Floridsdorf, July 14, 1866, FML Gablenz.

23. KA, AFA 1866, Karton 2294, 6-115, Vienna, September 10, 1866, Col. Grivicic.

24. Hozier, vol. l, p. 273. Fontane, *Der deutsche Krieg*, vol. l, p. 406.

25. 奥地利军官在 1859 年评论道，情况一直是这样的：部署为预备队的部队什么事也做不了，只能躲避流弹，将负伤的官兵运到后方，而且总是最先溃退。KA, AFA 1866, Karton 2294, 6-115, Vienna, September 10, 1866, Col. Grivicic.

26. 奥军在博克施道夫 - 鲁德斯多夫战役中的总伤亡为 123 名军官、3696 名士兵，包括 2225 未受伤的俘虏。单单格里维奇一个旅，便有 78 名军官伤亡、2434 名士兵失踪。普军方面损失 28 名军官、685 名士兵。Lettow-Vorbeck, vol. 2, pp. 310-12. Grosser Generalstab, *Feldzug 1866*, pp. 167-72.

27. KA, AFA 1866, Karton 2271, 13-1, n.d., Maj. Sacken, "Bericht."

28. KA, AFA 1866, Karron 2275, 13-166, Capt. Srransky, Josephstadt, June 28, 1866, "Tagebuch." Christopher Duffy, *The Military Life of Frederick the Great* (New York: Atheneum, 1985), pp. 95-8.

29. 拉明的一位参谋这样回忆当时的会面："(大约上午 10 点钟) 贝内德克和参谋部全员到了。之后便是时间不长的谈话，谈话内容我们都能听到。拉明激烈地主张继续昨天的战役，并将第四军也投入到战斗中。之后，贝内德克骑马到前面的战场，似乎赞同拉明将军的意见。" KA, AFA 1866, Karton 2291, 13-103, Sopron, December 16, 1866, Capt. Handel-Mazzetti.

30. KA, AFA 1866, Karton 2291, 13-78, Prague, December 1866, Capt. Butterweck.

31. KA, AFA 1866, Karton 2275, 13- 166, Capt. Stransky, Josephstadt, June 28, 1866, "Tagebuch."

32. Grosser Generalstab, *Feldzug 1866*, pp. 173-5.

33. KA, Nachlässe, B/572: 2 (Nosinic), Wr. Neustadt, August 24, 1866, GM Krismanic to Untersuchungs-Commission.

34. *Was haben Sie d'rein zu redden?* KA, AFA 1866, Karton 2293, Vienna,

August 1866, Maj. Reinländer. 克里斯马尼奇的实际指令，由贝内德克口述
（*eindiktirt*）并签批，载于 Karton 2266, 6-983h。

35. KA, AFA 1866, Karton 2292, 6-75a, Neustift, July 14, 1866, FML Leopold.

36. Grosser Generalstab, *Feldzug 1866*, pp. 176-7.

37. KA, AFA 1866, Karton 2291, 13-78, Prague, December 1866, Capt. Butterweck.

38. KA, MKSM 1866, Karton 343, 69/9, Josephstadt, June 28, 1866, FZM Benedek to FML Crenneville.

39. "……重要和更上层的原因"（". . . wichtige und höhere Gründe."）— "我不明白究竟是什么原因决定了在手头尚有三个军和一个骑兵师的情况下，却只能投入第八军到斯卡利采的战役。"拉明如此回答道。KA, AFA 1866, Karton 2291, 13-78, Prague, December 1866, Capt. Butterweck.

40. KA, AFA 1866, Karton 2292, 6-75c, Kronna, July 5, 1866, Col. Roth. Lettow-Vorbeck, vol.2, pp. 273-4.

41. Grosser Generalstab, *Feldzug 1866*, pp. 178-9. Glünicke, pp. 106-7.

42. KA, AFA 1866, Karton 2292, 6-75p, Josephstadt, July 1, 1866, Infanterie-Regiment Nr. 75.

43. KA, AFA 1866, Karton 2292, 6-75a, Neustift, July 14, 1866, FML Leopold.

44. KA, AFA 1866, Karton 2293, 13-50, Graz, December 25, 1866, Capt. Samonigg.

45. KA, AFA 1866, Karton 2292, 6-75d, Nededist, July 2, 1866, GM Schulz.

46. Grosser Generalstab, *Feldzug 1866*, p. 179.

47. KA, AFA 1866, Karton 2292, 6-75a, Neustift, July 14, 1866, FML Leopold. Karton 2293, 13-49, Vienna, August 1866, Maj. Reinländer.

48. Grosser Generalstab, *Feldzug 1866*, pp. 183-4.

49. KA, AFA 1866, Karton 2292, 6-75c, Kronna, July 5, 1866, Col. Roth.

50. KA, AFA 1866, Karton 2293, 13-51, Budapest, November 23, 1866, Capt. Bilimek. Karton 2293, 13-50, Graz, December 25, 1866, Capt. Samonigg.

51. Grosser Generalstab, *Feldzug 1866*, pp. 182-9.

52. KA, AFA 1866, Karton 2291, 13-78, Prague, December 1866, Capt. Butterweck.

53. KA, AFA 1866, Karton 2293, 13-51, Budapest, November 23, 1866, Capt. Bilimek.

54. 奥军在斯卡利采战役的总伤亡为 205 名军官、5372 名士兵，包括未负伤但被俘虏的 1287 人。普军损失了 62 名军官和 1305 名士兵。KA, AFA 1866, Karton 2292, 6-75a, Neustift, July 14, 1866, FML Leopold. Letrow-Vorbeck, vol. 2, p. 294. Grosser Generalstab, *Feldzug 1866*, p. 189.

55. KA, AFA 1866, Karton 2291, 13-78, Prague, December 1866, Capt. Butterweck. Karton 2293, 13-49, Vienna, August 1866, Maj. Reinländer.

56. KA, AFA 1866, Karton 2292, 6-75c, Kronna, July 5, 1866, Col. Roth. Karton 2270, 8-12m, Vienna, August 16, 1866, FML Leopold to FM Albrecht.

57. Van Creveld, *Command in War*, pp. 124-32.

58. Grosser Generalstab, *Feldzug 1866*, pp. 195-6.

59. Benold, "Österreichische Feldtelegraphie," pp. 36-7.

60. Lettow-Vorbeck, vol. 2, pp. 273-4.

61. KA, APA 1866, Karton 2270, 12-7, Vienna, December 16, 1866, Capt. Pohl.

62. Bartels, *Der Krieg im Jahre 1866*, pp. 22-3.

63. KA, AFA 1866, Karton 2294, 6-107a, Floridsdorf, July 14, 1866, FML Gablenz. Karton 2270, 8-12p, Floridsdorf, August 16, 1866, FML Gablenz. Karton 2296, 13-9, Vienna, December 18, 1866, Col. Grivicic.

64. KA, MKSM 1866, Karton 343, 71/62, Vienna, May 17, 1866, FZM Benedek to Franz Joseph, "Geheim: Bestimmung Nachfolger Nordarmee."

65. Franzel, vol. 2, p. 576.

66. John Presland, *Vae Victis* (London: Hodder and Stoughton, 1934), pp. 233, 240.

67. Friedjung, *Struggle for Supremacy*. Craig, *Königgrätz*, pp. 66-7.

68. 关于认为克里斯马尼奇在 28 日应该将四个 "新到的" 军投到斯卡利采战役的他的那些批评者, 叙述到此为止。KA, AFA 1866, Karton 2282, 13-6, "Operations-Journal der Brigade Thom."

69. Hajo Holborn, "The Prusso-German School," in *Makers of Modern Strategy*, p. 289.

70. "因为一切行动计划和勤务工作都必须推倒重做。打算变换阵线的将军首先必须考虑这是否切实可行。" Vincennes, AAT, MR 6/1536, Helmuth von Moltke, "De l'influence des armes perfectionées sur le combat," *Militär-Wochenblatt*, July 8, 1865.

71. 参谋部的批评者后来嘲讽利奥波德大公在下午 2 点从特雷比绍夫发来的第一封电报, 因为这封电报透露着不合理的、误导性的恐慌语气: "普军早已在斯卡利采西面, 正在迅速地追击我们。" 他的第二封电报签发于下午 5 点 15 分, 贝内德克 6 点 45 分读到, 也包含着不着边际的夸大因素: "普军至少以两个军的兵力攻击了我们的斯卡利采阵地。" KA, AFA 1866, Karton 2266, 6-1004 and -ad 1004, Trebisov and Caslawek, June 28, 1866, FML Leopold to FZM Benedek. Lettow-Vorbeck, vol. 2, p. 294.

72. "*Gablenz ist abgeschnitten! Skalitz ist verloren!*" KA, AFA 1866, Karton 2275, 13-166, Josephstadt, June 28, 1866, Capt. Karl Stransky, "Tagebuch."

73. KA, AFA 1866, Karton 2286, 6-ad 90, Vienna, August 22, 1866, FML Festetics and Capt. Sembratowicz, "Rélation über die Aufstellung am 28. Juni." Karton 2285, 13-7, Graz, February 5, 1867, Col. Catty.

74. KA, AFA 1866, Karton 2270, 12-7, Vienna, December 16, 1866, Capt. Pohl, "Darstellung der im Hauptquartier der k.k. Nordarmee mitgemachten Kriegsereignisse."

75. KA, AFA 1866, Karton 2270, 8-12aa, Budapest, August 12, 1866, Col. Kriz.

76. KA, AFA 1866, Karton 2286, 6-ad 90, Vienna, August 22, 1866, FML Festetics.

77. KA, AFA 1866, Karton 2285, 13-7, Graz, February 5, 1867, Col. Catty. 拉明不敢相信 "筹划的伊钦攻势" 竟然被如此突兀地 "放弃了"。Karton 2270, 8-121, Pressburg, August 17, 1866, FML Ramming to FM Albrecht.

78. KA, Nachlässe, B/946 (Coudenhove), Smiritz, June 29, 1866, FML Coudenhove,

"Tagebuch."

79. 他指的是贝内德克将克尼金霍夫称作"接应阵地"(*Aufnahme-Stellung*)的说法：北方军团将在这里逗留，"接应上"加布伦茨军，对付第二军团，然后继续西进。KA, AFA 1866, Karton 2275, 13-166, Josephstadt, June 28, 1866, Capt. Stransky, "Tagebuch."

80. KA, AFA 1866, Karton 2296, 13-10, Vienna, December 19, 1866, Capt. Schulz.

第八章 伊钦战役与贝内德克逃往克尼格雷茨

1. KA, Nachlässe, B/946 (Coudenhove), Smiritz, June 29, 1866, "Tagebuch." AFA 1866, Karton 2270, 8-12y, Sopron, August 12, 1866, FML Coudenhove.

2. KA, AFA 1866, Karton 2280, 13-104, Vienna, December 1866, Col. Pelikan. Karton 2291, 13-103, Sopron, December 16, 1866, Capt. Handel-Mazzetti.

3. KA, AFA 1866, Karton 2285, 13-7, Graz, February 5, 1867, Col. Catty.

4. "指挥部从约瑟夫施塔特转移到杜贝内克。所有道路上都堵满了马车。没有人知道他们应该往哪里去。" KA, AFA 1866, Karton 2270, 12-7, Vienna, December 16, 1866, Capt. Pohl.

5. KA, AFA 1866, Karton 2270, 8-121, Pressburg, August 17, 1866, FML Ramming. Nachlässe, B/572: 2 (Nosinic), Vienna, January 6, 1867, Capt. Sembratowicz.

6. KA, AFA 1866, Karton 2275, 13-166, Dubenec, June 29, 1866, Capt. Stransky, "Tagebuch.

7. KA, AFA 1866, Karton 2291, 13-103, Sopron, December 16, 1866, Capt. Handel-Mazzetti. Karton 2293, 13-49. Karton 2291, 13-79, Prague, December 1866, Capt. Stanger.

8. Grosser Generalstab, *Feldzug 1866*, pp. 195-8. Van Creveld, *Command in War*, pp. 126-7.

9. Lettow-Vorbeck, vol. 2, pp. 263-5.

10. Grosser Generalstab, *Feldzug 1866*, p. 159.

11. Moltke, *Strategy*, pp. 51-2.

12. Lettow-Vorbeck, vol. 2, p. 350. Wachenhusen, pp. 95-112.

13. Fontane, *Der deutsche Krieg*, vol. 1, pp. 189-91.

14. KA, MKSM 1866, 69/6, Josephstadt, June 27, 1866, FZM Benedek to GdC Clam.

15. KA, AFA 1866, Karton 2280, 13-103, Lemberg, December 19, 1866, Col. Litzelhofen.

16. KA, AFA 1866, Karton 2280, 13-104, Vienna, December 1866, Col. Pelikan.

17. KA, AFA 1866, Karton 2280, 13-117, Schloss Friedland, October 1866, GdC Clam-Gallas, "Meine Erlebnisse im Feldzuge 1866." Fontane, *Der deutsche Krieg*, vol. 1, p. 203.

18. KA, AFA 1866, Karton 2266, 6-1080, Dubenec, June 29, 1866, GM Krismanic to FML Crenneville.

19. KA, AFA 1866, Karton 2280, 13-103, Lemberg, December 19, 1866, Col. Litzelhofen. Grosser Generalstab, *Feldzug 1866*, p. 220.

20. KA, AFA 1866, Karton 2280, 13-104, Vienna, December 1866, Col. Pelikan.

21. KA, AFA 1866, Karton 2270, 8-12a, St. Pölten, August 7, 1866, FML Gondrecourt.

22. Grosser Generalstab, *Feldzug 1866*, pp. 199-200.

23. 一个半至两小时的行军距离。KA, AFA 1866, Karton 2280, 13-104, Vienna, December 1866, Col. Pelikan. Leccow-Vorbeck, vol. 2, p. 353.

24. KA, AFA 1866, Karton 2280, 13-117, Schloss Friedland, October 1866, GdC Clam-Gallas.

25. Fontane, *Der deutsche Krieg*, vol.1, pp. 193-215. Grosser Generalstab, *Feldzug 1866*, pp. 200-4.

26. Wachenhusen, p. 87.

27. KA, AFA 1866, Karton 2280, 13-103, Lemberg, December 19, 1866, Col. Litzelhofen Wachenhusen, p. 85

28. Grosser Generalstab, *Feldzug 1866*, pp. 204-6.

29. KA, AFA 1866, Karton 2280, 13-103, Lemberg, December 19, 1866, Col. Litzelhofen. Karton 2280, 13-117, Schloss Friedland, October 1866, GdC Clam-Gallas.

30. Fontane, *Der deutsche Krieg*, vol. 1, p. 222.

31. Grosser Generalstab, *Feldzug 1866*, p. 208.

32. KA, Nachlässe, B/1453 (Lebeda), Lauterbach, November 13, 1866, Pvt. Lebeda.

33. Fontane, *Der deutsche Krieg*, vol. l, p. 196-7. Grosser Generalstab, *Feldzug 1866*, pp. 209-20.

34. KA, AFA 1866, Karton 2266, 6-1091, Josephstadt, June 29, 1866, FZM Benedek to Crown Prince Albert. Karton 2280, 13-104, Vienna, December 1866, Col. Pelikan.

35. 贝内德克复杂而死板的指挥部规定，亨尼克施泰因作为"指挥部的长官"，要亲自挑选通讯员传递重要信息。到了当天很晚时，亨尼克施泰因才找到施特恩贝格（Sternberg）伯爵送信。Benold, "Österreichische Feldtelgraphie," p. 43. KA, AFA 1866, Karton 2270, 8-12a, St. Pölten, August 7, 1866, FML Gondrecourt.

36. Fontane, *Der deutsche Krieg*, vol. 1, p. 238. Grosser Generalstab, *Feldzug 1866*, pp. 206, 220.

37. KA, AFA 1866, Karton 2280, 13-104, Vienna, December 1866, Col. Pelikan.

38. KA, AFA 1866, Karton 2280, 13-103, Lemberg, December 19, 1866, Col. Litzelhofen [FML Nagy]. "Bemerkungen über den Feldzug der k.k. Nordarmee 1866," *ÖMZ* 2 (1867), p. 161.

39. KA, AFA 1866, Karton 2278, 7-6, Hotischt, July 2, 1866, GM Ringelsheim.

40. Grosser Generalstab, *Feldzug 1866*, pp. 214-17.

41. KA, AFA 1866, Karton 2270, 8-12a, St. Pölten, August 7, 1866, FML Gondrecourt.

42. KA, AFA 1866, Karton 2270, 8-12a, St. Pölten, August 7, 1866, FML Gondrecourt. Fontane, *Der deutsche Krieg*, vol. 1, pp. 231-2, 240. Lettow-Vorbeck, vol. 2, pp. 374-6.

43. KA, AFA 1866, Karton 2280, 13-104, Vienna, December 1866, Col. Pelikan. Van Creveld, *Command in War*, p. 127.

44. Capt. Cristofek, "Meiningen Nr. 46 in Feldzuge 1866," *ÖMZ* 4 (1867), p. 217.

45. KA, AFA 1866, Karton 2272, 13-19, Sadova, June 30, 1866, Col. Nádösy. Karton 2280, 13- 103, Lemberg, December 19, 1866, Col. Litzelhofen.

46. Lettow-Vorbeck, vol. 2, p. 368. Bartels, *Der Krieg im Jahre 1866*, pp. 18-20. 奥军共伤亡 4704 人，包括 1832 人未负伤而被俘虏的官兵，是普军损失的 3 倍还要多。萨克森军共损失 25 名军官、566 名士兵。普军共损失 71 名军官、1482 名士兵。

47. KA, Nachlässe, B/1453 (Lebeda), Lauterbach, November 13, 1866, Pvt. Lebeda.

48. APA 1866, Karton 2280, 13-103, Lemberg, December 19, 1866, Col. Litzelhofen.

49. KA, AFA 1866, Karton 2272, 13-113, Vienna, July 4, 1866, Belcredi to FZM Benedek.

50. HHSA, PA XL, Karton 124, Pardubice, June 30, 1866, Count Chotek to Mensdorff.

51. 发生在巴伐利亚王位继承战争期间。Wandruszka, *1866*, p. 168.

52. KA, AFA 1866, Karton 2296, 13-10, Vienna, December 19, 1866, Capt. Schulz.

53. KA, AFA 1866, Karton 2266, 6-1082, Dolan, June 29, 1866, FML Festetics to FZM Benedek. Karton 2286, 6-ad 90, Vienna, August 22, 1866, FML Festetics. Letrow-Vorbeck, vol. 2, pp 329, 337-40.

54. Grosser Generalstab, *Feldzug 1866*, pp. 223-35.

55. 贝内德克的一位下属怒斥："所谓的克尼金霍夫 - 杜贝内克阵地，只不过是将我们军团拥挤地布置在绵延起伏、支离破碎、交通不便的地形上，装装抵抗到底的样子罢了。" KA, Nachlässe, B/1109: I (Sacken), pp. 6-7. Grosser Generalstab, *Feldzug 1866*, p. 239.

56. KA, AFA 1866, Karton 2272, 13-19, July 1866, Col. Nádosÿ, "Tägliche Vorfallenheiten des Train-Commandos der Nord-Armee 1866." Karton 2291, 13-78, Prague, December 1866, Capt. Butterweck.

57. KA, AFA, Karton 2270, 8-12v, Altenburg, August 14, 1866, FML Taxis to FM Albrecht. Karton 2291, 13-103, Sopron, December 16, 1866, Capt. Handel-Mazzetti. Karton 2282, 13- 6, Kukus, June 29, 30, 1866, "Operations-Journal der Brigade Thom." Karton 2282, 13-10, Hermannstadt, December 20, 1866, Capt. Prybila.

58. 拉明后来谴责这是 "极度的轻率"。KA, AFA, Karton 2291, 13-103, Sopron, December 16, 1866, Capt. Handel-Mazzetti.

59. KA, AFA 1866, Karton 2275, 13-166, Dubenec, June 29, 1866, Capt. Stransky, "Tagebuch."

60. KA, AFA 1866, Karton 2296, 13-10, Vienna, December 19, 1866, Capt. Schulz.

61. KA, MKSM 1866, Karton 343, Dubenec, June 29, 1866, FZM Benedek to Franz Joseph.

62. Lerrow-Vorbeck, vol. 2, p. 381.

63. KA, MKSM 1866, Karton 343, 69/9, Dubenec, June 30, 1866 (6:00 P.M.), FZM Benedek to FML Crenneville.

64. KA, AFA 1866, Karton 2275, 13-166, Josephstadt, June 28, 1866, Capt. Stransky, "Tagebuch." Eduard Bartels, *Österreich und sein Heer* (Leipzig: Otto Wigand, 1866), pp. 8-9.

65. 然而，正如后来第一军的一位幕僚控诉的：“伊钦战败的责任应该归咎于军团指挥部，因为指挥部摇摆不定的电报和自相矛盾的命令暴露出军团最高指挥层在计划和目的上的不确定性。他们应独自为两个军（第一军和萨克森军）的疲惫、泄气、伤亡、牺牲和失败承担罪责。” KA, AFA 1866, Karton 2280, 13-104, Vienna, December 1866, Col. Pelikan.

66. KA, Nachlässe, B/572: 1 (Nosinic), Wr. Neustadt, August 10, 1866, GM Krismanic to Untersuchungs-Commission: “在杜贝内克，我们获悉伊钦大败的消息之后，决定撤往奥尔米茨。向克尼格雷茨转移只是这次朝新的方向行军的第一步。”

67. 这再一次出乎参谋军官意料之外。杜贝内克和克尼格雷茨之间没有硬化的道路。KA, AFA 1866, Karton 2266, 6-1109, Dubenec, June 30, 1866, FZM Benedek to all corps commandants. Karton 2270, 12-7, Vienna, December 16, 1866, Capt. Pohl.

68. KA, AFA 1866, Karton 2275, 13-166, Prager Vorstadt, July 1, 1866, Capt. Stransky, "Tagebuch."

69. KA, AFA 1866, Karton 2270, 8-12L, Pressburg, August 17, 1866, FML Ramming to FM Albrecht. Karton 2271, 13-1, n.d., Maj. Sacken.

70. 费斯特蒂奇的第四军也用了同样久的时间。KA, AFA 1866, Karton 2287, 13-59, Vienna, December 21, 1866, Capt. Komers. Karton 2267, 7-177 1/2, Vienna, August 12, 1866, FML Mollinary.

71. KA, AFA 1866, Karton 2270, 12-7, Vienna, December 16, 1866, Capt. Pohl.

72. KA, Nachlässe, B/572: 2 (Nosinic), Wr. Neustadt, July 12 and 20, 1866, GM Krismanic to Untersuchungs-Commission.

73. 作战指挥部的一位军官感到奇怪的是，贝内德克拒绝称这次行动为“撤退”（*Rückzug*），不然军长们对当前的形势也能略微看出一些端倪。KA, AFA 1866, Karton 2275, 13-166, Dubenec, June 30, 1866, Capt. Stransky, "Tagebuch."

74. KA, AFA 1866, Karton 2270, 8-12s, Eisenstadt, August 15, 1866, FML Holstein. Karton 2270, 8-12r, Szenktgotárd, August 10, 1866, FML Taxis.

75. KA, AFA, Karton 2270, 8-120, Floridsdorf, August 16, 1866, FML Gablenz.

76. KA, AFA, Karton 2270, 8-121, Pressburg, August 17, 1866, FML Ramming.
77. 贝内德克的副官克里茨上校述及这位陆军元帅 7 月 1 日和 2 日时的 "沮丧"：
     "凡是目之所及，军队和辎重队走的每一条大路、小路、桥梁、隧道以及十
     字路口都被行军纵队堵得水泄不通。" KA, AFA 1866, Karton 2270, 8-12aa,
     Budapest, August 12, 1866, GM Kriz to FM Albrecht.
78. KA, Nachlässe, B/1453 (Lebeda), Lauterbach, November 13, 1866, Pvt. Lebeda.
79. Grosser Generalstab, *Feldzug 1866*, p. 237.
80. KA, AFA 1866, Karton 2274, 13-74, Vienna, 1872, Maj. Ripp.
81. Moltke, *Strategy*, pp. 52-4. Lettow-Vorbeck, vol. 2, p. 317. Grosser Generalstab,
     Feldzug 1866, p.241.
82. Wachenhusen, pp. 102-14. Lettow-Vorbeck, vol. 2, pp. 314-16, 402-4.
83. Blumenthal, p. 39.
84. Grosser Generalstab, *Feldzug 1866*, p. 238. Van Creveld, *Command in War*, pp.
     131-40. Lettow- Vorbeck, vol. 2, pp. 389, 430.
85. Grosser Generalstab, *Feldzug 1866*, pp. 235-6.
86. Grosser Generalstab, *Feldzug 1866*, pp. 235-8.
87. Grosser Generalstab, *Feldzug 1866*, p. 240.
88. Van Creveld, *Command in War*, pp. 132-4. Craig, *Königgrätz*, pp. 81-3. Grosser
     Generalstab, *Feldzug 1866*, pp. 195-8, 241-3.
89. KA, AFA 1866, Karton 2274, 13-59, Vienna, 1868, FML Nagy,
     "Randbemerkungen." Grosser Generalstab, *Feldzug 1866*, p. 251.
90. KA, KM 1866, CK, Karton 242, 14-5/33, Wr. Neusradt, September 27, 1866,
     FZM Nobili.
91. 士兵称这种战术为 "骑跨河流阵线"。"贝内德克本该利用好易北河在
     帕尔杜比采的弯道，这处弯道既可以针对试图从它上游或下游通过的敌
     人提供绝佳的进攻机会，又是弹药补给便利的天然撤退路线。" KA, AFA
     1866, Karton 2274, 13-72, Olmütz, December 29, 1872, Maj. Ripp, "Kritisches
     Resumé."
92. KA, Nachlässe, B/1109: 1 (Sacken), Maj. Sacken, p. 8.
93. KA, AFA 1866, Karton 2275, 13-166, Prager Vorstadt von Königgrätz, July 1,
     1866, Capt. Stransky, "Tagebuch."
94. KA, AFA 1866, Karton 2270, 8-12q, Vienna, August 14, 1866, FML Edelsheim.
95. KA, AFA 1866, Karton 2275, 13-166, Prager Vorstadt, July 1, 1866, Capt.
     Stransky, "Tagebuch." KM 1866, CK, Karton 254, 67-50, Königgrätz, August 18,
     1866, GM Wigl.
96. Vincenz Cristofek, "Meiningen Nr. 46 im Feldzuge 1866," *ÖMZ* 4 (1867), p. 218.
     K. von Went., "Erinnerungen eines österreichischen Kriegsmannes 1866," *ÖMZ* 3
     (1899), p. 265.
97. KA, Nachlässe, B/1453 (Lebeda), Lauterbach, November 13, 1866, Pvt. Lebeda.
98. KA, AFA 1866, Karton 2278, 7-6, Hotischt, July 2, 1866, GM Ringelsheim.

99. Craig, *Königgrätz*, pp. 81, 87-9.

100. KA, MKSM 1866, Karton 343, 69/9, Königgrätz, July I, 1866, FZM Benedek to Franz Joseph.

101. KA, Nachlässe, B/572 (Nosinic), Wr. Neustadt, August 10, 1866, GM Krismanic to Untersuchungs-Commission.

102. KA, MKSM-SR 1866, 24/1, Pardubice, July 1, 1866, Lt-Col. Beck to FML Crenneville.

103. KA, Nachlässe, B/1109: 1 (Sacken), Maj. Sacken, p. 7.

104. Vincennes, AAT, MR 76/1606, Vienna, May 26, 1866, Col. Merlin to Marshal Randon.

105. Arno, vol. 7, pp. 14-15. Bartels, *Kritische Beiträge*, p. 71. Toilow, *Die österreichische Nordarmee*, p. 31.

106. 正如第六军一位参谋军官所述，我们期望"对奥地利军队和国家面对的生死存亡的局势进行某种程度的探讨"。KA, AFA 1866, Karton 2291, 13-103, Sopron, December 16, 1866, Capt. Handel-Mazzetti.

107. KA, AFA 1866, Karton 2270, 8-12a, St. Pölten, August 7, 1866, FML Gondrecourt.

108. KA, AFA 1866, Karton 2270, 8-12e, Graz, August 21, 1866, FML Thun.

109. KA, AFA 1866, Karton 2270, 8-121, Pressburg, August 17, 1866, FML Ramming.

110. KA, AFA 1866, Karton 2270, 8-12p, Floridsdorf, August 16, 1866, FML Gablenz. Karton 2270, 8-12y, Sopron, August 12, 1866, FML Coudenhove. 克里斯马尼奇后来证实道："我们没想过在克尼格雷茨展开重大战役。" Nachlässe, B/572: 1 (Nosinic), Wr. Neustadt, July 20, 1866, GM Krismanic to Unrersuchungs-Commission.

111. KA, AFA 1866, Karton 2274, 13-67, n.d, FML Weber.

112. "你从哪里学的预言？""年轻人总是有主见。" KA, AFA 1866, Karton 2270, 8-12q, Vienna, August 14, 1866, FML Edelsheim. Karton 2274, 13-75, *Neue Freie Presse*, July 3, 1886. Barrels, *Krittsche Beiträge*, p. 249.

113. KA, AFA 1866, Karton 2291, 13-103, Sopron, December 16, 1866, Capt. Handel-Mazzetti.

114. KA, AFA 1866, Karton 2267, 7-86 3/4, Zwittau, July 6, 1866, "Rélation Genie-Abteilung." Grosser Generalstab, *Feldzug 1866*, p. 255.

115. 直到 7 月 3 日上午 10 点，才有工兵被派往没有防备的左翼的普里姆 - 普罗布卢斯，但这时战斗已经打了 3 个小时！KA, AFA 1866, Karton 2273, 13-31 1/2, Linz, November 10, 1866, Maj. Ghyzy. Lettow-Vorbeck, vol. 2, pp. 396,416.

116. KA, AFA 1866, Karton 2291, 13-103, Sopron, December 16, 1866, Capt. Handel-Mazzetti. Karton 2272, 13-19 1/2, Olmütz, July 10, 1866, Genie-Regiment Nr. 1.

第九章　克尼格雷茨战役：贝内德克在"比斯特日采包围圈"中的防御

1. KA, Nachlässe, B/572: 2 (Nosinic), Vienna, January 6, 1867, Capt. Sembratowicz: "我们固守在一处陷阱里……这是一片平坦、没有掩护的高原……完全被高地俯视。高地上拥有绝佳的炮兵阵地，和我们仅有 2000 步幅的距离……总司令一定从未亲眼察看过这片地形。"

2. KA, AFA 1866, Karton 2270, 8-12dd, Hetzendorf, July 31, 1866, Col. Pelikan. Karton 2274, 13-72, Olmütz, December 29, 1872, Maj. Ripp, "Kritisches Résumé."

3. KA, AFA, Karton 2274, 13-61, Berlin, August 1867, "Brief von einem preussischen Offizier. Nachlässe, B/208 (Fischer), "Über den Angriff und die Verteidigung." Hamley, pp. 309-10.

4. Grosser Generalstab, *Feldzug 1866*, p. 277.

5. KA, AFA 1866, Karton 2270, 8-12bb, Vienna, August 15, 1866, FML Baumgarten. Gustav Treuenfest, *Geschichte des k.u.k. Infanterie-Regimentes Nr. 46 FZM Féjerváry* (Vienna: Verlag des Regiments, 1890), pp. 448-50.

6. KA, AFA 1866, Karton 2270, 8-12aa, Budapest, August 12, 1866, GM Kriz. Karton 2274, 13-74, Vienna, 1872, Maj. Ripp, "Skizze." Capt. Cristofek, "Meiningen Nr. 46 im Feldzuge 1866," *ÖMZ* 4 (1867), p. 218. Lettow-Vorbeck, vol. 2, p. 398.

7. KA, Nachlässe, B/572: 2 (Nosinic), Timisoara, December 27, 1866, Capt. Woinowitz.

8. KA, AFA 1866, Karton 2270, 12-6, Vienna, December 15, 1866, Capt. Hoffmeister. Karton 2271, 13-1, n.d., Maj. Sacken, "Bericht."

9. Grosser Generalstab, *Feldzug 1866*, pp. 242-3.

10. Fontane, *Der deutsche Krieg*, vol. 1, pp. 460-2.

11. Grosser Generalstab, *Feldzug 1866*, pp. 244-9.

12. 1867 年，普鲁士一位参加过 1866 年战争的老兵描述了普军三位军团司令发现贝内德克背对易北河部署时都感到"震惊"。KA, AFA 1866, Karton 2274, 13-61, Berlin, August 1867, "Brief von einem preussischen Offizier."

13. Moltke, *Strategy*, p. 55. Grosser Generalstab, *Feldzug 1866*, pp. 249-50. Van Creveld, *Command*, pp. 134-6. Craig, *Königgrätz*, pp. 84-6.

14. 法国总参谋部对毛奇的冷静尤为印象深刻，他们记录道："7 月 2 日，毛奇只有几个小时的时间，将奥军集结于约瑟夫施塔特和易北河之间这一（新的发现）纳入考虑，修改原先的作战计划。" Vincennes, AAT, MR 32/ 1537, Paris, October 1866, "Coup d'oeil rétrospectif."

15. KA, Nachlässe, B/572: 2 (Nosinic), Wr. Neustadt, January 2, 1869, GM Krismanic.

16. KA, MKSM-SR 1866, 24/1, Königgrätz, July 2, 1866, FML Henikstein to FML

Crenneville.

17. KA, MKSM 1866, Karton 343, 69/9, Königgrätz, July 2, 1866, FZM Benedek to Franz Joseph.

18. GM Eduard Steinitz, "Aus den Tagen vor Königgrätz," *Militärwissenschaftliche und technische Mitteilungen* 7/8 (1926), pp. 393-401.

19. KA, MKSM 1866, Karton 343, 71/62, Prager Vorstadt von Königgrätz, July 2, 1866, FML Henikstein to FML Crenneville.

20. KA, AFA 1866, Karton 2270, 8-12aa, Budapest, August 12, 1866, GM Kriz.

21. KA, AFA 1866, Karton 2280, 13-104, Vienna, December 1866, Col. Pelikan.

22. KA, AFA 1866, Karton 2267, 7-58, Königgrätz, July 2, 1866, FZM Benedek to corps commandants. Karton 2296, 13-10, Vienna, December 19, 1866, Capt. Schulz. Nachlässe, B/1109: 1 (Sacken), p. 8. Bartels, "Der Nebel von Chlum," pp. 27-8.

23. 后来，普鲁士的参谋人员指出："贝内德克将军似乎没有考虑到，由于没有（准备撤退路线，也没有）守在易北河后边，他遭遇的将不仅是战斗失利，而将是一场狼狈的溃败。" AFA, Karton 2274, 13-61, Berlin, August 1867, "Offener Brief von einem preussischen Offizier. Hamley, pp. 415-16.

24. KA, AFA 1866, Karton 2275, 13-166, Hohenmauth, July 4, 1866, Capt. Stransky.

25. KA, AFA 1866, Karton 2270, 8-12r, Szenktgotárd, August 16, 1866, FML Taxis.

26. KA, Nachlässe, B/572: 2 (Nosinic), Wr. Neustadt, July 12, 1866, GM Krismanic to Unter-suchungs-Commission.

27. KA, AFA, Karton 2270, 8-12y, Sopron, August 12, 1866, FML Coudenhove.

28. Treuenfest, pp. 448-50. KA, Nachlässe, B/1109: 1 (Sacken), p.7.

29. KA, Nachlässe, B/1109: 1 (Sacken), p 8.

30. Grosser Generalstab, *Feldzug 1866*, pp. 258-61.

31. Wachenhusen, pp. 116-18. Grosser Generalstab, *Feldzug 1866*, p. 264.

32. Craig, *Königgrätz*, p. 98.

33. KA, AFA 1866, Karton 2282, 13-13, Vienna, December 21, 1866, Lt-Col. Matschenko.

34. Craig, *Königgrätz*, pp. 96-7.

35. Grosser Generalstab, *Feldzug 1866*, pp. 269-70.

36. Hozier, vol. 1, pp. 312-17.

37. Craig, *Königgrätz*, pp. 100-1.

38. KA, Nachlässe, B/2: 97 (Beck), "Rangsliste des k. k. Generalstabes." Bartels, *Der Krieg im Jahre 1866*, p. 34.

39. KA, MKSM, Karton 342, 69-4/38, Vienna, July 2, 1866 (11:30 A.M. and 9:15 P.M.), FML Crenneville to FZM Benedek. AFA 1866, Karton 2270, 8-12bb, Vienna, August 15, 1866, FML Baumgarten.

40. KA, AFA 1866, Karton 2274 13-61, Berlin, August 1867, "Offener Brief von einem preussischen Offizier."

41. Grosser Generalstab, *Feldzug 1866*, pp. 296-302.
42. Craig, *Königgrätz*, pp. 103-4.
43. KA, AFA 1866, Karton 2270, 12-6, Vienna, December 15, 1866, Capt. Hoffmeister.
44. "位于萨多瓦的比斯特日采阵线，已经完全暴露在部署于杜布高地的普军火炮的火力之下。防守这段阵线与奥军的部署绝对相悖。" KA, AFA 1866, Karton 2285, 13-7, Graz, February 5, 1866, Col. Catty. Karton 2285, 13-7b, Alt-Arad, December 19, 1866, Capt. Hegedus.
45. KA, AFA 1866, Karton 2287, 13-60, Vienna, December 20, 1866, Capt. Moser. Karton 2287, 13-59, Vienna, December 21, 1866, Capt. Komers.
46. KA, AFA 1866, Karton 2267, 7-177 1/2, Vienna, August 12, 1866, FML Mollinary: "斯维布森林的最高点位于马斯洛夫德附近，我们应该以此为支撑构筑我们的主战线（*Hauptschlachtlinie*）。无论进攻还是防御，这片区域都非常关键。" Karton 2282, 7-16b, Vienna, December 26, 1866, Col. Döpfner.
47. KA, Nachlässe, B/572: 2 (Nosinic), Vienna, January 6, 1867, Capt. Sembratowicz.
48. Fontane, *Der deutsche Krieg*, vol. 1, pp. 522-4, 530-1.
49. KA, AFA 1866, Karton 2287, 13-60, Vienna, December 20, 1866, Capt. Moser. Grosser Generalstab, *Feldzug 1866*, p. 283.
50. "Der Sanitätsdienst während des Gefechtes," *ÖMZ* 3 (1860), p. 54. Vincennes, AAT, MR 24/1388, Paris, September 1, 1868, État-Major, "Guerre de 1866."
51. KA, AFA 1866, Karton 2266, 7-177 1/2, Vienna, August 12, 1866, FML Mollinary.
52. KA, AFA 1866, Karton 2266, 7-177 1/2, Vienna, August 12, 1866, FML Mollinary.
53. KA, AFA 1866, Karton 2274, 13-75, *Neue Freie Presse*, July 3, 1886.
54. KA, AFA 1866, Karton 2270, 9-11, Bruck, September 16, 1866, Maj. Villa: "在克尼格雷茨，我们以半营的密集队形对（西斯托夫）发起梯队进攻。每次我们逼近搏杀时，敌人就会放弃阵地撤退。"
55. KA, AFA 1866, Karton 2282, 7-16, "Brigade Wümemberg in der Schlacht."
56. KA, AFA 1866, Karton 2282, 7-16, n.d., FML Philippovic, "Rélation."
57. KA, AFA 1866, Karton 2267, 7-96b, Olmütz, January 13, 1868, Col. Moritz.
58. Grosser Generalstab, *Feldzug 1866*, pp. 285-8.
59. KA, AFA 1866, Karton 2282, 7-16, n.d., FML Philippovic.
60. KA, AFA 1866, Karton 2267, 7-96b, Olmütz, January 13, 1868, Col. Moritz.
61. Fontane, *Der deutsche Krieg*, vol. 1, p. 532. Grosser Generalstab, *Feldzug 1866*, p. 343.
62. Craig, *Königgrätz*, p. 109. Grosser Generalstab, *Feldzug 1866*, pp. 344-6.
63. KA, AFA 1866, Karton 2267, 7-177 1/2, Vienna, August 12, 1866, FML Mollinary.
64. KA, KM 1866, CK, Karton 242, 14-5/33, Wr. Neustadt, September 27, 1866,

FZM Nobili.

65. KA, AFA 1866, Karton 2285, 13-7, Graz, February 5, 1866, Col. Catty. Grosser Generalstab, *Feldzug 1866*, pp. 288-94, 339-46. Craig, *Königgrätz*, p. 110.

66. 塔克西斯亲王也赞成莫利纳里的行动: "上午11点, 第二军正在 (贝纳特克) 取得十分出色的进展。我认为引入骑兵加入战斗的时刻马上就要到了。" KA, AFA 1866, Karton 2300, 7-29, Wamberg, July 5, 1866, FML Taxis.

67. KA, AFA 1866, Karton 2287, 13-59, Vienna, December 21, 1866, Capt. Komers. Nachlässe, B/572: 2 (Nosinic), Vienna, January 6, 1867, Capt. Sembratowicz.

68. Craig, *Königgrätz*, pp. 98-100.

69. Grosser Generalstab, *Feldzug 1866*, pp. 294, 304, 339-42, 348-52. Craig, *Königgrätz*, pp 100-10.

70. *Moltke on the Art of War*, ed. Hughes, pp. 136-7. Grosser Generalstab, *Feldzug 1866*, pp. 313-14.

71. KA, AFA 1866, Karton 2267, 7-177 1/2, Vienna, August 12, 1866, FML Mollinary.

72. KA, AFA 1866, Karton 2282, 7-16b, Vienna, December 26, 1866, Col. Döpfner.

73. KA, AFA 1866, Karton 2282, 7-16, n.d., FML Philippovic.

74. Van Creveld, *Command*, pp. 137-8. Craig, *Königgrätz*, pp. 101-3.

75. KA, AFA 1866, Karton 2295, 7-13, Floridsdorf, July 17, 1866, FML Gablenz. Karton 2270, 8-12p, Floridsdorf, August 16, 1866, FML Gablenz.

76. Craig, *Königgrätz*, p. 99. Grosser Generalstab, *Feldzug 1866*, pp. 280-1, 357-9.

77. Fontane, *Der deutsche Krieg*, vol. 1, p. 482.

78. KA, AFA 1866, Karton 2272, 13-19 1/2, Olmütz, July 10, 1866, 1. Genie-Regt.

79. KA, AFA 1866, Karton 2298, 7-8, Schloss Saar, July 7, 1866, GM Edelsheim.

80. KA, Nachlässe, B/572: 2 (Nosinic), Wr. Neustadt, September 8, 1866, GM Krismanic to Untersuchungs-Commission: "在整个战役期间, 贝内德克一直到处走动。他常常在随员听不到的地方发出命令。上午11点, 我无意中听到他接见从左翼过来的一名萨克森军的通讯兵。我推断, 第八军正被推进到前线发起进攻。我认为这有危险。我的部署是将第八军交由萨克森军支配, 是仅在普军迂回我们左翼的情况下。其他情况下, 第八军要同第一和第六军组成总预备队。" 无论在战役之前还是在战役期间, 无论是贝内德克、克里斯马尼奇还是鲍姆加滕, 他们都没有让任何一位前线将领明白这一区别。

81. "奥军总司令从没在左翼出现过。派去找他的军官也找不到他。" KA, AFA 1866, Karton 2274, 13-67, n.d., FML Weber. 战争结束后, 针对贝内德克的调查法庭公开谴责奥军这次 "没能以统一的指挥阻遏 (易北河军团) 的前进"。KM 1866, CK, Karton 242, 14-5/33, Wr. Neustadt, FZM Nobili.

82. Grosser Generalstab, *Feldzug 1866*, pp. 357-9.

83. Grosser Generalstab, *Feldzug 1866*, pp. 347-50.

84. Craig, *Königgrätz*, p. 111. Grosser Generalstab, *Feldzug 1866*, pp. 303, 346-7.

85. Lettow-Vorbeck, vol. 2, pp. 418-19.

86. Lettow-Vorbeck, vol. 2, p. 464-8. Grosser Generalstab, *Feldzug 1866*, p. 356.

87. KA, Nachlässe, B/1003: 1 (Hirsch), p. 39.

88. "喝下半饭盒的葡萄酒和 250 毫升的朗姆酒，士兵就敢杀向任何敌人。" Jaroslav Hasek, *The Good Soldier Svejk and his Fortunes in the World War*, trans. Cecil Parrott (1923; New York: Penguin Books, 1981), p. 402. KA, AFA 1866, Karton 2291, 13-78, Prague, December 1866, Capt. Butterweck. Karton 2270, 12-8, Innsbruck, December 28, 1866, Capt. Adrowski.

89. KA, AFA 1866, Karton 2295, 7-13, Floridsdorf, July 17, 1866, FML Gablenz.

90. Craig, *Königgrätz*, p. 111.

91. KA, AFA 1866, Karton 2291, 13-103, Sopron, December 16, 1866, Capt. Handel-Mazzetti. Nachlässe, B/572: 2 (Nosinic), Timisoara, December 27, 1866, Capt. Woinowitz.

92. KA, AFA 1866, Karton 2275, 13-166, Hohenmauth, July 4, 1866, Capt. Stransky.

93. KA, Nachlässe, B/572: 2 (Nosinic), Timisoara, December 27, 1866, Capt. Woinowitz. B/1109 (Sacken), Vienna, December 20, 1866, Maj. Sacken, "An Generalstab."

94. KA, Nachlässe, B/572: 2 (Nosinic), Wr. Neustadt, July 12, 1866, GM Krismanic.

95. KA, AFA 1866, Karton 2270, 8-12a, St. Pölten, August 7, 1866, FML Gondrecourt.

96. Bartels, "Der Nebel von Chlum," p.22.

97. KA, Nachlässe, B/1109 (Sacken), Vienna, December 20, 1866, Maj. Sacken.

98. Bartels, "Der Nebel von Chlum," p. 23.

99. KA, Nachlässe, B/572: 2 (Nosinic), Vienna, January 6, 1867, Capt. Sembratowicz.

100. Grosser Generalstab, *Feldzug 1866*, pp. 305-8.

101. KA, AFA 1866, Karton 2270, 8-12aa, Budapest, August 12, 1866, GM Kriz.

102. KA, AFA 1866, Karton 2271, 13-1, n.d., Maj. Sacken, "Bericht." KA, AFA 1866, Karton 2270, 12-6, Vienna, December 15, 1866, Capt. Hoffmeister.

103. KA, Nachlässe, B/572: 2 (Nosinic), Timisoara, December 27, 1866, Capt. Woinowitz.

104. *"Soll ich kaiserliche Hoheit dieses Armee-Corps nunmehr vorrücken lassen?"* KA, AFA 1866, Karton 2291, 13-103, Sopron, December 16, 1866, Capt. Handel-Mazzetti. Karton 2273, 13-46, "Operations Journal der Nord-Armee."

105. KA, AFA 1866, Karton 2291, 13-103, Sopron, December 16, 1866, Capt. Handel-Mazzetti. Mollinary, vol. 1, pp. 145, 150.

第十章 克尼格雷茨战役：毛奇的包围圈

1. KA, Nachlässe, B/572: 2 (Nosinic), Vienna, January 6, 1867, Capt. Sembratowicz.

2. KA, AFA 1866, Karton 2282, 7-16b, Vienna, December 26, 1866, Col. Döpfner.

3. KA, AFA 1866, Karton 2267, 7-89 1/2, Floridsdorf, July 17, 1866, FML Gablenz.

4. KA, AFA 1866, Karton 2270, 8-12L, Pressburg, August 17, 1866, FML Ramming.

5. KA, AFA 1866, Karton 2291, 13-77, Lemberg, December 15, 1866, Maj. Schmedes. Karton 2278, 7-16a, St. Margareth, July 27, 1866, Martini Regiment Nr. 30.

6. KA, AFA 1866, Karton 2271, 13-1, n.d., Maj. Sacken, "Bericht."

7. KA, AFA 1866, Karton 2291, 13-103, Sopron, December 16, 1866, Capt. Handel-Mazzetti.

8. Grosser Generalstab, *Feldzug 1866*, pp. 305-8.

9. Craig, *Königgrätz*, pp. 113-18.

10. KA, Nachlässe, B/946 (Coudenhove), July 3, 1866, FML Coudenhove, "Tagebuch."

11. KA, AFA 1866, Karton 2271, 13-1, n.d., Maj. Sacken, "Bericht." Karton 2270, 8-121, Pressburg, August 17, 1866, FML Ramming. Karton 2278, 7-16a, St. Margareth, July 27, 1866, Martini Regiment Nr. 30.

12. Grosser Generalstab, *Feldzug 1866*, pp. 313-17.

13. KA, Nachlässe, B/946 (Coudenhove), July 3, 1866, FML Coudenhove.

14. KA, Nachlässe, B/572: 2 (Nosinic), Timisoara, December 27, 1866, Capt. Woinowitz.

15. Grosser Generalstab, *Feldzug 1866*, pp. 360-2.

16. Fontane, *Der deutsche Krieg*, vol. 1, p. 484. Grosser Generalstab, *Feldzug 1866*, pp. 362-5.

17. KA, AFA 1866, Karton 2292, 7-25, Bruck, August 1, 1866, FML Leopold. Karton 2293, 13- 49, Vienna, August 1866, Lt-Col. Reinländer.

18. KA, AFA 1866, Karton 2295, 7-14, Brübau, July 8, 1866, Col. Mondel. Karton 2296, 13-10, Vienna, December 19, 1866, Capt. Schulz.

19. KA, AFA 1866, Karton 2299, 8-12, Pressburg, August 15, 1866, FML Ramming to GM Edelsheim.

20. Benold, "Österreichische Feldtelegraphie," p. 65.

21. Grosser Generalstab, *Feldzug 1866*, p. 351. Craig, *Königgrätz*, pp. 120-1.

22. Bartels, "Der Nebel von Chlum," pp. 55-8. Fontane, *Der deutsche Krieg*, vol. 1, p. 548.

23. Strachan, *European Armies*, p. 43.

24. KA, AFA 1866, Karton 2282, 13-13, Vienna, December 21, 1866, Lt-Col. Matschenko. Grosser Generalstab, *Feldzug 1866*, pp. 316-26.

25. Craig, *Königgrätz*, pp. 122-3.

26. Fontane, *Der deutsche Krieg*, vol. 1, pp. 550-1.

27. KA, AFA 1866, Karton 2267, 7-177 1/2, Vienna, August 12, 1866, FML Mollinary.

28. KA, AFA 1866, Karton 2300, 7-29, Wamberg, July 5, 1866, FML Taxis, "Über Anteil 2. leichte Cavallerie-Division." Karton 2282, 7-16, n.d., FML Philippovic.

29. 上午 9 点，关于普鲁士第二军团进军的消息从约瑟夫施塔特发出，但直到 11 点 45 分才被送到位于赫卢姆的贝内德克手里。尽管在 7 月 3 日，贝内德克身边带有 76 公里长的电报线，但他根本没让人架设。Benold, "Österreichische Feldtelegraphie," p. 13.

30. Craig, *Königgrätz*, pp. 124-9. Grosser Generalstab, *Feldzug 1866*, p. 366-74.

31. Groote, "Moltkes Planungen," in *Entscheidung 1866*, pp. 96-7.

32. Grosser Generalstab, *Feldzug 1866*, p. 364-5. Craig, *Königgrätz*, p. 123.

33. [Eh. Karl], "Zur taktischen Offensive und Defensive der Infanterie," *ÖMZ* 1 (1863), p. 286. KA, Nachlässe, B/208: 6 (Fischer), "Charakteristik der Operationen Napoleons I."

34. Bartels, "Der Nebel von Chlum," p. 52.

35. [Eh. Karl] "Zur taktischen Offensive und Defensive der Infanterie," *ÖMZ* 1 (1863), p. 286.

36. KA, AFA 1866, Karton 2282, 7-16b, Vienna, December 26, 1866, Col. Döpfner.

37. KA, AFA 1866, Karton 2296, 13-10, Vienna, December 19, 1866, Capt. Schulz.

38. KA, AFA 1866, Karton 2270, 8-12, Pressburg, August 17, 1866, FML Ramming. Karton 2291, 13-77, Lemberg, December 15, 1866, Maj. Schmedes.

39. KA, AFA 1866, Karton 2270, 12-6, Vienna, December 15, 1866, Capt. Hoffmeister.

40. KA, Nachlässe, B/572: 2 (Nosinic), Vienna, January 6, 1867, Capt. Sembratowicz. Capt. Cristofek, "Meiningen Nr. 46 im Feldzuge 1866," *ÖMZ* 4 (1867), p. 225.

41. KA, AFA 1866, Karton 2282, 7-16b, Vienna, December 26, 1866, Col. Döpfner.

42. KA, AFA 1866, Karton 2300, 7-29a, Holice, July 4, 1866, Col. Bellegarde. Karton 2300, 7-29b, Wamberg, July 5, 1866, GM Westphalen.

43. Capt. Cristofek, "Meiningen Nr. 46 im Feldzuge 1866," *ÖMZ* 4 (1867), pp. 225, 230. LettowVorbeck, vol. 2, p. 478.

44. KA, AFA 1866, Karton 2285, 13-7b, Arad, December 19, 1866, Capt. Hegedus. Grosser Generalstab, *Feldzug 1866*, pp. 328-31. Treuenfest, pp. 448-50. Bartels, "Der Nebel von Chlum," p. 57.

45. KA, AFA 1866, Karton 2267, 7-97a, Holice, July 12, 1866, Infanterie-Regiment Nr. 52, "Gefechts-Rélation." Lettow-Vorbeck, vol. 2, pp. 474-6. Grosser Generalstab, *Feldzug 1866*, pp. 328-38. Craig, *Königgrätz*, pp. 132-3.

46. k.k. Generalstab, *Österreichs Kämpfe*, vol. 3, Beilage 3.

47. 战争结束后，贝内德克的副官斐迪南德·克里茨上校对阿尔布雷希特提出了这一点。KA, AFA 1866, Karton 2270, 8-12aa, Budapest, August 12, 1866, Col. Kriz to FM Albrecht.

48. 奥地利第三军在利帕的一位狙击兵回忆道："第四军乱作一团，经过我们的阵地逃跑了。" KA, Nachlässe, B/1003: 1 (Hirsch), p. 39. 为什么？第四军的莫里兹·莫泽（Moriz Moser）上尉解道："下午 3 点时，我们遭到从赫卢姆、马斯洛夫德和内德利斯特来的猛烈轰击。我们的两翼都出现了普军的密集纵队。我们在猛烈的火力攻击下撤到斯韦蒂，从那里撤到普拉卡（Placka），在普拉卡渡过易北河。"士兵和军团都已精疲力竭，没心思再度变换阵线，继续这场战役。APA 1866, Karton 2287, 13-60, Vienna, December 20, 1866. Karton 2300, 7-29, Wamberg, July 5, 1866, FML Taxis. FML K. v. Went., "Erinnerungen eines österreichischen Kriegsmannes 1866," *ÖMZ* 3 (1899), pp. 267-8.

49. Grosser Generalstab, *Feldzug 1866*, pp. 329, 375-6.

50. 普军俘获奥地利第 46 团第 1 营 400 人、第 2 营 584 人、第 3 营 456 人。Capt. Crisrofek, "Meiningen Nr. 46 im Feldzuge 1866," *ÖMZ* 4 (1867), p. 231. KA, AFA 1866, Karton 2270, 8-12bb, Vienna, August 15, 1866, GM Baumgarten.

51. KA, AFA 1866, Karton 2270, 8-12j, Hodolein, July 11, 1866, GM Appiano.

52. KA, Nachlässe, B/1003: 1 (Hirsch), p. 39.

53. Fontane, *Der deutsche Krieg*, vol. 1, pp. 561-72. Lettow-Vorbeck, vol. 2, p. 476. Grosser Generalstab, *Feldzug 1866*, pp. 375-8.

54. KA, AFA 1866, Karton 2267, 7-97a, Olmütz, July 12, 1866, "Gefechts-Rélation 52. lnfanterie-Regiment."

55. KA, AFA 1866, Karton 2270, 8-12dd, Hetzendorf, July 31, 1866, Col. Pelikan. Karton 2270, 8-12q, Vienna, August 14, 1866, FML Edelsheim.

56. KA, Nachlässe, B/572: 2 (Nosinic), Timisoara, December 27, 1866, Capt. Woinowitz.

57. KA, AFA 1866, Karton 2285, 13-7, Graz, February 5, 1866, Col. Catty. Nachlässe, B/572: 2 (Nosinic), Vienna, January 6, 1867, Capt. Sembratowicz.

58. KA, AFA 1866, Karton 2270, 12-6, Vienna, December 15, 1866, Capt. Hoffmeister.

59. KA, Nachlässe, B/572: 2 (Nosinic), Timisoara, December 27, 1866, Capt. Woinowitz. Lettow-Vorbeck, vol. 2, p. 474.

60. KA, AFA 1866, Karton 2275, 13-166, Litomysl, July 5, 1866, Capt. Stransky, "Tagebuch."

61. Grosser Genecalstab, *Feldzug 1866*, pp. 397-9.

62. KA, AFA 1866, Karton 2293, 13-49, Vienna, August 1866, Lt-Col. Reinländer. Karton 2298, 7-8, Schloss Saar, July 7, 1866, GM Edelsheim.

63. 第六军的一位军官认为，这个"战役当中的突袭战预备队"代表了贝内德克在这场指挥不当的战役中最荒唐的一面。KA, AFA 1866, Karton 2291, 13-78, Prague, December 1866, Capt. Butterweck.

64. KA, AFA 1866, Karton 2295, 7-13, Floridsdorf, July 17, 1866, FML Gablenz. Karton 2296, 13-10, Vienna, December 19, 1866, Capt. Schulz.

65. KA, Nachlässe, B/1453 (Lebeda), Lauterbach, November 13, 1866, Pvt. Lebeda.

66. KA, Nachlässe, B/946 (Coudenove), July 3, 1866, FML Coudenhove.

67. KA, Nachlässe, B/1003: 1 (Hirsch), pp. 39-40. Bartels, "Der Nebel von Chlum," p. 59.

68. KA, AFA 1866, Karton 2270, 8-12p, Floridsdorf, August 16, 1866, FML Gablenz.

69. KA, Nachlässe, B/572: 2 (Nosinic), We. Neustadt, January 2, 1869, GM Krismanic.

70. "Panique und Pflichttreue in der Schlacht bei Königgrätz," *ÖMZ* 8 (1866). KA, AFA 1866, Karton 2270, 8-121, Pressburg, August 17, 1866, FML Ramming.

71. Bartels, "Der Nebel von Chlum," p. 24.

72. KA, MKSM-SR 1866, 24/4, Vienna, July 17, 1866, FM Albrecht, "Armee-Befehl Nr. 4."

73. KA, Nachlässe, B/572: 2 (Nosinic), Timisoara, December 27, 1866, Capt. Woinowitz. AFA 1866, Karton 2270, 12-8, Innsbruck, December 28, 1866, Capt. Adrowski. Karton 2275, 13-166, Litomysl, July 5, 1866, Capt. Stransky, "Tagebuch." Grosser Generalstab, *Feldzug 1866*, pp. 378-81.

74. KA, Nachlässe, B/572: 2 (Nosinic), Timisoara, December 27, 1866, Capt. Woinowitz: *"Um Gottes Willen, rennen Sie hin. Sie sollen's Maul halten."* KA, AFA 1866, Karton 2271, 13-1, n.d., Maj. Sacken. Karton 2296, 13-10, Vienna, December 19, 1866, Capt. Schulz.

75. KA, AFA 1866, Karton 2285, 13-7, Graz, February 5, 1867, Col. Catty.

76. 贝内德克写给贡德勒古的具体命令表明元帅应为第一军毫无价值地惨遭屠杀（在不到 1 小时的时间里，死亡和负伤 4000 人，失踪 6000 人）负责，因为命令上只写着："在朗根霍夫后面的赫卢姆所在的纬度地区集中。"起初，贝内德克曾写下"在第六军旁边集中，以求夺回赫卢姆"，但他把这句话划掉了。等到贡德勒古判断出贝内德克的意图是攻占赫卢姆时，拉明早已发起进攻，耗光了第六军的兵力。KA, AFA 1866, Karton 2278, 7-8a, n.d, unsigned. Received for delivery by a staff captain at "circa 3:00 P.M."

77. 并且自动将缰绳交到拉明手里，而据克里斯马尼奇所言，拉明"一心展示他才配做军队真正的总司令"。KA, Nachlässe, B/572: 2 (Nosinic), Wr. Neustadt, January 2, 1869, GM Krismanic.

78. Grosser Generalstab, *Feldzug 1866*, pp. 376-82.

79. 贡德勒古公开谴责贝内德克的失职，在赫卢姆的占领上如此随意："...*diese ungenügende Besetzung, die Vernachlässigung der Deckung und Eklairung der rechten Flanke, die zu späte Verwendung Reserven."* KA, AFA 1866, Karton 2270, 12-8, Innsbruck, December 28, 1866, Capt. Adrowski. Karton 2270, 8-12l, Pressburg, August 17, 1866, FML Ramming.

80. KA, AFA 1866, Karton 2295, 7-14, Brübau, July 8, 1866, Col. Mondel. Grosser Generalstab, *Feldzug 1866*, pp. 401-2.

81. 在撤退期间，贝内德克一度离开拥挤的克尼格雷茨公路，骑马到草地上，然后一言不发地离开了，令随员们大为惊骇。KA, AFA 1866, Karton 2270, 12- 6, Vienna, December 15, 1866, Capt. Hoffmeister.

82. KA, AFA 1866, Karton 2270, 12-8, Innsbruck, December 28, 1866, Capt. Adrowski. Karton 2270, 12-7, Vienna, December 16, 1866, Capt. Pohl.

83. KA, Nachlässe, B/572: 2 (Nosinic), Timisoara, December 27, 1866, Capt. Woinowitz:

> 我在观察第六军对赫卢姆的进攻，希望能抓到（普军）俘虏。千真万确！在左翼，3 名德意志大师团的士兵押回来 1 名普鲁士近卫军的军士，这名军士给我带来以下情报："在赫卢姆的村庄里，只有 1 个燧发枪连和 1 个步兵团。我们上午 8 点从克尼金霍夫行军。我们属于近卫军第 1 师，随行的还有乌兰骑兵。这是我见到的所有兵力了。"我认为这份情报至关重要。我赶紧骑马返回指挥部，但发现指挥部已经转移了。由于第六军正在进行的无疑是整个战场最重要的一场战斗，我以为元帅迟早会回来。所以，我就在罗兹贝里奇等（了 1 个小时）。
>
> 但贝内德克一直没有回来。

84. KA, AFA 1866, Karton 2289, 7-17, Vienna, August 5, 1866, FML Ramming. Nachlässe, B/572: 2 (Nosinic), Wr. Neustadt, September 8, 1866, GM Krismanic to Untersuchungs-Commission.

85. KA, AFA 1866, Karton 2280, 13-103, Lemberg, December 19, 1866, Col. Litzelhofen.

86. Craig, *Königgrätz*, pp. 147-8.

87. Grosser Generalstab, *Feldzug 1866*, pp. 382-5.

88. KA, AFA 1866, Karton 2291, 13-78, Prague, December 1866, Capt. Butterweck. Karton 2289, 7-17, Vienna, August 5, 1866, FML Ramming. Karton 2270, 8-121, Pressburg, August 17, 1866, FML Ramming.

89. KA, AFA 1866, Karton 2278, 7-13, Moschtienitz, July 14, 1866, GM Leiningen. Karton 2278, 7-5, n.d., GM Gondrecourt.

90. KA, Nachlässe, B/572: 2 (Nosinic), Timisoara, December 27, 1866, Capt. Woinowitz.

91. *"Der ist mir der Liebste gewesen; hebt ihn auf."* KA, Nachlässe, B/572: 2 (Nosinic), Timisoara, December 27, 1866, Capt. Woinowitz.

92. KA, KM 1866, CK, Karton 242, 14-5/33, Wr. Neustadt, September 27, 1866, FZM Nobili, "Untersuchungs-Commission." AFA 1866, Karton 2280, 13-104, Vienna, December 1866, Col. Pelikan. Karton 2270, 8-12q, Vienna, August 16, 1866, FML Edelsheim.

93. KA, MKSM 1866, Karton 343, Holice, July 3, 1866, FZM Benedek to Franz Joseph.

94. KA, AFA 1866, Karton 2275, 13-166, Litomysl, July 5, 1866, Capt. Stransky, "Tagebuch."

95. KA, AFA, Karton 2270, 8-121, Pressburg, August 17, 1866, FML Ramming.

96. KA, KM 1866, CK, Karton 254, 67-11/1, Königgrätz, July 3, 1866, GM Wigl to FML Franck. AFA 1866, Karton 2270, 12-8, Innsbruck, December 28, 1866, Capt. Adrowski.

97. KA, KM 1866, CK, Karton 254, 67-50, Königgrätz, August 18, 1866, GM

Wigl. AFA 1866, Karton 2275, 13-166, Litomysl, July 5, 1866, Capt. Stransky, "Tagebuch."

98. KA, Nachlässe, B/1453 (Lebeda), Lauterbach, November 13, 1866, Pvt. Lebeda. AFA 1866, Karton 2270, 8-12p, Floridsdorf, August 16, 1866, FML Gablenz. Grosser Generalstab, *Feldzug 1866*, pp. 432-3.

99. Craig, *Königgrätz*, pp. 151, 159. Grosser Generalstab, *Feldzug 1866*, p. 384.

100. KA, KM 1866, CK, Karton 242, 14-5/33, Wr. Neustadt, September 27, 1866, FZM Nobili.

101. 贡德勒古称，他们面对的是"凶残的三路交叉火力。我们的任务不可能完成"。KA, AFA 1866, Karton 2278, 7-5, n.d., GM Gondrecourt. Karton 2278, 7-14c, Kosteletz, July 8, 1866, 26. Feldjäger-Bataillon.

102. Grosser Generalstab, *Feldzug 1866*, pp. 381-7.

103. KA, AFA 1866, Karton 2278, 7-14b, Geroitsch, July 8, 1866, Infanterie-Regiment Nr. 73. Karton 2278, 7-14, Turnau, July 20, 1866, GM Ringelsheim.

104. KA, AFA 1866, Karton 2278, 7-10, Roketnitz, July 12, 1866, Infanterie-Regiment Nr. 33. Karton 2278, 7-5, n.d., GM Gondrecourt. Karton 2278, 7-13, Moschtienitz, July 14, 1866, GM Leiningen.

105. KA, AFA 1866, Karton 2278, 7-16c, Kokor, July 11, 1866, 18. Feldjäger-Bataillon.

106. Grosser Generalstab, *Feldzug 1866*, pp. 376, 388-90.

107. KA, AFA 1866, Karton 2278, 7-16b, July 1866, Infanterie-Regiment Nr. 34.

108. KA, AFA 1866, Karton 2278, 7-16, Mantern, August 12, 1866, Brigade Poschacher.

109. 奥地利第一军不到 1 小时就损失了 279 名军官和 10227 名士兵。KA, AFA 1866, Karton 2278, 7-5, n.d, GM Gondrecourt.

110. KA, AFA 1866, Karton 2278, 7-9, Prerau, July 15, 1866, GM Piret. Grosser Generalstab, *Feldzug 1866*, pp. 397-8.

111. KA, AFA 1866, Karton 2270, 12-6, Vienna, December 15, 1866, Capt. Hoffmeister. Nachlässe, B/1109 (Sacken), Vienna, December 20, 1866, Maj. Sacken, "An Generalstab."

112. KA, KM 1866, CK, Karton 250, 42 1/1, Vienna, December 23, 1865, "Beratung über GM Baron Edelsheim behufs Bewaffnung der Cavallerie mit Gewehren." And Vienna, December 23, 1865, GdC Liechtenstein, "Promemoria über die projektirte Bewaffnung der Cavallerie."

113. Grosser Generalstab, *Feldzug 1866*, pp. 399-401. Van Creveld, *Command in War*, p. 139. Craig, *Königgrätz*, pp. 160-1.

114. KA, AFA 1866, Karton 2278, 7-10c, Roketnitz, July 10, 1866, Capt. John. Fontane, *Der deutsche Krieg*, vol. 1, pp. 611-620.

115. Grosser Generalstab, *Feldzug 1866*, pp. 404-7.

116. KA, AFA 1866, Karton 2278, 7-16, Mantern, August 12, 1866, Brigade

Poschacher. Karton 2278, 7-16b, July 1866, Infanterie-Regiment Nr. 34. Craig, *Königgrätz*, pp. 157-8.

117. Grosser Generalstab, *Feldzug 1866*, pp. 409-16.

118. KA, AFA 1866, Karton 2289, 7-17, Vienna, August 5, 1866, FML Ramming. Grosser Generalscab, *Feldzug 1866*, pp. 416-20.

119. KA, Nachlässe, B/946 (Coudenhove), July 3, 1866, "Tagebuch" and "Mémoir 3. Juli 1866," pp. 29-34. AFA 1866, Karton 2278, 7-9, Prerau, July 15, 1866, GM Piret. Karton 2270, 12-6, Vienna, December 15, 1866, Capt. Hoffmeister.

120. KA, Nachlässe, B/1109 (Sacken), Vienna, December 20, 1866, Maj. Sacken, "An Generalstab." B/572: 2 (Nosinic), Vienna, January 6, 1867, Capt. Sembratowicz.

121. Grosser Generalstab, *Feldzug 1866*, pp. 423, 430.

122. Grosser Generalstab, *Feldzug 1866*, pp. 279, 359, 399-400, 422-3.

123. Craig, *Königgrätz*, p. 99. Grosser Generalstab, *Feldzug 1866*, pp. 302-3.

124. Grosser Generalstab, *Feldzug 1866*, pp. 401-2.

125. Fontane, *Der deutsche Krieg*, vol. 1, p. 607.

126. KA, AFA 1866, Karton 2268, 7-285, Nord-Armee Hauptquartier, July 6, 1866, Col. Tegetthoff.

127. *Moltke on the Art of War*, ed. Hughes, pp. 134-5. Grosser Generalstab, *Feldzug 1866*, pp. 305-10. Craig, *Königgrätz*, p. 119.

128. Grosser Generalstab, *Feldzug 1866*, pp. 374-5, 425-33. KA, AFA 1866, Karton 2274, 13-61, Berlin, August 1867, "Offener Brief von einem preussischen Offizier." Nachlässe, B/946 (Coudenhove), "Mémoir 3. Juli 1866," p. 34.

129. KA, KM 1866, CK, Karton 242, 14-5/33, Wr. Neustadt, September 27, 1866, FZM Nobili, "Untersuchungs-Kommission." Mollinary, vol. 1, pp. 145, 150. Glünicke, pp. 170-2. Van Creveld, *Command in War*, p. 140.

第十一章　余波：1866—1914 年的和平与欧洲

1. KA, AFA 1866, Karton 2270, 8-12p, Floridsdorf, August 16, 1866, FML Gablenz. Karton 2275, Mährisch-Trübau, July 7, 1866, Capt. Stransky, "Tagebuch. Nachlässe, B/946 (Coudenhove), Politzka, July 6, 1866. FML von Went., "Erinnerungen eines österreichischen Kriegsmanns 1866, *ÖMZ* 3 (1899).

2. k. k. Generalstab, *Österreichs Kämpfe*, vol. 3, Beilage 3. Grosser Generalstab, *Der Feldzug von 1866*, pp. 434-5.

3. KA, MKSM-SR 1866, 22/10, Vienna, September 1866, "Zu den Sendungen des Majors Baron Fejérváry in das Hauptquartier der Nordarmee. KM 1866, CK, Karton 242, 14-5/33, Wr. Neustadt, September 27, 1866, FZM Nobili, "Untersuchungs-Commission."

4. KA, Nachlässe, B/946 (Coudenhove), Dalecin, July 9, 1866, FML Coudenhove. AFA 1866, Karton 2268, 7-452 1/2, Olmütz, July 12, 1866, FML Ramming

to FZM Benedek. Karton 2275, 13-166, Konitz, July 8, 1866, Capt. Stransky, "Tagebuch."

5. KA, MKSM 1866, Karton 342, 69/8, Bornheim, July 10, 1866, Col. Schönfeld. Kitzingen, July 15, 1866, FML Huyn. Waldürn, July 19, 1866, FML Alexander to Lt.-Col. Beck.

6. KA, MKSM-SR 1866, 22, Vienna, December 1866, Maj. Fejérváry. Lt-Col. Gustav Wolff, "Die Operationen der österreichischen Nord-Armee nach der Schlacht bei Königgrätz, *ÖMZ* 3 (1898), pp. 75-7.

7. Grosser Generalstab, *Der Feldzug von 1866*, pp. 441-2, 469-70. KA, AFA 1866, Karton 2270, 8-12bb, Vienna, August 15, 1866, FML Baumgarten. MKSM 1866, Karton 343, 69/9, Vicenza, July 9, 1866, FM Albrecht to Franz Joseph.

8. Grosser Generalstab, *Der Feldzug von 1866*, pp. 445-52.

9. Grosser Generalstab, *Der Feldzug von 1866*, pp. 452-4.

10. PRO, FO 7/709, no. 31, no. 32, Vienna, July 24, 1866, Bloomfield to Stanley. *Augsburger Allgemeine Zeitung*, July 9, 13, 1866.

11. Quai d'Orsay, CP-Autriche, 492, no. 86, no. 89, Vienna, July 7 and 10, 1866, Gramont to Drouyn. PRO, FO 7/708, no. 413, no. 414, Vienna, July 6, 1866, Bloomfield to Stanley.

12. KA, AFA 1866, Karton 2269, 7-740, Nades, July 22, 1866, GM Fleischhacker to FML Joseph. *Protokolle der österrichischen Ministerrates* (PÖM) *1848-67* 6 vols. (Vienna: Österreichischer Bundesverlag, (1970-3), vol. 6/2, pp. 169-71. Ghy., "Der Streifzug der Radetzky-Husaren im Juli 1866," *ÖMZ* 7 (1906), pp. 993-1007. Heinrich Mast, "Die Ereignisse im Rücken der preussischen Armee im Juli 1866," *ÖMZ* 1 (1966), pp. 21-6.

13. Gall, *Bismarck*, vol. 1, pp. 302-5. Pflanze, *Bismarck*, vol. 1, pp. 311-14.

14. Pflanze, *Bismarck*, vol. 1, p. 316. *PÖM*, vol. 6/2, no. 90A, Nikolsburg, July 23, 1866, Károlyi, to Mensdorff, pp. 179-82. KA, AFA 1866, Karton 2274, 13-74, Olmütz, December 2, 1872, Maj. Ripp, "Skizze."

15. Gordon A. Craig, *The Politics of the Prussian Army, 1640-1945* (Oxford: Clarendon, 1955), pp 202-3. Gall, *Bismarck*, vol. 1, p. 301. Pflanze, *Bismarck*, vol. l, p. 314.

16. PRO, FO 7/709, no. 39, Vienna, July 26, 1866, Bloomfield to Stanley. *PÖM*, vol. 6/2, no. 90A, no. 90F, Nikolsburg, July 23, 25, 1866, Károlyi to Mensdorff.

17. Carr, *Origins*, pp. 138-9. Gordon A. Craig, *Germany 1866-1945* (New York: Oxford University Press, 1980), pp. 6-12.

18. KA, AFA 1866, Karton 2272, 13-13, 187, Vienna, July 12, 1866, Belcredi to FZM Benedek Friedjung, *The Struggle for Supremacy*, p. 302.

19. PRO, FO 9/176, no. 27, Munich, July 24, 1866, Howard to Stanley. *PÖM*, vol. 6/2, no. 90E, Nikolsburg, July 25, 1866, Károlyi to Mensdorff.

20. 俾斯麦对法兰克福自由市估定了令人震惊的 2500 万弗罗林的赔款额，同意只有当法兰克福的市民参议院投票赞成并入普鲁士时，才会将赔款减少至600万弗罗林。PRO, FO 68/144, no. 45, Leipzig, November 20, 1866, Crowe to Stanley. Stern, *Gold and Iron*, pp. 90-2.

21. PRO, FO 30/228, no. 20, Augsburg, July 28, 1866, Malet to Stanley. FO 9/175, no. 23, Munich, July 21, 1866, Howard to Stanley.

22. Pflanze, *Bismarck*, vol. 1, pp. 401-5. Carr, *Origins*, p. 138. *PÖM*, vol. 6/2, no. 90A, Nikolsburg, July 23, 1866, Károlyi to Mensdorff, pp. 179-82.

23. *Documenti diplomatici presentato al parlamento dal Ministro degli Affari Esteri il 21 Dicembre 1866* (Florence: Tipographia Stato, 1866), no. 285, Florence, July 5, 1866, Visconti-Venosta to Barral and no. 286, Paris, July 5, 1866, Nigra to Visconti-Venosta.

24. PRO, FO 45/88, no. 333, Florence, July 31, 1866, Elliot to Stanley. 埃利奥特（Elliot）指出，俾斯麦"因为意大利没有对此加以阻止而极其怨恨意大利"。

25. 与此同时，恰尔迪尼的波河军团被指定为"行动军团"（Army of Operation），拉马尔莫拉的明乔河军团被褫夺并被指定为"观察军团"（Army of Observation），该军团只有6个师，指挥官也不再是拉马尔莫拉，而是换成了恩里科·德拉罗卡。KA, AFA 1866, Karton 2348, 13-44f., July 1866, Süd-Armee Commando. PRO, FO 45/88, no. 333, Florence, July 31, 1866, Elliot to Stanley.

26. 恰尔迪尼的大部分辎重队在波莱西内就无法前进了。等到波河军团8月抵达弗留利（Friuli）时，士兵们每人每天只能分到500克的面包、350克的玉米糊作为口粮。Vincennes, AAT, MR 73/1387, Florence, 1866, Col. Schmitz, "Rapport sur la marche des services administratifs faits par l'armée italienne. KA, MKSM-SR 1866, 23/2, "Stellung der k.k. Armee am 27. Juli 1866.

27. 加里波第在大部分战斗中的损失都最为惨重，在蒂罗尔遭受的伤亡完全与奥军不成比例：7月3日在罗卡丹索（Rocca d'Anso）与奥军的伤亡比例为6：1，7月4日在维佐（Vezzo）为4：1，7月21日在贝切卡（Bececca）为14：1。在1个月的战斗中，加里波第将阵线推进了仅仅8公里，却交出战争中最为一边倒的败绩。Vincennes, AAT, MR 27/1537, Paris, September 1866, Col. Rüstow, "La Guerre de 1866. Bartels, *Der Krieg im Jahre 1866*, pp. 65- 72.

28. Milan, Museo Risorgimento, Archivio Garibaldino, Plico no. 141, Caprera, June 2, 1866, Garibaldi, "Promemoria al Generale Cialdini." Theodore Ropp, "The Modern Italian Navy," *Military Affairs* (Spring 1941). Lothar Höbelt, "Die Marine, in *Die Habsburger Monarchie*, eds. Wandruszka and Urbanitsch, vol. 5, pp. 694-701. Lawrence Sondhaus, *The Habsburg Empire and the Sea* (W. Lafayette: Purdue, 1989).

29. KA, AFA 1866, Karton 2282, 7-139e, Pressburg, July 21, 1866, Col. Döpfner.

30. KA, MKSM 1866, Karton 343, 69-10/4, Gorizia, August 11, 1866, FM Albrecht to Franz Joseph. AFA 1866, Karton 2353, 13-12, Vienna, December 20, 1866, Capt. Schneider, "Bericht." HHSA, IB, Karton 364, BM 1866, 41, Ljubljana, August 3,

1866, FML Habermann to Belcredi.

31. KA, AFA 1866, Karton 2348, 13-44ff., July 1866, Süd-Armee Commando, "Begebenheiten. Bartels, *Kritische Beiträge*, pp. 113-19.

32. PRO, FO 7/709-710, no. 47, no. 52, no. 63, no. 91, Vienna, July 30-31, August 6 and 21, 1866, Bloomfield to Stanley. PRO, FO 45/88, no. 365, no. 388, Florence, July 29, August 6, 1866, Elliot to Stanley. KA, AFA 1866, Karton 2348, 13-44f., July 1866, Süd-Armee Commando.

33. 9 月，奥地利人又增加了另外 106 件艺术品作为他们离开威尼斯的代价。 HHSA, PA XL, Karton 124, Gorizia, July 28, 1866, Wimpffen to Mensdorff. IB, Karton 364, BM 1866, 41, Ljubljana, August 3, 1866, FML Habermann to Belcredi. PRO, FO 7/714, Venice, October 9, 1866.

34. KA, MKSM 1866, Karton 343, 69-10/5, Gorizia, August 12, 1866, FM Albrecht to Franz Joseph. AFA 1866, Karton 2353, 13-9, Vienna, December 19, 1866, Maj. Wempfling. HHSA, PA XL, Karton 124, Vienna, August 10, 1866, Mensdorff to Wimpffen. PRO, FO 7/710, no. 75, Vienna, August 13, 1866, Bloomfield to Stanley. Wandruszka, *1866*, pp. 288-90.

35. "如果我们割让伦巴第 - 威尼西亚王国（Lombard-Venetian Kingdom），为了保卫奥地利帝国（*Kaiserstaat*），我们必须在重新划定蒂罗尔南部边界方面获得利益的最大化。只要有可能，我们就必须坚持拿到居高临下的阵地……尤其是山口附近的最高点。" KA, KM 1866, CK, Karton 248, 35-9/1, Vienna, July 17, 1866, FML Franck, FML Rossbacher to GdC Mensdorff.

36. John W. Bush, *Venetia Redeemed* (Syracuse: Syracuse University Press, 1967), pp. 96-130. Denis Mack Smith, *Victor Emanuel, Cavour and the Risorgimento* (London: Oxford University Press, 1971), pp. 324-35.

37. Milan, Museo Risorgimento, Archivio Garibaldino, Plico 50, Brescia, August 20, 1866, G Garibaldi, "Corpi Volontari Italiani. HHSA, PA XL, Karton 124, Venice, December 22, 1866, GM Moering.

38. HHSA, PA XL, Karton 124, Venice, December 22, 1866, GM Moering. PRO, FO 43/96B, Rome, July 27, 1866, Odo Russell to Stanley.

39. Louis Eisenmann, *Le Compromis austro-hongrois de 1867* (1904; Hattiesburg: Academic International, 1971), pp. 403-680. Alan Sked, *The Decline and Fall of the Habsburg Empire*, 1815-1918 (London: Longman, 1989), pp. 187-234. Taylor, *The Habsburg Monarchy*, pp. 140-52.

40. F. R. Bridge, *From Sadowa to Sarajevo* (London: Routledge, 1972), pp. 1-29.

41. HHSA, IB, Karton 364, BM 1866, 35, Vienna, May 5, 1866, Belcredi to Mensdorff.

42. HHSA, IB, Karton 364, BM 1866, 35, Vienna, May 5, 1866, Belcredi to Mensdorff. KA, AFA 1866, Karton 2272, 13-13, Vienna, July 14, 1866, Belcredi to FZM Benedek.

43. KA, AFA 1866, Karton 2272, 13-13, no. 180, no. 270, July 10, October 1, 1866,

Belcredi to FM Albrecht.

44. HHSA, IB, Karton 365, BM 1866, 75, Cracow, July 3 and 21, 1866, Polizeidirektor. Dietrich Beyrau, "Russische Interessenzone und europäisches Gleichgewicht 1860-1870," in Eberhard Kolb, ed. *Europa vor dem Krieg von 1870* (Munich: Oldenbourg, 1987), pp. 72-5.

45. Peter Alter, "Weltmacht auf Distanz: Britische Aussenpolitik, 1860-1870," in Kolb, ed. *Europa vor dem Krieg von 1870*, pp. 77-90. W. E. Mosse, *The European Powers and the German Questions, 1848-71* (Cambridge University Press, 1958), p. 249. Paul Kennedy, "The Tradition of Appeasement in British Foreign Policy, 1865-1939," in idem., *Strategy and Diplomacy, 1870-1945* (London and Boston: Allen and Unwin, 1983), pp. 15-39.

46. Ritter, *The Sword and the Scepter*, vol. 1, *The Prussian Tradition, 1740-1890* (1954; Coral Gables: University of Miami Press, 1969), pp. 193-206. Craig, *Politics of the Prussian Army*, pp. 238-98. Martin Kitchen, *A Military History of Germany* (Bloomington: Indiana University Press, 1975), pp. 138-60. Strachan, *European Armies*, pp. 126-9. Great General Staff, *The War Book of the German General Staff* (New York: McBride, 1915), pp. 1-73.

47. Martin Kitchen, *The German Officer Corps, 1890-1914* (Oxford: Clarendon, 1968), pp. 96-114.

48. Bucholz, *Moltke, Schlieffen*, pp. 47-8.

49. *Moltke on the Art of War*, ed. Daniel J. Hughes, p. 129. "战争的目的是通过武力推行政府的政策。" Friedrich von Bernhardi, *Germany and the Next War*, trans. A. H. Powles (1911; New York: Chas. Eron, 1914), pp. 42-3. "恰当地、有意识地作为政治手段来应用战争，总是能够达成满意的结果。" Jack Snyder, *The Ideology of the Offensive* (Ithaca: Cornell, 1984), pp. 127-50.

50. PRO, FO 120/907, Vienna, December 8, 1913, Maj. Cuninghame to Bunsen.

51. Douglas Porch, *The March to the Marne* (Cambridge University Press, 1981), pp. 105-33.

52. Michael Howard, "Men against Fire: The Doctrine of the Offensive in 1914, in Peter Paret, ed., *Makers of Modern Strategy*, pp. 519-24. Porch, *March to the Marne*, pp. 213-54.

53. Rothenberg, *Army of Francis Joseph*, pp. 78-80.

54. Norman Stone, "Constitutional Crisis in Hungary, 1903-1906," *Slavonic and East European Review* 40 (1967), pp. 166-81.

55. Gooch, *Army, State and Society in Italy*, 1870-1915, p. 22.

56. Gooch, *Army, State and Society in Italy*, 1870-1915, p. 127.

57. Bruce W. Menning, *Bayonets before Bullets* (Bloomington: Indiana University Press, 1992), pp 6-18.

58. John Gooch, *The Plans of War*. (New York: Wiley, 1974), pp. 1-5.

59. Ardant du Picq, *Battle Studies*, p. 123. 弗里德里希·冯·伯恩哈迪（Friedrich

von Bernhardi）将军在 1914 年这样描述德国战术成功的秘诀："一旦（德国）部队进入敌人火力的有效射程内，所有常规的、综合的命令发布都将停止……依靠自己的主动性是最重要的。" Friedrich von Bernhardi, *How Germany Makes War* (New York: Doran, 1914), p. 111.

60. PRO, FO 120/907, Vienna, December 8, 1913, Maj. Cuninghame to Bunsen.

61. *Moltke on the Art of War*, ed. Daniel J. Hughes, pp. 171- 224.

62. Howard, *Franco-Prussian War*, pp. 93-7, 107-119, 170- 82. Strachan, *European Armies*, pp.115-16.

63. Howard, *Franco-Prussian War*, pp. 167-223.

64. Cyril Falls, *The Art of War*, pp. 77-80.

65. Kitchen, *A Military History of Germany*, pp. 138-44.

66. 1866 年 4 月，当时还是普鲁士总参谋部一名中校的瓦尔德泽伯爵被发现在草绘布拉格的堡垒，随后便被奥地利警察在布拉格火车站逮捕，在监禁三天后释放。HHSA, IB, Karton 370, BM 1866, 979, Vienna, April 13, 1866, Agent-Rapport.

67. Graydon A. Tunstall, Jr., *Planning for War against Russia and Serbia* (Boulder: Social Science Monoraphs, 1993), pp. 33-9. Kitchen, *German Officer Corps*, pp. 64-71.

68. Gunther E. Rothenberg, "Moltke, Schlieffen, and the Doctrine of Strategic Envelopment, " in *Makers of Modern Strategy*, pp. 296-325. Craig, *Politics of the Prussian Army*, pp. 238-98.

69. Bucholz, *Moltke, Schlieffen*, pp. 109-19. Dennis E. Showalter, *Tannenberg* (Hamden: Archon, 1992), pp. 13-35.

70. Howard, *War in European History*, p. 105.

71. Bucholz, *Moltke, Schlieffen*, p. 126.

72. Strachan, *European Armies*, pp. 121-4, 135-8. Snyder, *Ideology of the Offensive*, pp. 150-3.

73. Larry H. Addington, *The Blitzkrieg Era*, pp. 9-27.

74. B. H. Liddell Hart, *The Revolution in Warfare* (1947; Westport: Greenwood, 1980), pp. 66-9. Strachan, *European Armies*, pp. 128-9. Michael Geyer, "German Strategy in the Age of Machine Warfare, 1914-1945," in *Makers of Modern Strategy*, pp. 527-97.

75. Howard, *Franco-Prussian War*, pp. 119, 208-17. Addington, *Blitzkrieg Era*, pp. 6-8. Strachan, *European Armies*, pp. 115-19.

76. Bucholz, *Moltke, Schlieffen*, pp. 210-13.

77. Strachan, *European Armies*, pp. 119-21.

78. Menning, *Bayonets before Bullets*, pp. 136-43, 259-62.

79. Falls, *Art of War*, p. 75. Ardant du Picq, *Battle Studies*, pp. 244-5.

80. KA. Nachlässe, B/208: 6 (Fischer), [FM Albrecht], "Über die Verantwortlichkeit im Kriege.

81. Vincennes, AAT, 7N1123, Vienna, November 1, 1877, Capt. Berghes, "Rapport sur l'instruction dans l'armée austro-hongroise."

82. PRO, FO 120/906, 907, Vienna, January 16 and December 8, 1913, Maj. Cuninghame ro Bunsen. Rothenberg, *Army of Francis Joseph*, pp. 108-12, 125-38.

83. Geoffrey Wawro, "Morale in the Austro-Hungarian Army, in P. Liddle, H. Cecil, eds., *Facing Armageddon: The First World War Experienced* (London: Leo Cooper, 1996).

84. Vincennes, AAT, MR 69/1388, Florence, October 4, 1869, Col. Schmitz to Randon.

85. Munich, BKA, HS 817, Munich, July 4, 1900, Sgt. Stegmaier, "Erinnerungen aus dem Feldzuge 1866." KA, APA 1866, Karton 2269, 7-259, Vienna, July 11, 1866, Maj. Mingazzi.

86. Munich, BKA, HS 2875, Kissingen, July 10, 1866, Capt. Lippl, "Tagebuch. Rolf Förster, "Die Leistungsfähigkeit der bayerischen Armee im Feldzuge 1866 (phil. Diss. Munich, 1987), pp. 155-6.

87. Howard, *War in European History*, pp. 103-6.

88. Strachan, *European Armies*, p. 116. *Moltke on the Art of War*, pp. 201-8.

89. Luvaas, *Military Legacy of the Civil War*, pp. 140-2, 166-7.

90. Ardant du Picq, *Battle Studies*, pp. 199-204.

91. "Über die Misserfolge der österreichischen Nordarmee," *ÖMZ* 2 (1866), p. 354. Toilow, *Die österreichische Nordarmee*, p. 160. Wondrák, "Trauerspiel 1866," p. 79. 伊万·布洛赫（Ivan Bloch）六卷本的《战争的未来》（*Future of War*, New York: Doubleday, 1899）认为，考虑到现代技术（连发枪、无烟火药、小口径弹药筒、光学测距仪、速射炮、过二甲苯炸药）和现代欧洲经济的工业组织和纪律，到普法战争30周年的时候，欧洲强国之间已经**不可能**再有战争。

92. Michael Howard, "Men against Fire: The Doctrine of the Offensive in 1914," in *Makers of Modern Strategy*, pp. 510-26. John Ellis, *The Social History of the Machine Gun* (1976; London: Pimlico 1993), pp. 47-76.

93. Howard, *War in European History*, p. 113.

94. Hans von Luck, *Panzer Commander* (New York: Dell, 1989), pp. 34-91. Addington, *Blitzkrieg Era*, pp. 24-7. Strachan, *European Armies*, p. 145.

95. Geoffrey Wawro, "Austria versus the Risorgimento: A New Look at Austria's Italian Strategy in the 1860s, *European History Quarterly* 26 (January 1996).

96. KA, MKSM 1866, Karton 338, 33-1/14, Rome, June 8, 1866, Maj. Frantzl to FML Crenneville. Heinrich Srbik, ed., *Quellen zur deutschen Politik Österreichs*, vol. 5, nr. 2760, Munich, May 20, 1866, Blome to Mensdorff.

97. KA, MKSM 1866, Karton 342, 69-8, Vienna, June 7, 1866, Franz Joseph to Saxon Crown Prince.

98. KA, KM 1866, CK, Karton 252, 51-6/49, Vienna, May 29, 1866, FML Franck to FZM Benedek.

99. KA, MKSM 1866, Karton 342, 69-8, Vienna, June 7, 1866, Franz Joseph to Saxon Crown Prince.

100. 1849 年拉德茨基在诺瓦拉取胜后，奥皇弗朗茨·约瑟夫从皮埃蒙特人那里榨取了 2500 万弗罗林（3.37 亿美元）的赔款。Adolf Beer, *Die Finanzen Österreichs im neunzehnten Jahrhundert* (1891; Vienna: Verlag des wissenschaftlichen Antiquariats, 1973), pp. 204, 221.

101. Heinrich Benedikt, *Die wirtschaftliche Entwicklung in der Franz-Joseph-Zeit* (Vienna and Munich：Verlag Herold, 1958), pp. 72-3. Friedjung, *Struggle for Supremacy*, pp. 133-4.

102. KA, MKSM-SR 1866, 22/5, Vienna, August 1865, Evidenz-Bureau, "Machtverhältnisse. Srbik, *Quellen*, vol. 5, pp. 27, 306. PRO, FO 7/714, Venice, January 8, 1866, Perry to Clarendon.

103. A. D. Gillespie-Addison, *The Strategy of the Seven Weeks War* (London: Scheinemann, 1902), p 37.

104. KA, AFA 1866, Karton 2272, 13-13, Paris/Vienna, June 14 and 24, 1866, Belcredi to FZM Benedek: 奥地利只需对普鲁士赢得一场胜利，整个法国就会与我们站在一起。

105. KA, AFA 1866, Karton 2272, 13-13, Vienna, July 14, 1866, Belcredi to FZM Benedek.

参考文献

未出版的文献

Austria Haus-Hof-und Staatsarchiv (HHSA), Vienna. Consulted: Politisches Ar-
chiv (PA): *Acta Secreta* and *Interna* and correspondence with the German and
Italian states, Prussia, France, Russia, Great Britain and Turkey. Informa-
tionsbüro (IB), police archives under the rubrics of "BM-Akten" and "Actes
de Haute Police."
Kriegsarchiv (KA), Vienna. Consulted: Alte Feld-Akten (AFA) for 1864–6.
Militärkanzlei Seiner Majestät (MKSM), 1865–6. Kriegsministerium (KM),
Centralkanzlei (CK), 1860–6. Papers (Nachlässe) of Krismanic, Franck,
Nagy, Nosinic, Beck, Gablenz, Coudenhove, Fischer, Hirsch, Bartels,
Lebeda, Arno, Paic, Sacken.
France Archive du Ministère des Affaires Etrangères (Quai d'Orsay), Paris. Con-
sulted: Correspondance Politique (CP) for Austria, Prussia, the German
states, Italy and Papal Rome, 1860–6.
Archive de l'Armée de Terre (AAT), Vincennes. Consulted: Mémoirs Reconnais-
sances (MR). Army attaché and war ministry reports on Austria, Prussia and
Italy, 1840s to 1870s.
Germany Bayerisches Kriegsarchiv (BKA), Munich. Consulted: Generalstab (GS),
1859–66, Handschriften-Sammlung (HS), B-Akten (field reports) and vari-
ous unpublished manuscripts.
Great Britain Public Record Office (PRO), London. Consulted: Correspondence of
the ambassadors, ministers and consuls in Vienna, Berlin, Paris, Frankfurt,
Munich, Leipzig, Stuttgart, Florence, Rome, Venice, Trieste, Dubrovnik,
Budapest and Belgrade, 1864–6.
Hungary Magyar Honvédség, Hadtörtenélmi Levéltár (Hungarian Army Archive),
Budapest. Consulted: Papers of General Gideon Krismanic.
Italy Archivio Centrale dello Stato, Rome. Consulted: Ministero Interno
Gabinetto, Atti Diversi, 1849–95. Police and administrative acts and re-
ports on Austrian espionage.

Archivio di Stato, Rome. Consulted: Ministero delle Armi, Affari Riservati, 1865-7. Papal army records.

Archivio di Stato, Naples. Consulted: House of Bourbon Archive, 1860-6.

Archivio di Stato, Venice. Consulted: I.R. Presidenza Luogotenenza, 1865-6. Venetian civil and military affairs.

Museo del Risorgimento, Milan. Consulted: Archivio Garibaldino. Garibaldi's correspondence, orders-of-the-day, proclamations and polemics, 1861-6.

Archivio Guastalla. Details of the administration and battles of the Italian Volunteers in 1866.

已出版文献

Die auswärtige Politik Preussens, 1858-71. Edited by Rudolf Ibbeken and Erich Brandenburg. Berlin, Munich: Oldenbourg, 1931-45.

Documenti diplomatici presentato al parlamento dal Ministro degli Affari Esteri il 21 Dicembre 1866. Florence: Tipographia Stato, 1866.

k.k. Abgeordnetenhaus. *Stenographische Protokolle über die Verhandlungen des Abgeordnetenhauses*. Vienna: k.k. Haus-Hof-und Staatsdruckerei, 1862-5.

k.k. Central-Commission für Statistik. *Statistisches Handbuchlein des Kaiserthumes Österreich für das Jahr 1865*. Vienna: k.k. Hof-und Staatsdruckerei, 1867.

k.k. Herrenhaus. *Stenographische Protokolle über die Verhandlungen des Herrenhauses*. Vienna: k.k. Haus-Hof-und Staatsdruckerei, 1862-5.

k.k. Kriegsministerium. *Militär-Schematismus des österreichischen Kaiserthumes für 1866*. Vienna: k.k. Hof-und-Staatsdruckerei, 1866.

Militär-Statistisches Jahrbuch für 1872. Vienna: k.k. Hof-und Staatsdruckerei, 1875.

Statistischer Jahresbericht über die Sanitären-Verhältnisse des k.k. Heeres im Jahre 1869. Vienna: k.k. Hof-und Staatsdruckerei, 1871.

Statistisches Handbuchlein des Kaiserthumes Österreich für das Jahr 1866. Vienna: k.k. Hof-und-Staatsdruckerei, 1868.

Militär-Administrations Karte des österreichischen Kaiserstaates. Vienna: Verlag Wm. Braumüller, 1865.

Die Protokolle des österreichischen Ministerrates (PÖM), 1848-1867. 6 vols. Vienna: Österreichischer Bundesverlag, 1970-3.

Quellen zur deutschen Politik Österreichs, 1859-1866. 5 vols. Edited by Heinrich Srbik. Berlin: Verlag Gerhard Stalling, 1934-8.

二手资源

Abasi-Aigner, Ludwig. *Die ungarische Legion in Preussen 1866*. Budapest: Pester Lloyd Gesellschaft, 1897.

Addington, Larry H. *The Blitzkrieg Era and the German General Staff, 1865-1941*. New Brunswick: Rutgers, 1971.

Patterns of War Since the Eighteenth Century. Bloomington: Indiana University Press, 1984.

Allgemeine deutsche Biographie. 56 vols. Leipzig: Duncker, 1875–1910.

Alten, Georg. *Handbuch für Heer und Flotte.* 6 vols. Berlin, Leipzig, Vienna: Bong, 1909–14.

Alter, Wilhelm. *Feldzeugmeister Benedek und der Feldzug der k.k. Nordarmee 1866.* Berlin: Paetel, 1912.

Amon, Gustav. *Geschichte des k.k. Infanterieregiments Hoch-und Deutschmeister Nr. 4.* Vienna: Mayer, 1879.

Apfelknab, Egbert. *Waffenrock und Schnürschuh.* Vienna: Österreichischen Bundesverlag, 1984.

Ardant du Picq, Charles. *Battle Studies.* Translated by J. Greely. 1880. New York: Macmillan, 1921.

Aresin [pseud.]. *Das Festungsviereck von Ober-Italien.* Vienna: k.k. Hof-und-Staatsdruckerei, 1860.

Arneth, Alfred. *Aus Meinem Leben.* 2 vols. Vienna: Holzhausen, 1892.

Arno, Wolf Schneider von. "Der österreichisch-ungarische Generalstab." Vienna Kriegsarchiv Manuscript, in B/197, Arno Nachlass.

Arrivabene, Count. *The Finances of Italy.* London: Wm. Ridgway, 1865.

Bartels, Eduard. *Der Krieg im Jahre 1866.* Leipzig: Otto Wigand, 1867.

Der Krieg im Jahre 1859. Bamberg: Buchner Verlag, 1894.

Kritische Beiträge zur Geschichte des Krieges im Jahre 1866. Zurich: Caspar Schmidt, 1901.

"Der Nebel von Chlum" (In KA, Nachlässe, B/157).

Österreich und sein Heer. Leipzig: Otto Wigand, 1866.

Baxa, Jakob. *Geschichte des k.u.k. Feldjägerbatallions Nr. 8, 1808–1918.* Klagenfurt: Kameradschaftbund, 1974.

Beer, Adolf. *Die Finanzen Österreichs im neunzehnten Jahrhundert.* 1891. Vienna: Verlag des wissenschaftlichen Antiquariats, 1973.

Benedek, Ludwig. *Benedeks nachgelassene Papiere.* Edited by Heinrich Friedjung. Leipzig: Grübel und Sommerlatte, 1901.

Benedikt, Heinrich. *Die wirtschaftliche Entwicklung in der Franz-Joseph-Zeit.* Vienna, Munich: Verlag Herold, 1958.

Kaiseradler über dem Appenin. Vienna and Munich: Verlag Herold, 1964.

[Benkert, Carl-Marie.] *Moderne Imperatoren: Diskretes und Indiskretes aus dem Tagebuche eines politischen Agenten Franz Joseph I.* Cologne: Ahns Verlag, 1867.

Benold, Josef. "Österreichische Feldtelegraphie 1866." Vienna Kriegsarchiv Manuscript, 1990.

Bernhardi, Theodor von. *Germany and the Next War.* Translated by A. H. Powles. Orig. 1911; New York: Chas. Eron, 1914.

How Germany Makes War. New York: Doran, 1914.

Blaas, Richard. "Die italienische Frage und das österreichische Parlament 1859–66." *Mitteilungen des österreichischen Staatsarchivs (MÖSA)* 22 (1969).

"Vom friauler Putsch im Herbst 1864 bis zur Abtretung Venetiens 1866."
MÖSA 19 (1966).

Bloch, Ivan S. *The Future of War*. Translated by R. C. Long. New York: Double-
day, 1899.

Blumenthal, Albrecht. *Journals of Field-Marshal Count von Blumenthal for 1866
and 1870–71*. Translated by A. D. Gillespie-Addison. London: Edward
Arnold, 1903.

Böhme, Helmut. *Deutschlands Weg zur Grossmacht*. Cologne: Kiepenheuer und
Witsch, 1966.

Boyer, John W. *Political Radicalism in Late Imperial Vienna*. Chicago and London:
University of Chicago Press, 1981.

Brandt, Harm-Hinrich. *Der österreichische Neoabsolutismus: Staatsfinanzen und
Politik, 1848–60*. Göttingen: Vandenhoeck und Ruprecht, 1978.

Bridge, F. R. *From Sadowa to Sarajevo*. London: Routledge, 1972.

  The Habsburg Monarchy among the Great Powers, 1815–1918. New York:
Berg, 1990.

Brüning, Günter. "Militär-Strategie Österreichs in der Zeit Kaiser Franz I." phil.
Diss., Münster, 1982.

Bucholz, Arden. *Moltke, Schlieffen and Prussian War Planning*. New York and
Oxford: Berg Publishers, 1991.

Bush, John W. *Venetia Redeemed*. Syracuse, N.Y.: Syracuse University Press, 1967.

Calza, Pio. *Nuova luce sugli eventi militari del 1866*. Bologna: Zanichelli, 1924.

Carr, William. *The Origins of the Wars of German Unification*. London and New
York: Longman, 1991.

Chiala, Luigi. *Ancora un po più di luce sugli eventi politici e militari dell'anno 1866*.
Florence: G. Barbèra, 1902.

  Cenni storici sui preliminari della guerra del 1866. 2 vols. Florence: Carlo
Voghera, 1870–2.

Clardy, J. C. "Austrian Foreign Policy during the Schleswig-Holstein Crisis of
1864." *Diplomacy and Statecraft* 2 (July 1991).

Clark, Chester Wells. *Franz Joseph und Bismarck*. Cambridge, Mass.: Harvard
University Press, 1934.

Clausewitz, Carl. *On War*. Translated by J. J. Graham. Edited by Anatol
Rapaport. Orig. 1832; New York: Penguin, 1985.

Coppa, Frank J. *The Origins of the Italian Wars of Independence*. London, New York:
Longman, 1992.

Corpo di Stato Maggiore. *La Campagna del 1866 in Italia*. Rome: Carlo
Voghera, 1875.

Craig, Gordon A. *The Battle of Königgrätz*. Philadelphia: Lippincott, 1964.

  The Politics of the Prussian Army, 1640–1945. Oxford: Clarendon Press, 1955.

  War, Politics and Diplomacy. London: Weidenfeld and Nicolson, 1966.

Czoernig, Karl. *Das österreichische Budget für 1862*. Vienna: Prandel, 1862.

Deák, István. *Beyond Nationalism*. New York: Oxford University Press, 1990.

Delbrück, Hans, and Emil Daniels. *Geschichte der Kriegskunst im Rahmen der politischen Geschichte.* 7 vols. Berlin: Georg Stilke, 1907–36.

Derndarsky, Michael. "Das Klischée von 'Ces Messieurs de Vienne,' " *Historische Zeitschrift* 235 (1982).

Deutsch, Wilhelm. *Habsburgs Rückzug aus Italien.* Vienna: Adolf Luser, 1940.

Dicey, Edward. *The Battlefields of 1866.* London: Tinsley Brothers, 1866.

Diószegi, István. *Österreich-Ungarn und der französisch-preussische Krieg 1870–71.* Budapest: Akadémiai Kiadó, 1974.

Ditfurth, Moritz. *Benedek und die Taten und Schicksale der k.k. Nordarmee 1866.* 3 vols. Vienna: Seidel und Sohn, 1911.

Douglas, Norman. *Old Calabria.* London: Martin Secker, 1915.

Duffy, Christopher. *The Fortress in the Age of Vauban and Frederick the Great, 1660–1789.* London: Routledge and Kegan Paul, 1985.

The Military Life of Frederick the Great. New York: Atheneum, 1985.

Eisenmann, Louis. *Le Compromis Austro-Hongrois de 1867.* 1904. Hattiesburg: Academic International, 1971.

Elrod, Richard Blake. "The Venetian Question in Austrian Foreign Relations, 1860–1866." Ph.D. diss., University of Illinois, 1967.

"Realpolitik or Concert Diplomacy: The Debate over Austrian Foreign Policy in the 1860s." *Austrian History Yearbook* 17 (1981).

Enciclopedia Italiana. Rome: Giovanni Tecanni, 1929–.

Engel-Janosi, Friedrich, and Helmut Rumpler, eds. *Probleme der franzisko-josephinische Zeit, 1848–1916.* 2 vols. Vienna: Verlag für Geschichte und Politik, 1967.

Esmarch, Friedrich von. *Über den Kampf der Humanität gegen die Schrecken des Krieges.* Stüttgart and Leipzig: Deutsche Verlags Anstalt, 1899.

Eyck, Erich. *Bismarck and the German Empire.* 1950. New York: Norton, 1964.

Falls, Cyril. *The Art of War.* London: Oxford University Press, 1961.

Fischer, Fritz. *Germany's Aims in the First World War.* London: Chatto and Windus, 1967.

War of Illusions. London: Chatto and Windus, 1975.

Förster, Rolf. "Die Leistungsfähigkeit der bayrischen Armee im Feldzuge 1866." phil. Diss., University of Munich, 1987.

Fontane, Theodor. *Der deutsche Krieg von 1866.* 2 vols. Berlin: Verlag der königlichen geheimen Ober-Hofbuchdruckerei, 1870–1.

[Fontane, Theodor]. *Von der Elbe bis zur Tauber: Der Feldzug der preussischen Main-Armee im Sommer 1866.* Bielefeld, Leipzig: Verlag von Belhagen und Klasing, 1867.

Franzel, Emil. *1866 Il Mondo Casca.* 2 vols. Vienna: Verlag Herold, 1968.

Frauenholz, Eugen. "FML Alfred Freiherr von Henikstein im Jahre 1866." *Münchener historische Abhandlungen* 2/3 (1933).

Friedjung, Heinrich. *Der Kampf um die Vorherrschaft in Deutschland.* 2 vols. 1897. Stuttgart and Berlin: J. G. Cotta, 1911.

Historische Aufsätze. Stuttgart and Berlin: J. G. Cotta, 1919.

The Struggle for Supremacy in Germany, 1859–1866. Translated by A. J. P. Taylor. 1897. London: Macmillan, 1935.

Gallenga, Antonio. *The Invasion of Denmark in 1864*. 2 vols. London: Bentley, 1864.

Gall, Lothar. *Bismarck: The White Revolutionary*. Translated by J. A. Underwood. 2 vols. Frankfurt 1980; London: Allen and Unwin, 1986.

Gallouédec, L., and Maurette, F. *Nouveau cours de géographie: Les Grandes Puissances du monde*. Paris: Hachette, 1918.

Geschichte des k.u.k. Infanterie-Regimentes Mollinary (Haugwitz) Nr. 38, 1725–1891. Budapest: Verlag des Regiments, 1892.

Gillespie-Addison, A. D. *The Strategy of the Seven Weeks War*. London: Scheinemann, 1902.

Glaise-Horstenau, Edmund von. *Franz Josephs Weggefährte: Das Leben des Generalstabschefs Grafen Beck*. Zurich and Vienna: Amalthea, 1930.

Glünicke, George J. R. *The Campaign in Bohemia 1866*. London: Swan Sonnenschein, 1907.

Goldinger, Walter. "Von Solferino bis zum Oktoberdiplom." *Mitteilungen des österreichischen Staatsarchivs* 3 (1950).

Gooch, John. *Army, State and Society in Italy, 1870–1915*. London: Macmillan, 1991.

Good, David F. *The Economic Rise of the Habsburg Empire, 1750–1914*. Berkeley and Los Angeles: University of California Press, 1984.

Great General Staff. *The War Book of the German General Staff*. Translated by J. H. Morgan. New York: McBride, 1915.

Gregorovius, Ferdinand. *The Roman Journals, 1852–74*. Edited by Friedrich Althaus. Translated by Mrs. G. W. Hamilton. London: Geo. Bell, 1907.

Groote, Wolfgang, and Ursula Gersdorff, eds. *Entscheidung 1866*. Stuttgart: Deutsche Verlags Anstalt, 1966.

Grosser Generalstab. *Der Feldzug von 1866 in Deutschland*. Berlin: Ernst Mittler, 1867.

Gründorf von Zebegény, Wilhelm Ritter von. *Mémoiren eines österreichischen Generalstäblers, 1832–1866*. 2 vols. Stuttgart: Verlag Robert Lutz, 1913.

Gruner, Wolf D. *Das bayerische Heer 1825 bis 1864*. Boppard: Harald Boldt, 1972.

Guastalla, Enrico. *Carte di Enrico Guastalla*. Edited by B. L. Guastalla. Rome and Milan: Alfieri and Lacroix, 1921.

Hamley, Edward Bruce. *The Operations of War*. Edinburgh and London: Wm. Blackwood, 1866.

Hamann, Brigitte. "Erzherzog Albrecht: Die graue Eminenz des Habsburgerhofes: Hinweise auf einen unterschätzten Politiker." In *Politik und Gesellschaft im alten und neuen Österreich*. Edited by Isabella Ackerl. Vienna: Verlag für Geschichte und Politik, 1981.

Hasek, Jaroslav. *The Good Soldier Svejk and his Fortunes in the World War*. Translated by Cecil Parrott. 1923. New York: Penguin Books, 1981.

Heller, Eduard. "Benedek und Benedek-Legenden." *Militärwissenschaftliches Mitteilungen*. Vienna, 1937.

Helmert, Heinz. *Kriegspolitik und Strategie*. [East] Berlin: Deutscher Militärverlag, 1970.

Militärsystem und Streitkräfte im deutschen Bund. [East] Berlin: Deutscher Militärverlag, 1964.

Preußischdeutsche Kriege von 1864 bis 1871. [East] Berlin: Militärverlag, 1975.

Henderson, W. O. *The Zollverein*. London: Frank Cass, 1984.

Hess, Heinrich. *Schriften aus dem militärwissenschaftlichen Nachlass*. Edited by Manfried Rauchensteiner. Osnäbruck: Biblio Verlag, 1975.

Hönig, Fritz. *Österreichs Finanzpolitik im Kriege von 1866*. Vienna: Steinmann, 1937.

Hof-und Staatshandbuch 1866. Vienna: k.k. Hof-und Staatsdruckerei, 1866.

Hoffman, Georg. *Die venezianische Frage zwischen den Feldzügen von 1859 und 1866*. Zürich: Verlag Leemann, 1941.

Hohenlohe-Schillingsfürst, Chlodwig. *Denkwürdigkeiten des Fürsten Chlodwig zu Hohenlohe-Schillingsfürst*. 2 vols. Stuttgart and Leipzig: Deutsche Verlags Anstalt, 1906.

Hommon, William Scott. "The Diplomatic Recognition of the Kingdom of Italy, 1861–1866." Ph.D. diss., University of Pennsylvania, 1973.

Howard, Mary Katherine. "The French Parliament and the Italian and Roman Questions, 1859–1865." Ph.D. diss., University of Pennsylvania, 1963.

Howard, Michael. *The Franco-Prussian War*. 1961. London: Granada, 1979.

War in European History. Oxford: Oxford University Press, 1976.

Hozier, Henry Montague. *The Seven Weeks' War*. Philadelphia, London: Lippincott, Macmillan, 1867.

Hundert Jahre metrisches Maßsystem in Österreich, 1872-1972. Vienna: Bundesamt für Eich-und Vermessungswesen, 1972.

Jahnel, A. *Chronik der preussischen Invasion des nördlichen Böhmens im Jahre 1866*. Reichenberg: Selbstverlag, 1867.

Jenks, William A. *Francis Joseph and the Italians, 1849–1859*. Charlottesville: University Press of Virginia, 1978.

Kählig, Eduard. *Vor und nach Custozza: Alte Tagebücher aus dem Feldzüge 1866*. Graz: Verlag Leykam, 1892.

Karl, Erzherzog. *Militärische Werke*. 3 vols. Vienna: k.k. Hof-und-Staatsdruckerei, 1862.

Kennedy, Paul. *Strategy and Diplomacy, 1870–1945: Eight Studies*. London, Boston: Allen and Unwin, 1983.

Kennedy, Paul, ed. *The War Plans of the Great Powers, 1880–1914*. London, Boston: Allen and Unwin, 1979.

[Kerchnawe, Hugo]. *Die Vorgeschichte von 1866 und 19??*. Vienna, Leipzig: C. W. Stern, 1909.

Kitchen, Martin. *The German Officer Corps, 1890–1914*. Oxford: Clarendon, 1968.

A Military History of Germany. Bloomington: Indiana University Press, 1975.

k.k. Generalstab. *Der Krieg in Italien 1859*. 3 vols. Vienna: Verlag des k.k. Generalstabs, 1872–6.

Österreichs Kämpfe im Jahre 1866. 5 vols. Vienna: Verlag des Generalstabs, 1867–9.

Koch, Klaus. *Franz Graf Crenneville: Generaladjutant Kaiser Franz Josephs*. Vienna: Österreichischer Bundesverlag, 1984.

Kohn, Ignaz. *Österreichs Eisenbahn Jahrbuch*. Vienna: Tendler, 1868.

Kolb, Eberhard, ed. *Europa vor dem Krieg von 1870*. Munich: Oldenbourg, 1987.

Komlos, John. *The Habsburg Monarchy as a Customs Union: Economic Development in Austria-Hungary in the 19th Century*. Princeton: Princeton University Press, 1983.

Kramer, Hans. *Österreich und das Risorgimento*. Vienna: Bergland Verlag, 1963.

Krauss, Alfred. *Moltke, Benedek und Napoleon*. Vienna: Seidel, 1901.

La Marmora, Alfonso. *Un po più di luce sugli eventi politici e militari dell'anno 1866*. Florence: G. Barbèra, 1873.

Lemoyne, J. V. *Campagne de 1866 en Italie: La Bataille de Custoza*. Paris: Berger-Levrault, 1875.

Lettow-Vorbeck, Oscar. *Geschichte des Krieges von 1866 in Deutschland*. 3 vols. Berlin: Mittler, 1896–1902.

Liddell Hart, B. H. *The Revolution in Warfare*. 1946. Westport: Greenwood, 1980.

Lónyay, Carl. *Ich Will Rechenschaft Ablegen*. Leipzig and Vienna: Joh. Günther, 1937.

Lorenz, Reinhold. "Ludwig Freiherr von Gablenz." In *Neue österreichische Biographie, 1815–1918*. Vol. 8. Vienna: Amalthea, 1935.

Luvaas, Jay. *The Military Legacy of the Civil War*. Chicago: University of Chicago Press, 1959.

Lutz, Heinrich. *Österreich-Ungarn und die Gründung des deutschen Reiches*. Frankfurt am Main, Berlin and Vienna: Propyläen, 1979.

McDonald, Michael Joseph. "Napoleon III and His Ideas of Italian Confederation, 1856–1860." Ph.D. diss., University of Pennsylvania, 1968.

Mack Smith, Denis. *Italy and its Monarchy*. New Haven: Yale University Press, 1989.

Modern Sicily after 1713. New York: Viking, 1968.

Victor Emanuel, Cavour, and the Risorgimento. London: Oxford University Press, 1971.

Mahon, John K. "Civil War Infantry Assault Tactics." *Military Affairs* (Summer 1961).

Malet, Alexander. *The Overthrow of the Germanic Confederation by Prussia in 1866.* London: Longman's, Green. 1870.

Marraro, Howard R. *American Opinion on the Unification of Italy, 1846–1861.* New York: Columbia University Press, 1932.

Mechtler, Paul. "Die österreichische Eisenbahnpolitik in Italien 1835–66." *Mitteilungen des österreichischen Staatsarchivs* (1961).

Menzel, Wolfgang. *Der deutsche Krieg im Jahre 1866.* 2 vols. Stuttgart: Verlag Adolph Krabbe, 1867.

Mertal, Walter. "Graf Richard Belcredi, 1823–1902: Ein Staatsmann aus dem Österreich Kaiser Franz Josephs." phil. Diss., University of Vienna, 1962.

Meyer, Bernhard. *Erlebnisse.* 2 vols. Vienna and Budapest: Verlag Carl Satori, 1875.

Mollinary, Antoine. *Quarante-six ans dans l'armée austro-hongroise, 1833–79.* 2 vols. Paris: Fournier, 1913.

Moltke, Helmuth. *Moltkes kriegsgeschichtlichen Arbeiten.* Edited by Grossen Generalstabe. 3 vols. Berlin: Mittler, 1904.

Strategy: Its Theory and Application. 1907. Westport, Conn.: Greenwood Press, 1971.

Mosse, W. E. *The European Powers and the German Question, 1848–1871.* Cambridge University Press, 1958.

Müller, Rudolf. *Entstehungsgeschichte des roten Kreuzes und der genfer Konvention im Anschluß an un Souvenir de Solferino.* Stuttgart: Greiner und Pfeiffer, 1897.

Müller, Wilibald. *Geschichte der königlichen Hauptstadt Olmütz.* Vienna and Olmütz: Eduard Hölzel, 1882.

Neue österreichische Biographie, 1815–1918. 22 vols. Vienna: Amalthea, 1923–87.

Nipperdey, Thomas. *Deutsche Geschichte 1800–1866.* Munich: Verlag C. H. Beck, 1983.

Paret, Peter, ed. *Makers of Modern Strategy.* 1943. Princeton: Princeton University Press, 1986.

Pflanze, Otto. *Bismarck and the Development of Germany, 1815–71.* 1963. Princeton: Princeton University Press, 1990.

Pieri, Piero. *Storia Militare del Risorgimento.* Turin: Giulio Einandi Editore, 1962.

Pollio, Alberto. *Custoza 1866.* Città di Castello: Unione Arti Grafiche, 1914.

Porch, Douglas. *The March to the Marne: The French Army, 1871–1914.* Cambridge University Press, 1981.

Posselt, Oskar. *Geschichte des k.u.k. Infanterie-Regiment Ritter von Pino Nr. 40.* Vienna: Gerold, 1913.

Presland, John. *Vae Victis: The Life of Ludwig von Benedek, 1804–81.* London: Hodder and Stoughton, 1934.

Rauchensteiner, Manfried, ed. *Clausewitz, Jomini, Erzherzog Carl.* Vienna: Österreichischer Bundesverlag, 1988.

"Zum 'operativen Denken' in Österreich: Von Solferino bis Königgrätz." *Österreichische Militärische Zeitschrift (ÖMZ)* 5 (1974).

Redlich, Joseph. *Das österreichische Staats-und Reichsproblem.* 2 vols. Leipzig: Neue Geist, 1920.

Regele, Oskar. *Feldmarschall Radetzky.* Vienna, Munich: Verlag Herold, 1957.

Feldzeugmeister Benedek und der Weg nach Königgrätz. Vienna, Munich: Verlag Herold, 1960.

"Staatspolitische Geschichtsschreibung erläutert an Königgrätz 1866." *MÖSA* 3 (1950).

Riall, Lucy. *The Italian Risorgimento: State, Society and National Unification.* London and New York: Routledge, 1994.

Ritter, Gerhard. *The Sword and the Scepter.* 4 vols. 1954–68. Coral Gables: University of Miami Press, 1969–73.

Rogge, Walter. *Österreich von Világos bis zur Gegenwart.* 3 vols. Leipzig, Vienna: Brockhaus, 1872–3.

Rothenberg, Gunther E. *The Army of Francis Joseph.* W. Lafayette: Purdue University Press, 1976.

"The Habsburg Army and the Nationality Problem in the Nineteenth Century, 1815–1914." *Austrian History Yearbook* 3/1 (1967).

"Toward a National Hungarian Army: The Military Compromise of 1868 and its Consequences." *Slavonic Review* 31 (1972).

Sawallich, Astrid. "Die Geschichte der päpstlichen Armee unter dem Pontifikat Pius IX, 1849–1870." phil. Diss., University of Vienna, 1970.

Scherr-Tosz, Arthur. "Erinnerungen aus meinem Leben." *Deutsche Rundschau* 10 (1881).

Schlichting, Sigismund. *Moltke und Benedek.* Berlin: Ernst Mittler, 1900.

Schlieffen, Graf General-Feldmarschall. "Benedeks Armee-Führung nach den neuesten Forschungen." *Vierteljahrshefte für Truppenführung und Heereskunde* 8 (1911).

Schmidt-Brentano, Antonio. *Die Armee in Österreich: Militär, Staat und Gesellschaft 1848–67.* Boppard: Harald Boldt, 1975.

Scirocco, Alfonso. *Il Mezzogiorno nella crisi dell'unificazione, 1860–1861.* Naples: Società Editrice Napoletana, 1963.

Il Mezzogiorno nell'Italia Unita, 1861–1865. Naples: Società Editrice Napoletana, 1979.

Sheehan, James J. *German History, 1770–1866.* Oxford: Clarendon, 1989.

Showalter, Dennis E. "Mass Multiplied by Impulsion: The Influence of Railroads on Prussian Planning for the Seven Weeks' War." *Military Affairs* 38/2 (1974).

Railroads and Rifles: Soldiers, Technology and the Unification of Germany. Hamden, Conn.: Archon, 1975.

"The Retaming of Bellona: Prussia and the Institutionalization of the Napoleonic Legacy, 1815–76." *Military Affairs* 44/2 (1980).

"Soldiers into Postmasters: The Electric Telegraph as an Instrument of Command in the Prussian Army." *Military Affairs* (1973).

Tannenberg: Clash of Empires. Hamden, Conn.: Archon, 1992.

Sked, Alan. *The Decline and Fall of the Habsburg Empire, 1815–1918*. London: Longman, 1989.

The Survival of the Habsburg Empire. London: Longman, 1979.

Snyder, Jack. *The Ideology of the Offensive: Military Decision Making and the Disasters of 1914*. Ithaca, N.Y.: Cornell University Press, 1984.

Sondhaus, Lawrence. *The Habsburg Empire and the Sea: Austrian Naval Policy 1797– 1866*. W. Lafayette, Ind.: Purdue University Press, 1989.

Srbik, Heinrich. *Aus Österreichs Vergangenheit*. Salzburg: Otto Müller Verlag, 1949.

Deutsche Einheit. 4 vols. Munich: F. Bruckman, 1935–42.

Stato Maggiore dell'Esercito. *L'Esercito italiano dall'unità alla Grande Guerra, 1861–1918*. Rome: Ufficio Storico SME, 1980.

Steefel, Lawrence. *The Schleswig-Holstein Question*. Cambridge, Mass.: Harvard University Press, 1932.

Steinitz, Eduard. "Aus den Tagen vor Königgrätz." *Militärwissenschaftliche und technische Mitteilungen* 8 (1926).

Stern, Fritz. *Gold and Iron: Bismarck, Bleichröder and the Building of the German Empire*. 1977. New York: Vintage, 1979.

Stone, Norman. "Army and Society in the Habsburg Monarchy, 1900–1914." *Past and Present* 33 (1966).

Europe Transformed, 1878–1919. Cambridge, Mass.: Harvard University Press, 1984.

Strachan, Hew. *European Armies and the Conduct of War*. London: George Allen and Unwin, 1983.

Streith, Rudolf. *Geschichte des k.u.k. Feldjäger Batallion Nr. 26*. Innsbruck: Wagnersche Universität, 1892.

Sybel, Heinrich. *Die Begründung des deutschen Reiches durch Wilhelm I*. 7 vols. Munich and Bern: Oldenbourg, 1889.

Taylor, A. J. P. *The Course of German History*. London: Hamish Hamilton, 1945.

The Habsburg Monarchy, 1809–1918. 1948. London: Pelican, 1988.

The Struggle for Mastery in Europe, 1848–1918. Oxford: Clarendon, 1954.

Teuber, Oskar. *Feldmarschall Erzherzog Albrecht*. Vienna: Seidel, 1895.

Teuber, Oskar, and Rudolf Ottenfeld. *Die österreichischen Armee, 1770–1867*. 2 vols. Vienna: Verlag Berté und Czeigler, 1895–1900.

Toilow [F. Karl Folliot-Crenneville]. *Die österreichische Nordarmee und ihr Führer im Jahre 1866*. Vienna and Leipzig: Wm. Braumüller, 1906.

Treuenfest, Gustav Amin. *Geschichte des k.u.k. Infanterie Regimentes Nr. 46 FZM Féjerváry*. Vienna: Verlag des Regiments, 1890.

Turnbull, Patrick. *Solferino*. London: Robert Hale, 1985.

Ulloa, Girolamo. *L'Esercito italiano e la Battaglia di Custoza*. Florence: Tipografia Gaston, 1866.

Van Creveld, Martin. *Command in War*. Cambridge, Mass.,: Harvard University Press, 1985.

Supplying War. Cambridge University Press, 1977.

Technology and War. New York: Free Press, 1989.

Wachenhusen, Hans. *Tagebuch vom österreichischen Kriegsschauplatz*. Berlin: Lemke, 1866.

Wagner, Arthur L. *The Campaign of Königgrätz*. 1889. Westport, Conn.: Greenwood Press, 1972.

Wagner, Walter. *Von Austerlitz bis Königgrätz: österreichische Kampf und Taktik im Spiegel der Reglements, 1805-1864*. Osnäbrück: Biblio Verlag, 1978.

Wandruszka, Adam. *Schicksalsjahr 1866*. Vienna: Verlag Styria, 1966.

Die Habsburger Monarchie, 1848–1918. 6 vols. Vienna: Verlag der österreichischen Akademie der Wissenschaften, 1973–89.

Wawro, Geoffrey. "An 'Army of Pigs': The Technical, Social and Political Bases of Austrian Shock Tactics, 1859–1866." *The Journal of Military History* 59 (July 1995): 407–34.

"Austria versus the Risorgimento: A New Look at Austria's Italian Strategy in the 1860s." *European History Quarterly* 26 (January 1996): 7–29.

"The Habsburg *Flucht nach vorne* in 1866: Domestic-Political Origins of the Austro-Prussian War." *The International History Review* 17 (May 1995): 221–48.

"Inside the Whale: The Tangled Finances of the Austrian Army, 1848–1866." *War in History* 3 (February 1996): 42–65.

"Morale in the Austro-Hungarian Army." In P. Liddle and H. Cecil, eds. *Facing Armageddon: The First World War Experienced*. (London: Leo Cooper, 1996).

Wehler, Hans-Ulrich. *The German Empire, 1871–1918*. Translated by Kim Traynor. 1973. Leamington Spa and Dover: Berg Publishers, 1985.

Werkmann, August. "Erzherzog Albrecht und Benedek." phil. Diss., University of Vienna, 1946.

Whittam, John. *The Politics of the Italian Army, 1861–1918*. London and Hamden, Conn.: Croom Helm, Archon, 1977.

Woinovich, Emil. "Benedek und sein Hauptquartier im Feldzuge 1866." Vienna Kriegsarchiv Manuscript, 1911.

Wondrák, Eduard. "Die Wahrheit vom Trauerspiel 1866: Das Leid und Elend im sogenannten deutschen Krieg." Private Manuscript, Olomouc, 1990.

Wrede, Alphons. *Geschichte der k.u.k. Wehrmacht*. 5 vols. Vienna: Verlag Seidel, 1898–1903.

Wyatt, W. J. *A Political and Military Review of the Austro-Italian War of 1866*. London: Edw. Stanford, 1867.

Zorzi, Alvise. *Venezia Austriaca, 1798–1866*. Rome and Bari: Laterza, 1985.

索 引

（索引页码为原书页码，即本书边码）

图书在版编目（CIP）数据

普奥战争：1866年德意志之战与意大利的统一运动／
（美）杰弗里·瓦夫罗（Geoffrey Wawro）著；付稳，李
妍译.--北京：社会科学文献出版社，2023.6
　　书名原文：The Austro-Prussian War：Austria's
War with Prussia and Italy in 1866
　　ISBN 978-7-5228-0591-7

　　Ⅰ.①普…　Ⅱ.①杰…　②付…　③李…　Ⅲ.①普-奥
战争（1866）-研究　Ⅳ.①K516.41

　　中国版本图书馆 CIP 数据核字（2022）第 169583 号

普奥战争：1866 年德意志之战与意大利的统一运动

著　　者／〔美〕杰弗里·瓦夫罗（Geoffrey Wawro）
译　　者／付　稳　李　妍

出 版 人／王利民
责任编辑／刘　娟
责任印制／王京美

出　　版／社会科学文献出版社·甲骨文工作室（分社）（010）59366527
　　　　　地址：北京市北三环中路甲 29 号院华龙大厦　邮编：100029
　　　　　网址：www.ssap.com.cn
发　　行／社会科学文献出版社（010）59367028
印　　装／南京爱德印刷有限公司

规　　格／开本：889mm×1194mm　1/32
　　　　　印张：15.5　插页：0.25　字数：356 千字
版　　次／2023 年 6 月第 1 版　2023 年 6 月第 1 次印刷
书　　号／ISBN 978-7-5228-0591-7
著作权合同
登 记 号／图字 01-2016-9707 号
定　　价／89.00 元

读者服务电话：4008918866